J E Tardy

LA VOIE DU DOGME

2007

La voie du Dogme
Témoignage de foi

Par: Jean E. Tardy
Version: 3ᵉ
Date: 2007.11.01 (V 1p) ; 2017.11.01 (V2e) ; 2018.03.31
ISBN: 978-2-9816776-7-9
Format: Imprimé
Distribution: Sysjet inc.

Copyright © Jean E. Tardy, 2007. Tous droits réservés.

Mots clés : Religion, Expérience religieuse, Christ, Foi, Théologie dogmatique, sionisme, Credo, Évangélisme, Via Dogmae.

Du même auteur :
  L'Exode immobile
  The Creation of a Conscious Machine
  The Meca Sapiens Blueprint
  Toquay's Rant

SOMMAIRE

La voie du Dogme appelle les chrétiens à prendre conscience du combat spirituel qui fait rage autour d'eux et des gestes épiques qu'ils doivent poser.

Le «dogme»… quel mot est plus dénigré, dans notre monde, que celui-là? Adhérer à un dogme est devenu un synonyme d'obscurantisme, l'antithèse même de l'esprit progressiste!

Pourtant, Jean Tardy, un analyste en informatique, s'est épris des dogmes du Credo et a choisi d'en faire le fondement de sa démarche spirituelle. Cette voie, qui allie la rigueur de l'analyse systémique à la profondeur du Credo, l'a amené à distinguer, avec une grande clarté, les contours de l'immense conflit qui se déroule sous la surface placide de notre époque.

Ce témoignage colossal et provoquant s'adresse à tous les chrétiens. S'appuyant entièrement sur le Credo, l'auteur révèle les mécanismes idéologiques subtils qui assaillent la doctrine chrétienne et indique comment répondre à ces discours pour réaffirmer la primauté du Christ sur le monde.

À ma mère et à ses sœurs.

Préface

REDACTION

La rédaction de ce texte résulta d'un vœu et s'échelonna de 1998 à 2007. Je le conçu, initialement, à l'intention des évêques catholiques pour leur fournir des outils idéologiques leur permettant de défendre la Doctrine chrétienne face aux idéologies contemporaines.

En 2005, je soumis une ébauche avancée à deux prêtres, les pères Bolduc et Vannay, pour m'assurer de sa conformité doctrinale. Ayant reçu leur aval, je distribuai celle-ci à une cinquantaine d'évêques, satisfaisant, ainsi, le vœu de divulguer une apologie de la Doctrine chrétienne.

Après de nombreuses révisions additionnelles, la première édition de **La voie du Dogme** fut publiée en novembre 2007.

REMERCIEMENTS

La complexité des idées à transmettre rend la rédaction particulièrement ardue. Lise Snelson transcrit mes manuscrits et mes enregistrements avec une compétence hors pair. L'apport éditorial de José Mateus, d'un professionnalisme élevé, transforma ensuite l'ébauche en un livre d'une facture impeccable.

SECONDE EDITION

Le contenu de cette seconde édition de **La voie du Dogme** demeure inchangé. Dix ans plus tard (2017), je ne désavouerais pas un seul mot de son contenu. Au contraire, les événements des dernières années ont confirmé ce qu'une analyse, centrée sur le Credo, avait prévu. Ce qui a changé, cependant, c'est la confiance que je plaçais dans l'épiscopat catholique.

Si le contenu de **La voie du Dogme** demeure inchangé, cette nouvelle édition s'adresse, cette fois, à tous les chrétiens et surtout aux croyants des confessions évangéliques. Ayant observé le comportement de l'épiscopat québécois pendant les dix ans qui ont suivi sa publication, j'en suis venu à la conclusion suivante :

> **Collectivement, les évêques catholiques du Québec sont une organisation maléfique au service d'agendas anti-chrétiens.**

Cet épiscopat n'a plus aucune autorité morale. Ce qui préserve encore l'intégrité des sacrements qu'il administre, c'est l'inertie.

La force du catholicisme c'est son clergé ; c'est aussi sa faiblesse. Dans le catholicisme, le chrétien devient un laïc, quelqu'un qui remet la gouverne de sa vie spirituelle entre les mains d'un clergé spécialisé. Quand ça fonctionne, ça permet au croyant de vivre sa foi et de fréquenter le Christ dans l'humilité et avec une confiance enfantine.

Mais, quand ce clergé s'égare, les laïcs qu'il délaisse sont démunis. En remettant l'autorité pastorale entre les mains de professionnels, ceux-ci s'identifient comme spirituellement incompétents et leurs voix sans importance. Quand un épiscopat cautionne des agendas politiques ou sociaux anti-chrétiens, les laïcs qui voudraient résister sont alors réduits à l'insignifiance.

Cette situation ne peut plus durer !

L'Église catholique appelle sincèrement l'œcuménisme de ses vœux mais décrit souvent celui-ci comme un retour, plus ou moins repentant, des égarés vers une hiérarchie ecclésiale inchangée. Un œcuménisme différent se dessine aujourd'hui: celui de catholiques abandonnés par leur clergé et désemparés qui se tournent vers leurs frères des autres confessions pour les appeler au secours.

C'est ce que je fais aujourd'hui. À mes frères chrétiens de toutes les confessions je dis :

> *Utilisez les analyses de **La voie du Dogme** pour promouvoir le Christ selon vos méthodes et aidez-moi à dépasser mon identité de laïc pour devenir plus chrétien.*

Contenu

PROLOGUE : LA PRESENCE

1 LA PRESENCE
Un athée confortable	17
La Présence	31
Le torrent	39
Aimé comme je suis	41
La grâce	43
La crainte	44
Le choix de Jésus	48
Un pain subtil	53
L'émergence du Dogme	54
Terrassé, je fais un vœu	60
Ébranlé par la pénitence	65
La dispense	67

PREMIERE PARTIE : LA VOIE ETROITE

2 LE DOGME
L'étendard de la Foi	73
Le Père tout-puissant	77
Jésus-Christ, Son Fils unique	95
L'Esprit saint	123

3 LE CROYANT ET L'INCROYANT
La lame	137
L'artefact	138
La gestation	144

La Terre et le centre	150
La cause et la fin	154
La terre, terreau des âmes	155
Le temps	156
L'amour	158
L'égalité	162
La vie et les défunts	167
L'homme	168
Le progrès	170
Les signes	172

4 LE SENTIER ETROIT

Une voie marginale	175
Une foi submergée	176
La pierre rejetée	180
Des miracles mineurs	184
Dieu est simple et petit	186
Un mètèque dans sa propre foi	188
Dieu est un homme	191
Dieu est un Juif	194
La croix et le gibet	197

DEUXIEME PARTIE : LA TOURMENTE SILENCIEUSE

5 UNE DEROUTE MUETTE

L'heure de Prague	201
Le courage de voir	206

6 L'APOSTASIE MODERNE

La démarche d'apostasie	209
Les mots travestis	215
Idoles et accusations	238
Le chrétien discret	295

7 LE BLASPHEME

Le blasphème ne nie pas, il défigure	301
La bête et le serpent	315
Des formes intimes et souffrantes	332

La dérive douçâtre	374
La paix factice	377

8 LA RECOLTE AMERE

Replongés dans le paganisme	379
Une étrange convergence	382
La Bible altérée	385
La tyrannie intime	391
Un nouveau schisme	394

TROISIEME PARTIE : L'AUBE DE SION

9 L'EVEIL

La citadelle investie	399
Les pierres d'achoppement	403
L'empire se dresse	406

10 L'EXODE IMMOBILE

Un nouvel exode	411
Un grand appel	417
La convergence des croyants	420
Les accusations pleuvront	422
La fin est dans l'origine	424

11 VERS LE ROYAUME

La quatrième province	427
Le Christ est un roi	430
Pas du monde, mais dans le monde	435
L'étendue du Royaume	438
Les frontières du Royaume	444
La boucle est bouclée	447

12 LA CROISADE VERS SION

Le pendule	449
Les croisades et les prières	455
Israël cristallise la volonté de Dieu	459
Le linteau	463
Les bornes du chemin	468
Est-ce possible ?	474

Autres temps, autres mœurs	476
Le Magnificat	478

13 CENTRES DANS LE CHRIST

Chrétiens, êtes-vous surpris ?	483
On largue les amarres !	484
La question	489
Nous sommes légion	493

Prologue :

La Présence

I

La Présence

UN ATHEE CONFORTABLE

Au printemps de 1988, à l'âge de trente-huit ans, j'étais ce qu'on pourrait appeler un athée confortable. J'avais perdu la foi vers l'âge de quatorze ans, à la puberté. À cette époque, évidemment, je m'étais dit que j'avais trouvé la lucidité. Ayant trouvé le courage d'annoncer à mon père que je ne croyais plus, je cessai toute pratique religieuse. Je n'étais pas devenu agnostique ou adepte d'une spiritualité quelconque, mais simplement athée.

Je considérais que les humains étaient de la matière organisée, pareille à celle des autres animaux. Leur conscience était simplement un attribut particulier de leur espèce, n'ayant pas plus de signification, sur le plan physique, que le plumage des oiseaux ou l'instinct bâtisseur des castors. Elle était un attribut physique comme les autres et serait, pareillement aux autres, annihilée à la mort.

Dans cette optique, la vie qui foisonnait sur l'écorce terrestre n'avait pas plus de signification qu'une couche de moisissure sur la pelure d'une orange. Alors que certaines planètes avaient des activités volcaniques ou des formations cristallines intéressantes, la terre produisait, elle, des molécules complexes qui s'agglutinaient sous forme de plantes et d'animaux, ceux-ci, à leur tour produisant carapaces, tanières… et églises !

Pour celui que j'étais à cette époque, le discours religieux n'avait aucune réalité objective, reflétant plutôt une nécessité biologique. En effet, l'intellect humain procurait, sans doute, des avantages à notre espèce. Cependant, cet intellect si utile produisait aussi des effets secondaires problématiques et potentiellement nuisibles. La conscience en particulier, ainsi que la capacité d'inventer des stimulations artificielles, me paraissaient être des épiphénomènes inutiles et nuisibles de l'intellect. Par conséquent, nous, humains, avions fabriqué des religions pour endiguer les débordements de notre conscience et de notre inventivité de la même façon que les éléphants apprennent à ne pas s'empaler avec leurs défenses. La religion était simplement un phénomène d'autorégulation propre à une espèce animale particulière.

Je ne condamnais pas les religions, loin de là ! Je les considérais nécessaires, au contraire, puisqu'elles contrôlaient les effets secondaires de l'intelligence. En effet, cette intelligence, si profitable à notre survie, comporte un inconvénient majeur. Elle nous permet de percevoir notre fragilité et d'anticiper notre mort. La religion, me disais-je, enchâsse l'intellect dans une gaine sécurisante remplie d'histoires divines, de lieux imaginaires, de transmigrations et d'esprits immatériels. Ces fables adoucissent le contraste, intolérable, entre l'instant fugace de nos vies et l'immensité du néant qui les côtoie. La religion nous protégerait donc de l'effet abrasif des idées existentielles que notre cervelle sécrète, jouant ainsi le rôle d'un coussinet cérébral.

Comme seconde utilité, la religion servait, à mon avis, de régulateur du plaisir. Grâce à son intelligence, l'humain peut inventer des stimuli artificiels qui lui procurent des plaisirs excessifs et dissociés de leur usage naturel. Le plaisir, comme la douleur, a une fonction biologique utile. Il nous incite à nous nourrir, à nous reproduire, à dormir, à chasser, et ainsi de suite. Or, notre intelligence nous permet de fabriquer des stimuli qui génèrent artificiellement ces plaisirs utilitaires, les amplifient et les dissocient de leur fonction. Parmi ces stimuli on compte, évidemment, les accouplements sexuels volontairement stériles, les chefs-d'œuvre de la gastronomie, les jeux de hasard, les drogues et les spectacles.

Troisièmement, la religion encourage ses fidèles à poser des gestes qui sont absurdes par rapport à leur survie individuelle mais profitables à la collectivité. Cette fonction me paraissait particulièrement évidente devant les comportements suicidaires de certains adeptes de l'islam, prêts à sacrifier leur vie pour accéder aux plaisirs illusoires de paradis imaginaires. Pareillement, je considérais que l'ordination des prêtres catholiques était un phénomène d'autocastration qui transformait certains hommes en fourmis ouvrières stériles, asservies aux besoins de la collectivité.

Finalement, la religion m'apparaissait comme un reliquaire de gestes instinctifs incongrus. Certaines espèces d'oiseaux qui, dans la nature, cassent des écailles pour se nourrir, persistent, quand on les nourrit de graines déjà écaillées, à briser, sans raison, les fragments d'écailles qu'elles trouvent dans leur cage. Quand j'observais ces croyants qui invoquaient des ancêtres disparus, imploraient des divinités inexistantes, se confiaient à des anges imaginaires ou envoyaient des prières futiles vers des cieux indifférents, je n'y voyais que les résidus absurdes de gestes ataviques.

Dans ma grande sagesse athée, je considérais que les discours chrétiens valaient ceux des autres ; qu'ils représentaient, au mieux, une forme particulièrement bien rodée du phénomène résiduel de religiosité qui faisait office de mécanisme de contrôle de la peur et d'affirmation identitaire tribale. Ces discours s'apparentaient aux odeurs que les loups sécrètent pour établir leur rang dans la meute ou aux tapotements d'antennes que font les fourmis quand elles se rencontrent.

Ainsi, un évêque sermonnant ses ouailles en chaire ressemblait, à mes yeux, à un sac de protoplasme spécialisé en train d'accomplir une fonction de régulation sociale. Les sons moralisants qu'il émettait pendant son oraison remplissaient le même office, pour nous humains, que les jets d'urine des loups ou les tapotements d'antennes des fourmis.

Je considérais que le discours religieux était primitif et infantile. Il semblait provenir d'un fond de connaissance archaïque propre aux enfants, qui confond les choses et les personnes, qui voit le papa et la maman partout, et pour qui on peut être à la fois ici et ailleurs.

L'homme croyant, selon mes thèses, fonctionnait comme une cellule stable et productive de l'ordre social. Sa conviction d'accéder, un jour, à des paradis imaginaires lui permettait d'endurer patiemment les absurdités de la vie et de s'abstenir, docilement, de plaisirs concrets, immédiats. En somme, le bon chrétien était, à mes yeux, quelqu'un qui attendait de mourir avant de se donner licence de vivre.

Imbu d'un sentiment de supériorité condescendante, je pensais comprendre le motif fondamental des témoignages qui vantaient les mérites de la foi. J'agréais sans effort quand les croyants disaient que la foi apporte du réconfort, qu'elle soutient dans les épreuves, qu'elle donne un sens à la vie, qu'elle resserre les liens communautaires, qu'elle guide les comportements, qu'elle est thérapeutique et qu'elle résonne profondément avec notre identité intime.

Avec un sourire narquois, j'acquiesçais sans peine à tout cela, car ces énoncés démontraient, simplement, que la prothèse religieuse fonctionnait correctement. J'enviais même un peu, les émotions majestueuses et intenses que les dévots éprouvaient lors de leurs rituels liturgiques. J'y voyais la récompense de l'« homo credulus », un hominidé ayant la faculté de mettre sa lucidité en veilleuse pour s'adonner à des superstitions infantiles.

Je ne pensais même pas être particulièrement distinct des croyants ni même immunisé contre la tentation religieuse.

J'étais simplement privilégié. Ma lucidité d'incroyant résultait de mon éducation et des conditions de vie paisibles, confortables et sécuritaires qui m'avaient permis de prendre du recul par rapport aux peurs existentielles.

Nos ancêtres avaient dû croire pour survivre lors des époques rudes et dangereuses dans lesquelles ils vivaient. Ceux de ma génération, par contre, pouvaient enfin accéder à l'incroyance lucide, ce bien ultime de l'humanité, fruit incomparable de la civilisation.

Mon incroyance représentait un héritage privilégié, un trésor durement conquis au long des siècles d'obscurantisme et auquel pouvaient accéder, enfin, ceux qui possédaient en abondance l'éducation, la jeunesse, la sécurité et la santé. Un jour, me disais-je, quand la vieillesse m'aura affaibli, quand mon intellect aura perdu son acuité et que la peur m'aura cerné, je tomberai sans doute, à mon tour, comme les autres et je me prosternerai devant le vide pour implorer des mirages.

Je comprenais fort bien, aussi, le besoin obsessif qu'ont certains croyants, de faire du prosélytisme. En effet, me disais-je, les dévots craignent le regard corrosif et lucide de l'incroyant supérieur. Ils redoutent son intellect magistral capable de réduire leurs gloses en charpie. Plus on est de fous, plus on s'amuse... plus on est de croyants, plus on croit. Il faut donc faire croire les autres pour mieux croire soi-même. Quant à ceux qui poussaient l'irrationalité le plus loin, ils devenaient des prêtres ou des moines, responsables de faire la promotion du délire au nom du bien commun.

L'extraordinaire obstination des gens à persister dans leur crédulité en dépit de l'évidence grandissante, massive et incontournable des modèles scientifiques de la réalité me fascinait particulièrement. J'avais remarqué comment les miracles, si nombreux aux époques prétechnologiques, devenaient de plus en plus rares à mesure que les méthodes et les instruments du savoir progressaient.

Aux époques archaïques, les miracles avaient de la substance : on marchait sur l'eau, on arrêtait le soleil, on réveillait les morts ! À l'ère scientifique, le miraculeux s'était ratatiné. Il ne restait plus que quelques guérisons miteuses affectant des maladies encore incomprises. L'Église commençait même à sanctifier ses saints sans en attendre des miracles !

Même à cette époque, cependant, mes critiques du phénomène religieux n'étaient pas confinées aux religions dites traditionnelles. Pour moi, il n'était pas nécessaire de croire en l'existence de divinités pour déraper dans l'irrationnel religieux. N'importe quel ensemble de mythes, d'énoncés moraux axiomatiques et de rituels irrationnels et touchants, qui permettait de contrôler le comportement d'un groupe humain (famille, tribu ou nation), constituait, à mes yeux, une forme de religion.

Une religion pouvait posséder une seule divinité, plusieurs, ou aucune. Ainsi, le marxisme soviétique, malgré ses prétentions contraires, était une religion au même titre que l'anglicanisme. Je percevais les ralliements gauchistes auxquels je participais à l'époque, avec leurs rituels, leurs slogans répétés comme des incantations, leurs codes vestimentaires, leurs symboles et leurs grandes déclarations axiomatiques et puériles, comme des cérémonies de type religieux même si celles-ci ne faisaient aucune référence à des dieux transcendants. Une manifestation politique ou une procession du Saint-Sacrement, c'était, au fond, pareil.

J'étais très fier de mon échafaudage athée. Pendant plus de vingt-cinq ans, j'ai professé ces idées, sans aucune retenue, devant tous ceux que je rencontrais. Quand on me demandait à quoi je croyais, l'athée supérieur que j'étais répondait, à l'époque, qu'il croyait à la réalité, lucidement. Aujourd'hui, je dirais de cet athée que je fus, qu'il se prosternait devant ses plaisirs, qu'il adorait son intellect et qu'il s'aveuglait de l'illusion de sa propre lucidité.

Je croyais, à l'époque, que l'évolution de mes convictions vers l'athéisme résultait d'une recherche rigoureuse et un peu héroïque de vérité. Je cherchais, sans doute, à comprendre le monde qui m'entourait, mais ce motif n'expliquait pas tout.

J'ai observé, depuis, que les démarches de remise en question des convictions religieuses, apparemment lucides et désintéressées, sont généralement animées par des appétits subjectifs qui les meuvent. En effet, la démarche de rejet de la foi consomme du temps et de l'énergie. Pour s'activer et se poursuivre, elle doit consommer une forme de carburant. La faculté d'introspection et l'activité d'analyse critique ressemblent ainsi à un moteur. Sans un motif qui leur fournit de l'énergie, elles demeurent immobiles. Or, j'investissais du temps et des efforts à critiquer la foi et à justifier son rejet. J'effectuais ces raisonnements dans un esprit en apparence rigoureux et objectif. Cependant, des mobiles intéressés alimentaient, comme un carburant, cette démarche. Un agenda subjectif motivait une activité qui, dans sa forme et dans son contenu, semblait entièrement objective. Mon échafaudage d'opinions, apparemment désintéressées, résultait en fait d'un parcours motivé par le besoin de me débarrasser d'un obstacle encombrant.

Le besoin, qui servit de carburant à ma démarche d'apostasie, fut le même pour moi que pour tant d'autres de ma génération. Ce besoin, le voici : la volonté de s'accoupler librement sans les contraintes du mariage et de la famille. Cette volonté d'avoir accès à une sexualité de loisir activait mes démarches et les orientait. Or, la doctrine chrétienne faisait obstacle à cette volonté. La machine cérébrale, énergisée par le carburant de la volonté de plaisir, se mit donc en branle et ma démarche d'apostasie débuta.

Un échafaudage en apparence rigoureux peut être, ainsi, suscité par des besoins invisibles qui en façonnent l'orientation. Si la doctrine chrétienne n'avait pas alors fait obstacle à ma volonté de plaisir, je n'aurais sans doute pas fait l'effort de la démolir.

Dire que la volonté d'accéder à une sexualité de loisir animait, comme un carburant, ma démarche d'apostasie, ne correspond pas tout à fait à la réalité. Quand on y pense, il n'est pas nécessaire d'élaborer une idéologie athée pour se livrer à des aventures sexuelles. Un croyant peut aussi avoir de telles aventures s'il consent à pécher, l'histoire humaine le démontre abondamment.

Je cherchais donc quelque chose de plus que le simple accès à l'activité sexuelle, je voulais aussi en éliminer le remords. Or, le remords n'empêche pas vraiment le plaisir lui-même, certains diront même qu'il l'attise. Son effet est ailleurs. Il nuit à l'opinion que nous avons de nous-même. La simple volonté de jouir n'activait donc pas ma démarche. Par cette démarche d'apostasie, je ne désirais pas obtenir le plaisir sexuel mais un autre plaisir, celui qui vient après la jouissance. Je voulais, non seulement m'accoupler sans contraintes, mais, l'ayant fait, je voulais aussi ressentir le contentement tranquille de celui qui vient d'accomplir quelque chose de beau, de bon et de bien. Ce qui animait ma démarche n'était donc pas la volonté de plaisir, mais celle de subordonner la vérité et la morale à mes désirs. Je voulais posséder le contentement du juste, quels que soient mes comportements.

En résumé, **la volonté de jouir moralement, hors du mariage** fut, spécifiquement, le carburant qui activa ma démarche d'apostasie. Je n'étais pas seul dans cette démarche. Au contraire, ma démarche individuelle faisait partie d'un phénomène qui entraîna toute ma génération et dont les conséquences ultimes commencent à peine à se manifester. Si Dieu n'existe pas alors tout est permis et les baby-boomers peuvent baiser sans contraintes ! Voilà ce qui déclencha la démarche d'apostasie de toute ma génération.

Le mot, apostasie, que j'utilise ici, peut sembler excessif et archaïque. Il s'agit pourtant de l'expression correcte pour décrire cette démarche, la mienne et celle de ma génération. Nous avons, en effet, rejeté systématiquement la doctrine chrétienne pour élaborer des échafaudages de croyances qui la dénigrent et la renient. On dit du Québec qu'il a inventé la révolution tranquille. On pourrait dire aussi qu'il a fabriqué l'apostasie gentille.

Le processus d'apostasie emprunte les étapes suivantes. D'abord, l'apostat, mu par la volonté de se libérer du remords qui fait obstacle à son opinion de lui-même, critique et rejette systématiquement les mystères de la foi chrétienne. Dans ce premier stage, l'apostat prend soin de se représenter la doctrine chrétienne sous la forme la plus caricaturale possible pour mieux la rejeter au nom des savoirs supérieurs de la science. Cette première démarche débouche souvent sur une forme apparemment intransigeante d'athéisme.

Or, dans l'incroyance absolue, il n'y a plus de valeurs et tous les comportements sont équivalents. Ceux qui voudraient vivre entièrement selon cette doctrine agiraient sans aucune mesure morale. Leurs vies monstrueuses seraient rapidement détruites, dévorées ou suicidées. Les gentils apostats de ma génération, cependant, craignent de telles démesures. Elles menacent leurs jouissances sécuritaires. Les porcelets craignent les fauves. Ayant démembré la doctrine chrétienne, il faut donc ériger un code moral de remplacement, un échafaudage qui sanctionne nos petites jouissances tout en prohibant les démesures de l'athéisme intégral.

Enfin, pour justifier ce nouvel assemblage et en faire un étalon moral, il faut le couvrir d'une patine respectable. On compose donc des déclarations solennelles, des chartes, des chansons, des cérémonies, des discours émotifs et des visions d'avenirs utopiques. Autrement dit, ayant rejeté la foi, l'apostat fabrique de nouvelles structures religieuses qui justifient sa volonté d'être à la fois libertin et moral, tout en lui procurant un gentil cocon sécuritaire.

Pour bâtir ces cultes de remplacement, on ramone le fonds culturel de l'humanité, y repêchant tout ce qui peut servir : des morceaux de pensées orientales, des versions édulcorées de croyances autochtones, des énoncés à saveurs scientifiques, des mythologies progressistes, des déclarations politiques érigées en axiomes, et le reste ! Ainsi, la rébellion sexuelle qui débuta par une simple révolte ludique, finit par déboucher, quarante ans plus tard, sur un assemblage éclectique de nouveaux principes moraux aux allures plus ou moins religieuses, présentés comme voie lumineuse de l'humanité nouvelle et comme sagesse de l'avenir. Ces choses partagent toutes, pourtant, un trait commun : elles permettent la licence.

Comparés à la doctrine chrétienne, ces pseudo-cultes sont pitoyables. Ils sont truffés d'absurdités et d'idioties ; dénués de vraie sagesse. Ils ne font pas le poids. Alors, pour maintenir l'illusion de la supériorité de ses assemblages sur la doctrine chrétienne, l'apostat ne peut pas uniquement les proclamer, il doit aussi, sans cesse, rabaisser la doctrine chrétienne et la dénigrer pour se convaincre que ses pantins lui sont supérieurs.

Ma génération a glané dans tout le bagage des enseignements, des croyances et des moralités antiques, exotiques, autochtones ou autres, pour y trouver des morceaux utiles, les remodeler et les mettre au service de sa volonté de jouir moralement. Ces assemblages recyclés, subordonnés à la volonté de plaisir de ma génération, sont présentés comme des sagesses, récupérées du fond des âges, ou comme des moralités modernes et scientifiques. On y trouve du bouddhisme sans ascèse sexuelle, des codes de conduite autochtones dont on a retiré les plaisirs brutaux, la bisexualité de l'Antiquité sans sa pédophilie, les lois amorales de la science transformées en justification du plaisir sécuritaire, et ainsi de suite.

Sous chacune de ces « saveurs », on retrouve le même message. Quels que soient les codes et les croyances de remplacement qu'on propose, quelles que soient leur forme ou leur origine, tous se prétendent porteurs d'une morale sexuelle plus saine et plus naturelle que la doctrine chrétienne. L'accès au plaisir sous-tend tous ces discours. Ainsi, des comportements sexuels systématiquement et perpétuellement stériles sont célébrés comme des retours à aux comportements naturels des peuples primitifs !

Donc, mû par la révolte sexuelle, j'avais systématiquement démoli les énoncés de la doctrine chrétienne pour adopter, à leur place, ce que je me plaisais à considérer comme un athéisme intégral. En théorie, j'étais parvenu à un point où aucune loi morale ne me retenait. J'aurais donc dû faire n'importe quoi sans contrainte ni remords. Et pourtant, mon comportement général était sensiblement le même sauf en ce qui concernait les activités sexuelles. Et, même dans ce domaine, je demeurais plutôt conservateur.

Étant devenu athée, j'aurais pu, en théorie, commettre, pour le plaisir, des vols et des meurtres ; j'aurais pu m'abandonner à des débauches ou me livrer à la conquête, sans scrupules, du pouvoir. Je ne fis rien de tel. Si j'avais été conséquent avec mes convictions athées, j'aurais dû poser ces gestes.

Pourtant, je me suis confortablement installé dans des comportements logiquement incompatibles avec mes convictions avouées. Je devins, en quelque sorte, un athée raté. En effet, m'étant débarrassé du remords sexuel et ayant éliminé les croyances qui faisaient obstacle à mes plaisirs, j'avais satisfait le besoin qui motivait mes démarches. Ma quête de vérité et de rigueur, privée de ce carburant, s'est aussitôt assagie.

Un autre aspect de mon comportement indique que ma démarche intellectuelle d'apostasie était subordonnée à un agenda subjectif. Je lisais beaucoup à cette époque. J'ai lu, entre autres, des dizaines de textes issus de tout un éventail de traditions spirituelles : le Coran, les Védas, le livre tibétain des morts, celui des Égyptiens, des écrits bouddhiques, des Évangiles apocryphes, des traités philosophiques, antiques, existentiels, politiques, et j'en passe. Pourtant, malgré cet intérêt boulimique et apparemment éclectique pour toutes les sagesses et les religions du monde, je n'ai jamais lu, pendant la période de mon incroyance, les livres de la Bible ou ceux des philosophes chrétiens, sauf, à l'occasion, dans l'unique espoir d'y trouver des contradictions ou des absurdités qui justifieraient davantage ma démarche d'apostasie.

Je m'imaginais, engagé dans une recherche impartiale de vérité. Pourtant, j'acceptais sans difficultés, les préjugés les plus grossiers et les plus superficiels concernant la pensée des Pères de l'Église. De peur d'être attiré par la foi et de risquer ainsi de perdre ma précieuse licence, j'affublais la doctrine chrétienne des traits les plus désagréables. Si jamais je me convertissais, me disais-je, la seule alternative possible serait la sainteté extrême.

Pour être conséquent avec sa foi, il faudrait entrer au cloître ou devenir laveur de latrines dans une léproserie. Comme je n'avais aucunement envie de faire ni l'un ni l'autre, je me dépeignais la foi chrétienne comme je voulais qu'elle m'apparaisse : un cul-de-sac, une anti-vie, une option impossible.

Pourtant, tout en affirmant que la foi devait nécessairement déboucher sur l'ascèse totale, je m'accommodais, sans la moindre difficulté, d'un athéisme médiocre et incohérent. Je rationalisais alors mon manque d'énergie à faire le mal en me disant que je suivais la voie du milieu, pratiquant une morale qui équilibre la satisfaction des désirs avec la nécessité de minimiser les risques. Je me référais à la moralité du mec, à l'idéal du libre-penseur gauchisant et sympathique qui, ayant balancé tous les carcans religieux et dogmatiques, vit librement selon la loi morale, naturelle et confortable, qu'il s'est façonné. Tout ça ressemblait à une grande sagesse. C'était, en fait, le point zéro de l'égoïsme.

Ces réflexions et ces choix n'avaient rien d'exceptionnel. Je faisais partie d'une génération entière qui a vécu, dans une société facile et prospère, des démarches semblables, menant à des résultats similaires. Certains devinrent, comme moi, des athées doux, d'autres, des croyants mous, des agnostiques indifférents, des sceptiques savants ou des adeptes de sagesses plus ou moins exotiques. Quel que soit l'aboutissement de ces démarches, la volonté de jouir sans remords et sans risques les motivait toutes. On prétendait douter de tout alors qu'on besognait aveuglément à justifier ses désirs. Nous avons fait de nous-mêmes, la mesure de nos vies. Mais, en larguant le remords, nous avons noyé l'idéal et saboté notre dignité.

Le remords est une bénédiction de Dieu ! À partir du moment où je perdis la foi jusqu'au jour de ma conversion, plus de vingt-cinq ans plus tard, je ne l'ai jamais ressenti.

Durant les premières années de mon incroyance, au début de la vingtaine, je ne m'étais pas encore installé dans une niche tranquille d'athée confortable. Mon existence, alors, était moralement et spirituellement déboussolée. J'aurais pu me faire happer par n'importe quelle dérive et la suivre, aveuglément, n'importe où.

Ma grande chance, qui est aussi la chance de toute ma génération, fut d'avoir reçu, pendant mon enfance, l'apprentissage des valeurs chrétiennes et d'avoir vécu cette période d'égarement au sein d'une société qui affirmait sans détours ces valeurs. Alors que je m'étais affaissé, moralement et spirituellement, la société encore croyante au sein de laquelle je vivais m'a maintenu dans une droiture relative. À cette époque, ce sont les autres, tous ces gens autour de moi qui assumaient leur devoir et affirmaient leurs valeurs, qui m'ont encadré, m'ont épaulé et m'ont soutenu.

Vous, qui m'avez élevé, qui m'avez enseigné, qui avez œuvré pour que le monde de mon enfance soit propre, qui avez persévéré dans vos valeurs en dépit des ricanements des doctes, qui avez combattu les prédateurs et les pervertisseurs même au risque de paraître guindés, qui avez eu le courage de censurer ce qu'il fallait censurer même quand on vous dénigrait ; vous, qui avez eu la décence de cacher vos déboires, qui avez préservé une mesure de pudeur dans vos créations artistiques, qui m'avez éclairé par l'exemple de vos vies, qui m'avez aidé alors que je n'avais rien à vous donner et qui m'avez encadré quand j'étais sans volonté ; à vous tous, je dois la survie de mon âme qui, alors, s'était effondrée !

Quand je compare ce que j'ai reçu dans mon enfance avec la société délabrée et pervertie que ma génération lègue aux jeunes, je veux crier !

Une fois les écueils de la jeunesse franchis, je me suis installé, toujours incroyant, dans une vie conventionnelle d'honnête travailleur, marié et père de famille. Mon existence avait toutes les apparences de la vertu. Je ne faisais de mal à personne, je m'occupais de mes obligations, j'aimais sincèrement ma famille… j'étais un « bon gars ». Mon existence, morale et stable, d'athée vertueux, semblait démontrer la futilité de Dieu.

En réalité, je m'étais simplement installé dans un état stagnant où mes désirs et mes appétits contrebalançaient mes craintes et mes paresses. Celui qui ne vole pas est-il honnête, ou est-il trop repu pour prendre des risques ? Celui qui ne violente pas est-il pacifique par choix ou par peur ? Celui qui ne ment pas est-il franc ou craint-il de trébucher dans ses histoires ?

Dans une société pacifique, prospère et bien gérée comme la nôtre, l'égoïsme, la faiblesse et la lâcheté prennent facilement les apparences de la vertu. Mais, cette « vertu » est un simulacre, un or de pacotille. La force morale, comme la force physique, doit être exercée pour grandir. Or, comme je n'avais aucun remords, l'idée de me renforcir en surmontant mes faiblesses par la prière et par le sacrifice me semblait complètement incongrue. Ayant fait de moi-même la mesure du bien, j'étais devenu parfait et l'idée même du perfectionnement moral n'avait plus de sens.

Voilà la tragédie de notre époque. Nous avons enchâssé nos égoïsmes dans des gaines de confort que rien ne dérange. Nos âmes y pourrissent lentement dans des vies sans histoires.

Des discours pervertis et hostiles aux valeurs chrétiennes dominent de plus en plus la société dans laquelle nous vivons. Avec les années, une révolution sexuelle qui ressemblait, au début, à un grand carnaval ludique, a mué en un système d'apostasie et de blasphème. Chaque jour, ce système envahit davantage les discours moraux, légaux, culturels et politiques de la société. Le monde de ma jeunesse, celui qui m'a maintenu dans la droiture alors que j'étais affaissé, s'est transformé sournoisement en une trappe à perversion pour les jeunes d'aujourd'hui.

Ma génération a failli à son devoir de transmettre à ceux qui la suivent, l'héritage de sagesse chrétienne qu'elle a reçu de ses parents. Elle a refaçonné l'ensemble de la société, ses valeurs, ses traditions, ses lois, sa culture et ses familles, pour les subordonner aux besoins de la baise. Nous avons laissé choir un trésor âprement conquis au cours des siècles. Maintenant, l'idolâtrie, le blasphème et la perversion s'installent chez nous en maîtres.

Qui donnera aux jeunes d'aujourd'hui le soutien que nous avons reçu lors de notre jeunesse ?

LA PRESENCE

Aux abords de ma trente-huitième année, je ne pratiquais aucune activité religieuse traditionnelle. Malgré un certain intérêt ludique pour celles-ci, je n'adhérais pas, non plus, aux croyances à saveurs primitives du nouvel âge. Je rejetais, aussi, les formes émergentes de paganisme, costumées en mouvements sociaux et idéologiques, qui dominaient de plus en plus le discours social. Je ne voyais dans ces dernières que des religions déguisées, aussi arbitraires et subjectives que les croyances chrétiennes.

Une quête, pourtant, me passionnait à cette époque, celle de l'intelligence artificielle. La recherche des algorithmes capables de capter l'essence même de la pensée et la possibilité de créer des machines conscientes, m'obsédaient. Je passais mes soirées à supputer ces questions. Or, ce type de réflexion est un exercice étrange et tordu. En effet, la pensée y tente, sans cesse, de débusquer ses propres mécanismes alors même qu'elle s'en sert. Comme un chasseur embusqué dans son intellect, je bondissais sur mes propres pensées aussitôt que je les percevais. Chaque fois, elles me filaient entre les doigts ! En effet, aussitôt qu'on tente de saisir une pensée sur le vif, on s'aperçoit qu'une autre l'a remplacée, celle qui pensait avoir saisi la précédente.

Ainsi, je creusais sans relâche la question du lien entre la conscience et l'intellect. Il paraît que certains chercheurs en sont devenus fous. Plusieurs ont perdu l'aptitude à vivre en société. Heureusement, mon intellect n'était pas assez puissant pour me mettre en danger. Je ressemblais, plutôt, dans ces recherches, à quelqu'un qui tente de s'assommer avec un marteau en caoutchouc.

On pourrait croire que l'échec éventuel de cette démarche a été le motif qui m'a poussé vers la foi ; que j'aurais été amené à admettre l'existence de Dieu en acceptant l'impossibilité de construire une machine consciente. Le contraire advint.

Au terme de cet effort de réflexion, je commençais à entrevoir la structure et les mécanismes qui seraient capables de susciter, dans une machine, un comportement conscient. J'avais même acquis la conviction que la technologie informatique existante serait capable de réaliser un tel objectif. Je devins donc convaincu qu'il serait possible de définir la conscience de façon objective et programmable.

Plus que jamais, ces réflexions m'avaient convaincu que la conscience humaine dépendait entièrement et uniquement de mécanismes biologiques. Je devins convaincu qu'en définissant la conscience comme un mécanisme et en bâtissant une machine consciente, nous planterions le dernier clou dans le cercueil de Dieu. Grâce à ces recherches, me disais-je, nous ferons bientôt sauter le dernier refuge du spirituel !

Alors, un soir, je reçus la visite de Dieu. J'étais assis à mon bureau, après le souper. Tout à coup, sans avertissement, je perçus Sa présence derrière moi, à environ trois mètres, un peu vers la gauche.

Ce n'était pas une hallucination. J'étais sobre et calme. Je ne me suis pas retourné car je savais qu'il n'y aurait pas de corps physique à cet endroit. Il était là, simplement, et je le savais. Il était présent, non pas comme une idée, mais comme une personne qu'on connaît intimement et dont on reconnaît instinctivement la présence. Je voudrais bien dire, ici, que je suis tombé par terre, que je me suis prosterné, que j'ai été transporté par des émotions extraordinaires, que j'ai pleuré et prié toute la nuit, que j'ai vu des lumières ou que je suis sorti du bureau en chantant.

Rien de tel. Sa présence, c'est tout. Pourtant, à partir de cet instant, j'ai cru et je n'ai jamais cessé de croire. À partir de ce moment, aussi, j'ai recommencé à vivre.

Je n'ai pas ressenti d'émotion particulière lors de cette présence, sauf, peut-être, la perplexité de celui qui vient de faire une rencontre inopinée, étrange et un peu incongrue. Nous avons un sens intime de nos proches, nous percevons en quelque sorte leur « saveur », cette tonalité fondamentale qui sous-tend leur être et demeure constante à travers leur existence. Ainsi, nous reconnaissons instinctivement la sensation particulière que la présence de nos proches nous procure et nous distinguons celles-ci de toutes les autres.

C'est ainsi que j'ai perçu la présence du Seigneur. Elle m'était à la fois familière et différente de toutes celles que je connaissais. Il n'était pas moi mais plutôt quelqu'un que je connaissais intimement. Je ne peux pas vraiment décrire cette présence, comme je ne pourrais pas décrire la sensation que me procure un autre de mes proches. Au mieux, je pourrais dire qu'elle avait un caractère paternel et souriant, à la fois jeune et vieux. Je l'ai aussitôt reconnue.

Mon comportement n'a pas changé. Je ne me souviens pas de ce que j'ai fait plus tard, ce soir-là où dans les jours qui suivirent. Ma vie a simplement continué, sans histoires.

Dans les semaines et les mois qui ont suivi ce premier contact, je me suis retrouvé assez fréquemment, dans la présence du Seigneur. Ça m'arrivait parfois quand j'étais assis à mon bureau, parfois ailleurs. Je ne la cherchais pas particulièrement et, quand je la ressentais, elle ne m'inspirait pas de sensations fortes ni d'extases. La présence de quelqu'un, c'est tout. Je ne me sentais pas poussé à faire quelque chose de particulier ni à transformer ma vie. Il n'y avait pas de hâte.

Je me sentais comme quelqu'un qui s'apprête à faire un long voyage en compagnie d'un ami avec qui les mots sont superflus. Après quelques semaines, je percevais la Présence aussitôt que j'y prêtais attention, comme une visite. Ce stade a duré quelques mois puis s'est estompé.

Je ne pourrais pas dire que cet événement m'a transformé ou m'a rendu différent de celui que j'étais. La Présence ne m'a pas non plus bouleversé ni particulièrement impressionné. Le

Seigneur était là, sans plus. Ma conception du monde, mes réflexions, mes soucis et mes activités sont demeurés inchangés. Aucune émotion particulière ou différente ne m'habitait. J'avais les mêmes tracas, les mêmes frustrations, les mêmes idées qu'auparavant.

On pourrait dire, si ça avait du sens, que, d'athée incroyant, j'étais devenu un athée croyant. En effet, je conservais toujours mes convictions athées sauf que, maintenant, je croyais.

Mon attitude par rapport à la religion et la foi demeurait la même. Je n'hésitais pas, non plus, à examiner avec un regard un peu amusé, cette étrange et nouvelle sensation de la présence familière de Dieu. Sans trop d'efforts, je pouvais déterminer les divers facteurs qui expliquaient cette étrange sensation que je ne qualifiais même pas de religieuse. Il s'agissait, plutôt, de quelque chose de simple et de concret.

La première explication qui me vint, pour l'élucider, fut mon âge. J'avais trente-huit ans. Même si j'étais encore en santé, j'avais déjà assez vieilli pour pressentir l'échéance de la mort. Comme tous ceux qui ont plus de trente ans, j'avais commencé à éprouver, parfois, ces moments intimes et secrets, où, seuls, nous prenons conscience de l'échéance ultime. Nous connaissons tous ces moments d'angoisse secrète où nous pressentons la vieillesse approchante, même si nous les cachons aux autres. Les maladies et les accidents qui nous cernent ressemblent alors à une meute de loups affamés encerclant leur proie faiblissante, sachant qu'ils la dévoreront bientôt.

J'observais d'ailleurs, que les éveils religieux sont fréquents autour de la quarantaine ! Il semblait donc que j'avais été, à mon tour, contaminé par la religiosité. Mon subconscient me préparait une jolie chambrette, tapissée de croyances réconfortantes, pour y endurer les épreuves de la vieillesse. Vivre sa jeunesse en libertin athée et se convertir à l'orée de la vieillesse, n'est-ce pas le parcours idéal ?

Je vivais, depuis plusieurs années déjà, dans un mariage stable et satisfaisant. Mes convictions athées, si utiles pour justifier la licence, n'avaient plus la même nécessité. Mes hormones étant assagies, je respectais déjà, sans effort, les consignes chrétiennes. Devenu vertueux par habitude, je pourrais maintenant croire sans inconvénients.

Par ailleurs, mes tentatives frustrantes de concevoir une machine consciente m'avaient mené à entrevoir qu'une telle machine achèverait la question de Dieu en révélant les mécanismes de la conscience. Ceci avait sans doute suscité, en moi, une certaine angoisse inconsciente, la crainte primitive et puérile de celui qui joue, comme Prométhée, avec le feu défendu. Ce besoin confus de « pacifier les dieux » avait aussi, sans doute, stimulé ma glande crédule.

Enfin, la conjecture la plus probable, pour expliquer cette étrange sensation, était que, à force de me triturer les méninges avec mes élucubrations obsessives, j'avais probablement surexcité, par inadvertance, la région du cerveau qui produit la sensation de la présence de quelqu'un.

Je m'appliquais ainsi, comme je le faisais depuis toujours, à façonner des arguments, plus probants les uns que les autres, pour rejeter la foi. Mais, maintenant, le Seigneur était présent à mes côtés au cours de ces réflexions savantes. J'établissais, de façon inattaquable, la subjectivité de Sa présence. Il se réjouissait avec moi de la force de mes arguments. Je construisais une barricade de raisons pour préserver mon incroyance. Il l'enjambait pour me visiter. Je bâtissais une forteresse logique contre l'idée de Dieu. Nous étions deux à défendre la place !

Avant, je proclamais que Dieu n'existait pas ; maintenant, je disais : « Tu n'existes pas ».

Quel mystère d'Amour que ce Dieu si vrai dans Sa présence ! Il nous habite sans nous posséder. Il nous transforme et nous laisse intacts. Il nous englobe et nous garde entiers. Il respecte tout, même notre incroyance, et vient la partager avec nous !

Malgré son caractère apparemment soudain, de nombreux événements m'avaient préparé à cette conversion. En effet, je ne me suis pas converti, je fus converti.

La quête obsédante du code de la conscience, déjà décrite, fut sans doute un de ces facteurs préparatoires. Mais un autre élément, plus important, m'avait préparé à recevoir la visite du Seigneur. Je nommerais ce facteur « l'amour difficile ».

L'amour difficile ? N'est-ce pas là une contradiction ? L'amour n'est-il pas toujours plaisant et doux ? S'il est déplaisant, comment peut-on appeler ça de l'amour ? D'après mon expérience, il n'est pas toujours facile d'aimer. L'amour veut toujours le bien de l'autre. Cette nécessité peut devenir un fardeau d'obligations pénibles quand les besoins de l'autre nous oppressent. Un poids qui, à la longue, nous use, nous sape et nous brise. Celui qui aime devient impuissant devant ceux qui ont besoin de lui. Malgré lui, il met sans cesse ses désirs et ses besoins au second plan.

La logique implacable des besoins de l'autre ressemble à un cordage qui nous lie et nous rague. Elle consomme nos années, irrécupérables, de vie. Notre jeunesse s'effiloche ainsi, dépensée au service des autres. Il faut sans cesse obéir, même si les ordres ne viennent pas d'en haut, du pouvoir, mais d'en bas, de l'appel des petits qui comptent sur nous.

L'appel des petits, voilà le joug du Christ ! On veut crier et s'évader. On cherche des excuses et des arguments pour s'esquiver. Mais le joug et la vérité, car ils ont vraiment besoin de nous ces petits, presse nos visages sur les conséquences de nos choix. Alors, on s'accroche, comme des bouledogues, à nos obligations. On en devient raidis, tendus, aigris, ridés, adultes. Pendant que nous besognons sans cesse à servir ceux qui sont dépourvus, des pans entiers de nos vies nous filent entre les doigts, d'un plaisir perdu à une liberté retardée.

Ainsi asservi à la loi de l'Amour, on perd l'aisance fluide et sereine de ceux qui, eux, ont rejeté ces entraves pour se consacrer aux besoins de l'enfant intérieur ; cet « enfant » qui place ses désirs au-dessus des besoins des autres. Eux se dandinent alors que, nous, les responsables, nous trimons dans la galère des obligations. Nous envions leur « sagesse ». Ils ont déjoué les pièges et les engrenages de l'amour. Ils dansent avec la vie. Ils savent donner sans se donner, aimer sans trop s'engager. Ils s'esquivent et se préservent pour mieux préserver leur beauté intérieure ou leurs besoins esthétiques. Ils ont compris ; leurs vies riches, radieuses et souples le démontrent ! Pourtant, nous, les cons de l'amour, nous demeurons incapables de laisser tomber notre fardeau en sachant qu'il blesserait ceux que nous aimons. Tout indique qu'ils préservent leurs vies alors que nous perdons les nôtres, et pourtant…

À l'époque, je nommais les obligations de l'amour conjugal et parental qui me pesaient tant la « loi de fer ». Je m'en suis souvenu, plus tard en entendant le psalmiste dire : « tu briseras (les nations) avec un sceptre de fer, comme vases de potiers tu les fracasseras » [Psaume 2]. Je pensais alors que ce sceptre de fer représentait la loi de l'Amour, enseignée par le Christ. Mais ce n'est pas le cas. Dans ce psaume, le joug et les cordages symbolisent l'amour et non le sceptre.

L'amour lie, il ne fracasse pas. Ce qu'il brise est sans valeur et cela plaît à Dieu.

Ceux qui déclarent que l'amour est toujours plaisant se trompent. Certes, il faut savoir s'occuper de soi. Il faut savoir distinguer entre le bien de l'autre et ses désirs. Il faut savoir se restaurer. Mais il faut aussi tenir bon parfois, parce qu'il le faut, même quand ça fait mal, même quand ça nous blesse.

L'amour chrétien n'est pas toujours une source de bien-être thérapeutique. Il peut aussi être pénible et peut blesser. Il peut nous fatiguer, nous rendre malades. Il peut nous appauvrir, nous faire souffrir et même mourir. Le Christ, devant nous, ne siège pas dans un bien-être serein comme un sage de l'Orient. Il est en larmes, angoissé, suppliant Son Père de lui éviter le supplice. Il assume volontairement le sacrifice qui Le fauchera dans la fleur de l'âge.

On pourrait penser, en lisant cette description héroïque des fardeaux de l'amour, que je consacrais ma vie, à cette époque, à soigner les miséreux dans les bas-fonds des villes ou à travailler comme bénévole dans un orphelinat. On pourrait penser que cette loi de fer qui me pesait tant, m'obligeait à vivre dans le dénuement, m'astreignant à des sacrifices olympiques. Rien de tel !

Quel était donc ce poids qui me faisait geindre, ce grand devoir d'amour que je subissais avec tant de peine et qui m'inspirait ces élans lyriques ? Rien de plus que les besoins d'une épouse aimante et de deux beaux enfants en santé ! Voilà le fardeau d'amour qui m'éreintait ainsi ! Une plume ! Une caresse !

Comment peut-on décrire cela comme un poids ? Ça semble ridicule, absurde, de décrire ainsi un mariage facile et une vie de famille comblée ! Pourtant, des milliers d'hommes et de femmes de ma génération furent incapables d'endurer la même chose. En effet, même les obligations les plus légères deviennent insupportables pour l'incroyant. Il perçoit sa vie comme une suite d'instants à la fois insignifiants et irrécupérables. Pour lui, chaque instant de sacrifice est un trésor de temps qui est perdu. L'enfant intérieur ne tolère aucune charge, si petite soit-elle !

Donc, même si j'étais athée, je me soumettais en maugréant, année après année, à la loi de l'Amour et à ses besoins. Graduellement, cette servitude attendrissait ma viande. Professant un athéisme intransigeant, je côtoyais pourtant déjà le royaume du Christ. Je ne croyais pas encore au Seigneur mais, en obéissant, malgré moi, à Sa loi, je commençais déjà à Le suivre et à L'aimer. Ainsi, le Seigneur me prépara à Sa visite. Même un athée commence à aimer Dieu quand il garde Ses commandements. Cette soumission involontaire et inavouée aux obligations de l'amour converge vers la foi, même si les mots ne le disent pas encore.

L'expérience de la présence paternelle de Dieu ne me transforma pas immédiatement en chrétien. Cette mutation requit des années. À cette époque, je considérais encore le christianisme comme une particularité, ethnique et limitée, reflétant une spiritualité plus vaste. Je ne voulais pas me « restreindre » à Jésus et encore moins à une religion chrétienne.

Puisque Dieu était venu me rencontrer personnellement, j'escomptais vivre, dorénavant, dans une communion mystique directe avec Lui, sans autre intermédiaire. Je devins donc d'abord croyant, mais pas catholique, ni chrétien. Les religions et toutes les manifestations rituelles qui les accompagnaient me semblaient encore inutiles. Elles m'apparaissaient encore comme des prothèses conçues pour les âmes mineures, incapables de s'élever vers le divin par leurs propres moyens. Malgré tout, Dieu n'était plus, pour moi, une idée qu'on soupèse. Il était quelqu'un qu'on rencontre. Plus tard, seulement, j'ai compris à quel point la pratique religieuse favorisait l'humilité, essentielle à cette rencontre.

Ceci complète le récit de la première étape de ma conversion. Vu de l'extérieur, il s'agit d'un événement anodin et subjectif, on dirait même un non-événement. Je ne prétends surtout pas qu'il puisse convaincre qui que ce soit à se convertir ou même à croire que Dieu existe. Nous ne trouvons pas Dieu ; Lui nous trouve. Sans le savoir, je m'étais préparé à cette rencontre en portant le joug de l'amour, puis un jour, simplement, j'ai ressenti la présence du Seigneur près de moi.

Depuis cet instant, je n'ai jamais cessé de croire.

LE TORRENT

Le deuxième événement de ma conversion eut lieu environ un mois après l'expérience de la Présence. Un dimanche matin, par une journée de printemps ensoleillée, je ressentis, sans raison apparente, le besoin d'entendre la messe dans une église, située près de chez moi, qui était consacrée à l'Immaculée Conception. Comme je l'ai mentionné, je n'étais pas encore chrétien à ce moment et je n'avais aucune intention de le devenir. Je vivais une relation directe avec Dieu, exempte de rituels et de conventions. Cette relation me semblait entièrement suffisante en elle-même et supérieure à n'importe quel culte.

Pourtant, ce matin-là, j'éprouvai un besoin confus, irrationnel et presque physique, d'aller à cette église. Cette sensation ressemblait à une faim. Pour être plus précis, ce besoin étrange datait de quelques jours, comme une espèce de dérangement, un inconfort, une appréhension.

L'action du Seigneur n'est pas toujours constante. Certains moments sont plus denses que d'autres. Dans les jours qui les précèdent, on pressent confusément leur venue, un peu comme on devine une tempête qui approche. Il faut alors devenir attentif et savoir se laisser guider, un peu docilement et spontanément, par des indices, des coïncidences et des besoins parfois illogiques. On doit se placer dans un état d'obéissance un peu passive. Dans cet état d'ouverture et de disponibilité, il faut se donner la liberté d'aller où nous sommes poussés tout en prenant soin de respecter les commandements de Dieu. Il faut se libérer des règles, des exigences et des attentes du monde, y compris celles qui se déguisent en licences, et se contenter de suivre les appels du Seigneur.

Le monde nous entrave sans cesse avec des obligations qui ressemblent au bien. Nous, croyants, ne sommes pas tenus, devant Dieu, de faire ce que le monde nomme le bien. Il nous suffit d'éviter ce que le Seigneur demande d'éviter et de Le suivre où Il nous mène. En effet, les voies du Seigneur ne passent jamais par le mal. Cependant, elles peuvent déroger des valeurs proclamées par le monde. Ainsi, grâce aux commandements de Dieu, nous disposons de balises qui nous permettent de suivre Ses voies mystérieuses sans, pour autant, nous égarer.

Je répondis donc, bêtement, à ce goût étrange et j'allai à l'église d'à-côté. Une messe s'y déroulait. Je l'écoutai un peu distraitement, imitant les gestes des autres fidèles (je n'avais pas assisté à une messe depuis des dizaines d'années).

Après la messe, je décidai de faire une petite promenade vers le port qui se trouvait à proximité. Après quelques minutes de marche, je me suis arrêté. Alors, je fus comme frappé par un torrent de larmes et de joie qui coulait à travers moi. Il semblait émaner d'un point situé un peu plus haut que ma tête, à environ un mètre de distance. Il me traversait la poitrine. Je demeurai figé, cloué par ce courant tumultueux qui me traversait et me nettoyait sans ménagements jusque dans les recoins les plus intimes de ma personne.

J'étais debout, immobile, en larmes, devant moi-même et devant ma vie. Aux larmes de honte et de tristesse se mêlaient des larmes de joie et de reconnaissance. Les écluses qui endiguaient des émotions dont je n'étais même pas conscient s'étaient soudainement rompues. Debout, immobile, sur le trottoir, je pleurais, et la Vierge, de qui venait ce torrent, pleurait avec moi.

L'Immaculée Conception m'a ainsi nettoyé, sans ménagement, comme on lave un plancher. Cela a duré quelques minutes. Ensuite, j'ai essuyé mes larmes et j'ai poursuivi ma promenade.

Étrangement, on pourrait dire que j'ai cru à la Sainte Vierge avant de croire en Jésus. À ce moment, je n'ai pas réfléchi à cette question ; je l'ai simplement vécu. Notre Dame ne se préoccupe pas que nous croyions en elle ou non. Est-ce qu'une mère attend que son enfant croie qu'elle existe avant de le laver ? Elle m'a pris, m'a récuré à grande eau et m'a laissé là, sur le trottoir, abasourdi.

On la représente trop souvent sous les traits d'une douce jeune fille. Elle est aussi une femme dans la force de l'âge, une mère énergique.

AIME COMME JE SUIS

Les événements que j'ai relatés ici ne m'ont pas transformé. Ils n'ont pas fait de moi quelqu'un d'autre. Je n'ai jamais eu l'impression de devenir meilleur qu'avant. J'avais les mêmes occupations, j'éprouvais les mêmes désirs et je poursuivais les mêmes objectifs qu'avant, même ceux qui n'étaient pas édifiants. On est comme on est. On essaie souvent de s'améliorer, et c'est louable. Mais, ça ne sert à rien de prétendre devant Celui qui nous connaît mieux que nous nous connaissons nous-même.

Quelques jours après l'expérience du torrent de larmes, j'ai compris, d'un coup, que j'étais aimé tel que j'étais, sans réserves et sans demandes. Tout nu devant Dieu. Cet amour de Dieu pour qui je suis, et non pour qui je devrais être, est incompréhensible ! Il est aberrant, absurde, intolérable, incroyable !

Il serait naturel de penser que j'ai ressenti de la joie et de l'allégresse quand j'ai été ainsi frappé, presque assommé, par cet Amour. Pas du tout. Cet Amour est tellement inacceptable qu'il fait presque mal. J'ai aussitôt reculé et j'ai rapidement intellectualisé tout ça, construisant à toute vitesse de belles théories théologiques pour m'égarer et ne plus éprouver cet Amour intolérable.

Certaines personnes qui ont été subjuguées par cet Amour consacrent leur vie entière au service des autres. Elles sont comme poussées par un besoin presque physique de donner pour se libérer d'un trop-plein intolérable. Ainsi, elles se mettent à déverser de l'amour autour d'elles, à grandes pelletées, comme pour s'en débarrasser.

On pourrait penser que je voudrais chercher à revivre cette expérience de l'amour de Dieu plus souvent ou plus longtemps. Peut-être, mais je ne pense pas que ça donnerait grand-chose. Si un seul instant suffit, il suffit. De plus, je ne me sentais pas adapté, physiquement, pour de telles expériences, un peu comme un fil électrique qui n'a pas un calibre suffisant pour soutenir, indemne, des ampérages trop forts.

Il m'est resté quelque chose, cependant, de ce moment, un sens de la patience du Seigneur. Son appel est à la fois pressant et patient. Parfois, Il se fait entendre lors d'événements intenses qui ressemblent à des prières surprenantes. Ces instants émergent sans avertissement d'une partie profonde et inconsciente de nous-même. Ces moments ne sont ni meilleurs ni pires que les autres. En faire l'expérience ou non n'importe pas. Il suffit, comme l'a dit saint Paul, de vivre en hommes justes et soumis à la loi de Dieu.

À partir de ce moment, je savais que j'étais aimé, tel que j'étais, sereinement et sans réserve. Même en faisant des bêtises j'étais aimé, comme par un père ou un ami. Je ne me sentais pas obligé de devenir immédiatement vertueux. Dieu prenait le temps de m'apprivoiser. Ça m'étonnait et ça me soulageait.

LA GRACE

Après l'expérience du torrent de larmes, j'ai vécu, pendant quelques mois, en état de grâce. Je sais que, d'après l'enseignement de l'Église, l'état de grâce et l'absence de péché sont synonymes. Sans doute. Mais j'en ai fait une expérience un peu différente.

À cette époque, j'étais vertueux à la manière des faibles, sans plus. C'est-à-dire que je ne faisais pas de mal. Et pourtant, pendant quelques mois, j'ai vécu dans un état particulier de béatitude que je nomme « la grâce ».

La grâce, telle que je l'ai vécue, n'est pas un état émotif. Pendant les deux mois d'état de grâce, j'ai été triste, en colère, fatigué, énervé, ennuyé, joyeux, déprimé, et le reste. La routine de ma vie se poursuivait, inchangée. Je ressentais, à peu près, les mêmes émotions et sensations qu'avant. J'aurais aussi bien pu, dans ce même état de grâce, devenir déprimé, découragé ou angoissé. Les mauvaises nouvelles et les bonnes m'affectaient de la même façon qu'avant. Je n'ai pas eu de visions ni de révélations. Je n'ai pas fait de voyages astraux. J'ai parlé dans deux langues, mais je les connaissais déjà. Mes activités et mes plans n'ont aucunement changé. Je ne priais même pas plus qu'avant.

La grâce n'est pas une sorte d'euphorie, ni même une émotion particulière. Il s'agit plutôt d'une grande sobriété, associée à une certaine joie à peine perceptible. L'état de grâce se connaît. Je savais, tant que ça a duré, que j'étais dans cet état. On pourrait le décrire en le comparant à quelqu'un qui porte un chapeau. Il continue de vaquer à ses occupations comme avant, sauf qu'il a un chapeau sur la tête.

L'état de grâce, c'est la certitude physique de la présence de Dieu.

Dire que l'état de grâce ne transforme pas n'est pas tout à fait exact. Il n'agit pas nécessairement dans le moment même, comme une euphorie passagère. Il transforme, mais à long terme.

Dans mon cas, ce moment a duré environ deux mois, puis il s'est estompé. Je ne me souviens pas d'avoir commis quelque faute particulière qui en ait causé l'arrêt. Il me semble, plutôt, que j'en avais simplement reçu assez.

On pourrait croire que cet éloignement de la grâce m'aurait déprimé et que j'aurais voulu faire des jeûnes ou des prières pour la ramener. Cette idée ne m'est jamais venue. D'abord, la grâce s'est éloignée tout naturellement, comme elle est venue. Enfin, et surtout, pourquoi le Seigneur me donnerait-il plus de grâce que j'en ai besoin ? Il m'a donné ce qu'il me faut, ça suffit.

Ce don merveilleux, ce moment unique, porte ma foi sans effort depuis plus de quinze ans déjà. Je sais que le Seigneur sera là au cours de ma vie et qu'Il me donnera la grâce dont j'aurai besoin, quand ce sera nécessaire. En attendant, après m'avoir fait le don de connaître la grâce, Il me donne la grâce de Le chercher dans l'obscurité.

LA CRAINTE

Environ six mois après que l'état de grâce se fut estompé, nous avions déménagé dans un duplex d'un quartier voisin. Une porte-fenêtre menait du salon au balcon. Un jour, vers la fin de l'après-midi, en marchant vers cette porte, je fus frappé par le regard de Dieu. Cela n'a duré qu'un instant, comme si j'avais marché dedans. Je pense, d'ailleurs, que j'ai physiquement reculé.

Rien n'échappe à ce regard. On s'y trouve à la fois complètement connu et absolument indigne. J'ai eu peur. L'amour de Dieu est terrible. Il ne contient rien de mou, rien de vague. Il est comme une lumière crue qui, soudain, expose notre corps immonde et à moitié putréfié, à nos regards. On sait, alors, qu'on est rien !

Ce regard n'est pas un regard dans le sens humain d'un sens qui perçoit une chose à la fois. C'est plutôt comme une lumière qui éclaire, voit et connaît en même temps. Ce jugement n'est pas le jugement d'un autre mais une lumière qui nous révèle, sans aucune complaisance, à nous-même. Le jugement de Dieu n'appartient pas au monde du rêve, de la somnolence ou de la transe. Il est plutôt l'anti-rêve. Le monde ressemble à un rêve par rapport à lui.

Dieu est Amour, mais Il n'est pas un amour mou ou pâteux. Notre monde, souvent épouvantable, fut créé par cet Amour et pour lui.

Il est impossible de s'aimer quand on se connaît vraiment. Seul Dieu peut nous aimer tels que nous sommes. Des idéologies mielleuses nous incitent à nous aimer nous-même. Elles nous suggèrent qu'au fond, nous sommes beaux et que la sagesse consiste à s'aimer soi-même. Elles nous disent que le cœur humain est fondamentalement bon et que, par conséquent, nous pouvons devenir la mesure morale de l'humanité. Elles proposent, comme voie spirituelle, le culte de soi. Ces discours sont un purin pour l'âme, une rivière de mensonges empoisonnés.

La foi chrétienne se démarque de façon absolue des discours qui proclament la beauté spirituelle inhérente de l'humain. Devant Dieu, l'homme n'est qu'une viande de primate tordue par le péché. Nous sommes fondamentalement sales et, plus nous nous trouvons beaux, plus nous sommes laids. Le cœur de cette laideur, c'est justement ça, se penser beau.

Qu'on considère seulement les cloîtrés ! Selon les apparences du monde, ces religieux mènent des vies exemplaires, exemptes de toutes fautes. Pourtant, ils s'accusent et se confessent régulièrement. Sont-ils fous ? Qu'ont-ils donc à confesser ? Or, ils ne confessent pas ce qu'ils font mais qui ils sont. Moins distraits que nous, ils vivent plus près du jugement de Dieu et voient mieux leur laideur sous ce regard. Moines et cloîtrés, ils vivent dans la crainte de Dieu. Que dire de nous, donc ? Voilà un paradoxe de la foi, plus on s'approche du Dieu Amour, plus on Le craint.

Le Christ enseigne la crainte de Dieu. Dans toutes Ses paraboles du royaume, une constante revient toujours : il n'y a pas de deuxième chance. Le grain, tombé dans la mauvaise terre, n'est pas replanté [Luc 8, 4], l'époux n'attend pas que les vierges folles reviennent avec de l'huile [Matthieu 25, 1], on n'offre pas un autre habit de noce à l'invité du banquet [Matthieu 22, 11]. Dans ces paraboles, les choix sont toujours définitifs et les conséquences sans appel. Ces enseignements ne sont pas particulièrement gentils ni agréables.

On se représente souvent le jugement de Dieu comme un procès dans lequel un accusé se présente devant un juge sympathique. Il plaide en faveur de ses bonnes qualités tout en minimisant ses défauts. Il est, somme toute, assez confiant de bien s'en tirer.

Imaginons plutôt quelqu'un qui se condamne lui-même complètement et sans aucune hésitation. Il se dégoûte à lui-même et veut disparaître. Il sait qu'il est rien et ne vaut rien. Il ne plaide pas. Au contraire, il se condamne sans appel. Il veut sa propre perte. Son salut ne vient absolument pas de lui. Ce salut est non seulement hors de son pouvoir mais, aussi, hors de son vouloir. C'est malgré lui, que le Christ le saisit et le garde !

Voilà la première source de la crainte : je suis rien. Nous avons rarement conscience d'être rien. Pourtant, c'est le cas. L'instant du Jugement nous le montre. Le Seigneur n'a aucune obligation envers nous car nous sommes rien. Pour l'athée, l'homme est tout et Dieu n'est rien. Pour le croyant, c'est le contraire. Seul un Amour infini peut aimer ce rien que nous sommes.

Au moment de ma mort, je m'oublierai à moi-même. Je ne saurai même plus que je n'existe plus. Tout aura disparu, moi et toute la réalité que j'ai connue. Dans la foi, j'espère qu'en ce jour, quand j'aurai oublié ma propre existence, quand j'aurai absolument cessé d'être, quand même mon espérance aura disparu, le Seigneur, Lui, se souviendra de moi et viendra me puiser là, où même la conscience d'être mort n'existe pas. La puissance créatrice de Dieu ne réside pas dans Son pouvoir d'assembler des molécules et d'en former des corps physiques, animaux ou galaxies. Sa véritable puissance, c'est de placer des âmes qui Lui ressemblent dans ces contenants vides que sont nos corps et de les sauver.

Voilà un autre paradoxe de la foi. D'une part le chrétien croit qu'il a une âme éternelle et qu'il est à l'image de Dieu. De l'autre, il sait, mieux que l'athée, qu'il est une bête de chair. En effet, l'athée déclare qu'il est une bête, mais il se prend pour un dieu. Le croyant, habité par la crainte de Dieu, s'appréhende tel qu'il est. Il devine à quel point son âme est un don miraculeux alors que l'incroyant, lui, pense qu'elle émerge naturellement de sa viande.

J'ai ressenti une deuxième crainte à ce moment. On dit que la foi est un don de Dieu. Je la décrirais plutôt comme une responsabilité. La source de cette crainte provient de ce savoir : un incroyant inconscient du mal qu'il fait vaut mieux qu'un croyant qui ne fait pas le bien. J'aurais bien aimé, quand j'ai compris cela, retourner à mon incroyance d'autrefois, mais j'avais maintenant perdu cette option.

Seuls deux choix demeuraient : croire ou renier. Je ne pouvais plus ignorer la foi reçue et redevenir incroyant comme avant. J'avais perdu l'option de vivre amoralement. Je vivais maintenant sous le regard de Dieu. Devant Sa lucidité, les conséquences de mes actions devenaient plus sérieuses. Je prenais conscience que la gravité de mes gestes croissait en proportion de ma foi. Ce fut une autre source de crainte.

Ça peut sembler injuste, mais chaque don du Seigneur augmente nos obligations et alourdit les conséquences de nos actes. Ceux qui ont le privilège de rencontrer le Christ ont, aussi, le devoir d'en témoigner. Ceux qui reçoivent doivent donner. Les croyants qui imaginent qu'ils sont bénis pour avoir, simplement, persévéré dans la foi, se leurrent. Leurs obligations sont d'autant plus grandes que leur nombre est restreint ! Moins ils sont nombreux, plus ils doivent être exemplaires et courageux. Nous ne sommes jamais « sortis du bois ».

Plus le Seigneur nous attire dans la foi, plus le sentier devient étroit, plus ses bords se font abrupts et plus les exigences grandissent. En s'avançant à la rencontre de Dieu, le chemin devient ainsi plus rude et plus escarpé. On en vient à regretter le temps des plaisirs inconscients !

Les bienfaits de la foi peuvent-ils compenser les plaisirs du monde ? J'en doute parfois, mais je n'ai plus le choix ! Je suis comme un soldat qui a reçu ses ordres et marche. Certains ordres sont faciles à suivre, d'autres plus exigeants. Mais il n'y a plus que deux choix, obéir ou déserter.

Est-ce juste si, autour de moi, les athées se prélassent ? L'amour de Dieu n'est pas toujours doux, mais je ne le troquerais pas pour des rêves de viande !

La troisième forme de la crainte, ressentie à ce moment, m'amène à mon prochain sujet, l'arrivée de Jésus-Christ sur le chemin de ma conversion.

LE CHOIX DE JESUS

Comme je l'ai raconté, je n'étais pas vraiment chrétien pendant les premiers mois qui ont suivi l'expérience de la présence de Dieu. On aurait pu dire que ma foi ressemblait à la foi judaïque ou à un culte de l'être suprême. Je croyais directement en un Dieu, Père, qui m'avait fait la grâce de ressentir Sa présence. Je ne ressentais donc pas la nécessité d'un intermédiaire.

Dans ma démarche, cependant, je devenais de plus en plus croyant. Dans mes prières, je me soumettais, sans cesse davantage, à la volonté de Dieu et je cherchais de plus en plus à Le suivre là où Il me guiderait.

Cette démarche de soumission dans la prière différait maintenant radicalement de mon attitude d'incroyant. Auparavant, ma perception de Dieu et du monde se limitait aux constructions intellectuelles que je fabriquais et dont je contrôlais tous les aspects. En d'autres mots, je demeurais centré sur moi-même et je me servais de mes seules ressources pour me façonner des images du réel et du divin.

La situation avait changé. Maintenant, je sortais du cocon de mes petites constructions.

Par la prière, j'allais vers Quelqu'un qui me dépassait et que je désirais suivre sans questions. Sorti de ma coquille idéologique, je m'étais mis en mouvement. Mais, en quittant l'abri de mes pensées, je devenais vulnérable.

La foi implique la soumission, la volonté de suivre, l'obéissance. Celui qui croit en Dieu affirme, en même temps, qu'un autre que lui le dépasse. Le croyant sait qu'il vit au cœur d'une réalité spirituelle qui le dépasse. Il doit donc faire confiance à un guide et le suivre. Quand je priais, à cette époque, je disais simplement : « Seigneur, fais que je sois l'instrument de Ta volonté ! Que même mes erreurs servent Tes voies ! »

Or, la foi, qui nous demande de nous abandonner entre les mains de Dieu, nous rend vulnérables. Qui se met en marche vers un mystère qui le dépasse, accepte d'emblée d'écouter et de suivre ce qu'il ne comprend pas. Mais, en avançant ainsi docilement vers l'incompréhensible, on court un grand risque. Le choix du guide devient alors crucial car les enjeux sont absolus.

L'attitude même du croyant qui se soumet à ce qu'il ne comprend pas le rend vulnérable. Il a quitté la cabane d'illusions que son cerveau façonnait et il se déplace maintenant à tâtons, comme un aveugle, dans des lieux inconnus et au milieu de puissances qui le dépassent. Celui qui avance ainsi vers le mystère ne peut, par lui-même, trouver son chemin. Prêt à s'abandonner, prêt à suivre sans comprendre, il devient la proie facile de tous les cultes, les illusions et les possessions.

Plus il s'abandonne, plus il est fragile. Le croyant est un mouton, et il le sait. Or, quand on est un mouton, il faut savoir choisir son berger !

L'expérience de la crainte de Dieu m'avait rendu intensément conscient de ma vulnérabilité spirituelle et de l'importance capitale de choisir le bon guide. L'enjeu était absolu.

Après l'expérience de la crainte, une question, donc, me préoccupait : en qui puis-je faire absolument confiance ; qui peut me guider sûrement ? Je m'imaginais assis au centre d'une grande pièce circulaire entourée de portes. Des signes et des symboles, tous également convaincants, surmontaient chacune des portes. Cependant, j'étais incapable de savoir ce qui se trouvait derrière elles. Je me levais et me mettais en mouvement vers les portes sachant que, lorsque j'en ouvrirais une, j'y entrerais sans retour. En effet, tant qu'on ne prie pas, ou peu, on peut toujours reculer. Mais quand on veut s'abandonner à la volonté de Dieu alors les enjeux deviennent abrupts.

Plus j'avançais vers les portes, plus je m'inquiétais du choix approchant. Or, en devenant ainsi conscient de ma vulnérabilité, le nom de Jésus-Christ s'imposait de plus en plus à moi.

J'avais maintenant quitté l'illusion de ma divinité personnelle. Je m'étais mis en marche vers Celui qui me dépassait et je craignais de me perdre, car j'étais devenu vulnérable. Or, le Christ s'adresse d'une façon unique et incomparable à cette inquiétude intime de l'âme qui avance à tâtons vers le mystère. Il se présente à chacun de nous comme le guide sûr. Il nous dit : « Je suis le Bon Pasteur », « Je suis la Porte ».

Lui seul vient à nous là où nous sommes seuls avec nous-même, dans ce lieu absolument intime qui est au cœur de notre conscience, là où personne d'autre que Lui ne peut venir. Il nous y tend la main.

Tant que nous demeurons esclaves des idoles que nous fabriquons, tant que nous demeurons ici et que Dieu est là, tant que nous suivons les règles sans chercher à suivre l'Esprit, tant que nous demeurons enfermés dans nos idées personnelles, plusieurs maîtres peuvent nous instruire. Mais, pour celui qui avance vers le Seigneur dans le secret de son âme, comme un enfant aveugle qui cherche son père ; pour celui qui est prêt à se laisser guider entièrement par une présence à peine perceptible, il n'y a qu'un seul guide véritable : Jésus-Christ.

On dit que tous les hommes ont besoin de Jésus. Sans doute. Cependant, je pense que pour avoir vraiment faim et soif de Lui, il faut d'abord se mettre en mouvement, dans les ténèbres de son âme, vers l'intimité de Dieu. Après tout, à quoi servent les bergers, les portes et les chemins tant qu'on reste assis, immobile, dans sa cabane d'illusions ?

Au début, j'ai résisté au Christ. Je ne voulais pas L'inclure dans ma foi. Je trouvais la foi chrétienne trop spécifique et trop ethnique. Elle me semblait un assemblage arbitraire résultant de circonstances historiques particulières. Je me disais que cette orientation vers Jésus me venait sans doute de l'endoctrinement religieux de mon enfance. Je voulais pratiquer une spiritualité plus simple et, à mon sens, plus universelle, basée sur une communication directe avec Dieu, détachée de tout intermédiaire, de toute particularité doctrinale et de tout rituel.

Cependant, j'ai fini par comprendre que cette option si attirante représentait, aussi, le plus grand danger de tous, car elle faisait de moi-même le guide suprême de mon âme. Je serais devenu mon propre messie. Qu'on le veuille ou non, nous sommes tous des serviteurs. Celui qui pense n'obéir à personne devient, en fait, le serviteur de ses sens. Nous avons une seule vraie liberté, celle de choisir notre maître. À la fin, ces réflexions ont fini par prendre la forme d'une question : « Qui est le guide le plus apte à me mener sûrement vers Dieu, Jésus-Christ ou moi ? » Une fois la question trouvée, la réponse n'a pas tardé. Je me connais, j'ai choisi le Christ.

Dans ces réflexions, les paroles même de Jésus-Christ et les détails de Son enseignement n'avaient pas beaucoup d'importance. Ce qui comptait, surtout, c'était la forme et le contexte de Sa présence. En effet, je cherchais d'abord quelqu'un pour me guider dans un endroit dangereux et non un maître pour m'instruire. Pour celui qui avance avec abandon vers Dieu, la personne du Christ devient plus importante que Son enseignement. Ses paroles nous enseignent, mais Sa personne, elle, nous guide dans l'intimité de l'âme. Seul Lui peut le faire.

En acceptant Jésus comme Messie, je me rejetais du même coup moi-même, comme guide. Car, si Jésus est le Fils unique de Dieu et le Messie, cela signifie que, moi, je ne le suis pas et que, donc, je suis une créature ! Dans sa forme même, la foi en Jésus-Christ induit l'humilité et érode cette tentation, inavouée mais vivace, de se croire, soi-même, divin.

Les paroles et les actes de Jésus ne sont pas seuls, importants. Sa présence même, dans l'Esprit, nous guide activement. Dans ce sens, les textes des Évangiles ne sont pas la Bonne Nouvelle, ni même le grand commandement d'amour légué par le Christ. La Bonne Nouvelle, d'abord, c'est Jésus-Christ Lui-même, présent et actif dans le monde, nous guidant vers le Père. Tous les tripotages des exégètes modernes qui égratignent sans cesse les Évangiles, demeurent impuissants devant la parole de Dieu, car cette Parole n'est pas un texte, elle est une personne. La vérité des textes évangéliques dépasse leurs mots.

Ainsi, dans les mois qui suivirent l'expérience de la crainte et du jugement de Dieu, Jésus s'est imposé à moi comme le seul guide absolument sûr pour celui qui avance vers le mystère de Dieu. De plus, il me semblait que je Le connaissais personnellement. Sa présence, étrangement, m'était familière, comme celle d'un parent ou d'un ami qu'on n'a pas vu depuis longtemps.

À ce stade, je devins disciple de Jésus. Je n'étais pas encore chrétien, ni même catholique. J'avais choisi Jésus-Christ comme guide mais je considérais encore les préceptes et les dogmes des diverses religions chrétiennes comme inutiles et superflus.

Malgré tout, je recommençai alors à assister à la messe, non pas parce que je reconnaissais une utilité particulière à ce rituel, mais comme un signe d'humilité envers Celui qui m'avait fait connaître la grâce de Sa présence. Ma famille, mes amis et mes connaissances ont alors remarqué que je m'étais converti et s'en sont étonnés. Après tout, ça faisait au moins vingt-cinq ans que je faisais profession d'athéisme, ne ratant aucune occasion de critiquer, sur un ton condescendant, la religion.

J'aurais dû trouver cette démarche pénible. En effet, en assistant publiquement et humblement à la messe, j'avouais la stupidité des opinions savantes que j'avais professées depuis tant d'années. Pourtant, dans mon cas, je n'ai eu aucune hésitation à poser ce geste. Ma conversion avait une qualité tangible, presque clinique. Le Seigneur me côtoyait maintenant, non comme une idée mais comme une personne. L'athée n'existait plus.

Ainsi, sans me soucier des apparences, je revins à la pratique religieuse.

UN PAIN SUBTIL

Environ un an après le jour de la première présence de Dieu, j'avais déménagé. Je demeurais alors dans la ville de Québec. Je vivais seul à ce moment, mon épouse et mes enfants demeurant toujours à Halifax. Un soir, alors que je venais de me coucher, je perçus la présence d'un objet au-dessus de moi, à environ un mètre. Il avait la grosseur d'un petit pain et la forme d'une goutte. Il dégageait une extraordinaire vitalité. L'objet fit rapidement quelques tours sur lui-même et plongea, en quelque sorte, dans ma bouche pour se loger aussitôt dans mon ventre. J'ai compris immédiatement que mon âme revenait en moi.

Comme pour les autres événements que j'ai relatés, celui-ci n'a duré qu'un instant. Il ne s'agissait ni d'une vision ni d'un rêve. Je ne fus pas la proie d'émotions particulières. Le seul souvenir qu'il m'en reste est d'avoir constaté ce qui venait d'arriver, comme quelqu'un qui, quand il voit un autobus passer, constate qu'un autobus passe.

Ce manque apparent d'émotion peut ressembler à de l'indifférence. Ce n'est pas le cas. Avoir des émotions requiert du temps. Pour qu'un événement nous procure des émotions, il doit durer, au moins, quelques minutes. Cette période est nécessaire pour permettre aux émotions appropriées de se former et d'être ressenties. Cet intervalle émotif s'insère entre deux états stables, sereins et routiniers, celui qui précède les bouleversements et celui qui les suit. La présence des émotions indique que la mutation n'est pas encore terminée.

Dans le cas de l'expérience que je viens de relater, tout le bouleversement a duré quelques secondes, trop peu pour mettre en branle le cortège des émotions. Ça commence à peine et c'est déjà fini. Donc, pas d'extases pour moi, ou plutôt, des extases si rapides qu'elles n'ont pas le temps de m'émouvoir. Ainsi, ces moments qui ont transformé ma vie, ont passé sur elle comme des souffles.

L'expérience que j'ai relatée ici est une sensation. Cependant, le Seigneur nous parle par toutes sortes de voies. Il ne se confine pas aux pensées ou aux émotions. Jésus-Christ n'est pas une créature de l'intellect, Il est le maître incarné de la matière. Il s'adresse donc à nous par toutes les voies du réel. Parfois, des événements, des coïncidences ou des rencontres se dégagent du bruit du monde qui nous instruisent ou nous appellent à l'action.

Ceci fait partie de l'expérience intime de chaque croyant. Au cœur de chaque vie de foi, il y a un dialogue intime, subtil et secret qui se déroule entre le croyant et le Seigneur. Ce dialogue est une des richesses de la foi.

L'EMERGENCE DU DOGME

Au cours des années qui suivirent, mon adhésion au dogme de la Foi, exprimé dans le Credo, s'est graduellement approfondie. Avec le temps, le Credo s'imposa à moi avec une clarté, une force, une nécessité et une autorité grandissantes.

D'abord, l'extraordinaire unité du Dogme, résumé dans le Credo, m'a impressionné. Chacune des affirmations du Credo dépend entièrement des autres. Si on rejette une seule de ces affirmations, le reste s'écroule aussitôt. Ma démarche n'a donc pas consisté à adhérer successivement à chacun des énoncés du Credo, les intégrant un à un à mes croyances. Je pense qu'il est impossible d'y adhérer de cette façon. Je me suis plutôt rapproché du Credo entier, comme d'un tout. Le Dogme est indivisible, même si nous le percevons comme composé de propositions distinctes.

Ensuite, l'étrange vivacité et l'intemporalité du Dogme m'ont impressionné. Ses propositions ont autant de sens aux croyants d'aujourd'hui qu'à ceux d'hier.

Enfin, le facteur principal qui révéla, pour moi, la nécessité et l'unité du Credo provint, étrangement, des assauts mêmes qu'il subissait. Toutes sortes d'accusations cernent ce joyau de la Foi et l'attaquent sans relâche. Leurs critiques visent chacune des affirmations du dogme de la Foi. Elles s'en prennent aussi, sans relâche, à ceux qui les ont proclamées, en particulier saint Paul et les Pères de l'Église. Chacune des thèses du Dogme est contestée inlassablement ainsi que les liens qui les unissent et la crédibilité de ceux qui les ont énoncés.

On attaque ainsi le lien qui unit le Père au Fils, l'action de l'Esprit dans l'Église, l'unicité du Christ, la virginité de Marie, l'identité paternelle du Père, les liens qui lient les Évangiles et le Credo, saint Paul et les autres apôtres, le Dieu d'Abraham et Celui enseigné par Jésus, Jésus et le Christ, la crédibilité des Pères de la Foi, et l'espérance dans la Résurrection. Chaque proposition du Credo subit des agressions incessantes et il semble que ces assauts, en cours depuis des siècles, deviennent de nos jours plus nombreux et plus virulents que jamais.

Or, en tant que nouveau croyant et disciple de Jésus, j'examinais, à mon tour, le Credo, tentant de distinguer les affirmations qui étaient encore sensées de celles qui relevaient d'élucubrations moyenâgeuses dépassées. Je voulais faire un tri, en quelque sorte, ne retenant que le vraisemblable et rejetant le reste. J'examinais donc, tour à tour, diverses critiques contemporaines du dogme de la Foi. Ces critiques avaient souvent une apparence bénigne. Leur objectif apparent étant d'émonder la Foi de quelques éléments anachroniques pour mieux préserver le reste.

Mais, à l'examen, chacune des modifications proposées menait inéluctablement au démantèlement complet de la doctrine chrétienne. De plus, ces critiques, malgré leurs allures modernes, ressemblaient étrangement, dans leur contenu, à des accusations vieilles de plusieurs siècles. Les thèses contemporaines qui critiquaient la doctrine de la Foi avaient un caractère étrangement intemporel. Plusieurs correspondaient, en tous points, à des hérésies, vieilles de plusieurs siècles.

Je devenais de plus en plus conscient que les idéologies qui proposent d'altérer le Dogme, même pour des raisons apparemment bénignes, menacent en fait de le pervertir complètement. Tout un cortège de réformateurs aux allures doucereuses proposent, aujourd'hui, d'améliorer la doctrine chrétienne, de la rendre meilleure et de la moderniser. Ils suggèrent des modifications au dogme de la Foi qui sont, en apparences mineures. Chaque fois, ils jurent vouloir en préserver l'essentiel. Sous leurs allures anodines, ces gens menacent sournoisement le cœur même de la doctrine chrétienne, car le Credo est indivisible.

Les pressions de ces réformateurs ne diminuent pas, elles s'accentuent. On presse fébrilement les croyants de larguer des pans entiers du Credo pour « sauver leur foi ». On urge, on plaide, on implore, on geint, on pleure. Il y a toujours urgence. Il faut, tout de suite, altérer la Foi pour la rendre meilleure, plus vraisemblable, moins moyenâgeuse ou mieux adaptée ! Il faut sauver les meubles ! Nous devons vite émonder le Dogme, altérer sans attendre les textes bibliques et désavouer les saints !

« Nous sommes vos amis, disent-ils, vite, répudiez les Pères de l'Église qui ont corrompu l'enseignement original de Jésus avec leurs doctrines erronées ! Le temps presse, il faut stopper l'érosion de la foi, faire justice aux femmes, abusées depuis des siècles par une Église patriarcale, s'ouvrir aux autres croyances, réparer les horreurs du passé, sauver les églises ! »

À notre époque, ceux qui attaquent la doctrine chrétienne se présentent sous des allures amicales et bienveillantes. Ils ne rejettent pas ouvertement la doctrine chrétienne mais affirment au contraire vouloir la préserver, la renouveler, la réparer et la sauver. Pourtant, les thèses qu'ils proposent, de façon si pressante et si larmoyante, ressemblent étrangement aux hérésies des siècles passés et, comme celles-ci, elles menacent de défigurer le cœur même de la Foi. De nos jours, on tente de charcuter la Foi en prétendant la guérir.

Ainsi, en étudiant les agressions qu'il subissait, je prenais conscience, avec une netteté toujours plus grande, de l'unité et de la nécessité de chacun des éléments du dogme de la Foi. La forme de la Foi émergeait de ces assauts comme une muraille translucide rendue visible par les chocs incessants des adversaires qui l'assaillent. Les accusations elles-mêmes révèlent la Parole et confirment la cohésion profonde et fondamentale de la doctrine chrétienne.

Celui qui accuse se considère implicitement supérieur à ce qu'il critique. On penserait que, si ces accusateurs possédaient une vérité supérieure à la Foi du Credo, ils seraient en mesure d'édifier une religion alternative, dissociée de la doctrine chrétienne. Ils pourraient se définir une croyance non sexiste, anti-impérialiste et entièrement inclusive ; un culte qui ferait une place égale aux mythes et aux divinités des autres peuples, victimisés par l'impérialisme chrétien, les acceptant tous comme des vérités parallèles équivalentes.

Si leurs doctrines sont supérieures, qu'ils se bâtissent un culte indépendant ! Pourquoi donc, me demandais-je, ces gens s'acharnent-ils sans cesse contre ce Credo qu'ils considèrent désuet s'ils connaissent une meilleure voie ? Qu'ils l'empruntent et laissent les chrétiens tranquilles !

Mais, au fond, je connaissais la réponse. Leurs merveilleux échafaudages idéologiques sont comme des cages vides. Ils ont besoin de croyants authentiques pour peupler leurs constructions et leur donner apparence de vie. Mais, comme les croyants refusent de quitter leur foi pour suivre les pseudo-saints des théologies progressistes, on tente de pervertir leurs églises pour s'accaparer des fidèles qui s'y trouvent.

Au fil de ces réflexions, j'en vins graduellement à éprouver une affection protectrice pour le dogme de la Foi. Il m'apparaissait comme un être meurtri, ridiculisé, agressé de toutes parts et que personne ne désirait défendre. Même le clergé se distançait de lui comme s'il s'agissait d'un parent galeux. Le mot lui-même, Dogme, était devenu péjoratif et méprisable. On n'osait même plus le mentionner publiquement de peur d'effaroucher les gens sensés ! Quel intellectuel, de nos jours, oserait admettre qu'il adhère au Dogme ?

Cette sympathie initiale que j'éprouvai pour le dogme de la Foi s'est ensuite propagée à ceux qui, dans les siècles passés, ont consacré leurs vies, dans l'étude, la prière et même le martyre, pour l'élaborer, le propager et le défendre.

Les attaques mêmes le démontraient : le dogme de la foi chrétienne est un tout indivisible, un objet unique de foi et non une collection de thèses distinctes. J'éprouvais une affection grandissante pour cette doctrine agressée, méprisée et ridiculisée malgré toute la sagesse et la beauté qu'elle contenait.

En me portant ainsi avec sympathie vers ce joyau de la Foi, je lui ouvrais mon cœur. De cette façon, je m'épris d'abord du dogme de la foi chrétienne comme on aimerait une précieuse relique ou un animal blessé. Je me sentais appelé à le défendre et à défendre les vies saintes de ceux qui, au cours des siècles, l'élaborèrent et le défendirent.

Ce Dogme attaqué et méprisé se dresse comme un phare au milieu d'une tempête. Sa lumière balise la voie droite dans un monde obscurci par le mensonge et tourmenté par la confusion. Un monde où même les plus savants, livrés à eux-mêmes, se font chevaucher, comme des bêtes inconscientes, par des idéologies monstrueuses. Ce phare irremplaçable, planté au milieu du monde, situe le chrétien dans la cohue des cultes et le défini. Il lui sert de bouclier, de référence et de devise. Il donne un sens clair et précis à son nom : chrétien.

Je devins donc amoureux du Dogme avant d'y croire. Avec le temps, les vérités limpides qu'il recèle me sont devenues de plus en plus évidentes. Mon premier élan d'affection protectrice s'est ainsi transformé en une conviction intime de sa vérité.

J'étais troublé par la passivité, l'aveuglement et l'impuissance de l'Église catholique devant les agressions incessantes qui visent ce cœur de la foi. Au moins, me disais-je, certaines formes plus vivaces du protestantisme résistent ouvertement, même si d'autres basculent dans l'hérésie et l'idolâtrie. Quant à l'Église, seuls son inertie et quelques lambeaux de traditions semblaient la protéger encore un peu. Elle semblait avoir perdu sa raison, sa voix et sa confiance.

Voyant l'Église avaler, sans réagir, toutes ces potions empoisonnées, je voulais crier pour la réveiller ! Lui dire : « Accroche-toi aux témoignages de tes saints ! À tes textes séculaires ! À Marie ! », « Agrippe-les de toutes tes forces et résiste aux voix mielleuses qui t'entourent de toutes parts et t'incitent à fissurer ta foi et la pervertir ! »

J'éprouvais aussi une sympathie grandissante pour le Pape (Jean-Paul II à l'époque). Il semblait si seul devant ce déferlement. Même son clergé l'abandonnait ! Il ressemblait à la dernière amarre qui tient encore le navire après que toutes les autres ont sauté. Un immense combat eschatologique semblait se dérouler au sein même de son corps épuisé et vieilli. Je n'en pouvais plus de le voir porter seul une telle charge ! Chaque fois que je le voyais, un élan me poussait vers lui pour l'épauler.

C'est ainsi que, de croyant, je devins chrétien et catholique.

TERRASSE, JE FAIS UN VŒU

Les années passèrent. La foi faisait maintenant partie intégrale de ma vie et la pratique religieuse m'était devenue routinière. Les bouleversements de ma conversion s'estompaient dans le passé. Je fis baptiser mon plus jeune fils. Je fréquentais maintenant assidûment la messe. Pour le reste, ma vie se déroulait sans histoires.

Ma conversion datait déjà de huit ans quand une catastrophe terrible s'abattit sur ma famille. En pleine nuit, je reçus un appel téléphonique. J'étais alors absent de mon foyer, étant en voyage d'affaires.

En répondant, j'entendis la voix de ma femme. Aussitôt, sans même comprendre les mots qu'elle prononçait, je sus que la nouvelle était grave. Elle m'annonça que mon fils aîné venait de subir un accident grave. Il avait chuté du haut d'un viaduc et avait subi une fracture du crâne. On l'avait transporté d'urgence, par hélicoptère, à l'hôpital. Il reposait dans le coma. Personne ne savait comment il en sortirait, ou même s'il survivrait.

Mon corps s'affaissa sur le sol comme un sac d'os, terrassé. Prostré, je pouvais à peine tenir le récepteur près de ma tête pour entendre les mots qu'elle disait. Il était quatre heures du matin. Le premier vol disponible ne partait que six heures plus tard.

Qui peut imaginer avec quelle intensité j'ai prié à ce moment ? Seul dans ma chambre d'hôtel, je criais des ordres à tous les anges et à tous les saints, leur ordonnant de converger vers mon fils ! Je les suppliais, je leur commandais, pas seulement à un ou deux, mais à tous ! Je ramonais les cieux pour y ramasser tous les saints et les envoyer guérir mon enfant !

Comme un pou qui donne des ordres à la tête, je criais des ordres à Dieu. Je lui expliquais quoi faire au cas où Il ne l'aurait pas su. Je lui disais : « Tu peux le guérir sans Te révéler, Seigneur ! Les médecins ne connaissent rien au cerveau humain, ils ne sauront jamais ce que Tu as fait ! Guéris mon fils en secret, personne ne verra la différence ! »

Mais une simple guérison n'était pas suffisante ! Je voulais Lui barrer toutes les issues, L'empêcher de le guérir à moitié, seulement. Alors, en pleurant, j'exigeais : « Je ne veux pas seulement que Tu le guérisses, Seigneur, non, pas seulement une guérison ! Va plus loin, améliore-le ! Ramène-le meilleur qu'avant ! » Pour enlever toute alternative à Dieu, j'exigeais, ainsi, qu'Il l'améliore !

J'étais loin des gentilles prières et des douces soumissions. Je me tenais devant Dieu, avec tout mon amour, sans détours ni courbettes, prêt à Lui arracher un miracle, par la force, s'il le fallait. Dans mon adresse désespérée avec le Seigneur, je L'implorais, je Le suppliais, je Lui lançais des ordres ! Mais, les ordres et les supplications ne suffisaient pas. Alors, j'ai décidé de négocier avec Lui ! Mais, pour négocier, il me fallait des jetons, il fallait mettre quelque chose sur la table.

J'ai donc cherché, en moi, ce que je pouvais faire de mieux pour Lui, ce que j'avais de meilleur à offrir ! Or, professionnellement, je suis un expert-conseil. Quand un client me confie un mandat, j'analyse les informations disponibles à la lumière de critères donnés, je rédige un rapport de recommandations et je le lui remets. C'est ma spécialité et c'est ce que je fais de mieux.

Par conséquent, dans le taxi qui m'amenait à l'aéroport, je fis un vœu. Je dis au Seigneur : « Si Tu guéris mon fils entièrement, si Tu le rétablis non seulement comme avant, mais mieux, alors, je rédigerai une défense complète de la Foi et je la remettrai aux évêques ! » J'allai même plus loin : « Tu sais ce que je peux faire, Seigneur ! Eh bien, je le ferai ! Alors, mon Dieu, va jusqu'au bout, guéris mon fils sans réserves et moi aussi, sans réserves et jusqu'au bout, je proclamerai la Foi ! »

J'avais frénétiquement cherché ce que je pourrais faire de mieux pour le Seigneur, quelque chose, n'importe quoi, que moi seul pourrais Lui donner. Quelque chose qui Lui serait utile et que personne d'autre ne pourrait accomplir de la même façon. Quelque chose dont je pourrais Le priver s'Il ne guérissait pas mon fils ! Alors, je fis ce vœu. Que dire d'autre ! Il faut être fou pour penser comme ça, fou d'amour !

Voici la raison pour laquelle, cherchant ce que je pourrais faire de plus utile pour le Seigneur, je fis le vœu d'écrire ce témoignage. Pendant les années de vie paisible qui avaient suivi les événements de ma conversion, ma foi s'était graduellement approfondie. Plus celle-ci mûrissait, plus je prenais conscience de la dérive insidieuse qui égarait subtilement les chrétiens. Je discernais, avec une clarté croissante, les accusations tapies au cœur d'idéologies apparemment bénignes et leur incompatibilité fondamentale avec la doctrine chrétienne.

Pourtant, les élites cléricales et religieuses gardaient le silence devant ce phénomène. Elles semblaient incapables d'en percevoir les mécanismes ni d'en saisir la nocivité. Cet aveuglement m'étonnait et m'inquiétait. Le peuple de Dieu me semblait affligé par une maladie intime et pernicieuse qui sapait sa volonté même. On aurait dit une espèce de sida de l'âme, un mal travesti en progrès bien intentionné, incubé d'abord dans les lieux tolérants du savoir, et qui s'étendait maintenant, dévorant le corps social de l'intérieur.

Il fallait parler et personne ne le faisait. Il fallait combattre, et pourtant, même les guerriers spirituels de l'Église, ses prêtres et ses théologiens, semblaient paralysés. Il me semblait que les notables de la Foi se prélassaient aveuglément sur une voie ferrée pendant qu'un train approchait !

La doctrine chrétienne se faisait drainer de sa moelle. Le pouvoir occulte qui sapait ainsi la Foi ne se présentait pas comme un paganisme brutal ou une agression tyrannique athée. Non, il avait l'allure de gens en apparence inoffensifs, bien intentionnés et d'une gentillesse désarmante.

Je percevais ces intuitions concernant les dangers qui cernaient le dogme de la Foi si clairement que je pensais déjà en connaître tous les mécanismes et leurs conséquences. Je me rendis compte, dix ans plus tard, qu'il faudrait beaucoup d'efforts pour élucider et décrire ces intuitions initiales.

Chaque année, je devenais de plus en plus conscient du désarroi grandissant de la foi. Chaque année, je constatais que les accusations contre elle devenaient plus pressantes et plus intransigeantes. Chaque année, la proclamation de l'Évangile reculait et le royaume du Christ se ratatinait un peu plus. Chaque année, l'Église se compromettait un peu plus en pactisant avec des idéologies fondamentalement incompatibles avec la doctrine chrétienne.

De mon côté, pourtant, je voyais avec une netteté grandissante l'abîme qui sépare la Foi des échafaudages blasphématoires de l'humanisme athée, de l'idolâtrie et de la perversion. Il m'apparaissait évident que, un jour, quand le reste des croyants aurait épuisé tous ses reculs et tous ses compromis, il y aurait une déchirure. Ce jour, incontournable, adviendrait et, alors, ce qui resterait du peuple des croyants serait acculé à un choix difficile. Il devra rejeter, sans ambiguïté ni compromis, les idéologies mensongères et perverties qui dominent la société et se détourner de leurs fausses sagesses. Mais, cela aussi je le savais, plus on attendrait et plus les conséquences de ce choix seraient pénibles.

En effet, chaque jour, la foi faiblit, l'empire de l'ignorance et de la confusion grandit et le peuple des fidèles, devenu la pâture des apostats, s'étiole. Plus les chrétiens attendent, plus ils deviennent marginaux et plus ils seront persécutés quand la déchirure adviendra. Chevauchées par l'orgueil, nos élites inconscientes échafaudent fébrilement les instruments légaux et idéologiques avec lesquels ils nous endoctrineront et nous persécuteront.

Immobile, moi-même étrangement paralysé, je contemplais une immense catastrophe qui approchait inexorablement et que, seul, je semblais capable de voir et de décrire.

Ainsi, submergé dans la prière, combattant de toutes mes forces pour mon fils, j'ai osé croire que Dieu avait besoin de moi. J'ai imaginé détenir un bien que je pourrais troquer contre mon fils. J'ai même osé menacer Dieu de me taire s'Il ne m'entendait pas ! Pardonne-moi, Seigneur !

Dans les mois qui suivirent ce terrible accident, mon fils se rétablit complètement, physiquement, mentalement et psychologiquement. Il a, depuis, complété des études universitaires de deuxième cycle. Non seulement fut-il rétabli, mais l'expérience lui apporta une maturité et une humanité qu'il ne possédait pas auparavant. Les neurologues furent étonnés par les résultats, mais, comme la science ne comprend pas entièrement le cerveau humain, son rétablissement fut simplement constaté. On n'avait qu'à s'en réjouir.

Quant à moi, je n'ai jamais cherché à savoir si cette guérison avait été naturelle ou miraculeuse. C'était sans importance, puisqu'il guérit. De toute façon, la vie elle-même est un miracle !

Il serait logique de penser que, après la guérison de mon fils, je me serais aussitôt mis à l'œuvre pour rédiger ce témoignage de foi que j'avais juré de faire. C'était bien mon intention. L'ébauche du texte m'apparaissait clairement et j'entrevoyais déjà, intuitivement, son contenu. De plus, en tant que travailleur autonome, je disposais d'assez de temps libres pour m'acquitter de la tâche. Pourtant, je retardais sans cesse l'échéance. Je rédigeais quelques lignes puis j'allais faire autre chose.

Chaque fois que je décidais de me consacrer à la tâche, je découvrais toutes sortes de distractions, plus insignifiantes les unes que les autres, pour la remettre au lendemain. Je rédigeais une ébauche, identifiant les sujets à traiter puis, satisfait de ce minuscule résultat, je me donnais congé, indéfiniment. Je ne sais pas d'où provenait cette lâcheté !

Au début, je rationalisais ces lenteurs en me disant que, tant que je persévérais, même au rythme d'une page par année, je demeurais fidèle à mon vœu. Les années passèrent. Je demeurais conscient de mon obligation et pourtant rien ne se faisait. Le cartable du témoignage contenait, à peine, quelques listes de titres et des bouts épars de phrases.

Il y avait toujours d'autres travaux, des loisirs ou de simples distractions qui s'interposaient. Je priais souvent pour que le

Seigneur m'aide à rédiger mon témoignage et pourtant, aussitôt après, je trouvais une raison de faire autre chose.

Le temps coulait et l'aboutissement éventuel de mon vœu reculait. Au fil des années, cependant, mes rationalisations devenaient de plus en plus inconfortables.

EBRANLE PAR LA PENITENCE

Trois ans après l'accident de mon fils, l'évêque de mon diocèse fit annoncer, en chaire, qu'il demandait aux fidèles de revenir au sacrement individuel de la pénitence à l'occasion du carême. Comme je pratiquais déjà le jeûne pendant cette période, je me sentis particulièrement interpellé par cette demande. Depuis ma conversion, la contrition individuelle accompagnée d'une absolution collective me semblait suffisante. D'ailleurs, c'était la seule forme du sacrement de la pénitence qui se pratiquait à l'époque.

Mais, puisque l'évêque demandait, maintenant, la confession individuelle, je décidai de m'y préparer. Je n'y voyais aucun inconvénient puisque, faisant mon examen de conscience, je ne trouvais pas grand-chose à redire. Je vivais, après tout, comme un « bon gars », fidèlement marié et responsable.

Seul ce vœu, que je tardais à réaliser, agaçait un peu ma conscience. Mais, même sur ce plan, je ne m'en faisais pas trop puisque je progressais toujours, même si c'était à pas de souris.

Le jour du sacrement arrivé, je m'étais donc préparé. J'avais récapitulé mon petit paquet de péchés de banlieue, y mettant en évidence le grand témoignage qui tardait, une faute, somme toute, plutôt délicieuse à confesser.

Étrangement, diverses coïncidences m'empêchèrent, ce jour-là, de me confesser. Tant pis, me dis-je avec un certain soulagement, j'avais l'intention de me confesser privément mais, ayant manqué l'occasion, l'absolution générale fera bien l'affaire.

Dans les semaines qui suivirent, des événements imprévus et personnels ébranlèrent mon monde. Je vécus une crise terrible. Dans cette tourmente, toutes mes certitudes dérapèrent et je pris conscience de ma lâcheté. Je vis ce que j'étais : quelqu'un qui rêvasse de convertir le monde en écrivant un grand témoignage alors qu'il ne se donne même pas la peine d'annoncer l'Évangile aux enfants qui grandissent sous son toit, à ses proches et à ses connaissances ! Pendant les semaines qui ont suivi, je devins incapable de m'approcher de la communion. Je m'en sentais presque physiquement exclu. Ayant vu qui j'étais, je ne pouvais plus, je ne voulais plus, communier.

Qui suis-je ? Je suis celui qui a attendu que ses hormones se calment avant de se convertir et qui s'est alors contenté de vivoter dans une petite foi confortable. Je suis celui qui pratique une vertu sans effort au milieu d'une abondance sans histoires. Je suis celui qui, converti par la présence de Dieu, ne s'est même pas donné sérieusement la peine d'enseigner l'Évangile à ceux dont il avait la charge. Je suis celui qui, voyant son monde directement menacé par l'erreur et le blasphème, demeure silencieux, tel un navigateur qui aperçoit les écueils devant l'étrave et ne dit rien.

Qui suis-je ? Je suis celui qui, ayant reçu cinq talents, en enterre quatre, se disant qu'il lui suffira d'en faire fructifier un seul pour que le gentil Jésus le sauve quand même !

Pendant l'enfance, je me demandais parfois à quel animal je ressemblais. Je me plaisais à penser que j'avais des affinités avec le lion, le dauphin, l'épervier ou encore le cachalot. Je connaissais maintenant cet animal ; c'est l'âne, cette bête entêtée, stupide et paresseuse. Pour le faire avancer, il faut crier, tirer et pousser dessus ; mais, aussitôt que le maître lâche la bride, il s'arrête, sort du chemin et se gave de foin jusqu'à s'en rendre malade. Pardonne-moi, Seigneur et compense mes faiblesses ! Mène Ta bourrique à coups de bâton s'il le faut, parce que, sans Toi, elle n'ira nulle part et ne fera rien !

Maintenant, j'étais prêt à recevoir le sacrement de la Pénitence. Je trouvai un prêtre et me confessai à lui.

On décrit la pénitence comme le sacrement de la confession des fautes. Il est cela mais plus aussi. C'est le sacrement qui nous instruit, un sacrement rude qui demande du courage. L'absolution générale ne le remplace pas. Ce sacrement dépasse le moment du confessionnal qui en est pourtant le signe tangible et absolument essentiel. Il se déroule, parfois durement, dans le cœur. Il peut durer des semaines. On met souvent en évidence la douceur du pardon et de la miséricorde de Dieu. Peut-être, mais cette douceur n'est pas toujours une caresse. Ce que le Seigneur procure dans ce sacrement, ce n'est pas seulement le pardon, c'est aussi la lucidité. Le pardon de Dieu est un miracle !

LA DISPENSE

Il me reste un dernier événement à relater dans ce compte rendu de l'éveil de ma foi. Cet événement est, lui aussi, lié au sacrement de la pénitence. Il eut lieu quelques années après celui que je viens de décrire.

Depuis que j'avais repris la pratique de la confession, je limitais mes examens de conscience à la période subséquente à ma conversion. Je me disais que les erreurs commises à l'époque de mon incroyance ne comptaient pas et que, de toute façon, les absolutions générales reçues depuis, ainsi que le torrent de larmes déjà décrit, avaient réglé tout ça.

Cette année-là, pourtant, peut-être parce que je manquais de fautes récentes, je décidai de confesser les erreurs de mes années de jeunesse. Donc, lors de la montée vers le confessionnal, je revins en pensée sur les fautes anciennes, me préparant à les confesser. Je me souvins aussi, alors, des gestes que j'avais posés, malgré mon incroyance, pour réparer les fautes de ma jeunesse.

Je ressassais tout ça quand, soudain, le Seigneur me montra, avec une grande clarté, qu'Il me dispensait entièrement de mon vœu. Il me fit comprendre que j'avais déjà payé, vingt ans plus tôt, et dans d'autres circonstances, le prix de la guérison de mon fils. Le temps de Dieu n'est pas le nôtre.

J'étais donc entièrement libéré de mon vœu. Je n'avais plus aucune raison de m'en acquitter en extirpant ce témoignage éreintant de ma cervelle ni de porter le poids de cette obligation. Je pouvais maintenant vivre tranquillement, sans remords ni contraintes, et m'occuper d'autres choses. Le Seigneur me demandait uniquement de vivre en homme raisonnable et de respecter Ses commandements, sans plus.

Pourtant, après une pause, je repris la tâche et je poursuivis la rédaction de ce témoignage. Pourquoi ? Au cours des années, mon affection pour Jésus-Christ avait grandi. Or, si un ami nous libère de nos obligations, cessons-nous de vouloir l'aider et le servir ? Comme le psalmiste dit : Tu ne voulais sacrifice ni oblation, […] Tu n'exigeais ni holocauste ni victime, pourtant j'ai dit : me voici [Psaume 40].

Je repris donc, librement, la rédaction de ce témoignage et je persévérai jusqu'à ce qu'il soit complété.

Cependant, cette dispense souleva, en moi, une autre question. En me libérant ainsi de mon vœu, le Seigneur voulait-Il que je me taise ? Je ne connais pas la réponse à cette question. Nous sommes des soldats stupides plongés dans une bataille confuse dont la forme et les enjeux nous dépassent. Comment choisir quand on peut à peine discerner la volonté de Dieu à travers les brumes du monde ? On ne peut qu'agir et espérer ! Je décidai donc, par affection pour le Seigneur, de compléter ce témoignage et de l'offrir à ceux qui voudront le lire, priant Dieu qu'il serve Sa volonté.

Qu'on le sache, cependant, je fais ce témoignage dans une entière liberté. Je n'avais aucune contrainte ou incitation de le faire, ni de la part de Dieu ni de celle de l'Église. Je rends donc ce témoignage librement, portant seul l'entière responsabilité de ce qu'il contient.

Ceci résume les étapes principales de ma conversion de l'incroyance à la foi dans le Christ, de mon adhésion au dogme de la foi chrétienne, du vœu que je fis d'en témoigner, de la dispense que le Seigneur m'accorda et de ma décision de persévérer, librement, et de rendre ce témoignage de ma foi.

Première partie :

La voie étroite

2

Le Dogme

L'ETENDARD DE LA FOI

> *Le Credo résume la Foi. Il en est l'emblème et l'étendard. Il précède tous les schismes et réunit les croyants qui lui sont fidèles.*

Communément appelé Symbole des apôtres, le Credo résume le dogme fondamental de la foi chrétienne et l'exprime. Une version plus précise, le Credo de Nicée-Constantinople, en reprend les énoncés et les clarifie. Ce dernier résulte des luttes théologiques qui eurent lieu aux débuts de la chrétienté. Il représente une forme plus technique et précise du Dogme. Cependant, la forme, plus simple et plus naturelle, du Symbole des apôtres suffit pour baliser les réflexions et les affirmations de ce témoignage. En plus du Credo, l'Église catholique a proclamé des dogmes de Foi additionnels. Ceux-ci ne sont pas discutés ici.

Voici le Symbole des apôtres, dogme fondamental de la foi chrétienne :

Je crois en Dieu, le Père tout-puissant, Créateur du ciel et de la terre.

Et en Jésus-Christ, Son Fils unique, Notre Seigneur, qui a été conçu du Saint-Esprit, est né de la Vierge Marie, a souffert sous Ponce Pilate, a été crucifié, est mort et a été enseveli, est descendu aux enfers ; le troisième jour, Il est ressuscité des morts, est monté aux cieux, est assis à la droite de Dieu le Père tout-puissant d'où Il viendra juger les vivants et les morts.

Je crois en l'Esprit saint, à la sainte Église catholique, à la communion des saints, à la rémission des péchés, à la résurrection de la chair, à la vie éternelle.

Amen

Il y a, aujourd'hui, plusieurs confessions chrétiennes différentes : catholique, orthodoxes, protestantes et autres. Le Symbole des apôtres les précède toutes. Jusqu'à récemment, tous ceux qui appartenaient à des Églises chrétiennes traditionnelles reconnaissaient ce Credo élaboré par les Pères de l'Église lors du concile de Nicée et affiné au cours des premiers siècles de la chrétienté. Le Symbole des apôtres a donc défini l'identité chrétienne pendant près de deux mille ans. Même aux débuts de l'ère chrétienne, les adeptes des hérésies qui en divergeaient ne portaient pas le nom de chrétiens.

Le Credo fut l'enjeu de conflits terribles, de débats passionnés, de sacrifices étonnants et de réflexions magistrales. Des milliers d'hommes et de femmes souffrirent et moururent pour lui. Des milliers d'autres consacrèrent leurs vies à le méditer. Il résume et exprime la Foi. Depuis des siècles, il chemine avec nous, inchangé. Il est l'emblème, l'écusson des chrétiens, leur marque. Il est l'étendard du Christ autour duquel les chrétiens se rassemblent et se reconnaissent ; au nom duquel ils ordonnent leurs vies et combattent pour l'Évangile.

Une exigence humiliante

L'adhésion au Dogme exige de l'humilité, préalable à la foi. Pour y adhérer, le croyant doit accepter qu'il n'est pas, lui-même, l'arbitre ultime de la Vérité.

Quand le Christ dit « Je suis la Vérité », Il demande à tous ceux qui veulent Le suivre d'accepter que la vérité ne vient pas d'eux-mêmes. Celui qui suit le Christ reconnaît, implicitement, que la vérité ne prend pas son origine en lui. Le croyant, dans son adhésion au Seigneur, reconnaît son inaptitude à découvrir, par lui-même, la vérité. Il accepte d'y participer par la grâce de Dieu. Dans le Credo, il affirme que sa conscience est celle d'une créature, vivant dans un monde créé. Il y reconnaît aussi qu'un autre homme, Jésus de Nazareth, le précède en tout.

Pour croire, il faut accepter ses limites en tant que créature et il faut, aussi, se soumettre à un autre, Jésus-Christ, jusque dans les lieux les plus secrets de ses pensées. Croire, c'est accepter que le Messie règne sur le monde, mais aussi qu'Il règne en nous, dans l'intimité de notre conscience. Dans la foi, le croyant doit se soumettre au Seigneur dans le lieu ultime de sa liberté : sa conscience individuelle. L'adhésion du croyant au Christ incarne et définit la voie qui mène à Dieu. En effet, sa reconnaissance de Jésus-Christ comme Messie est déjà une prosternation dans laquelle il se relègue, implicitement, au rang de créature. Pour s'approcher du Créateur il faut d'abord se reconnaître comme créature.

L'incroyant admet aussi, sans doute, les limites de ses connaissances et de son pouvoir. Mais, s'il reconnaît ses limites par rapport au monde extérieur, il se prend pour le maître unique et absolu de l'univers intime de sa conscience. Il se croit seul en lui-même, comme une divinité suprême et solitaire. Souvent, il projette, dans les idoles qu'il invente, cette illusion de la solitude divine. L'incroyant émerge du chaos ; le croyant provient de Dieu.

L'Église a clarifié cette exigence d'humilité, inhérente dans l'adhésion au Christ, en proclamant le dogme de la Foi qui est résumé dans le Credo. Par cette proclamation, elle demande aux croyants d'accepter, comme vérités absolues, un ensemble d'énoncés doctrinaux concernant Dieu, le Christ, l'Église et la Fin des temps.

Pour l'incroyant, une telle exigence est à la fois risible et intolérable. Il la perçoit comme une abdication de l'esprit critique et de la liberté de penser devant des tabous imposés de l'extérieur. Selon lui, il faut être un peu taré pour croire. Il faut ressembler à un aliéné qui, sous des apparences de lucidité, souffre d'une étrange carence qui le désaxe. L'adhésion au Dogme lui apparaît comme le symptôme d'une pathologie qui rend ceux qui en sont affligés incapables de percevoir certaines évidences incontestables.

Les croyants, eux aussi, sont sensibles à la rudesse de cette exigence. Ils comprennent cependant qu'il faut un peu s'humilier pour adhérer aux affirmations improbables du Credo.

Ainsi, par sa forme même, le Dogme demande une adhésion confiante, globale et enfantine, semblable à celle de la foi elle-même. En effet, on ne peut pas adopter le Dogme graduellement, point par point, sur la base de l'examen séquentiel de chacun de ses éléments individuels. On ne peut pas, non plus, le choisir uniquement sur la base d'un simple examen analytique en tant que théorie généralement raisonnable. On adhère au Dogme comme on plonge dans un lac.

Or, dans la logique du monde, un tel geste est stupide et irréfléchi. Il relègue celui qui le pose au rang des simples d'esprit. Ce choix, difficile pour tous, devient encore plus ardu pour celui qui aspire à acquérir une certaine crédibilité intellectuelle.

En acceptant d'adhérer au dogme de la Foi, l'individu perd son statut de libre penseur. Ses idées deviennent suspectes, parce qu'elles sont subordonnées à une doctrine qui n'émane pas uniquement de ses raisonnements. Il a perdu la licence souveraine des incroyants, eux qui règnent comme des dieux dans l'univers de leur conscience. Il devient un simple croyant, un suiveur, un mouton. Le Credo, linteau du portique qui donne accès au temple est bas, il faut se courber pour entrer.

Les idolâtries ne requièrent pas que leurs adeptes adhèrent, en bloc, à des énoncés aussi précis et exigeants. Elles tolèrent facilement des assemblages de croyances. On peut les visiter sans se compromettre, soutenir leurs thèses tout en préservant sa réserve. Leurs adeptes ont le loisir d'évaluer et de sélectionner ce qui leur paraît vraisemblable, se confectionnant des croyances à leur goût avec les écharpes de leurs idoles. La divinité personnelle y a le dernier mot. Ainsi, on se croit libre. En fait, on devient l'esclave de soi-même.

Pour le croyant, le dogme de la Foi n'est pas entièrement raisonnable par rapport à la logique du monde. Il ne se forme pas d'opinion personnelle sur son réalisme. Il ne peut pas, non plus, accepter le Dogme comme on accepte les faits de la nature ou l'évidence des sens. Le Dogme n'est pas un fait indiscutable qu'on évalue et qu'on oublie aussitôt. On ne le juge pas, on le suit ; on ne l'évalue pas, on l'aime.

Adhérer au Dogme semble exiger une abdication de la raison. Pourtant, il la rend plus forte. Il n'égare pas, il oriente. Enfin, sous des apparences déroutantes, il demeure profondément compatible avec la réalité physique du monde.

LE PERE TOUT-PUISSANT

Je crois en Dieu, le Père tout-puissant, Créateur du ciel et de la terre.

La toute-puissance impuissante

Le Père, en nous donnant le pouvoir de L'aimer librement, nous a aussi donné le pouvoir de Le renier. Son pouvoir absolu est rendu absolument impuissant par l'Amour.

L'amour paternel humain symbolise l'amour de Dieu car cet amour transforme la puissance de l'homme en impuissance. Le père qui aime devient démuni, il perd ses moyens, il reste sans réponse. Il devient impuissant devant l'enfant rebelle car, malgré tout son pouvoir, il est incapable d'asservir celui qu'il aime. Ainsi, son amour supplante son pouvoir.

Dieu détient un pouvoir absolu, infini, sur l'univers. Ce pouvoir, cependant, ne modifie pas le monde, il le conçoit. Pour nous, ce pouvoir ressemble à une impuissance totale car nous cherchons, dans le monde, des signes de Dieu alors que nous sommes son signe. Nous existons dans la pensée de Dieu comme les poissons vivent dans l'eau. Il nous est imperceptible pour la même raison.

Le pouvoir de Dieu crée un monde dans lequel Ses enfants, conscients, disposent du pouvoir de se tourner librement vers Lui et de L'aimer sans attentes. Ce pouvoir issu de l'Amour absolu nous rend libres. Le Seigneur ne peut reprendre cette liberté, même au nom de Sa justice.

L'amour de Dieu le rend impuissant devant les maux des hommes. Il doit accepter de nous perdre plutôt que tuer notre liberté d'aimer. Qui pourrait aimer sans liberté ? Qui serait libre, s'il percevait la puissance de Dieu ? Qui pourrait aimer ce pouvoir dévoilé ? Ainsi, l'agir de Dieu est soumis à Son amour car, pour Lui, tout le mal du monde pèse moins lourd qu'une seule âme rachetée.

Si le Père crée l'univers, Il ne crée pas Son Fils. Il l'engendre. La grandeur et la tragédie humaine découlent de là. En effet, nous sommes des créatures de matière qui portent une parcelle de la liberté de Dieu. Par elle, nous sommes libres de participer, ou non, au Corps mystique de Son Fils. En effet, le choix d'adhérer à ce Corps dépasse les contingences de la matière. Il relève de cette part de liberté qui provient de Dieu.

Notre adhésion au Fils ne découle pas des mécanismes de la matière, ni même de ceux de l'intellect, lui aussi tissu de matière. Elle résulte de Dieu. Quand nous croyons, c'est Dieu qui croit en nous et quand nous recevons le Christ en nous,

nous L'engendrons. Le Corps mystique du Christ, engendré par Dieu dans le monde, dépend donc, aussi, de chacun de nous, par cette liberté que nous détenons du Père, de suivre ou non, Son Fils. Le Père nous a livré Son Fils au point de nous donner la liberté de façonner Son corps par nos vies !

Cette parcelle de liberté divine qui nous vient du Père permet au Fils d'être engendré en nous. Le croyant maintient que, après que toutes les influences matérielles ont été comptabilisées, il lui reste encore une parcelle impondérable de liberté. C'est cette parcelle qui possède le pouvoir divin d'adhérer, librement, au Christ. Mais elle peut aussi le rejeter. Voilà le destin tragique de l'homme ! Il détient, de Dieu même, le pouvoir de Le renier.

Si nous étions uniquement des mécanismes, aucun de nos gestes, même les plus cruels, n'aurait de conséquence ou d'importance devant Dieu. En effet, comme les animaux et les choses, nous serions incapables de le renier ou de nous éloigner de Lui.

Nous semblons vivre, dans un univers de matière indifférente, un éboulement d'instants transitoires et insignifiants. Cette réalité que nous percevons suscite les conditions même de notre liberté et rend possible notre adhésion, libre et aimante, au Christ.

Ainsi, la mort, pour le croyant, prend un autre sens. Son pouvoir selon le monde semble absolu, mais, dans la foi, cet absolu de la mort n'est qu'un reflet de l'amour infini et inconditionnel de Dieu. À l'instant de la mort, nos vies ne cessent pas d'exister puisque (même la science le confirme) le temps est une dimension éternelle du réel. Nous y perdons, cependant, la liberté transitoire de faire des choix. Nous devenons parfaits, dans le sens que nous sommes complétés.

Le dernier geste libre accompli, seul notre passé demeure, immuable. À l'instant de la mort, notre vie et son sens, absolument unique dans tout l'univers, deviennent finaux. La décision d'avancer vers le Christ, librement choisie dans les instants de la vie, devient, à la mort, un élan intemporel. La vie entière du croyant s'oriente alors, irrévocablement et éternellement, vers le Corps mystique du Fils de Dieu.

En nous tournant vers le Créateur et en Lui disant « Père ! », nous reconnaissons la source de notre liberté et sa raison d'être.

Créateur du ciel et de la terre

> *L'acte de Dieu est une création. Il n'est pas une gestation ni un accident. Le ciel et la terre incluent tout l'univers.*

Toute la Bible, de la Genèse à l'Apocalypse, découle directement de sa première phrase. Cette phrase, qui résume entièrement la Bible, la voici : Au début, Dieu créa le ciel et la terre.

Celui qui n'accepte pas cette première phrase de la Bible perd son temps à lire celles qui suivent. Comme une clé, elle ouvre la porte et rend le texte intelligible.

De même que la première phrase de la Bible nous permet d'accéder au reste, la première déclaration du Credo, « Je crois en Dieu le Père tout-puissant Créateur du ciel et de la terre », est le portique incontournable qui donne accès au Credo. Elle est à la fois l'affirmation initiale et le résumé du Credo. Pour commencer à comprendre les autres affirmations du Dogme, il faut d'abord accepter cette première déclaration. Sans elle, le reste demeure inaccessible.

Celui qui approche de la Foi et commence à accepter l'idée d'un Dieu créateur de l'univers, perçoit, au début, les affirmations subséquentes du Credo comme arbitraires et excessives. À première vue, il semble y avoir un fossé infranchissable entre l'acceptation d'un Créateur unique de l'univers et les autres déclarations du Credo. Qui peut trouver une séquence de déductions menant de l'existence du Créateur aux autres affirmations concernant la nature de Jésus-Christ, la virginité de Marie, la Résurrection des morts, le Ciel, l'Enfer et le reste ?

On est souvent tenté de limiter sa foi à l'existence d'un créateur générique et de rejeter le reste comme un accident ethnique et culturel. Mais, si on réfléchit à ce Père tout-puissant, à ce Créateur ; si, plutôt que de s'en construire une image, on se tourne, attentif, vers l'Amour agissant ; alors, l'ensemble du Credo émerge et devient de plus en plus accessible. En effet, le Credo découle de sa première affirmation aussi sûrement que la Bible amplifie sa première phrase. Cependant, il en découle par le biais de l'Amour et non celui des syllogismes.

L'expression du Credo, Créateur du ciel et de la terre, reprend la première phrase de la Bible. Cette expression signifie non seulement que Dieu a créé l'univers, mais qu'Il le crée continuellement. De plus, elle dénote, par les mots « ciel » et « terre », que la réalité physique est constituée de deux parts : la terre et le reste. Ceci signifie que Dieu a non seulement créé l'univers matériel, c'est-à-dire la Terre et le cosmos physique qui lui sert d'écrin, mais aussi des lieux qui ne font pas partie de la réalité matérielle.

Cette affirmation est une thèse aux conséquences immenses. Elle postule que l'univers entier est la création consciente et librement voulue de Dieu ! Cette affirmation est la clé et la porte d'entrée de la Foi. Elle définit la frontière entre la foi et l'incroyance car son sens est compris par tous mais chacun choisit ou non de l'accepter.

En effet, son objet, l'existence de la terre, fait consensus. Nous croyons tous en l'existence de la terre. On peut accepter ou rejeter que celle-ci soit la création de Dieu, mais personne ne doute qu'elle existe, même si certains la placent en eux-mêmes. Nous partageons, donc, une foi élémentaire dans l'existence de la terre en tant que lieu qui enchâsse nos vies. Par ailleurs, si par l'expression « ciel » on signifie simplement ce qui n'est pas la terre, alors tous, croyants et incroyants, acceptent l'existence du ciel et de la terre.

De la même façon, nous croyons tous que cette réalité a une cause, qu'il s'agisse d'un être conscient ou de mécanismes physiques, temporels ou non. Existence et cause sont comme les facettes d'une même chose. Que cette cause soit toute-puissante va de soi puisque la cause de tout est, évidemment, toute-puissante.

Or, cette intuition commune de l'existence et de la cause de l'univers résulte d'une séparation entre notre volonté et la réalité. Nous percevons le réel comme une entité existante distincte de nous parce que son comportement diverge de notre volonté. Ce que nous nommons « la réalité » est le lieu de cette séparation. C'est cette fissure qui rend le monde perceptible et nous convainc de son existence. Il s'agit cependant d'un type particulier d'existence : celle qui est perceptible. Dieu, Lui, ne provient pas de cette coupure et la forme même de Son existence n'est pas perceptible.

Tous reconnaissent aussi qu'une forme de conscience réside dans l'univers puisque, croyants ou non, nous nous considérons comme des êtres conscients résidant dans l'univers. En fait, s'ils étaient logiques, les athées ne croiraient pas en l'existence de leur propre conscience puisque celle-ci, pour eux, est une sensation générée par un processus biochimique. Les athées discourent sur Dieu comme s'ils étaient eux-mêmes conscients alors que leurs discours affirment le contraire !

Généralement, les athées modernes pensent que tout le réel, y compris eux-mêmes, résulte uniquement des mécanismes, ordonnés ou chaotiques, identifiés par la science. Certains idolâtres pensent qu'une divinité ou un principe conscient cause le réel, mais que celui-ci est indifférent au sort humain. Ils entrevoient une divinité cosmique se dandinant à travers les âges, broyant sans raison des vies innombrables. Ceux qui réfléchissent sur la nature de cette indifférence cosmique s'aperçoivent qu'elle constitue, en fait, une représentation primitive et imagée de l'inconscience machinale des théories cosmiques de la science. Ils commencent alors à saisir à quel point la conscience est liée à l'amour.

Tous, croyants, idolâtres et athées, perçoivent donc le sujet de la première affirmation du Credo. On pourrait définir une affirmation commune à tous qui ressemblerait à ceci : Je crois en l'existence de la terre (comme univers physique), du ciel (ce qui n'est pas dans cet univers), de ma conscience, et de la cause toute-puissante de leur existence. Tous, par conséquent, comprennent l'enjeu de la première affirmation du Credo.

C'est ici que la démarcation se fait.

Pour l'incroyant cette cause cosmique est un enchaînement chaotique, aléatoire et inconscient. Pour le croyant, l'univers résulte d'un acte de création conscient, c'est-à-dire libre, volontaire, aimant, et connaissant. Cet acte émane d'un Être qui est l'existence même non pas par le pouvoir mais dans sa nature. Pour le croyant tout est voulu, d'où le Christ qui est Dieu incarné sans réserve dans le monde. Dieu parmi nous ne pouvait qu'être un des nôtres car, Celui qui est ne S'incarne pas à moitié.

Chaque humain détient une part de la liberté de Dieu. Même ceux qui disent qu'ils sont dénués de liberté ne peuvent se dissocier de celle-ci. Tout le langage humain présuppose l'existence d'une liberté consciente des interlocuteurs. Tous les hommes, donc, quelles que soient leurs origines ou leurs croyances, créent, avec la liberté divine dont ils disposent et dans le cadre de leurs limites, l'univers dans lequel ils habitent. Nous participons, par la grâce de Dieu, à la création de notre univers.

Le croyant sait, comme l'incroyant, qu'il ne peut connaître que les images et les sensations de sa pensée. Cependant, s'il pense, il est aussi pensé. Le monde est une pensée de Dieu. On pourrait dire qu'Il conçoit le ciel et la terre. Nous existons en Lui un peu comme nos idées résident en nous. C'est pourquoi nous Le prions en silence, sachant qu'Il nous entend.

Cette conscience constitue le fondement de la fraternité humaine. En effet, en reconnaissant le Père, nous reconnaissons aussi nos frères. Le chrétien ne voit pas l'autre comme une représentation de sa propre pensée mais comme un être qui est son égal dans la pensée de Dieu vivant avec lui dans un univers qui les dépasse tous deux.

L'athée, dans ses moments lucides, reconnaît que le seul univers qui existe véritablement pour lui est celui qui est généré par son activité mentale. Par conséquent, ses choix seuls définissent la réalité. Les autres, ceux qu'il rencontre, n'existent pas en dehors de ses perceptions puisqu'ils cesseront d'exister, comme lui-même et le reste de son univers, à l'instant de sa mort. L'athée imagine qu'il pense Dieu, les autres et le monde. Les croyants, eux, acceptent que l'univers de l'autre soit aussi important que le leur.

Au bout du cheminement millénaire de l'humanité vers la sagesse et la science, l'existence d'une réalité extérieure à l'homme, d'abord proposée par la Foi, fait maintenant partie de notre conscience collective. La science reconnaît que ce qui existe dépasse largement notre expérience immédiate de la réalité. En effet, pour les anciens qui percevaient l'univers à travers l'expérience de leurs sens, seul le présent avait une existence, le passé étant sans cesse annihilé. Ainsi, pour croire en un être capable de ranimer des morts disparus depuis des siècles, ils devaient lui concéder des pouvoirs inconcevables selon leur compréhension du monde.

Aujourd'hui, nous avons élaboré des modèles de la réalité dans lesquels le temps est une dimension semblable à l'espace. Nous savons que la distinction entre passé, présent et futur relève de notre perception et des limites particulières de nos existences. Nous pouvons même concevoir l'existence, simultanée et intemporelle, de tous les états possibles de la matière. Pour nous, modernes, l'agir de Dieu n'est plus entièrement paradoxal même s'il dépasse toujours nos schèmes conceptuels.

Le croyant reconnaît, depuis toujours, la volonté toute-puissante de Dieu. Il affirme, dans la foi, que la matière, qui émane de cette volonté, est absolument cohérente avec celle-ci. Autrefois, pour croire, il fallait accepter un pouvoir divin entièrement contradictoire avec les connaissances scientifiques du temps. Il fallait tolérer que la Révélation s'accomplisse dans une négation logique du réel. De nos jours, nous entrevoyons une réalité qui est beaucoup plus compatible avec le pouvoir de Dieu, Sa volonté et Ses actions.

Dieu est Père

> *Dieu est un père. Sa présence est une présence paternelle. Tout l'univers obéit dès maintenant à Sa volonté. Le Christ révèle le Père avec une grande clarté.*

Le Christ manifeste, de multiples façons, l'identité paternelle de Dieu. En effet, Il révèle le Père non seulement par ses paroles qui Le nomment ainsi, mais aussi par la forme, la nature, les circonstances et les événements de sa vie. Plus tard, cette identité paternelle de Dieu fut confirmée de façon concrète par les Pères de l'Église, dans le dogme de la Sainte-Trinité.

L'intellect humain, ne peut pas facilement accepter un Dieu qui se limite à une identité unique. Quand il jongle avec les concepts du divin et qu'il laisse filer sa pensée jusqu'aux confins du possible, il imagine toujours des dieux larges. Son esprit suppute les attributs d'une divinité vaste, riche d'identités et multiforme, enjambant les ères et agençant les époques. L'intellect, cette machine issue du monde, conçoit le divin selon les apparences du monde. Pour lui, la multiplicité et la diversité sont des attributs essentiels du dieu qu'il imagine, dominant le monde par la possession de tout ce qu'il contient. Mais, pour que ce dieu de la pensée soit tout, à la manière du monde, il faut aussi qu'il soit n'importe quoi. En effet, pour l'intellect, le concept « tout » signifie l'accumulation sans limites. Ainsi, l'esprit humain refuse d'acquiescer un Dieu qui se limite à la pauvreté d'une seule identité. Par conséquent, quand une identité divine l'incommode, il se croit autorisé d'en façonner une autre et exige qu'on la reconnaisse au même titre que la première.

Quand l'intellect cherche une résidence à ce concept divin, il la situe dans la seule forme d'éternité immuable qu'il peut concevoir : l'abstraction. Les attributs du dieu de la pensée prennent ainsi forme. Il devient un grand concept parcourant les espaces et les époques, prenant tour à tour diverses formes pour visiter les humains et les instruire. Pour parachever cette brillante image et lui donner un verni surnaturel, on affirme gravement que le divin est incompréhensible, que rien ne peut le décrire vraiment et, donc, que les inventions de l'idolâtrie sont aussi valables que la Révélation.

Ceux qui disent cela pensent énoncer quelque chose de profond et de mystérieux. En fait, cet attribut « d'incompréhensible », que l'intellect appose à leur divinité est, lui-même, une catégorie de la pensée résultant de l'accumulation d'attributs contradictoires assignés à un même objet. L'époque où l'on fabriquait les idoles en coulant du métal est révolue depuis longtemps. Aujourd'hui, les artisans d'égarements façonnent leurs illusions avec des matériaux conceptuels plus subtils.

Ces créations de l'intellect nous impressionnent puisqu'elles sont constituées des concepts les plus énormes que la pensée peut produire. Immanquablement, celui qui cherche Dieu par l'intellect seul, finit par dénicher cette idole et, l'ayant trouvée, il la nomme l'Être suprême, le Créateur, Brahma ou le Grand Architecte.

Cette divinité possède un grand avantage. Étant multiforme, elle peut assumer, aussi, l'apparence du Dieu des chrétiens. La logique idolâtre ne rejette donc pas directement le Dieu pauvre de la Foi, incarné dans le monde dans la personne de Jésus-Christ. Pour lui, ce Dieu de la Foi constitue simplement une instance particulière de la grande divinité multiforme. Ainsi, l'idole se présente parfois affublée d'attributs semblables à ceux du Christ et de la Trinité.

Parfois, des croyants s'éloignent de la Parole et glissent vers ce culte de l'idole aux apparences chrétiennes. Leur liturgie conserve alors toutes les formes extérieures de la foi. Cependant, l'idée de la Sainte-Trinité, qu'ils continuent de vénérer dans les mots, a mué, devenant la représentation particulière d'une entité plus subtile et plus vaste qui l'engloberait. Ainsi, leur pratique religieuse se transforme en un culte de l'idole multiforme et inclusive façonnée par l'intellect, tout en en conservant une apparence chrétienne. Rien ne semble changer lors de cette transition subtile. Les mots, les rituels, les gestes demeurent les mêmes.

Tout paraît stable. Puis, un jour, certains adeptes déclarent que la forme judéo-chrétienne particulière du Dieu incarné les agresse et les blesse. Ils affirment avec une véhémence grandissante que cette représentation du divin, sous la forme de Jésus-Christ, émane d'un impérialisme judéo-chrétien inique qui occulte la vérité ultime autant qu'elle la révèle. Ils proclament aussi que l'identité paternelle du Dieu de la doctrine chrétienne résulte d'une volonté pathologique de pouvoir, typique des époques, sauvages et destructrices, dominées par le patriarcat. Ils enseignent que la foi judéo-chrétienne, en représentant Dieu exclusivement sous la forme de Jésus-Christ, étouffe les autres manifestations, tout aussi légitimes, du divin.

Ils accusent la doctrine chrétienne d'empêcher, par son intransigeance dogmatique, à des multitudes opprimées d'accéder à des formes du divin qui leur conviendraient mieux. Ils déclarent que ceux qui persistent à défendre exclusivement cette forme de la foi perpétuent un abus millénaire de pouvoir patriarcal. Ainsi, dans sa logique tordue, l'idolâtrie se retourne contre l'identité paternelle de Dieu après en avoir pris la forme.

Alors, les Églises qui avaient dérivé vers le culte de l'être suprême s'effondrent car leurs fidèles en apparence croyants adoraient déjà l'idole. Les penseurs chrétiens, eux aussi empoisonnés par cette idolâtrie subtile, s'enrôlent dans la cohorte des accusateurs et se mettent à fabriquer des christs génériques, des créateurs abstraits et des Évangiles aseptisés. Ces inventions ébranlent les croyants. Les nouvelles croyances aux formes révisées, qu'on leur propose, les attirent. C'est normal. Ces discours, produits par les castes scolarisées, décrivent une divinité qui satisfait l'intellect.

N'est-il pas injuste envers les femmes de représenter le Seigneur uniquement sous les traits d'un Père ? Ce dogme ne les empêche-t-elles pas d'adorer une forme féminine du divin, une déesse, qui leur serait plus compatible ? Si Dieu est tout, pourquoi serait-Il uniquement le Père de Jésus-Christ ? Il est toujours attirant de suivre un dieu qui satisfait les exigences du monde.

Selon la logique idolâtre, proclamer que Dieu est un Père meurtrirait les femmes en les privant de ressembler, elles aussi, au divin. Pourtant, dans la Foi, l'Incarnation du Christ confère à une femme la primauté sur tous les humains. Parmi toutes les créatures de Dieu, une femme, Marie, fut unie au créateur de l'univers par le lien intime de la maternité. À la suite de Marie, tous les croyants, hommes ou femmes, aspirent à porter le Christ en eux et à devenir, à leur mesure, mères de Dieu.

Le Seigneur s'offre à nous sous la personne de l'autre car aimer, c'est aimer l'autre. Dieu répand Son amour et Sa sagesse dans le monde entier, dans toute sa diversité et pour tous les temps, y compris le nôtre. Il le fait à partir d'un lieu unique, spécifique, localisé, concret et particulier : Jésus-Christ, crucifié et ressuscité. Le Père s'adresse à tous les humains, de toutes les races, tribus, continents, époques, sexes et niveaux technologiques à partir de ce seul homme, Jésus-Christ. À partir d'une seule identité, Il s'offre à chacun. Par elle, Il donne à tous, la grâce de Le suivre dans la dignité. Dieu ne se recopie pas, comme l'idole. Tout est en Lui.

Le Christ, unique, suffit donc pour tous les hommes et toutes les femmes de tous les temps.

Que le croyant, ébranlé par les discours des idolâtres modernes, se penche vers les Évangiles et entende leur message simple ! Ils proclament l'identité paternelle de Dieu avec une force et une clarté extraordinaire.

Le Seigneur connaît son troupeau. Il sait que nous sommes des bêtes qui s'obstinent dans l'erreur. Il ne s'est donc pas contenté de quelques paroles pour nous faire comprendre Son identité. Tout l'Évangile, à tous les niveaux, dans toutes les facettes de la vie du Christ et jusqu'aux circonstances particulières de Sa vie, affirme que Dieu est un Père. Voici de quelles façons il le fait.

D'abord, le Fils nomme le Père. Quand les apôtres Lui demandent quoi dire pour prier, le premier mot qu'Il leur enseigne est Père [Luc 11, 1]. Quand Il parle de Dieu, Il Le nomme Père. Quand Il Le prie, comme au jardin des oliviers, Il dit « Père » [Jean 17]. Enfin, à l'heure de Son trépas, quand Il cria son désarroi, le nom qu'Il lança vers les cieux fut : Père. Le Fils révèle le Père en Le nommant.

Le Père se révèle en nommant le Fils. Le Père parle rarement, de façon directe, dans les Évangiles, mais, quand Il le fait, Il se révèle comme Père en nommant le Fils, disant « Celui-ci est mon Fils » [Matthieu 3, 17]. Le Père se révèle en nommant le Fils.

Jésus-Christ révèle le Père en s'identifiant lui-même comme Fils. En disant de lui-même qu'Il est Fils de Dieu, Jésus révèle le Père.

Le Christ révèle encore le Père par les circonstances de son Incarnation. En devenant l'enfant d'une vierge, Il révèle implicitement l'identité paternelle de Dieu. Dieu, en concevant le Fils, se révèle comme Père. L'Incarnation du Fils révèle le Père.

Le Fils nous donne le Père par l'Eucharistie. En nous offrant de Le recevoir par la communion et de Le porter en nous, Il nous invite à devenir, à la suite de Marie, « mères » du Christ. Ainsi encore, Il se révèle comme Père.

Enfin, l'Église, en proclamant la Trinité, affirme que Jésus, un homme et non un concept, est à la fois le Fils et aussi le Père, réunis en un Dieu unique. Ainsi, l'Église ancre, dans un homme perceptible, Jésus, l'identité paternelle de Dieu. Par-là, elle repousse ceux qui, malgré tout, voudraient encore dénaturer le Père en Le présentant sous les traits d'une entité génitrice abstraite et conceptuelle. Par son identité concrète d'homme, le Fils révèle le Père.

Que dire de plus ? Dieu est Père. Les Évangiles l'affirment, l'annoncent et le proclament de façon absolument claire.

Nul ne peut prétendre par lui-même connaître pleinement l'identité de Dieu. Cependant, dans la Foi, un seul chemin mène véritablement à Dieu. Ce chemin se nomme Jésus-Christ. Sa personne, Ses enseignements, les circonstances de Sa vie, mènent tous à un seul Dieu, qui a une seule forme, celle d'un Père unique, uni, dans l'Esprit, à Son Fils unique et se révélant par Lui.

Je ne sais pas ce que le Seigneur aurait pu faire de plus pour révéler son identité paternelle aux ânes que nous sommes ! Les Évangiles en sont épuisants de clarté ! Il faut vraiment être têtu pour s'acharner quand même dans l'aveuglement. Pourtant, combien d'intellectuels, aujourd'hui, se prétendant porteurs d'un christianisme modernisé, enseignent dans des discours qui ressemblent à ceux de la foi, que Dieu est une entité aussi maternelle que paternelle, qu'Il est à la fois dieu et déesse, qu'Il est une abstraction créatrice, un être aux formes multiples et inclusives, un principe générateur et autres choses de ce type. Que les chrétiens le sachent, ces gens répandent une idolâtrie sournoise qui sabote la doctrine chrétienne !

En reconnaissant que Dieu est notre père, nous affirmons que nous sommes Ses fils et Ses filles. Nous proclamons dans la paternité de Dieu, notre dignité d'enfants de Dieu. Nous osons espérer, dans la foi, que nous sommes plus que des créatures animées immergées dans l'univers physique. Nous osons croire que nous portons, en nous, une part de la liberté créatrice et aimante de Dieu.

Si le Père a d'abord incarné le Messie dans le sein de la Vierge, Il continue à engendrer le Corps mystique du Christ dans ceux qui Le suivent. Il appelle chacun à se joindre à Son Fils et à devenir, à sa suite, enfant de Dieu. Ainsi, dans le Christ, et par Lui, comme Il nous l'a révélé et enseigné, nous nous tournons vers Dieu en Le nommant du nom unique qu'Il nous a donné, du nom qui résume tout, du seul nom qui suffit : Père.

La Transfiguration du Fils identifie le Père

Le Christ ne révèle pas un dieu nouveau. Le Père qu'Il annonce est le Dieu d'Abraham, d'Isaac et de Jacob. Sa Transfiguration en est le signe.

Le Christ nous a enseigné un nouveau nom de Dieu, le nom de « Père ». Ce nouveau nom fait-il référence à un Dieu nouveau ? Alors que certains tentent de séparer le Fils du Père en niant l'identité paternelle de Dieu, d'autres veulent couper le Père du Fils en faisant du Dieu annoncé par le Christ un être distinct de celui de la tradition juive.

Ceux-là approchent Jésus en le comblant de compliments. Ils s'émerveillent de Sa douceur, de Sa gentillesse, de Son amour inconditionnel. Ils approuvent l'enseignement d'amour fraternel répandu par Jésus. Ils contrastent le Père annoncé par Jésus avec ce qu'ils décrivent comme la divinité tribale, plus fruste et plus archaïque, issue de son milieu culturel judaïque. Une divinité qui tolérait la polygamie des rois, foudroyait les cités qui lui déplaisaient et participait, miraculeusement, aux batailles et aux conquêtes de son peuple.

Ils suggèrent que Jésus aurait déniché la véritable identité de Dieu, enfouie dans les mythes primaires de son peuple, et qu'il aurait annoncé au monde un dieu plus bon, plus grand et plus réel que Yahvé ! Ils reconnaissent, volontiers, une certaine validité aux anciens écrits hébraïques, mais en tant que reliques, que résidus archaïques d'une longue démarche entachée d'erreurs et de sauvagerie.

Après tout, disent-ils, en quoi le Dieu Amour proclamé par Jésus, le Dieu qui pardonne et qui enseigne d'aimer ses ennemis, ressemble-t-Il à cette autre divinité tribale, jalouse et violente ?

Ces discours ont toujours séduit les chrétiens. Ils semblent si authentiques, élevant ainsi les Évangiles chrétiens au-dessus des textes juifs. Ils flattent les croyants. Ils leur suggèrent que le Dieu paternel annoncé par le Christ est supérieur à la divinité des épopées hébraïques. Ils insinuent que les chrétiens ont pleinement compris ce que les Juifs avaient à peine entrevu.

Ils disent que le Christ, en effet, est la Voie qui mène vers le Père, mais ils insinuent que ce Père n'est pas le Dieu des Juifs. La description que fit le Christ de Son Père définirait, d'après eux, un être différent de celui de la tradition juive. Ainsi, ils postulent que Jésus aurait découvert Dieu, qu'Il l'aurait en quelque sorte inventé à partir des croyances de son époque.

Que ces discours sont réconfortants ! Ils remplissent les chrétiens de fierté et de confiance. Quelle belle ferveur les anime ! Pourtant, l'idole se cache au fond de ces thèses. En effet, elles résultent de la même démarche idolâtre qui s'obstine à faire du Seigneur une créature de l'intellect et non une personne concrète et agissante. En effet, ces théories insinuent que l'identité de Dieu résulte de la compréhension qu'en fit Jésus-Christ. Ils veulent ainsi faire, du Père, un objet de connaissance.

Dans cette optique, les gestes et les paroles que l'Ancien Testament attribue à Dieu ne seraient pas de véritables actions posées par un être réel puisque ce Dieu biblique ne serait qu'une image imparfaite du « Père céleste » découvert par le Christ. Ces gestes, relatés dans le Pentateuque, constitueraient plutôt des mythes fictifs décrivant les interventions d'un personnage inventé par les Juifs pour refléter leur identité et promouvoir leurs intérêts ethniques.

Par cette thèse, donc, la Torah ne serait pas un compte rendu des actions et des choix de Dieu mais l'approximation tribale originelle d'une divinité révélée, plus tard, par Jésus. Que tous se réjouissent et s'adorent eux-mêmes, déclarent ces égarés ! Les Juifs, en tant que premiers inventeurs géniaux de l'image de Dieu, et les chrétiens, en tant que ceux qui ont parachevé l'ébauche initiale !

Le Seigneur n'est pas un concept. Il existe plus concrètement que la réalité elle-même. Le Fils ne définit pas le Père parce que Dieu n'est pas une définition. Le Fils est engendré par Lui. Les choix, les paroles et les gestes de Dieu, rapportés dans la Torah, ne proviennent pas d'une mythologie tribale. Ils sont le compte rendu des véritables actions, voulues et posées par le même Être trinitaire unique, qui s'est révélé dans le Christ. Le Père, que le Christ révèle, foudroya Sodome, Il engloutit les troupes du pharaon et Il soutint les armées israélites dans leur conquête de la Terre promise.

Comme pour l'identité paternelle de Dieu, les Évangiles affirment, vigoureusement et de multiples façons, l'identité du Père révélé par le Christ comme Dieu d'Abraham. Les premiers signes qu'ils transmettent sont l'identité judaïque de Jésus-Christ, Sa soumission à la loi juive, le nom de rabbin qu'Il portait et le contenu de Ses enseignements. En effet, le Christ justifie d'abord la tradition juive en citant la Torah et les prophètes, confirmant ainsi l'authenticité de leurs témoignages. Il justifie aussi cette tradition directement en affirmant qu'il ne vient pas remplacer la Loi mais l'accomplir [Matthieu 5, 17].

Mais le Seigneur nous a donné un signe encore plus fort pour ancrer l'identité hébraïque de son Père et stopper ceux qui voudraient faire de Celui-ci une divinité dépassée. Le Christ a gravé un message dans le cœur et dans l'esprit de trois apôtres lors d'un moment inoubliable. Il a révélé cet enseignement par un événement si marquant que, même incompris, il aurait le pouvoir d'être préservé pendant des siècles. Ce moment, transmis dans les Évangiles, identifie le Père avec une clarté extraordinaire. Nous nommons ce signe « la Transfiguration de notre Seigneur Jésus-Christ ».

Quel événement surprenant que la Transfiguration ! Ce miracle étonnant, presque incongru, se démarque des autres signes relatés dans les Évangiles. Jésus amène trois de Ses disciples sur une montagne et là, Il leur apparaît, dans un spectacle radieux et surnaturel, en compagnie de Moïse et d'Élie, morts depuis des siècles. Quel étrange moment ! Cette apparition n'appartient pas au monde mais à l'éternité. La Transfiguration fait contraste avec les autres signes, plus prosaïques, de l'action pastorale de Jésus.

En apparaissant ainsi dans la gloire avec Moïse, le dernier patriarche, et Élie, le père des prophètes, le Christ confirme, sans détours, que Son Père et le Dieu de la tradition juive sont une seule et même personne. Par la Transfiguration, le Fils de Dieu bénit ouvertement le témoignage de Moïse et celui des prophètes, représentés par Élie. Pour les chrétiens, en effet, la Transfiguration justifie Moïse, la Torah et les prophètes plus concrètement que la tradition judaïque elle-même. Cette bénédiction merveilleuse de la Torah confirme l'origine surnaturelle de celle-ci et, par conséquent, l'authenticité du témoignage qu'elle contient.

Or, c'est la Torah de Moïse qui nous enseigne le nom de Dieu le Père et nous renseigne sur Ses choix et Ses promesses. Ce nom que Dieu donna à Moïse n'est pas seulement « Yahvé » mais aussi : Dieu d'Abraham, d'Isaac et de Jacob. Voilà le nom du Père du Christ ! Ce nom, déjà, incarne le Seigneur dans le monde car il résume les choix de Dieu. Le choix d'Abraham comme père des croyants, celui d'Isaac sur Ismaël comme descendant légitime d'Abraham et celui de Jacob au-dessus d'Ésaü comme père d'Israël.

En admettant Moïse en Sa compagnie transfigurée, le Seigneur confirme l'identité du Père et Il bénit l'œuvre et le témoignage de Moïse. Tous les signes et les choix de Dieu consignés dans la Torah sont justifiés par la Transfiguration. Sont donc justifiés : les fléaux qui firent sortir Son peuple d'Égypte, les signes du désert, la conquête de la Terre promise et la transmission de la Torah elle-même. Pareillement, la présence d'Élie, aux côtés du Christ, consacre et justifie le témoignage des prophètes.

Dans la Trinité, tous les choix et les gestes du Père, rapportés par les écrits du Pentateuque et des prophètes, deviennent aussi ceux du Fils transfiguré. Devant Celui-ci et conformément au dogme de la Trinité, le chrétien doit reconnaître que les actions de Dieu, décrites dans la Genèse et dans l'Exode, proviennent, tout comme les miracles évangéliques, du seul et unique Dieu incarné dans le Christ.

JÉSUS-CHRIST, SON FILS UNIQUE

> *Et en Jésus-Christ, Son Fils unique Notre Seigneur, qui a été conçu du Saint-Esprit, est né de la Vierge Marie, a souffert sous Ponce Pilate, a été crucifié, est mort et a été enseveli, est descendu aux enfers ; le troisième jour est ressuscité des morts, est monté aux cieux, est assis à la droite de Dieu le Père tout-puissant, d'où Il viendra juger les vivants et les morts.*

Fils unique d'une vierge

> *En naissant comme Fils unique d'une vierge, Jésus confirme l'identité paternelle de Dieu. Il incarne en même temps son statut unique de Fils de Dieu et de Messie.*

Tous les hommes ne sont pas égaux. Il y en a un, Jésus-Christ, qui diffère des autres. Jésus est le seul, l'unique Messie de Dieu, pour tous les temps et tous les lieux. En acceptant Jésus comme Messie, le chrétien accepte aussi le Dieu d'Abraham, d'Isaac et de Jacob.

Aucun homme n'est le père de Jésus-Christ. La conception du Christ existe de toute éternité. Elle est la finalité du monde. Dieu crée le monde pour engendrer le Christ. Tout l'univers et son déroulement sont ordonnés en fonction de l'Incarnation, préfigurée dans la Genèse par le souffle de Dieu animant la créature de glaise.

À la fois pauvre et riche

> *L'enfant Jésus naquit dans une grande pauvreté matérielle. Il naquit aussi dans une grande richesse : des parents pieux qui L'aimaient. Les parents sont la richesse de leurs enfants.*

L'Église souligne la grande pauvreté de Jésus qui est né dans une étable et dont le premier berceau fut une mangeoire. Elle s'émerveille, à juste titre, que Dieu se soit abaissé à ce point, naissant parmi les bêtes, animales et humaines ! Elle sait que, dans une pauvreté encore plus grande et par un miracle plus profond, le Christ naît aussi dans le fumier de nos vies. Elle distingue la crèche de la Nativité des palais des princes. Elle compare les parents de Jésus, un artisan peu fortuné et sa femme, aux grands du monde et elle s'étonne de tant de pauvreté.

Mais si Jésus vint au monde dans la pauvreté, Il naquit aussi dans la richesse. Sa pauvreté nous apparaît immédiatement dans les circonstances de la crèche et dans les faibles moyens de ses parents. Nous en sommes si conscients que nous oublions, parfois, à quel point Jésus était, aussi, fortuné. Il était riche de ses parents !

En effet, Il vint au monde dans les bras de parents bons, pieux et aimants. Or, la plus grande richesse d'un enfant, c'est l'amour de ses parents. Sa mère fut Marie, la Vierge immaculée et pleine de grâce. Son père adoptif, Joseph, sut, par piété, surmonter les intérêts du sang au nom de l'amour. Quels parents ! Quelle richesse !

Jésus était pauvre, oui, mais, chaque jour, tant d'enfants naissent plus pauvres que Lui ! Pourtant, même cette richesse de Jésus révèle la pauvreté miraculeuse de Dieu qui comptait sur ces gens pour accomplir Son œuvre.

Nous avons appris à accepter la grande pauvreté du Christ incarné. Sachons, aussi, réfléchir sur la richesse de Jésus, car c'est une richesse dont nous sommes tous porteurs. Les parents, même pauvres, sont un trésor pour leurs enfants.

Par l'amour nous devenons une richesse pour les autres.

Marie, prototype du chrétien

Marie est le premier chrétien. Elle en est aussi le prototype. Tous suivent son modèle car la vie de chaque chrétien est une grossesse mystique.

Marie est le premier chrétien. Quand Jésus fut conçu en elle, elle devint l'exemple et le modèle de chaque chrétien. En effet, devenir chrétien signifie laisser le Christ nous habiter et s'incarner en nous. Le chrétien devient ainsi, à sa façon, mère du Christ. Il porte le Seigneur en lui et l'enfante dans ses gestes. Ainsi, la réponse de Marie : « je suis la servante du Seigneur » [Luc 1, 38], sert de modèle à la prière chrétienne. L'Incarnation mystérieuse du Christ en Marie est le prototype de toutes les conversions qui suivirent.

Le mystère de l'Incarnation virginale nous révèle que l'amour de Dieu n'est ni une possession ni une fornication. Celui qui accepte de laisser concevoir le Christ en lui, demeure entier. Celui qui parvient à incarner le Christ dans ses gestes demeure lui-même. La conception mystérieuse et virginale de Marie est le signe d'une présence qui habite mais ne possède pas.

En communiant, aussi, nous imitons le consentement de Marie. Dans la communion, cet acte absolument chaste, le chrétien reçoit le Christ pour que Celui-ci habite en lui tout en le laissant entièrement libre. Le Christ nous accompagne, Il ne nous chevauche pas.

Comment peut-on accepter d'être ainsi envahi par la présence d'un autre et se soumettre à Sa volonté, sans craindre d'être amoindri ? Ne devient-on pas un subalterne à l'intérieur de sa propre personne ? Reconnaître la présence d'un Maître dans l'intimité de notre conscience, n'est-ce pas l'esclavage ultime ?

Malheureusement, ceux qui forniquent, qui trompent les autres ou les possèdent, ceux aussi qui en sont dominés et possédés, finissent par croire qu'on ne peut pas se donner sans se perdre ni se soumettre sans s'abîmer. Ayant dévoré les autres ou s'étant laissé consommer, ils perdent les réserves de confiance et d'abandon de leur enfance. Rendus cyniques et endurcis, ils ne comprennent plus qu'une soumission puisse être respectée par celui qui la reçoit. Pour eux, tout est fornication. Les dons des uns servent de pâtures aux autres.

Dans leur triste logique, la foi est une brèche, la piété, un leurre et la soumission, un viol. Ils ne voient plus la différence entre la foi et l'idolâtrie. Pour eux, ceux qui se soumettent à la volonté du Christ deviennent les catins d'un culte.

Comme la présence de Dieu est masculine et paternelle, ainsi notre âme, devant Lui, est féminine. Tout chrétien, homme ou femme, se présente devant le Seigneur comme une épouse confiante. Inspiré par la conception virginale de Marie, il sait qu'il peut se donner sans se perdre et porter la présence de Jésus-Christ en lui, sans se compromettre.

Marie, bouclier de la Foi

Marie est le bouclier de la Foi. Sa présence, inconciliable avec le blasphème, sert de rempart aux croyants.

Marie est le bouclier de la Foi. Son identité surprenante n'a pas de parallèle. Toutes les autres religions ont des dieux ou des déesses. Mais Marie, une femme qui fut la mère de Dieu, est unique. Sa présence, incontournable, s'enracine dans la tradition chrétienne. Elle agit comme un bouclier de la Foi.

Certains, égarés par l'idéologie féministe, voudraient faire de Dieu une déesse ou encore, Lui donner une conjointe divine. Les chrétiens, sensibles aux accusations de cette idéologie, sont attirés, eux aussi, par l'idée de donner au Seigneur des attributs féminins pour Le rendre plus accessible aux femmes. Après tout, pourquoi le Créateur de l'univers serait-Il plus homme que femme ?

Mais voilà que l'humble femme de Nazareth, entourée de ses églises, vénérée par les dogmes et revêtue de siècles de prières, se dresse devant ceux qui voudraient ainsi égarer l'Église ! Forte de l'amour des croyants et de leur désir de la protéger, elle bloque, comme un bouclier, ceux qui voudraient faire de Dieu une déesse. En effet, s'ils osaient travestir le Seigneur en déesse, les chrétiens devraient aussitôt renoncer à Marie ou l'exiler dans l'oubli. Si Dieu était aussi déesse, que serait sa relation avec Marie, cette femme ? Si Dieu avait une compagne divine, que serait donc le rôle de Marie ? Celui d'une concubine charnelle ? Voilà à quoi mène cette idolâtrie ! Elle transforme l'Annonciation et l'Incarnation en histoires scabreuses !

Que les chrétiens quittent, quelques instants, les discours mielleux et subtils qui les pressent fébrilement de féminiser Dieu et qu'ils réfléchissent aux conséquences d'un tel geste sur Marie ! Si, en prière, ils vont saluer Marie et se mettre à son écoute, ils sauront comment ce pantin polysexuel, que le blasphème les presse d'adopter, saccagerait la Mère de Dieu. Enfin conscients, ils se dresseront alors eux-mêmes, comme un bouclier, pour défendre leur Dame.

L'idolâtrie et le blasphème assaillent la Foi sans relâche. Leurs agents harcèlent l'Église et la pressent de faire, de Dieu, une déesse. Leurs discours sont remplis de mots impressionnants : justice, inclusion, ouverture, progrès, égalité. Ils dérangent. Ils ébranlent les croyants avec leurs raisonnements plaintifs et accablants. Ils dévorent tous les arguments, ils écartent chaque raison. Que répondre ? Que dire ?

À court d'idées, le cœur en déroute, l'esprit des croyants défaille. Ils ne trouvent plus de mots à dire. Ils veulent se rendre. Mais, quand tous les autres mots ont mordu la poussière, un nom demeure : Marie. Ce nom seul suffit car Marie, forte de l'amour des croyants, résiste, comme une digue, pour protéger son Fils et son Dieu des assauts de ceux qui voudraient le dénaturer.

Alors, les amateurs de déesses reviennent à la charge. Si on ne peut pas féminiser le Père sans abîmer la Vierge, disent-ils, élevons Marie, elle-même, au rang de déesse. Faisons d'elle l'égale du Christ. Après tout, l'Église semble engagée, depuis des siècles, dans un lent processus de divinisation de Marie. Les dogmes accumulés, de l'Immaculée Conception et de l'Assomption, font déjà d'elle un être presque désincarné, surhumain. On l'a déjà consacrée co-Rédemptrice ! Il suffirait de si peu pour parachever le tout, pour faire de cette quasi-Messie un « co-Christ », de la Mère de Dieu une mère-dieu.

Aveuglés par leurs bonnes intentions et désemparés par les accusations incessantes provenant, surtout, du féminisme, plusieurs croyants ressentent vivement la tentation d'intégrer Marie à la Trinité et de l'accepter comme l'égale du Père et du Fils. Ce geste, pensent-ils, absoudrait l'Église de sa complicité séculaire dans l'oppression des femmes. Il consacrerait, sur le plan théologique, l'égalité des sexes. Il donnerait enfin, à toutes ces femmes qui attendent, en souffrant humblement depuis des siècles, la place d'égales qui leur revient. En divinisant Marie, suggère-t-on, l'Église rejetterait enfin le carcan patriarcal étriqué qui l'étouffe pour s'ouvrir à une justice plus grande, plus inclusive et donc plus divine. Que faudrait-il faire pour récolter tous ces bienfaits ? Simplement élever, un tout petit peu plus, celle qui frôle déjà le divin, qui trône déjà dans le ciel et que les croyants les plus dévots adorent presque !

Que cette tentation est grande, surtout pour les fidèles les plus assidus ! Après des milliers d'Ave, récités dans des centaines de rosaires, reste-t-il quelque chose d'humain à l'objet de tant de dévotion ?

Église, résiste ! Marie est une femme ! Sa condition de femme unit Dieu à l'humanité. Marie donne la mesure de l'Incarnation de Dieu. Moins Marie est humaine et plus son Fils, Jésus-Christ, devient surhumain. Le jour où elle accéderait à la divinité, celui qu'elle a enfanté, cesserait d'être un homme. Il serait retranché du monde des humains et deviendrait le rejeton magique de l'union d'un dieu et de sa déesse. La Sainte Famille larguerait, alors, les amarres qui la lient aux hommes et voguerait vers l'Élysée imaginaire des idoles.

Marie, mère incontournable et humaine du Christ, protège son Fils des assauts du blasphème et maintient Son royaume sur la terre ! Cette femme, humaine, joue un rôle essentiel dans le plan de Dieu. Elle nous apporte ce qu'aucune déesse ne pourrait nous donner : la dignité de participer, en tant qu'hommes et femmes, au Corps du Christ. Jamais aucune déesse n'égalera cette femme. Chrétiens, résistez à la tentation insidieuse de renier l'humanité de Marie !

La Croix plantée dans l'histoire

Le nom de Ponce Pilate, personnage historique, ancre le Credo dans la réalité historique. L'Incarnation n'est pas un mythe symbolique détaché du réel.

La Croix est plantée dans le monde et dans l'histoire. La venue de Jésus se situe à une époque de transition entre l'histoire concrète et un passé plus vague et mythique. Ainsi, les Évangiles ne décrivent pas des événements situés à une époque indéfinie et dans un lieu plus ou moins fabuleux et difficile à cerner. Ils ne font pas référence à des personnages mythiques dont les gestes sont uniquement consignés dans des fables sacrées.

Le Christ s'est incarné dans le monde à un moment unique de transition, quand le cheminement de l'humanité passait du mythe à l'histoire. Les Évangiles décrivent des gens simples qui vivaient à une époque et dans un lieu bien défini. Ils se démarquent des autres textes sacrés de l'Antiquité par cet aspect concret, historique et prosaïque. Dans le Credo, le caractère historique et concret de l'Incarnation de Dieu est symbolisé dans le nom de Ponce Pilate. Pilate représente le monde historique. Son nom plante la Croix dans le monde réel et non dans une région plus ou moins mythique, aux frontières historiques vagues. Au contraire, la Passion s'est déroulée dans un lieu et un temps spécifiques, la province de Judée gouvernée par un personnage historique, indépendamment documenté : Ponce Pilate.

Sans référence à ce personnage, le Credo entier perdrait sa valeur historique et deviendrait un énoncé aux contours moins bien définis. Cette référence à Pilate tient le Credo et l'Évangile ancrés dans l'histoire et assure que le Christ aussi en fait partie. Grâce à la réalité concrète et historique de l'époque, Jésus ne peut pas devenir un personnage, un archétype de la pensée ou un symbole mythique. Par un étrange retour, le nom de Ponce

Pilate, cet idolâtre aux mœurs douteuses, ancre le Christ et le Credo dans le monde concret de l'histoire.

La fausse tolérance de Pilate

Les Évangiles rapportent que Pilate tenta de sauver Jésus. Selon les valeurs du monde, ce geste ressemble à une bonté tolérante. Dans l'optique de la Foi, cette tolérance apparente camouflait une tentative d'empêcher le sacrifice de la Croix.

L'attitude de Pilate, tentant d'épargner Jésus du supplice final, ressemble à de la bonté. Ne tente-t-il pas de sauver un homme bon et juste, condamné sur la base de quelques arguties doctrinales ? Cette attitude plaît bien à nos sensibilités modernes. Après tout, quelle croyance, quel dogme, quelle loi religieuse méritent, de nos jours, la peine capitale ? Être gentil et faire du bien aux autres, n'est-ce pas tout ce qui compte, la seule vraie valeur religieuse ? Qui aurait idée, aujourd'hui, d'imposer la peine capitale pour un délit théologique ?

La bonté apparente de Pilate cache pourtant un autre agenda. L'Empire romain avait toutes les apparences de la tolérance religieuse, on y tolérait les cultes les plus divers. Cependant, si l'Empire permettait à chacun de s'adonner à la religion de son choix, tous devaient, sous peine de mort, se prosterner devant les césars, ces maîtres vicieux et détraqués de Rome.

Ce culte obligé de l'empereur, en apparence anodin, camouflait la vraie religion de Rome : la peur. Elle cachait son vrai dieu : la mort. En effet, chacun devait se prosterner, une fois l'an, devant le pantin de Rome, sous peine de mort. Personne ne croyait à la façade de César-dieu mais tous croyaient à la mort qui se profilait derrière le culte apparent. C'est donc devant la mort qu'on se prosternait, vraie divinité d'un empire fondé sur le pouvoir de tuer.

Voilà la fausse tolérance d'un empire qui acceptait tous les cultes et tous les dieux, mais à condition que chacun se prosterne devant la divinité occulte qui le dominait. On croit, généralement, que les premiers chrétiens furent persécutés parce qu'ils adoraient le Christ ou le Dieu du judaïsme. C'est incorrect. L'Empire aurait toléré un culte chrétien complaisant envers César comme il tolérait tous les autres.

L'Empire romain ne persécuta pas les chrétiens parce qu'ils adoraient le Christ. Il les pourchassa parce qu'ils refusèrent de se prosterner aussi devant César.

Qui peut connaître les motifs qui poussèrent Pilate à tenter de sauver la vie de Jésus ? Un centurion croyant plaida peut-être pour Lui. Pilate fut peut-être poussé, comme l'Évangile l'indique, par des craintes superstitieuses. Il cherchait peut-être à saper le code légal d'un peuple conquis. En effet, en proposant aux Juifs de renoncer à appliquer la peine capitale, requise par la Torah pour le blasphème, Pilate les incitait à faire de leur Loi un artefact religieux, subordonné à la mort, divinité suprême de l'Empire. Jésus, en demeurant silencieux devant Pilate ; et les prêtres, en exigeant qu'il applique leur Loi, placèrent la Torah au-dessus des lois de Rome. D'ailleurs, Pilate, ce faux tolérant qui était prêt à relâcher Jésus, l'aurait, sans doute, mis à mort sans hésiter si Celui-ci avait offensé César. Jésus, Lui, aurait sauvé sa vie en se prosternant devant César. La fausse bonté de Pilate cache une grande tentation, celle de placer une loi qui tire son pouvoir de la mort au-dessus de la Loi qui met la mort sous son pouvoir. En acceptant sa Passion, le Christ a consacré la loi de Dieu et l'a élevée au-dessus de celle de la mort.

Un supplice physique et spirituel

> *La crucifixion est un supplice à la fois physique et spirituel. Il est conçu pour amener le supplicié à consentir à sa propre mort.*

Le crucifié meurt noyé. En effet, quand, épuisé, il s'affaisse, soutenu uniquement par ses bras, il devient incapable d'évacuer le fluide pulmonaire. Celui-ci s'accumule alors dans les poumons et finit par l'asphyxier. Tant que le crucifié se relève en poussant sur ses jambes, il parvient à dégager ses poumons et se maintient en vie. Éventuellement, exténué, il se laisse pendre et se noie. Ce supplice terrible était donc une torture à la fois physique et spirituelle car il amenait le condamné à consentir à sa propre mort.

La crucifixion, aussi, était un supplice pour bourreaux paresseux. Il suffisait, en effet, de clouer le condamné en place puis de laisser son propre poids faire, dans l'indifférence générale, la besogne du bourreau. Le crucifié ne valait même pas qu'on fasse l'effort de le torturer. En cela aussi, le supplice de la croix représentait le triomphe de la mort, car il rendait l'agonie du condamné insignifiante et anonyme. La crucifixion symbolise bien l'Empire romain, cet empire fondé sur la mort.

Depuis la Renaissance, nous glorifions les richesses culturelles de cette époque, ses beaux monuments, ses statues superbes, ses grands travaux d'architecture et de génie, ses textes philosophiques. Nos écoles enseignent qu'il s'agissait d'une époque brillante, d'un haut lieu du savoir, d'une grande civilisation. Nous nous émerveillons ainsi devant les trésors superficiels de cet empire et nous oublions trop souvent les mécanismes morbides et pervertis qui l'animaient.

En apparence, cet empire païen était un lieu de tolérance et de diversité religieuse. En fait, le système de pouvoir romain reposait entièrement sur le culte suprême de la mort anonyme et animale. Ce culte trouvait son expression première dans les massacres et les exécutions publiques qui étaient les instruments routiniers du pouvoir.

Mais la suprématie du culte de la mort se manifestait principalement dans les jeux du cirque. Chacune des villes possédait un cirque dans lequel on donnait la tuerie en spectacle. Lors de ces jeux, les gens étaient publiquement déchiquetés, brûlés et dévorés. On empilait ensuite leurs cadavres ensanglantés avec ceux des animaux, comme des déchets. Ainsi, des hommes, des femmes, des enfants et des animaux entraient dans l'arène. Des carcasses ensanglantées indistinctes en sortaient. Les spectateurs qui se gavaient de ces spectacles communiaient, en quelque sorte, au culte suprême de l'Empire.

Dans les textes historiques d'aujourd'hui, on représente les jeux du cirque comme des activités ludiques. Il s'agissait, en fait, du culte principal de l'Empire, déguisé en divertissement. Les autres religions, tolérées, n'étaient que des pacotilles. Les empires idolâtres camouflent parfois leurs vrais cultes et se présentent sous des formes tolérantes.

Un moment arrivait donc où le crucifié, affaissé, les poumons remplis de fluide pulmonaire, incapable de respirer, sombrait dans le coma et mourait. L'Évangile déclare que Jésus reçu un trait de lance qui lui transperça le côté droit et que ce coup confirma Sa mort. En signe de preuve, l'évangéliste indique que du sang et de l'eau s'écoulèrent de Son côté.

Étrangement, ce même coup aurait aussi bien pu ramener un crucifié comateux à la vie. Une procédure semblable est couramment pratiquée, d'ailleurs, dans les hôpitaux modernes. Ma mère et mon beau-père la reçurent et je vis, dans les deux cas, de l'eau, le fluide pulmonaire, s'écouler de leur côté.

Les témoignages des évangélistes ne semblent donc pas confirmer de façon irréfutable que Jésus mourut sur la croix. Ils décrivent un homme jeune, ayant des amis influents, qui fut éventuellement crucifié par un pouvoir militaire qui tenta activement, d'abord, de l'épargner. Déclaré mort après quelques heures d'un supplice qui pouvait durer des jours, Il fut transpercé d'un coup au côté droit d'où s'écoulèrent du sang et du fluide pulmonaire. Ces faits ne prouvent pas le décès du Christ crucifié.

On peut se demander ce que font ces observations au sein d'un témoignage de foi chrétienne. En effet, comment peut-on croire en la Résurrection du Christ si on doute de Sa mort ?

J'inclus ces observations sur la Passion car elles font partie, elles aussi, d'un témoignage que je rends, sans réserves, dans l'esprit de vérité. Mais je les mentionne aussi à cause de l'effet paradoxal qu'elles eurent sur ma propre foi.

On pourrait penser que ma foi fut ébranlée en constatant que les témoignages évangéliques ne confirment pas entièrement la mort de Jésus sur la croix. Pourtant, le contraire survint.

Je pris conscience, avec une acuité nouvelle, de l'extraordinaire véracité des Évangiles. Mon cœur et mon esprit furent saisis d'étonnement et d'admiration devant tant d'abaissement dans la vérité. Je voulais à la fois me lever en chantant et me prosterner dans les larmes ! Quels textes étranges ! Plus on les regarde, plus ils rayonnent ! Plus ils tombent, plus ils se relèvent ! Plus ils sont faibles, plus ils sont forts ! Plus les faits qu'ils rapportent sont humains, plus leur sens est divin !

La vérité, simple et directe, éclate partout dans les Évangiles ! Ils rapportent sans aucune complaisance les lâchetés et les faiblesses des apôtres, même celles de Pierre, le premier pape. Même les détails physiologiques de l'agonie du Seigneur brillent d'une vérité sans calculs ! L'eau qui s'écoule du flanc de Jésus crucifié, c'est l'eau de la vérité, humble et limpide comme les témoignages eux-mêmes. Devant cette eau, décrite simplement, je pris conscience de la vérité évangélique. Car, si les Évangiles sont assez véridiques pour rapporter, sans emphase, les détails physiologiques de la mort du Sauveur, alors, cette même vérité rejaillit sur tous les autres événements qu'ils relatent.

Voici que les miracles, la Transfiguration, l'Ascension, les prophéties rapportées dans ces textes resplendissent d'une vérité encore plus grande découlant de l'eau de la Croix ! Les Évangiles, si véridiques quand ils relatent la mort de Jésus, le sont donc, autant, quand ils témoignent du Christ ressuscité et de Ses œuvres. Dans cette eau, le témoignage évangélique du Christ ressuscité acquiert une authenticité encore plus grande. Or, le véritable signe de la Résurrection du Christ ne provient pas des circonstances de Sa mort mais de la nature, nouvelle et différente, de Son corps de gloire, ressuscité.

Je crois que Jésus-Christ mourut réellement sur la croix et qu'Il ressuscita. Mais Jésus ne revint pas à la vie comme quelqu'un qu'on ranime et qui reprend son existence où il l'avait laissée. Les Évangiles le confirment, Sa Résurrection ne fut pas le réveil d'un comateux. Elle fut une victoire physique et spirituelle sur la nature même de la mort.

Croire dans la mort et la Résurrection de Jésus-Christ procède de la foi et non d'un constat basé sur les évidences matérielles. Les chrétiens n'ont jamais eu de preuves physiques de cette mort, ni de la Résurrection. Aucun d'entre nous n'a vu la dépouille de Jésus. Notre seule information provient de quelques textes rédigés des dizaines d'années après les événements qu'ils relatent. Même si une vérité limpide s'en dégage, ces textes ne sont pas des preuves, ils sont des témoignages.

La foi vient à nous par l'appel de l'Esprit saint et par la réponse de nos âmes à cet appel. Elle n'est pas basée sur des évidences. C'est pourquoi tant de chrétiens ont cru et croient sans preuves concrètes. Croire est un miracle. Le simple fait que nous croyions témoigne de la présence agissante de Dieu.

Aucune quête sincère de vérité ne nuit au Seigneur, même celle qui questionne les circonstances de Sa mort sur la croix ; toutes L'illuminent et Le servent !

La Passion est une tragédie

La Passion de Jésus-Christ est une tragédie. Elle résulte d'un choc, inévitable, entre Dieu incarné et la Torah.

Par rapport au monde, Jésus était sans faute. Comme Pilate, le monde ne trouve aucun motif de condamnation en Lui. Toutes les lois de toutes les sociétés humaines reconnaissent que cet homme, ce guérisseur des malades, cet innocent, était juste et bon. Le seul motif légitime de Sa condamnation réside dans la Révélation elle-même, telle que consignée dans la Torah, et Son seul crime relève de cette Loi. Ce crime est le blasphème que Jésus prononça en affirmant solennellement qu'Il préexistait Abraham. Jésus fut reconnu coupable d'un crime que seul un Juif pouvait commettre.

Voici la réalité tragique de la Passion. En proclamant, sous serment, Sa nature divine, Jésus se rendit coupable de blasphème selon la loi judaïque. Sa condamnation à mort devint donc légitime par rapport à celle-ci. Jésus-Christ ne fut pas la victime d'un lynchage ou d'un meurtre crapuleux. Sa Crucifixion fut un sacrifice inscrit, tragiquement, dans la substance même de la Torah.

Parlant à Moïse le Seigneur dit : « tu diras Je Suis t'a envoyé » [Exode 3, 13]. Il se décrit ensuite comme le Dieu de ses pères, Abraham, Isaac et Jacob. Ces noms, préservés pendant des siècles, trouvèrent leur accomplissement dans le temple de Jérusalem au moment où le Christ déclara solennellement : « Avant qu'Abraham ne fut, Je Suis » [Jean 8, 58]. Le Messie prononça ainsi la seule affirmation qui puisse révéler Son identité divine. En effet Jésus-Christ, parfaitement uni au Père et indivisible de Lui ne pouvait se nommer autrement qu'en disant « Je Suis », et en se situant par rapport au premier patriarche, père des croyants.

Certains doutent que Jésus ait vraiment affirmé Sa nature divine. Ils objectent qu'Il n'a jamais mentionné directement qu'Il était Dieu. Or, Il ne pouvait pas le faire car, en disant une telle chose, Il se serait identifié à un attribut de la pensée, une idole, et non à Lui-même. Le Christ, qui est Dieu, ne pouvait pas dire : « je suis Dieu ».

Cet instant, prélude à la Passion, est sacré entre tous. À ce moment, le grand-prêtre, symbole du temple, déchira ses vêtements, car la Loi, en condamnant le Seigneur incarné, se déchirait sur elle-même. À partir de ce moment, les Hébreux devinrent les Juifs. En sacrifiant le Christ, ils assumèrent le destin tragique de l'Alliance, le destin qu'Abraham avait accepté en leur nom à tous.

Une fois ces mots prononcés dans le temple, Jésus devait se rétracter ou mourir. En effet, selon la Loi, Il avait proféré un blasphème et donc, commis une faute méritant la peine capitale. Quand les Évangiles proclament que Jésus était sans faute, ils affirment, ainsi, la divinité du Christ. En effet, seul le véritable Fils de Dieu pouvait prononcer ces paroles sans blasphémer. Même légalement coupable de blasphème selon la Torah, Jésus demeurait sans faute.

Quand Pilate, représentant le pouvoir de Rome, le pressait de questions, le Christ ne s'est pas rétracté alors qu'Il aurait pu sauver Sa vie en le faisant. Il est demeuré silencieux, se soumettant à la Loi en acceptant de subir le châtiment qu'elle prescrit. Le Juste, injustement condamné, aurait eu le devoir de se sauver. Jésus ne l'a pas fait. L'inscription placée sur Sa croix le proclame, Il fut soumis à la Loi jusqu'à la mort.

Jésus n'a pas rejeté la Loi. Au contraire, Il lui fut parfaitement soumis. Il ne l'a pas brisée, Il l'a incarnée. Cette soumission du Fils de Dieu à la loi du Père révèle et confirme la nature sacrée de celle-ci. Or, la Torah contenait en elle, comme une semence tragique, le moment où elle se déchirerait en condamnant le Juste pour ainsi enfanter le Christ.

Jésus, malgré tous Ses miracles et Ses enseignements, ne peut pas être intégré à la tradition judaïque en tant que prophète ou rabbin car Il dépasse la Loi tout en s'y soumettant. Sa déclaration, dans le temple, exige un choix sans compromis, celui de Le reconnaître comme le Christ ou de Le condamner, légitimement, comme blasphémateur. Celui qui reconnaît que le Christ était sans tache, admet, implicitement, qu'Il n'a pas blasphémé en affirmant Sa nature divine et qu'Il était donc, vraiment, le Fils de Dieu.

Ainsi, la Loi se soumet, à son tour, à Celui qui s'était soumis à elle. Jésus-Christ est le serviteur de la Loi par Sa soumission et Il la dépasse par cette même soumission.

C'est pourquoi il est plus facile pour un non Juif de se convertir au Christ que pour un Juif. Le converti qui n'est pas Juif approche le mystère de la Révélation par la voie du Christ. Pour lui, toute la Révélation commence avec le Messie et se confirme dans la Torah. Il peut recevoir la Révélation comme un témoignage sans fissure car sa fidélité à la Torah découle de sa fidélité au Christ et non l'inverse. En venant à la foi par le Christ, il faut quitter ses idoles mais, l'ayant fait, on peut recevoir toute la Révélation sans déchirure.

Pour le Juif, cependant, reconnaître que Jésus disait la vérité en jurant, dans le Temple, qu'Il existait avant Abraham, ébranle aussitôt sa fidélité à la Torah jusque dans ses fondements. Il se voit contraint, soit de placer le Messie devant la Loi, soit de reconnaître que le Fils de Dieu fut un blasphémateur selon la Loi. Pour lui c'est un choix tragique, car la fidélité au Christ menace sa fidélité à la Torah. Il doit trahir, en quelque sorte, la Torah pour accéder au Christ. Or, cela est difficile à celui qui aspire à se soumettre à la volonté de Dieu aussi complètement qu'Abraham le fit.

Paradoxalement, pourtant, en se soumettant à la loi du Père jusqu'au point de rejeter le Fils, les Juifs suivent, dans l'absolu de leur démarche, l'exemple même du Seigneur Jésus-Christ qui s'est soumis à cette même Loi jusqu'à la mort. Il y a donc, au cœur de la foi judaïque, un immense silence. Les chrétiens acceptent le Père en se soumettant au Christ et les Juifs, de façon obscure, suivent le Christ en se soumettant sans partages à la Volonté du Père.

Pas un meurtre, un sacrifice

Selon certaines thèses, les prêtres auraient crucifié Jésus parce qu'Il menaçait leur pouvoir. Ils auraient utilisé des arguties douteuses pour condamner un innocent.

Nous ne connaissons pas les personnalités de ces prêtres qui condamnèrent Jésus. Ils devaient, collectivement, représenter un échantillon conventionnel de l'humanité. Certains, sans doute, étaient plutôt sympathiques alors que d'autres, peut-être, avaient un caractère brutal ou cruel. Ils avaient, cependant, un trait commun particulier. Ces gens étaient particulièrement pointilleux en ce qui concernait l'observance des règlements.

Par rapport à nos propres mœurs, et même par rapport aux mœurs de cette époque, les prêtres du temple étaient obsessifs jusqu'à la névrose quand il s'agissait de se conformer aux règlements. Ils ne se contentaient pas de grandes règles simples comme « ne pas tuer », « ne pas voler » ou « ne pas commettre d'adultère ». Ils se déplaçaient dans un véritable dédale d'obligations et de pratiques alimentaires, vestimentaires et sociales, plus ou moins saugrenues, qu'ils discutaient sans cesse et auxquelles ils se conformaient avec une assiduité presque maladive.

Certains de ces gens avaient peut-être le caractère de tueurs, cependant, ils auraient tué uniquement quand le règlement le permettait. D'autres, même les plus doux, étaient sans doute, eux aussi, capables de tuer l'homme le meilleur si la Loi l'exigeait. Quand l'apôtre déclare que le Christ s'est rangé parmi les coupables, il ne signifie pas que Jésus fréquenta des criminels comme une personne charitable visite un pénitencier. Il dit que le Christ prit place parmi les coupables, qu'Il devint l'un d'eux. L'apôtre affirme, ainsi, que la Crucifixion fut conforme à la Loi.

Parfois, dans les récits évangéliques, les Juifs, lors de débats qu'ils tiennent avec le Christ, décident soudainement de Le lapider. À première vue, il semble que ces décisions résultent de la haine ou d'un rejet impulsif des remontrances du Christ à leur endroit. Mais, ces gens, obsédés par le pur et l'impur, ne se seraient pas souillés, de façon impulsive, par un geste non prescrit d'une telle gravité.

D'ailleurs, quand on lit de plus près les textes évangéliques, on s'aperçoit que, chaque fois qu'ils tentèrent de lapider Jésus, la Loi le permettait. Quand le Christ les critique, leur fait des remontrances ou les insulte, ils répondent, ils tentent de Le piéger mais ils ne L'attaquent pas physiquement. Cependant, quand Jésus déclare ou suggère qu'Il est le Messie et le Fils de Dieu, se rendant ainsi coupable à leurs yeux de blasphème, c'est alors qu'ils tentent de Le lapider.

Les prêtres et les Juifs n'ont pas agi comme des conjurés qui complotent pour assassiner un rival. Plusieurs haïssaient sans doute Jésus et d'autres, qui sait, L'aimaient peut-être. Ils ont agi comme ils l'ont fait parce que, en tant que prêtres, ils devaient faire ce que le règlement exigeait. À ce moment, Jésus, debout au milieu d'eux, agissait Lui aussi, par cette même obéissance, comme un prêtre.

Quand l'Église affirme que Jésus est le grand-prêtre par excellence, elle signifie, par là, que le Christ fut à la fois la victime sans tache de Sa Passion, et le grand-prêtre officiant à Son sacrifice. Jésus était parfaitement innocent devant les hommes et devant le monde. Il n'avait commis aucun crime contre qui que ce soit. Il n'avait fait de tort à personne. Il était, aussi, entièrement innocent devant le pouvoir romain. Il n'avait enfreint aucune loi provenant d'une autorité sociale ou militaire. Le monde n'avait aucune raison de Le condamner. Il était innocent et sans tache, victime parfaite, immolée pour le salut du monde.

Il s'est soumis au supplice, même si aucune armée, aucune police et aucun pouvoir politique ne voulaient Sa mort. Il a consenti au sacrifice sous la seule contrainte de la foi.

L'Église affirme que Jésus-Christ a librement consenti à Sa Passion. Je le crois. Je pense même qu'Il a consenti à chacun des instants de Son supplice et qu'Il aurait pu, à n'importe quel moment, le stopper. Jésus demeura silencieux parce que, devant la Loi, Il était coupable et Sa condamnation était légitime.

Mais, à l'instant de sa mort, la victime, coupable selon la Loi, devint innocente. Jésus devint le Christ, car Son témoignage était vrai. Ainsi, Celui qui fut exécuté légitimement selon la Torah était innocent. La Torah, ayant condamné l'innocent, s'est alors déchirée sur elle-même. À l'instant de la mort de Jésus, le voile du temple se déchira. Cette déchirure ne symbolise pas la destruction du temple. Elle annonce un enfantement et un jaillissement. Le voile du temple s'est déchiré comme un fruit qui éclate, comme une digue qui rompt et libère ses eaux.

En devenant la victime innocente de la loi de Son Père, le Christ a racheté le monde. À cet instant, la Lumière triompha des ténèbres. À ce moment l'Esprit de Dieu, engendré dans le Fils, prit possession de l'univers.

En ce jour, le mal voulait le bien

Le jour de la Passion, toutes les forces des ténèbres voulaient préserver la vie de Jésus. Elles tentèrent tout pour détourner le Christ de Son sacrifice.

Le sacrifice du Christ sauve le monde. Selon toutes les apparences du monde, la Crucifixion de Jésus est un fait divers sans importance. Dans la Foi, elle est l'événement central de toute l'humanité, de tout l'univers et de tous les temps, passés, présents et à venir. Elle est le moment, unique parmi tous, qui sauve le monde et le justifie.

Que voulaient donc les ténèbres, ce jour-là, sinon l'empêcher ? À ce moment, toutes les forces du monde et des ténèbres n'avaient qu'un but : sauver la vie de Jésus, faire qu'Il prospère, soit comblé d'enfants et vive longtemps et paisiblement ! Jamais le mal ne fut si gentil qu'en ce jour ! L'Évangile même nous l'indique.

En effet, lorsque le Seigneur identifie la présence tentatrice de Satan, Il ne se trouve pas au milieu des prêtres, ni avec Ses tortionnaires, ni même devant Pilate. Non, Il est en compagnie de l'apôtre Pierre alors que celui-ci Lui suggère de s'esquiver. Comment est-ce possible ? Voici un disciple rempli de bonnes intentions, qui Lui veut du bien, qui veut sauver Sa vie ! C'est pourtant à ce moment que le Seigneur identifie la présence du malin et répond « Arrière Satan ! » [Matthieu 16, 21]. Parfois le mal a toutes les apparences du bien.

Ponce Pilate a tout fait pour empêcher le sacrifice du Christ. Il a tenté de décourager Jésus en Le torturant, il a proposé de L'amnistier, de Le gracier, il a voulu L'échanger contre un criminel endurci. Il a tenté d'inspirer la pitié de la foule en leur présentant le spectacle du Christ flagellé. Enfin, il a voulu détourner les prêtres de leur destin en humiliant Jésus pour leur faire croire que Celui-ci ne valait pas la peine d'être exécuté. Ce jour-là, le mal ressemblait au bien, à la bonté, à la tolérance et à la pitié.

Pilate a présenté aux Juifs un innocent humilié, flagellé, couronné d'épines et ridiculisé ! Quelle espèce d'individu pourrait continuer d'exiger la crucifixion devant un tel spectacle ? Quel genre de personne s'obstinerait à appliquer une obscure sentence théologique contre un homme qui ne fit jamais de mal à personne, qui guérissait les malades et qui aimait les pauvres ? Qui serait capable de porter le poids d'un tel geste ? Qui donc pourrait traverser cette rivière de feu ? Qui d'autre que le peuple que Dieu Lui-même choisit et prépara pour accomplir le sacrifice éternel de Rédemption !

Le Père voulait-Il donc crucifier Son Fils ? Non. Mais Il y consentit.

Les Évangiles nous disent que, la veille de Sa Passion, Jésus, en prière, implora Son Père de L'épargner. Pour l'incroyant, cette prière fut un geste pathétique, un appel futile lancé par un impuissant vers un Dieu inexistant. Cette prière lui apparaît comme un simple réflexe de désespoir devant l'engrenage implacable du pouvoir romain. Mais, pour le croyant, il en va autrement car, dans la foi, le Père, présent, entendit la supplique de Son Fils et détenait le pouvoir d'y répondre. Il aurait pu envoyer « douze légions d'anges » [Matthieu 7, 53] mais Il demeura silencieux.

Pendant des siècles, Dieu prépara Son peuple à accomplir ce sacrifice. D'abord, Il choisit Abraham, un homme capable de tuer son propre fils sur un ordre de Dieu, comme père et modèle des croyants. Puis, Il les pétrit, les émondant dans les épreuves jusqu'à ce qu'ils deviennent fidèles par instinct. Il leur donna un dédale de lois, les chargeant de règles et d'observances, les rendant obéissants jusqu'à la bêtise, jusqu'à l'inconscience. Ainsi, Il forgea Son peuple comme on forge une lame.

Au jour de la Passion, toutes les forces des ténèbres s'étaient liguées pour arrêter le sacrifice. Toutes les illusions et toutes les tentations étaient déchaînées contre la Croix. Alors, malgré tous les assauts du monde et des sens, ce peuple endurci, forgé par le Père depuis des siècles, traversa le fleuve des illusions et des mensonges pour accomplir le sacrifice qui sauve le monde. Mus par la volonté éternelle du Père et malgré tout le poids de leur geste, les Juifs menèrent le Messie jusqu'à l'autel où fut enfantée la Lumière.

Dans la Genèse Dieu dit : Que la lumière soit ! L'Évangile annonce : Voici la Lumière !

Jésus est mort comme un homme

> *Les miracles de Jésus ne furent pas suffisamment éclatants pour Le priver de Sa nature d'homme. Jésus avait la foi et Il mourut comme un homme. Dieu s'est incarné dans le corps de Jésus mais aussi dans toutes les circonstances de Sa vie.*

Les Évangiles racontent plusieurs des signes et des miracles que Jésus accomplit sur terre. Ces signes soutiennent les croyants. Pourtant, à l'examen, ils sont peu impressionnants. Ils n'ont pas le caractère d'actes magiques. Les miracles de Jésus révèlent Son identité divine tout en préservant Son humanité. En effet, pour que le Fils de l'homme meure comme un homme, il fallait aussi qu'Il vive comme un homme.

Pour croire que Dieu s'est pleinement incarné, il faut croire que le Christ était sujet aux mêmes limites que les autres hommes. Autrement, Sa vie ne serait qu'un spectacle et Sa mort, une mise en scène. Malgré tous Ses signes et Ses miracles, Jésus demeura un homme parmi les hommes. Il n'était pas un être surhumain visitant la terre comme un tenancier qui visite ses domaines. Quand Jésus monta au Calvaire, Il était lié au Père par la foi et non par la certitude.

Il fallait que Sa vie soit à la fois pleinement divine et entièrement humaine pour révéler le plan de Dieu. Il le fit en vivant et en mourant comme chacun de nous. L'espace de la vie du Christ est le lieu, unique dans tout l'univers, où l'humain et le divin se lient sans s'altérer. Ce lieu n'est pas seulement la personne physique de Jésus mais toutes les circonstances de Sa vie et de Son époque.

L'Incarnation ne se limite pas à la venue particulière d'un homme, il s'agit de la conjoncture de tout le réel avec la venue de Dieu. Voilà le plus grand des miracles ! Une vie qui, dans toutes ses circonstances, révèle Dieu sans perdre son humanité ! Les Évangiles, à la fois miraculeux et étrangement prosaïques, ressemblent à cette jonction inconcevable.

Les enfers et les cieux

> *Les pérégrinations du Christ, Sa descente aux enfers et Sa montée aux cieux, révèlent qu'il existe d'autres lieux, dans la création, que l'univers physique. La croyance en ces lieux est essentielle à la foi car ces lieux coïncident avec les états de l'âme.*

Le chrétien croit qu'il détient une parcelle de Dieu et que celle-ci persiste à la mort. Ceci implique une croyance en des lieux qui contiennent cette persistance. Tout dans le monde meurt, la matière, l'espace et même le temps. Donc, pour persister, l'âme doit résider ailleurs.

Les cieux et les enfers ne sont pas des étoiles ni des demeures souterraines. Ils ne sont pas des lieux du monde physique. Même les Pères de l'Église, il y a des siècles, ne pensaient pas que le Seigneur résidait dans les étoiles. Ce que nous appelons conventionnellement le ciel, c'est-à-dire l'espace physique et ce qu'il contient, fait partie de la matière et donc, de la terre. Dans la Foi, le Ciel est un lieu créé, distinct de la matière.

Le mystère de l'Ascension du Christ révèle l'existence de ces lieux immatériels. Dans cet événement mystérieux, l'Ascension de Jésus suivie de Sa disparition, le Seigneur nous indique qu'il existe des lieux et des dimensions qui sont distincts de l'univers connu.

La foi dans ces lieux découle aussi de l'identité paternelle du Père et de Son acte qui engendre le Fils. Le chrétien croit qu'il possède en lui une parcelle de Dieu, lui permettant de participer à la génération éternelle du Corps mystique du Christ. Il croit que quelque chose a la capacité d'agir librement en lui, indépendamment des mécanismes matériels.

Cette parcelle de liberté inexpliquée par la matière devient visible dans la forme de nos vies. Les vies des saints révèlent la Lumière comme une volute de fumée révèle le rayon qui la traverse. Pourtant, rien dans leur constitution physique ne distingue la fumée illuminée de celle qui est sombre. Seul ce qui est éclairé devient visible, pas ce qui éclaire.

Quand nos vies deviennent trop denses, trop matérielles, alors elles obscurcissent la Lumière et l'étouffent. Le lieu de résidence de cette Lumière est le Ciel. Croire, c'est croire que la Lumière qui éclaire les vies des saints existe indépendamment du monde et réside hors de lui. Celui qui croit, croit au Ciel.

Le Christ ne renaîtra pas, Il reviendra

La doctrine chrétienne n'est pas une fable réconfortante. Elle est la vérité objective et physique du monde. Une seule résurrection ébranle tout l'univers car elle est absolument incompatible avec les lois de la matière. La Résurrection du Christ sort la Foi du monde des discours et la confronte à la réalité physique.

Par la Résurrection, le Seigneur nous signale que le monde Lui est soumis et Il nous appelle à la foi et à l'espérance. La Résurrection de Jésus-Christ trois jours après Sa mort inspire la Foi. Ce premier retour du Christ, cependant, ne transforme pas la réalité physique, évidente et observable. La foi chrétienne ne se limite pas à reconnaître que le Christ est ressuscité, il y a deux mille ans. Elle affirme que le Ressuscité vit toujours, qu'Il agit dans le monde et qu'Il reviendra. Ainsi, le mystère de la Résurrection révèle le Ciel et la toute-puissance de Dieu.

Si la Résurrection du Christ est un signe, un message, Son retour, lui, ne sera pas un signe ni un appel. Il définira directement toute la réalité.

Quand le Christ reviendra, nous ne pourrons plus croire car nous saurons !

Certains pensent, qu'à Son retour, Jésus-Christ sera encore soumis aux contingences du monde. Ils attendent, comme messie, une nouvelle personne qui sera, encore une fois, conçue physiquement, vivra une nouvelle croissance et sera de nouveau enchaîné à un corps unique et vieillissant. Ces gens se trompent. Le Messie s'est incarné dans une vie d'homme une seule et unique fois, pour toujours. Le Christ reviendra aussi sûrement qu'Il vécut mais, Son retour ne sera pas une renaissance. Il ne sera pas soumis aux lois de la matière, elles Lui seront soumises. Son retour sera comme l'aube.

Dans les temps qui viennent nous connaîtrons des hommes et des femmes merveilleusement beaux et bons. Ils donneront des enseignements brillants et accompliront des signes extraordinaires. Nous serons éblouis par les pouvoirs immenses de la science. Nous rencontrerons peut-être, qui sait, des créatures nouvelles inhumaines, remplies de pouvoirs spirituels. Devant nous, des intelligences supérieures bâtiront des sociétés aux formes utopiques. Les idolâtries et les blasphèmes deviendront des modèles sublimes d'altruisme.

Un jour, peut-être, on pourra régénérer les corps des saints à partir du matériel génétique de leurs reliques. La tentation sera grande, en ces jours, de dire « voici le Christ, voilà Son royaume ». Il faudra alors se souvenir que tous les pouvoirs de la science, si grands soient-ils, demeurent soumis aux lois du monde, car ces pouvoirs manipulent les lois de la matière mais ne les supplantent pas.

Au jour du retour, toute la réalité physique sera absolument soumise au Christ. Il émergera comme l'aube, illuminant à la fois la matière et nos âmes. Nous Le reconnaîtrons comme les apôtres reconnurent le Ressuscité, par le chant, en nous, de nos âmes. L'espace, le temps, la matière et toutes leurs lois Le serviront. Il n'exercera aucun pouvoir car tout Lui sera soumis. Il sera plus vrai que le réel. Même les luttes, les sacrifices et les conflits annonçant le temps de Son retour vibreront d'une étrange allégresse. Il nous visitera dans les formes qu'Il voudra et nous Le reconnaîtrons au tressaillement de nos âmes.

Que les chrétiens s'en souviennent, aucune créature tirant son existence ou son pouvoir de la matière, qu'elle soit homme, femme, entité, peuple, machine ou bête, ne sera le Christ !

Nous deviendrons découragés d'attendre, notre espérance rendue pitoyable et ridicule. Nous serons méprisés comme des niais. Le monde se chargera des espoirs les plus merveilleux et des pouvoirs les plus grands. Des idéologies toujours plus convaincantes voudront nous guider vers des sociétés infiniment utopiques. Les plaisirs les plus grands et les sagesses les plus délicieuses nous tenteront. Nous vivrons de longues vies dans des corps bien préservés. De nouveaux messies, porteurs de sagesses en apparence supérieures, nous inviteront.

Chrétiens, rien de tout cela ne sera le Christ ! Celui dont nous attendons le retour triomphal, pas la renaissance, est un charpentier juif, crucifié il y a deux mille ans, et lui seul.

Son retour ne contredira pas le monde

La science postule que l'univers est stable et que le cosmos perdurera, inchangé, pendant des milliards d'années. Les événements du retour du Messie, décrits dans la Révélation, sont incompatibles avec ce modèle de l'évolution cosmique. L'univers subira, sous peu, une transformation radicale et catastrophique.

Le dogme de la Foi enseigne qu'aux jours du retour glorieux du Christ, l'univers entier sera radicalement transformé. En ces temps, des événements cosmiques et physiques, incompatibles avec la structure présente de la réalité, auront lieu. Selon la Révélation, le monde sera encore habité, à la Fin des temps, par des humains capables de pécher, c'est-à-dire conscients et moralement libres.

Or, tenant compte de la cadence accélérée des transformations du monde, l'espèce humaine, dans sa forme actuelle d'hommes et de femmes libres et conscients, perdurera, au mieux, quelques dizaines de milliers d'années. En termes cosmiques, cette durée est un instant.

Pour le chrétien, donc, l'univers entier est au bord d'une transition catastrophique fulgurante. Pour le croyant, le cosmos, tel que nous le connaissons, se balance au bord d'un gouffre. Croire en la résurrection de la chair annoncée dans la Révélation et dans le Credo, c'est croire que, bientôt, la nature de l'univers sera radicalement altérée.

En effet, une transformation radicale de la réalité physique de l'univers est nécessaire pour que les prophéties de la Fin des temps s'accomplissent. De plus, cette transformation n'aura pas lieu dans des milliards d'années, mais, en termes cosmiques, demain. En effet, les Écritures affirment que, au jour du retour du Christ, des humains appelés au Salut vivront encore sur terre. Or, ceci implique que ce retour aura lieu dans, au plus, une centaine de milliers d'années ou même, qui sait, plus tôt. Par rapport aux durées cosmiques, deux cent cinquante ans ou deux cents mille, c'est un instant.

Les théories cosmiques, aujourd'hui acceptées, décrivent un univers qui serait stable pendant des milliards d'années dans l'avenir. À la lumière de la foi, ces théories sont incorrectes. Pour le chrétien, notre univers, apparemment immuable selon la science du jour, se dandine, en fait, sur la crête d'une lame et s'apprête à basculer avec une rapidité fulgurante (par rapport aux échelles cosmiques) dans une phase de transformation radicale vers un nouvel état.

Ceci peut paraître inconcevable aujourd'hui. Devant le poids écrasant des théories scientifiques, les prophéties de la Fin des temps ressemblent à des superstitions absurdes et absolument réfutées. La science d'aujourd'hui déclare que l'univers est fondamentalement stable et qu'il perdurera, inchangé, pendant des milliards d'années. La seule question qui resterait à résoudre sur ce point serait de savoir si l'univers commencera, alors, à se contracter ou s'il continuera de s'étendre.

Pour le savant, le lieu que nous habitons, la Terre, berceau du Christ, est une infime particule, identique au reste de la matière. Pour lui, l'époque de l'essor de l'humanité, dans laquelle nous vivons, est un instant dérisoire perdu entre l'immensité du passé et celle de l'avenir. Ces théories semblent irréfutables, aujourd'hui. Cependant, il y a à peine un siècle, l'idée que le temps lui-même ait une origine était, elle aussi, scientifiquement inconcevable. Cette idée, pourtant, avait été postulée par la Foi, depuis des siècles. Que les chrétiens s'en souviennent !

Le retour du Christ et la résurrection de la chair ne sont ni des images ni des symboles. L'annonce de ces événements comporte des affirmations précises concernant des événements réels qui ébranleront l'univers physique dans ses fondements. Cette transition ne sera pas paradoxale ni contradictoire. Elle résultera, de façon catastrophique mais cohérente, de l'état présent de la matière. La venue des derniers jours est déjà inscrite, en quelque sorte, dans les propriétés physiques de la matière, et ce, depuis l'origine.

Certains pensent que les transformations cosmiques annoncées par la prophétie seront comme imposées de l'extérieur et en contradiction avec la réalité physique. Cependant, dans la foi, le croyant sait que le monde est soumis à la volonté de Dieu et en tire, depuis toujours, son existence. Par conséquent, la réalité telle que nous la connaissons aujourd'hui est tout autant surnaturelle que celle qui émergera demain. En tout temps, le monde est le reflet de la volonté de Dieu. Or, la volonté de Dieu depuis le début des temps, telle qu'exprimée dans les Écritures et dans le dogme de la Foi, comprend le retour du Messie et la résurrection de la chair. Donc, les propriétés de l'univers physique portent en elles, depuis l'origine, les facteurs nécessaires à cette mutation cosmique prochaine, voulue de Dieu et annoncée par les prophètes.

La science ne perçoit simplement pas, encore, l'imminence de cette mutation. Elle le fera un jour. Que les croyants le sachent, les événements physiques annoncés par la Révélation auront lieu ! Un jour, les théories cosmologiques reconnaîtront, elles aussi, ce que la Foi connaît déjà ; que l'univers entier, à l'instant cosmique dans lequel nous vivons, est dans un état d'équilibre précaire, annonciateur de catastrophes prochaines.

L'aboutissement de cette mutation du monde, que nous appelons communément « la Fin des temps », sera une réalité nouvelle dans laquelle la volonté de Dieu sera tout en tous. En ces temps, les conditions radicalement différentes de nos vies ressuscitées seront aussi naturelles et aussi compatibles avec la réalité que celles d'aujourd'hui.

Cette transition catastrophique du réel sera en tout temps compatible avec les lois cosmiques. En effet, l'existence de l'univers relève toujours de la volonté agissante de Dieu. Le réel est sans cesse voulu, cependant, dans notre ignorance présente, nous le percevons encore comme un phénomène aléatoire.

Au terme de cette transition catastrophique du réel, la résurrection de la chair et la vie éternelle ne seront pas des métaphores ni des images. Elles seront des réalités physiques. Nous vivons, confinés, dans la grille du temps. Nos vies ressemblent donc à une suite d'instants évanescents qui, chacun, disparaît dans le néant.

Pour nous, le passé n'existe plus, il est annihilé puisque nous sommes incapables de le retrouver. Mais le Seigneur, Lui, contient chacun de ces instants. Il n'en a rien perdu. Non seulement connaît-Il chacun des cheveux qui sont présentement sur nos têtes, Il connaît aussi tous ceux qui s'y trouvaient à chacun des instants de nos vies. Il nous ressuscitera simplement, comme on cueille des fleurs.

Le Christ, au jour de Son retour, exercera sur le monde un pouvoir absolu. Sa présence sera plus réelle que les pierres. Ce jour verra la fin du péché mais aussi la fin de la liberté de pécher. Les élus seront alors, absolument et sans effort, soumis à la volonté de Dieu. Nous vivrons dans une liberté complète tout en étant absolument soumis au Christ.

Dans notre état présent, nous pouvons à peine comprendre une telle concordance entre la liberté et la soumission. La clé de ce mystère se trouve dans cette affirmation de la Foi qui dit que le plus grand désir de l'âme est de s'unir à Dieu. Elle réside aussi dans les vies de Jésus-Christ et de Marie qui nous servent de guides.

Chaque vie de foi est imprégnée d'une recherche tâtonnante qui mène à la découverte, étonnante, que nous puisons notre plus grande liberté et notre identité la plus vraie dans l'union amoureuse de notre âme avec son Créateur.

L'ESPRIT SAINT

> *Je crois en l'Esprit saint, à la sainte Église catholique, à la communion des saints, à la rémission des péchés, à la résurrection de la chair, à la vie éternelle.*

L'univers habité par l'Esprit

> *Depuis la Résurrection, l'Esprit du Christ vit dans le monde et guide activement l'Église. Dieu habite, maintenant, parmi nous.*

Comme Jésus, en tant qu'homme, manifeste le Père incarné dans le monde, ainsi, le Christ ressuscité manifeste, à son tour, l'Esprit de Dieu, incarné. La Résurrection du Christ est le début d'une nouvelle naissance. Depuis ce moment, un être nouveau est présent au sein du monde et détient, sur lui, le pouvoir ultime. C'est pourquoi, dans la foi, nous savons que le monde est déjà sauvé et que le royaume de Dieu est déjà établi. La Résurrection enseigne qu'un être, à la fois familier, un homme, et paradoxal, le Fils de Dieu ressuscité et indépendant de la matière, vit aujourd'hui parmi nous.

Il y a deux mille ans, le souffle de Dieu se concrétisa dans le monde et, depuis, l'univers entier baigne dans la présence du Christ et est façonné par Lui. Si le Christ paraît parfois impuissant devant la souffrance et le mal, c'est qu'Il doit les subir pour enfanter nos âmes. Ils sont une conséquence de ce travail.

Jésus fut un homme, unique et réel. Il est le seul, l'unique Messie. Il est unique parce qu'Il est le Ressuscité. Par Lui, l'Esprit de Dieu a une identité spécifique, il est Jésus-Christ ressuscité et toujours vivant parmi nous.

Si Jésus était confiné dans des limites humaines pendant Sa vie, le Christ, Lui, n'a pas de limites. Notre monde est maintenant habité par ce Ressuscité, un être capable d'agir sur la matière quand et comme Il le veut. Les limites de Jésus ont disparu dans le Christ.

Les idolâtres tentent de tuer l'Esprit saint en fêtant Jésus. Ils nous proposent un Jésus uniquement humain et suggèrent que ce que nous nommons le Christ est, en fait, le message du Maître et non Sa personne. Pour eux, la Résurrection est une image qui symbolise la pérennité du message au-delà de la vie du Maître. Ainsi, dans cette vision fausse de la doctrine chrétienne, le Christ tirerait Son existence des disciples.

En effet, ces idolâtres suggèrent que le Christ « ressuscita » à partir du moment où les apôtres commencèrent à proclamer l'Évangile et qu'il « vit », aujourd'hui, parce que des fidèles le suivent encore. Ils proclament que les disciples, parfois, s'égarent et que ceux qui comprennent le message le mieux sont ceux qui possèdent le Christ. Dans leur idolâtrie, ils conçoivent, enfin, que plusieurs messies se succéderont au cours de l'histoire, car, puisqu'ils perçoivent le Christ comme un message, un objet de connaissance, plusieurs messagers pourraient, tour à tour, le transmettre.

Ça ressemble à la Foi, tout ça. Ne dit-on pas que le Christ est la parole de Dieu et que les croyants sont Son corps agissant ?

Mais en fait, cette théologie est une forme camouflée d'athéisme. Elle est une thèse contraire à la doctrine chrétienne. La foi dans la Résurrection physique de Jésus réfute cette fausse théorie du message divinisé, car elle affirme que la personne même de Jésus a physiquement ressuscité et que, depuis la Résurrection, Jésus-Christ vit par Lui-même en Dieu. Il ne tire pas Son existence des croyants. Il les fait vivre au contraire.

Le Christ ressuscité est un être, pas un message. Il est Lui-même, dans Sa personne, la Parole incarnée. Son enseignement provient de la Parole mais ne la remplace pas. Les messages sont des choses, Dieu est un être. S'Il est en nous, c'est en tant que personne, et non comme une idée. Dans la grâce, Il nous habite physiquement, que nous le concevions ou pas, que nous le sentions ou pas, que nous le sachions ou pas. Il nous touche d'abord et nous instruit ensuite.

L'émergence de toute cette théologie fausse du christ-message résulte de l'effondrement de la foi au sein des élites ecclésiastiques et théologiennes.

Le Seigneur nous a donné un sacrement extraordinaire pour nous aider et nous maintenir dans la foi véritable : l'Eucharistie. Le croyant entend les enseignements, les comprend et les met en pratique. Mais, en communiant, il reçoit la personne physique du Christ. L'hostie n'est pas une idée, elle est un objet concret. Communier n'est pas une démarche intellectuelle, c'est un geste physique. Celui qui reçoit le Christ dans un morceau de pain affirme implicitement que Dieu n'est pas une idée. Il faut manger le Christ et l'avaler, car Sa chair existe aussi sûrement que la nôtre.

Or, la Chair du Christ est celle de l'Esprit. Ainsi, dans la Foi, l'Esprit n'est pas une idée, une émotion, ni même un savoir. Toutes ces choses émanent de l'homme et non de Dieu. Non, l'Esprit saint est un être concret qui nous connaît, nous guide, nous enseigne et nous habite, réellement.

L'Église du Christ est universelle

L'Église instaurée par Jésus-Christ est universelle. Son appel s'adresse à tous les humains de tous les lieux et de tous les temps. L'Évangile est l'enseignement le plus vrai, le meilleur et le plus conforme à la vie humaine. Il est supérieur à toutes les autres croyances et une bénédiction pour tous ceux qui l'adoptent, sans exceptions.

L'Église, Corps vivant du Christ, est catholique, c'est-à-dire universelle. L'Évangile, son message, et ses valeurs sont une bénédiction pour tous les hommes de tous les lieux, de tous les temps et de tous les niveaux technologiques. Il est la voie sûre pour tous, européens ou autochtones, hommes ou femmes, vieux ou jeunes, éduqués ou ignorants, riches ou pauvres.

Aucune croyance, aucune sagesse, aucun rituel, aucun savoir ne surpasse ou n'égale l'unique Parole de Dieu incarnée dans Jésus-Christ. La chair de Dieu se donne à tous et bénit chacun de ceux qui la reçoivent. Certains déclarent, aujourd'hui, que la foi chrétienne est une croyance sectaire, adaptée aux conditions ethniques des Européens. Ils suggèrent que les croyances ancestrales des autres peuples du monde sont mieux adaptées à leurs caractères propres et à leurs mœurs. Ils décrivent les conversions de ces peuples comme des meurtrissures et des appauvrissements, les coupant des sources de spiritualité traditionnelles qui faisaient leur force et leur originalité.

On présente ainsi l'annonce de l'Évangile comme une forme d'endoctrinement qui dépossède ces peuples de leurs richesses ancestrales pour les intégrer dans un moule spirituel ennuyeux, uniforme et mal adapté à leur identité. De cette façon, l'évangélisation est apparentée à une invasion, nivelant les peuples et détruisant la diversité du monde.

Cette idée pernicieuse est fausse. Elle nous invite à traiter nos frères humains comme les faire-valoir d'une fresque de croyances exotiques. Nous tenons à cette diversité car elle nous offre un spectacle qui agrémente notre monde de nantis. L'humanité n'est pas un zoo, un jardin de croyances à préserver pour décorer la terre. Sous des apparences de respect, ces idées cachent un racisme sournois et un agenda déshumanisant.

La mission d'annoncer l'Évangile affirme, au contraire, la fraternité humaine. En effet, on ne cache pas une bonne nouvelle à ses frères, même si cette nouvelle risque de les transformer. Ceux qui vivent dans les pays lointains ne sont pas des figurants dans notre bestiaire personnel, ils sont nos frères.

Le message de l'Église est universel. Il s'adresse à tous les hommes de tous les lieux et de tous les temps. Il est la meilleure règle de vie pour tous, et tous sont appelés à rejeter leurs divinités tribales, leurs idolâtries, leurs blasphèmes, leurs sagesses de matière et leurs incroyances pour recevoir la parole de Dieu, incarnée dans le Christ.

Vous, qui vous obstinez dans l'incroyance, votre obstination vous dessèche ; Jésus-Christ seul peut vous abreuver ! Vous, qui vous complaisez dans les cultes de l'hindouisme, vous vous égarez dans les constructions de votre esprit, seul le Christ est la vraie voie ! Vous, qui vous acharnez à garder vos divinités autochtones soumettez-vous à Jésus, le Christ, qui est la vraie sagesse ! Vous, qui cherchez l'illumination dans la sérénité du Bouddha, cherchez l'Amour dans la souffrance du crucifié ! Vous, qui avez rejeté le Fils de Dieu pour suivre Allah, acceptez enfin que Dieu est un Père dont le Fils, crucifié, mourut pour votre salut ! Vous enfin, qui accusez la Parole et qui la défigurez en prétendant l'améliorer, repentez-vous ! Acceptez Jésus-Christ tel qu'Il se présente et non tel que vous le voulez !

Le temps approche où tous les humains devront faire un choix, celui d'accepter Jésus-Christ comme le Fils unique du seul vrai Dieu ou de Le rejeter. Sa présence se répandra alors mystérieusement, comme l'aube, émergeant dans le secret des cœurs. On s'étonnera que tant de gens provenant des cultures les plus diverses Le reconnaissent soudain et que tant d'autres Le rejettent.

Paul, organeau du Christ

> *Le Christ est l'ancre qui nous relie au Père. Paul est l'organeau de cette ancre. Paul nous lie au Christ, il est le père du Dogme.*

Si le Christ est l'ancre qui nous lie au Père, saint Paul en est l'organeau, cette manille qui joint l'ancre à son câblot. Paul lie la communion des saints, cette longue chaîne millénaire, au Christ. Alors que les douze apôtres témoignent de Jésus, Paul, lui, témoigne d'abord du Saint-Esprit, car il a connu le Christ par la voie de l'Esprit. Paul tire sa foi et son enseignement de sa rencontre avec l'Esprit saint.

En acceptant les Épîtres de Paul comme parole révélée, l'Église reconnaît, implicitement, la troisième personne de la Trinité car, c'est le Saint-Esprit qui s'exprime à travers Paul. Comme Jésus révèle le Père présent dans la Torah, ainsi l'Esprit saint révèle, dans les Épîtres de Paul, le Christ en Jésus.

Paul témoigne de la présence incessante et continue de Dieu dans le monde, d'abord en Jésus puis dans l'Esprit saint. L'Église, en accréditant le témoignage de Paul, affirme que l'Esprit saint envoyé par le Christ a commencé à se manifester aux croyants, peu de temps après l'Ascension. Accepter le témoignage de Paul, c'est donc accepter que la présence réelle et agissante de l'Esprit saint guide l'Église depuis les tout premiers temps.

Paul a utilisé la rigueur de la raison pour révéler la Foi. Il a aussi assujetti la raison à la lumière de la Foi. Il a eu le courage de dire aux croyants que leur foi est une folie pour le monde [1 Corinthiens 1, 14]. Il a proclamé, conformément à sa rencontre avec l'Esprit de Dieu ressuscité, que Jésus était non seulement un maître, mais le Christ, le Fils de Dieu. Il a su voir que seule la victoire absolue du Christ sur la mort pouvait réconcilier la Foi avec la raison.

Aujourd'hui, Paul est l'objet de toutes les attaques car sa conversion et son enseignement confirment l'action de l'Esprit saint depuis les premiers jours. Or, la légitimité de la doctrine de la Foi découle de cette présence agissante de l'Esprit. L'œuvre de Paul justifie ainsi la doctrine de la Foi, exprimée par les premiers Pères de l'Église. Il est le lien qui unit les enseignements de Jésus, proclamés par les apôtres, aux témoignages des saints de l'Église des premiers temps.

À cause de Paul, le chrétien ne peut pas faire de Jésus un simple rabbin, un sage, un gourou ou même un prophète, car le Christ ressuscité, que Paul a rencontré directement, échappe à ces catégories. Les enseignements de l'apôtre Paul révèlent le Christ et l'affirment, non seulement par le contenu des Épîtres mais par la forme même de sa conversion, source de son témoignage. Paul est le père du Dogme. Ceux qui tentent de saboter le cœur de la Foi en affirmant que l'Église des premiers temps s'est fourvoyée, attaquent toujours Paul.

Le monde aime bien l'homme que fut Jésus. Qui n'aimerait pas ce guérisseur de malades, cet innocent crucifié ? Mais, si le monde accepte l'homme Jésus, il rejette Jésus-Christ. C'est pourquoi il attaque Paul, car c'est Paul qui unit Jésus au Christ révélé par l'Esprit saint.

Les Épîtres de Paul font donc obstacle aux idéologues qui voudraient faire de Jésus un simple sage humain, un messager de l'idole. On l'attaque en prétendant que Paul a lui-même inventé le Christ à partir de la vie obscure d'un Juif dévot. On prétend qu'il a combiné un enseignement hébreu traditionnel avec une mythologie païenne de résurrection, créant ainsi un hybride dénaturé. On suggère qu'il a, en quelque sorte, accaparé l'enseignement et la vie de Jésus pour en faire les instruments d'une théologie de son invention. On l'accuse d'avoir trahi Jésus en le divinisant. On insinue qu'il a détourné l'Église des humbles enseignements de l'homme Jésus pour la transformer en une institution dogmatique proclamant la suprématie cosmique du Christ. On suggère qu'il a lancé les chrétiens sur une fausse piste qui dure depuis deux mille ans.

Paul est ainsi attaqué de toutes parts car il réside à la jonction qui lie la chaîne millénaire des saints à son Sauveur. C'est pourquoi ceux qui veulent se saisir de l'Église pour l'entraîner dans leurs dérives s'acharnent toujours contre Paul. En effet, s'ils parviennent à couper ce lien, la légitimité des Pères de l'Église qui ont énoncé le dogme de la Foi et la validité du témoignage millénaire des saints s'effondrent. L'assurance, aussi, que l'Esprit saint guide l'Église depuis le début, disparaît. Ayant ainsi coupé, le lien entre Jésus et le Christ, ils pourraient refaçonner la foi à leur convenance.

Que l'Église protège, avec amour, cet apôtre de l'Esprit vivant de Dieu ! La communion des saints, cette longue chaîne qui relie l'Église au Christ, commence avec Paul. Croire en la communion des saints signifie croire en l'authenticité divine, inspirée de l'Esprit saint, d'une suite de témoignages et de sacrifices débutant au jour de la Pentecôte.

En proclamant sa foi dans l'Esprit saint, le croyant affirme que l'Esprit saint existe au même titre que le Christ. En déclarant qu'il croit en la communion des saints, le croyant affirme que, non seulement l'Esprit saint existe, mais aussi, que Celui-ci instruit l'Église directement, concrètement et continuellement depuis les premiers temps.

Comme un placenta épuisé

Le Seigneur détient le pouvoir de revenir maintenant dans la Gloire et de triompher du mal mais Il ne le fait pas. Si le Christ était déjà revenu, les vivants d'aujourd'hui n'auraient jamais existé. Nous devons nos vies à la patience de Dieu. Quand le monde aura enfanté sa dernière âme, il disparaîtra pour faire place à une réalité nouvelle.

On se demande souvent comment le Seigneur peut demeurer silencieux devant le massacre de tant de millions d'hommes et de femmes au cours de l'histoire. Comment peut-Il tolérer cela ? Mais, s'Il avait décidé, dans le passé, de mettre un terme à toute cette souffrance et de revenir plus tôt, nos âmes, vivant aujourd'hui, n'auraient jamais connu la foi. Nous devons nos vies à la patience de Dieu devant la souffrance de l'homme.

Plusieurs regardent les signes et croient que le temps de la venue de Dieu est proche. Nul ne sait. Mais, tant qu'il restera une seule âme digne d'être sauvée, dans le monde, Dieu subira le mal et la mort. Il cachera Sa face tant qu'un seul de Ses petits sera capable de Le chercher librement. Le Seigneur n'abandonnera aucun de Ses enfants, ni ceux d'hier ni ceux de demain. Il subira, en silence, tous les affronts du mal jusqu'à ce que le dernier des siens soit sauvé et que Son Corps mystique soit enfin parachevé.

Quand le dernier jour adviendra-t-il ? Qui sait ? Tant que le monde laissera, à Dieu, le pouvoir de créer des âmes, libres de Le chercher dans l'amour, alors, à mon avis, la réalité présente de ce monde persistera et Dieu demeurera invisible. Lequel d'entre nous serait prêt à sacrifier la liberté spirituelle de ses enfants pour voir, aujourd'hui, la face de Dieu ?

Mais un temps viendra où la moisson des âmes sera engrangée. Un jour, le pouvoir humain aura fermé la porte à la liberté de Dieu. Un jour, les hommes ne seront plus que des assemblages préconçus. Le monde, cette matrice des âmes, sera alors devenu stérile ; la souffrance et la mort ne seront plus que les sécrétions absurdes d'un engrenage inutile. Elles auront perdu leur raison d'être. L'ignorance aura produit son dernier acte de foi. La mort aura livré sa dernière goutte d'espérance. Le dénuement aura suscité son dernier geste de charité. Un jour, le dernier des élus aura fait la dernière des prières. Que fera l'Amour créateur, alors, de cet univers ?

Quand le dernier humain capable d'aimer Dieu aura vécu, le Seigneur pourra-t-Il tolérer encore longtemps l'existence d'une gangue de souffrances stériles ? Le monde tel que nous le connaissons agonisera alors comme un placenta épuisé. Un monde nouveau le remplacera.

Dieu ne nous laissera pas sombrer

> *Dans les derniers jours, la tension croissante entre l'Esprit et la matière ébranlera tout le réel. Que les chrétiens demeurent confiants car, plus le chaos sera grand plus l'appel du Seigneur sera clair. Ceux qui Le chercheront Le trouveront.*

Ce que nous nommons, communément, la Fin du monde n'en sera pas la fin puisque la résurrection de la chair et la vie éternelle auront lieu en ces temps. Cette fin sera plutôt la fin des illusions concernant le monde.

Certains pensent que la Fin des temps sera uniquement une époque de catastrophes, naturelles ou artificielles. De tels événements accompagneront peut-être les derniers jours, mais ils n'en seront pas le signe unique.

Pour le chrétien, comme pour tous ceux qui l'observent lucidement, le monde globalisé d'aujourd'hui est instable. Il est sujet à des tensions énormes et est menacé par le pouvoir de destruction grandissant de la technologie. Un tel monde pourrait connaître toutes sortes de catastrophes sans que celles-ci ne soient les signes d'événements eschatologiques. Certaines catastrophes, naturelles ou artificielles, surviendront peut-être à l'orée des derniers temps. Mais de tels événements pourront aussi bien n'être que des jalons anonymes dans le long pèlerinage de l'humanité.

Qui sait ce que le peuple de Dieu devra encore subir avant que n'advienne le temps du Jugement ? Qui sait combien de fois encore la famine alternera avec l'abondance, la guerre avec la paix, la maladie avec la guérison, l'exil avec le retour ? Même si, un jour, un météore heurtait la terre, la détruisant presque entièrement, ce ne serait pas un signe certain de la Fin des temps puisqu'il s'agirait d'une catastrophe naturelle compatible avec l'état présent du réel et semblable, en cela, à toutes les autres qui ont affligé notre planète.

Ceux qui croiront que les catastrophes naturelles seront, à elles seules, des signes concluants de la Fin des temps, croiront aussi que les périodes de confort, de plaisirs et d'abondance qui les succéderont représenteront l'avènement du royaume de Dieu. C'est faux. Le royaume de Dieu n'a rien en commun avec une société matérielle fonctionnant sans tensions comme un engrenage bien lubrifié. Le Seigneur n'a pas suscité des dizaines de générations de martyrs pour procurer du confort physique à notre génération.

Les événements de la fin ne seront pas uniquement des catastrophes naturelles ou le résultat de guerres. Ils s'en démarqueront. Les signes cosmiques de la Fin des temps ne seront pas uniquement des vaguelettes insignifiantes affectant uniquement la Terre dans un univers, par ailleurs, immuable. Ils ne correspondront pas, non plus, aux images répandues par la technologie.

La nature même du réel sera ébranlée. La frontière, entre ce qui existe et ce qui n'existe pas, entre l'Esprit et la matière, entre la cause et l'effet, deviendra confuse et trouble. Plus ces signes seront apparents, plus nous serons aveuglés. Nous serons submergés par la confusion, incapables de distinguer le vrai de l'illusion. Que les chrétiens demeurent attentifs car, plus la confusion du monde grandira, plus l'agir de Dieu deviendra clair !

Dans la foi, nous savons que le Seigneur donne à chaque âme de chaque époque ce qu'il lui faut de signes pour trouver librement son chemin vers le Christ. Par conséquent, plus l'erreur et la confusion envahiront le monde, égarant les humains dans une profusion de signes et de mensonges, les abrutissant par des crises et des catastrophes réelles ou imaginaires ; plus l'action de l'Esprit deviendra fulgurante et lumineuse pour ceux qui voudront la voir.

Le Seigneur ne laissera pas le monde emporter Ses enfants. Il se laissera toujours trouver par ceux qui Le cherchent. Quand la confusion engloutira le réel, Dieu ne laissera pas sombrer Ses enfants, Il ne reniera pas Ses promesses. Plus le monde deviendra une source d'égarements, plus l'Esprit saint brillera dans le cœur de chacun. En ces jours, le Seigneur lèvera, au fond de chacun des croyants, assez de lumière pour qu'il trouve la Vérité dans un déluge de mensonges.

Déjà, le monde s'affaire, fébrilement, à préparer la venue de faux prophètes. Certains s'acharnent maintenant à détruire le Christ pour ne retenir que le messager Jésus. Ceux qui suivront leurs voies accepteront des créatures comme de nouveaux messies. Il y a un seul Messie, Il ne naîtra pas, Il reviendra. D'autres, en nous enseignant que nous sommes les rejetons de civilisations stellaires, nous préparent à voir des messies dans des créatures monstrueuses. D'autres encore annonceront l'utopie sociale comme accomplissement du royaume. Certains, professant la réincarnation, suggéreront que les créatures choyées des sociétés technologiques de demain seront les élues, réincarnées et enfin récompensées, d'hier.

Qui sait quels autres égarements on inventera et on proposera aux croyants dans les temps qui viennent ? Chaque fois que nous ignorons la parole de Dieu, nous trouvons de nouvelles façons de nous égarer. Nous aurons toujours le talent de nous mentir à nous-même. Quand toutes ces illusions et tous ces faux espoirs surgiront dans un monde bouleversé et dérangé, combien se perdront ?

Plus la tempête ragera, plus nous devrons nous accrocher à Jésus-Christ. C'est Lui, l'Arche. C'est en Lui seul que nous trouverons ce qu'il faut pour rejeter les illusions. Jésus-Christ, ressuscité, nous révèle déjà la forme de Son retour. L'espérance des chrétiens se fonde sur le retour surnaturel du même homme qui fut crucifié, il y a deux mille ans, et qui, ressuscité, vit depuis, d'une vie qu'aucune matière ne peut émuler.

Le Christ ressuscité nous montre déjà la nature du Messie glorieux et nous détourne des mirages des idolâtries. Il nous révèle qui Il est et qui Il sera. Ainsi, dans Sa Résurrection, comme dans le reste, le Christ nous guide sûrement vers Lui. Il nous protège de nos égarements en nous donnant déjà ce qu'il nous faut pour Le reconnaître au jour de Son retour.

L'enfant martyre ne passera pas

Le Seigneur reviendra aux derniers jours. Il justifiera, alors, tous les élus, y compris ceux qu'aucune puissance du monde ne pourrait sauver. Seule la résurrection de tous les saints, connus et inconnus, et leur salut éternel pourra satisfaire l'espérance des croyants et accomplir les promesses messianiques. Rien d'autre ne suffira.

Imaginez une jeune fille, une enfant anonyme qui aurait vécu aux confins de l'Empire romain, à l'époque des persécutions. Imaginez qu'elle est morte, vierge et martyre, assassinée au nom de la foi chrétienne. Imaginez qu'elle provenait d'un village obscur dont le souvenir a disparu depuis des siècles, issue d'une peuplade isolée dont le nom et même la langue ont été perdus. Vierge, elle n'a laissé aucune descendance. Tout, son nom, sa vie, ses parents, son regard, ses craintes, ses prières, ses joies ; tout est absolument perdu, disparu et oublié.

Imaginez qu'elle fut meurtrie et tuée, non pas dans un cirque devant un grand public, mais dans une ruelle anonyme. Tuée comme une petite bête, sans plus. Chaque atome de son corps, réduit depuis longtemps à la poussière est éparpillé. Rien, ni personne, ne conserve, aujourd'hui, la moindre trace de son existence.

Qui se souviendra de sa souffrance ? Où, dans le monde, pourra-t-on trouver mémoire de sa foi ? Qui entendra le cri qu'elle lança vers le Seigneur ? D'où viendra sa récompense ?

Si, un jour, nos descendants vivaient tous dans un confort total, libérés des maladies, savourant de longues et suaves existences ; si nos sociétés devenaient parfaitement justes ; connaîtrions-nous, alors, le règne ultime de Dieu ? Serait-il accompli ? Quand les générations de l'avenir seront entièrement repues, la justice de Dieu aura-t-elle triomphé ? Non. Si justice n'est pas faite à cette enfant martyre, où est la justice de Dieu ? Un tel règne de facilité, ainsi glorifié, serait une parodie obscène du royaume de Dieu car il consacrerait l'abandon des martyrs anonymes et de leurs témoignages. Cette enfant a-t-elle prié et souffert pour que nous soyons un jour repus ? Où serait le Seigneur dans un tel avènement ? Quel serait Son amour ?

Quand tout, dans le monde, aura oublié ces témoins, le Seigneur, Lui, se souviendra de chacun d'eux, même des plus petits. Tant que tous les martyrs oubliés ne seront pas justifiés, la justice de Dieu n'aura pas été pleinement rendue et Son royaume ne sera pas entièrement établi. Les sociétés justes, paisibles et prospères sont un bien, mais elles ne sont pas le royaume de Dieu. Qui les confond, s'égare.

Le croyant espère en un Dieu tout-puissant car, Lui seul pourra justifier tous les saints. Il espère que la mort et l'extinction seront absolument vaincues car elles doivent l'être pour que la Justice et l'Amour triomphent vraiment. Le chrétien ne se contente pas, il ne peut et ne doit pas se contenter d'une justice humaine soumise aux contingences de la matière et de l'existence. L'espérance chrétienne attend que le Seigneur sauve tous Ses témoins, tous, sans exceptions. Ainsi, la réalisation du règne de Dieu ne pourra s'accomplir que lorsque le Seigneur affirmera Sa souveraineté absolue et définitive sur la matière, sur l'univers, sur le temps et sur toutes leurs lois.

Dans ce nouvel état du monde, annoncé par les prophètes, les péchés seront remis. Le chrétien croit dans la rémission des péchés. Par cela, il affirme que sa vie présente est une image tordue et étouffée de ce qu'il est. Il porte en lui, comme une intuition, la conviction qu'il est meilleur que la somme de ses gestes et de ses paroles.

Mais comment rétablir celui que nous devrions être sans détruire celui que nous sommes ? Le Christ, ici encore, montre encore la voie. Il nous enseigne, par Sa vie, que Dieu a su s'incarner de façon absolue dans la personne limitée d'un homme. Il saura donc rétablir nos âmes dans leur perfection originelle sans nous détruire.

Chacune des particules, de l'univers de chaos et de conflit dans lequel nous vivons, est, en tout temps, soumise à la volonté de Dieu. La réalité émane de cette Volonté. Au jour de la Résurrection, encore par cette Volonté, nos corps endosseront de nouveaux manteaux de chair pour vivre dans un monde où la mort sera devenue inutile, car tous les sacrifices auront été accomplis.

3

Le croyant et l'incroyant

LA LAME

La foi, comme une lame, découpe un abîme entre le croyant et l'incroyant car leurs perceptions du monde, semblables en apparence, diffèrent radicalement.

Le croyant et l'incroyant coexistent dans le même monde. Ils y travaillent, y habitent, y fondent leurs foyers, y vieillissent et y meurent côte à côte. De l'extérieur, quand on les compare, qu'ils soient dans la rue, au travail ou ailleurs, on ne voit pas de différences sensibles entre eux. Pourtant, la réalité que perçoit le croyant diffère radicalement de celle de l'incroyant. Ils se comportent, en tout, de façon similaire et, pourtant, le sens de tous leurs gestes les démarque.

La lucidité de l'un est une folie pour l'autre. Pour l'incroyant, le monde du croyant ressemble à un délire infantile et contraignant. Le croyant, lui, sait que sa foi, paradoxalement, accentue sa lucidité. Il comprend que les préceptes, en apparence inutiles et contraignants, auxquels il adhère, le rendent plus apte à connaître le réel et à le façonner. À ses yeux, c'est l'incroyant qui fait figure d'individu égaré, méprenant les sécrétions de sa cervelle pour la vérité.

L'incroyant et le croyant cohabitent aussi dans chaque personne. Nous sommes tous, à des degrés divers, croyants et incroyants. Ceux qu'on dit croyants ne le sont pas à cause de leurs certitudes mais parce que, malgré les apparences du monde, ils orientent leurs cœurs vers la foi et avancent à sa rencontre. L'incroyant, lui, s'attache à ce qu'il perçoit et s'éloigne de la foi.

L'incroyance et la foi divergent sur tous les points ! Un abîme grandissant les sépare. Souvent, les thèses de l'incroyance semblent, à première vue, supérieures à celles de la foi. Pourtant, quand le croyant ose appréhender le réel à travers le prisme de la parole de Dieu, il découvre que sa folie contient plus de sagesse que toutes les raisons orphelines de Dieu. Les thèmes qui suivent esquissent ces points de divergence.

L'ARTEFACT

> *Pour l'incroyant, l'homme est une substance du monde qui a inventé Dieu. Dieu est donc un artefact du monde. Pour le croyant, le monde est la création voulue d'un être qui le dépasse absolument. Pour lui, le monde est un artefact de Dieu.*

L'incroyant voit en Dieu une création de l'homme et, en l'homme, un produit du monde. Pour lui, l'humain est une organisation de la matière issue des lois et des processus physiques de l'univers. Dans l'incroyance, l'intellect humain est un apanage qui résulte de l'évolution. La conscience serait une conséquence accessoire, inutile et débridée d'un intellect par ailleurs utile. L'humain aurait donc inventé l'idée de Dieu pour mettre des œillères à sa conscience et confiner ses pensées dans des sillons utiles. Ainsi, pour l'incroyant, le concept de Dieu résulte des nécessités de l'évolution, en fonctionnant comme le régulateur utile d'un intellect instable, capable d'immuniser la pensée des débordements de la conscience. Enfin, pour l'incroyant, l'humain résulte uniquement et entièrement des circonstances de l'univers matériel. Par conséquent Dieu, en tant qu'artefact de l'homme, est, ultimement, un artefact de l'univers.

Pour le croyant, c'est l'univers qui est un artefact de Dieu. Dans la Foi, l'univers entier résulte d'un acte de création voulu. Un être conscient le façonne. Il en connaissait la forme et la fin avant même qu'il n'existe. La Genèse le dit clairement : les plantes, les bêtes, la Terre, les étoiles et même la lumière résultent d'un processus de création conscient. Elles furent d'abord conçues, puis formées, distinguées des autres créations, évaluées et enfin nommées. L'univers ne résulte pas d'une gestation, d'une évolution ou d'un éboulement. Il est édifié volontairement. Le récit de la création, inscrit dans le livre de la Genèse, affirme d'abord, au-delà des détails particuliers, cet élément fondamental de la Foi. Ceux qui critiquent les détails, doutant de la longueur des jours ou de l'ordre des créations, oublient le sens premier de ce texte qui affirme, simplement, que le monde est la création voulue de Dieu.

L'incroyant considère que cette thèse créationniste est une fable minable. Elle serait le fruit d'une pensée juvénile qui perçoit des bonhommes dans les nuages et des personnages dans les constellations. Elle imaginerait, pareillement, qu'un papa tout-puissant gère l'univers. Il fonde ses convictions sur le poids écrasant de la réalité matérielle et sur les résultats de toutes les investigations humaines qui, depuis des siècles, n'ont découvert, au bout de leurs recherches, que des choses et des mécanismes inconscients.

L'incroyant nomme son savoir « maturité ». Il s'attriste de constater que tant de crédules s'accrochent encore à des fables depuis longtemps désavouées. Pour lui, cette idée d'un dieu qui crée le monde et qui façonne l'homme à son image tire, sans doute, son origine des premiers gestes artisanaux d'une humanité archaïque. Il se représente des gens simples et ignorants qui, découvrant comment modeler des statuettes d'argile, s'imaginèrent que le monde fut pétri par un immense potier. « Ces comptines n'ont plus leur place à notre époque », se dit-il. « Ceux qui tiennent encore à ces mythes ressemblent à des délinquants intellectuels, des arriérés dont les idées anachroniques retardent l'éclosion d'un savoir humain entièrement lucide ».

L'incroyant enjoint donc le croyant de devenir enfin adulte et de renier, une fois pour toutes, les théories cosmiques émanant de la Foi. Il suggère même que cette Foi, quand elle se délestera du fardeau d'expliquer le monde physique et se confinera, plutôt, à la sphère culturelle, s'en portera mieux.

Le croyant se sent subjugué par la logique implacable de la réalité matérielle et par les théories scientifiques qui la décrivent. Il sait bien que toutes les sondes que l'intellect a plongées dans la substance du monde n'ont ramené que des choses inertes. Il craint pour son Dieu et, pour Le protéger, il veut L'isoler du contact corrosif des sciences. Devant les défis de la science et les évidences qu'elle présente, il érige une faible barricade autour de ses mythes, plaidant les privilèges du mystère. Il fait des compartiments, plaçant ici la science, là la religion. Ainsi, il espère qu'il pourra vivoter encore un peu dans la tanière douillette d'une foi tapie. Éventuellement, à court de refuges, il se résout enfin à diminuer le Seigneur en Le confinant au monde des sensations. Battu, il s'apprête à concéder la connaissance du réel aux tenants de l'univers chaotique pour se contenter d'un Dieu qui vit uniquement dans le cœur de l'homme et, dans ce cœur, y meurt.

Arrivé à ce point de défaillance, le croyant se tourne vers l'Écriture sainte. Il est prêt à larguer tous les récits de création en les taxant, lui aussi, de mythes fictifs. Le voilà, paré à concéder l'univers-machine pour sauvegarder son dieu des cœurs. Il se dit : « qu'importe si la matière se passe de Dieu tant que les hommes se tournent vers Lui ! Épousons le dieu des cœurs, il nous consolera au sein d'une matière athée ». À son tour, le croyant s'apprête à apposer l'étiquette de fables sur les passages de l'Écriture qui affirment que l'univers fut créé. Il pense ainsi sauvegarder l'essentiel en larguant le réel.

Mais la Parole ne se laisse pas si facilement édulcorer. Elle ne tolère pas qu'on l'ampute de sa Genèse. La raison se rebelle devant ces dérobades. En effet, si Dieu n'a pas créé le monde, il en fut créé. Or, la Révélation proclame, encore et encore, dans tous ses passages, dans chacun de ses livres, à chacune de ses strophes, que c'est Dieu qui crée le monde.

Ceux qui font de la Genèse une fable, finissent par faire basculer l'Écriture tout entière dans le mythe. Car, si Dieu n'a pas créé le monde, comment peut-Il connaître Abraham ? Comment peut-Il prédire le destin des hommes et des peuples ? Comment peut-Il connaître chaque cheveu de nos têtes ? Comment peut-Il revenir de la mort à la vie ? Comment peut-Il parler aux prophètes et aux apôtres ?

Chacun des gestes du Seigneur, d'un bout à l'autre de la Bible, proclame qu'Il exerce, sur le monde physique, la souveraineté absolue que seul un Créateur peut détenir. Ainsi, aussitôt qu'on rejette la création voulue de l'univers, toute la Révélation s'effiloche et tombe en lambeaux.

Alors le chrétien, attentif à la Parole, comprend que ceux qui tentent de rescaper la Révélation en la délestant de la Création, la transforment en simulacre. En amputant la Foi de l'acte cosmique créateur, ils feraient de Dieu une dépouille adultérée, un pantin passif agité par les aléas de l'histoire. Le croyant se voit donc contraint de rejeter cette tentation car, en niant la Création voulue de l'univers, il transformerait le Seigneur en idole. L'idolâtrie existe toujours. On la trouve dans ces idéologies qui amputent et dénaturent la Foi, et non dans les peintures et les statues qui n'égarent plus personne. Oui, le Seigneur est le Dieu du cœur, mais, s'Il naît en nous, nous aussi, naissons en Lui. Dieu doit détenir un pouvoir absolu sur tout l'univers, jusque dans ses lois les plus fondamentales, pour accomplir ce qu'Il a annoncé dans la Bible.

Aucun pont ne peut enjamber le gouffre qui sépare ces deux thèses. Cet abîme qui sépare les apparences écrasantes du monde des affirmations incontournables de la Foi écartèle ceux qui cherchent la vérité dans la Foi. Doit-on croire dans l'incroyable ? Doit-on nier le réel pour accéder à la Vérité ? Faut-il se stupéfier pour croire ? Non. La réalité physique, concrète, telle que décrite dans les Saintes Écritures émergera, victorieuse, des tribulations de la quête du savoir. Toutes les vérités, y compris celles de la science, seront, un jour, subordonnées à la vérité de Dieu et entièrement contenues en elle.

La Révélation proclame que l'univers entier, c'est-à-dire toute la matière avec ses lois et ses mécanismes, se soumettra à l'Agneau, Lui dont l'Esprit est esprit de vérité. Le croyant n'a donc rien à craindre des quêtes sincères de vérité, d'où qu'elles proviennent, de la science ou d'ailleurs, et où qu'elles aillent ! Si la vérité du monde semble parfois contredire la Foi, ça passera. Si, parfois, elle paraît la réfuter, ces divergences s'estomperont et ce qui semblait incroyable hier deviendra ordonné, à son tour, à la parole de Dieu.

Les apparences du monde ont souvent ébranlé les croyants au cours de leur progression vers le Salut. Quand tout semble s'écrouler autour d'eux, quand les thèses de la science semblent incompatibles avec la Foi, qu'ils se réfugient dans les petites vérités ! Qu'ils examinent humblement et fidèlement la parole de Dieu pour y découvrir ce qu'elle dit et ce qui en découle ! Dans leurs quêtes de savoir, qu'ils acceptent les faits qu'ils trouvent, tels qu'ils se présentent dans le moment, se contentant de dire, « voici ce que je sais » et « ceci, je l'ignore ». Enfin, qu'ils étudient les sciences sans crainte, sans arrière-pensées et sans agendas ! Ils peuvent être certains qu'éventuellement, après de multiples détours, toutes les vérités, y compris celles de la science, se retrouveront dans le giron de Dieu.

Parfois, le croyant ne peut plus tolérer patiemment et humblement cette déchirure entre ce qu'il perçoit et ce qu'il croit. Elle érode sa foi. Il lui faut alors confronter directement les théories de la science et demander, sans craindre la réponse, si, vraiment, la science d'aujourd'hui démontre que la Foi est absurde. La réponse à cette question varie sans cesse selon les conditions changeantes de la science.

Il y a cent ans, plusieurs événements proclamés par la Foi semblaient absolument impossibles par rapport aux théories scientifiques de l'époque. Actuellement, les théories du moment favorisent davantage la Foi. En effet, s'il semble, en apparence, que la science s'éloigne sans cesse davantage de la Foi, en fait, mystérieusement, elle devient, de nos jours, de plus en plus compatible avec celle-ci.

En surface, il semble que la science ait élucidé tous les mécanismes essentiels du monde. Pourtant, si on y regarde de plus près, ces mécanismes élucidés ne sont que des brindilles de certitudes dans un océan quantique d'inconnaissable. La physique, arrivée aux confins de l'univers, palpe les limites de son propre savoir. Elle a découvert qu'aucun événement de la matière n'est strictement impossible. Les signes bibliques, impossibles selon les théories d'hier, ne sont, aujourd'hui, qu'improbables.

La physique nomme cet immense réservoir d'événements imprévisibles « incertitude ». Elle postule l'existence primordiale de l'aléatoire comme géniteur ultime du réel et de la vie. Les scientifiques partagent, tous, cette même croyance dans l'aléatoire, on dirait presque un culte. Pour eux, tout l'inconnaissable en résulte, ainsi que toutes les structures de la matière. L'aléatoire serait la matrice ultime de tout ce qui existe, des atomes aux mammifères. On dirait presque une divinité ; une substance partout homogène et toujours inconsciente, qui affecte uniformément tout notre univers et, même, le causerait.

Par ailleurs, des affirmations théologiques qui étaient absolument incompréhensibles aux croyants des premiers siècles, une origine du temps, un univers fini, des étoiles qui meurent, des dimensions additionnelles de l'espace, font, aujourd'hui, partie des discours conventionnels de la science. Même l'éternité a des modèles mathématiques ! Derrière des incompatibilités apparentes avec la Foi, la science, présentement, décrit un cosmos où aucun miracle n'est strictement impossible, y compris les mutations catastrophiques de la Fin des temps, et où la réalité perçue par nos sens en recouvre une autre, très différente, dans laquelle chacun des instants de nos vies existe éternellement.

Comme l'incroyant, le croyant ne perçoit pas la présence démontrable de Dieu dans les événements du monde. Mais il n'en conclut pas que l'incompréhensible résulte indubitablement du chaos. Dans la foi, il entrevoit le motif ultime du réel et il espère que la présence invisible de Dieu se profile sous la surface, apparemment indéniable, du hasard.

L'univers, tel que la science d'aujourd'hui le présente, semble commencer à se soumettre, subtilement, à la volonté de Dieu. La science de demain se conformera-t-elle de la même façon avec la Foi ? Nul ne sait. La distance se creusera peut-être de nouveau, avant de se résorber encore, car le monde égarera toujours les hommes avant qu'il ne soit, lui-même, finalement et absolument confondu.

LA GESTATION

> *Pour l'incroyant, la vie est une agitation temporaire qui précède la mort. Il se perçoit comme un mort vivant. Le croyant, lui, perçoit la vie comme une seconde gestation le menant vers une vie véritable.*

Dans ses moments lucides, l'incroyant perçoit sa vie en termes simples. Elle est un processus dont les étapes, incontournables, le mènent de l'inexistence à l'annihilation. Pour lui, la fécondation, la gestation, la vie et la mort se suivent, inexorablement. Au cours de ces étapes, son existence s'agite, brièvement et sans raison. Il connaît sa cause : un coït. Son corps, qui le résume entièrement, a pour unique fonction de servir de monture transitoire à ses gènes. Ce qu'il perçoit comme étant lui-même, est simplement une sensation sécrétée par ses neurones. Pour l'incroyant, la vie physique est à la fois tout et rien.

Pourtant, cette excroissance éphémère nie l'Être à partir du mythe de sa propre existence. En effet, quand l'incroyant renie le Seigneur, il le fait sur la base d'une certitude, acceptée comme évidence suprême, qu'il existe, lui-même, et qu'il est conscient. Quand il déclare que « Dieu n'existe pas », il affirme en fait ceci : « cette sensation que je nomme "moi" existe et elle dit que Dieu, Lui, n'existe pas ». L'incroyant soupèse ainsi l'existence de Dieu à l'aune de la sienne. En rejetant Dieu, il affirme implicitement que c'est lui qui est l'étalon ultime de l'être. Pourtant, s'il était logique, il devrait plutôt dire : « je n'existe pas ». En effet, il sait que ce « moi » qui déclare être la mesure de l'existence est l'émanation transitoire des synapses d'un animal condamné.

Son corps, comme une bonne bête, répandra peut-être efficacement sa semence. Les sécrétions de son cerveau lui attireront possiblement des disciples. Il se peut que ses actes lui donnent un renom et que son nom et son image persistent plus longtemps que son cadavre. Mais, ce qui, en lui, déclare « je suis », ne sera, tantôt, plus.

Tout, dans le monde, se transmet et se reproduit : les gènes, les images, les idées, les disciples, les gloires, même les organes. Tout se transmet sauf la conscience. Un jour, on pourra même, qui sait, produire des versions identiques de nos corps ; mais pas de nos consciences. Or, pour l'incroyant, la conscience disparaît quand le corps de celui qui la porte meurt. Elle est l'appendice, absolument stérile, d'un primate condamné. Quand le croyant entend l'incroyant renier l'existence de Dieu, il examine d'où provient cette déclaration et se demande : « cette sécrétion biologique stérile et transitoire qui renie Dieu existe-t-elle ? »

L'incroyant ne demeure pas longtemps lucide. Aussitôt qu'il se déclare « être » au-dessus de l'Être, sa vie prend la forme d'une excroissance absurde et insoutenable. Tout ce qu'il perçoit, lui-même ainsi que tout ce qui existe, devient immédiatement circonscrit par sa longévité physique. Dans ses moments lucides, l'incroyant croit à la fin du monde plus que n'importe quel croyant. Il sait que tout ce qui existe, tout cet univers qu'il habite et connaît, disparaîtra dans quelques années. En effet tout l'univers de l'incroyant, tout ce qui existe, pour lui, réside uniquement dans sa pensée et disparaîtra à l'instant de sa mort. Ce qu'il nomme « moi » et qui suppute l'existence de Dieu, disparaîtra avec le reste. Quand il dit « je suis », il signifie « je m'agite encore ». S'il était lucide, il ne dirait pas qu'il existe mais que son système nerveux lui procure la sensation que ce qu'il nomme « moi » existe. Sur sa tombe, on devrait graver : Il disait « je suis ».

Ainsi, l'incroyant perche au-dessus d'un abîme précaire. Sa conscience est à la fois la réalité absolue et une illusion. S'il demeurait lucide, il vivrait comme si tout avait déjà disparu et comme si lui-même était déjà mort. Cette contemplation du néant engendre parfois des monstres qui, pour fuir ce savoir, saccagent sans mesure le monde comme les guignols déboussolés d'une foire sans lendemain. Mais, pour la majorité, la conscience écorchée par trop de lucidité replonge aussitôt dans les illusions.

Pour s'oublier, les incroyants s'égarent dans des assemblages fabuleux et des causes obsédantes. Les voici qui se battent pour un monde futur qu'ils ne connaîtront jamais. Les voilà qui échafaudent des assemblages de valeurs arbitraires. Quand, par moments, la lucidité les rattrape, ils s'agitent encore plus car il faut à tout prix oublier que, devant le néant, les monstres et les saints s'équivalent ; que rien ne compte vraiment ; et que ce réel, auquel on s'accroche, n'est que le songe illusoire d'une bête éphémère !

Pour le croyant, la vie n'est pas une existence mais une gestation. Son âme baigne dans l'univers comme dans une immense matrice. Son corps est un placenta pour l'âme qui l'habite. Ce corps vieillissant s'étiole un peu plus chaque jour. Mais cette décrépitude n'est pas une déchéance car le corps est l'organe nourricier de l'âme. Il dépérit pour accomplir sa fonction. Alors que l'incroyant proclame « je suis », le croyant déclare « je naîtrai ».

Pour le croyant, la naissance est une conception et la mort est une naissance. Il se perçoit, dans la vie, comme un fœtus en gestation qui se prépare à une naissance prochaine dans une vie qui transcende la matière. Quand il ressent, en lui, les remous de son âme, il s'étonne, comme un embryon qui, dans le sein de sa mère, découvre ses mains et se demande à quoi elles peuvent bien servir.

Cette naissance qu'il attend est à la fois la sienne et celle d'un autre. En effet, seul Dieu existe par Lui-même. Or, l'existence de toute créature requiert un lieu qui la soutienne. Le croyant dont l'existence physique, aujourd'hui, dépend de son lien avec la matière, espère que, demain, il renaîtra à une existence fondée dans le Christ. Ainsi, à la suite de la Mère de Dieu, il accepte de laisser le Christ croître en lui pour ainsi, à l'heure de son décès, enfanter une part de Celui dont il tirera sa nouvelle existence. Le chrétien, enfant de Dieu, devient ainsi, à sa façon, mère de Dieu.

Quand il examine ces idées, l'incroyant ne voit que déplacements et confusion. Ces croyants, se dit-il, proviennent, comme les autres, d'une gestation et calquent leurs vies sur leur parcours embryonnaire. La crainte existentielle les mène à prendre leur mort pour une naissance. La terreur de la mort, affublée d'oripeaux sacramentels, se cache sous leurs sermons. Leur salut ressemble à une dérobade.

Tout dans l'univers physique, du plus petit brin d'herbe jusqu'aux étoiles, en passant par tous les humains et toutes les bêtes, affirme sans cesse cette loi implacable de la matière : « tu nais, tu vis, tu meurs ». Pourtant, dit l'incroyant, ces superstitieux pitoyables et terrifiés s'accrochent, envers et contre tout, à leurs mirages insolites. Ils s'obstinent à déclarer « tu nais, tu renais et tu vis ». Qu'y voir ? Une névrose collective issue des terreurs les plus sombres ! Un réflexe morbide qui étouffe la vie par peur de la mort !

Ces croyants, se dit-il, amputent leur vie de son sens véritable en s'acharnant à méprendre le monde pour un giron et la vie pour une grossesse. Ils ressemblent à des bébés terrorisés qui courent vers des jupons imaginaires. De plus, se dit l'incroyant, ce refus de la mort mène, à la fin, à un refus de vivre. En effet, ceux qui poussent les conséquences de leurs illusions à leurs limites finissent par attendre de mourir avant de commencer à vivre. Ils se prennent pour des larves dans un univers-pouponnière. Ils se contentent de susurrer des prières alors qu'ils devraient saisir le seul instant de vie qu'ils possèdent pour en extraire toute la sève éphémère.

L'incroyant se perçoit lui-même comme un héros tragique, imbu du courage de contempler l'instant sublime et insignifiant de son existence d'un regard âpre et viril, plongé jusqu'au cœur de la réalité, à la fois déchirante et indifférente, du monde.

La loi implacable du monde et de la mort ébranle le croyant. Sa bouche clame que la mort est une naissance mais ses sens lui dictent que la mort, c'est la mort. Alors, comme tous les autres, il s'accroche à sa vie et pleure ses morts. Il espère aller au Ciel, mais le plus tard possible. Après tout, se dit-il, le Christ nous a peut-être promis la vie éternelle comme on raconte des histoires aux enfants, pour nous consoler. Il voulait, qui sait, nous aider ainsi à porter nos peines et nous inciter à suivre Ses lois. Et puis, cette éternité que nous espérons, dure-t-elle plus d'un instant ? N'avons-nous pas mûri au cours des siècles ? Ces croyances ne sont-elles pas devenues désuètes ? Nous pouvons, maintenant, suivre le Christ sans nous bercer de fables puériles. Nous pouvons L'aimer d'un amour adulte, sans attentes ni illusions.

Ainsi, le croyant se met, lui aussi, à penser que cette vie après la vie n'est qu'un placebo inventé par le Christ pour l'aider à endurer des misères absurdes. À la fin, se dit-il, le royaume de Dieu se résume peut-être, quand on est chanceux, à quelques années de vie paisible.

Alors, le croyant décide d'escamoter, en douce, la grande espérance eschatologique pour lui troquer l'espoir raisonnable de se mitonner une petite vie sans histoires. Mais, cette nouvelle doctrine, amputée de l'espérance, prend vite un goût amer car elle le plonge, à son tour, dans l'univers tragique des vies sans lendemain. Au moins, se dit-il, cette foi sans espoir sera plus sobre, plus adulte et plus responsable.

Ainsi, le croyant, obnubilé, à son tour, par le pouvoir inexorable de la mort, s'identifie, lui aussi, à la confrérie des morts vivants. Il apprend, comme les autres, à esquiver le désarroi avec des distractions et des égarements. Rendu prospère et paisible, il se satisfait de quelques dizaines d'années de confort sans histoires, et n'en demande pas plus. Il cesse de rêver. Il largue l'espérance dans la résurrection pour se contenter d'un intermède de bien-être sans lendemain, passé dans un engrenage social bien rodé. Il s'installe donc dans sa banlieue terrestre et oublie le Royaume espéré.

Les nantis se contentent de si peu ! Il faut savoir à quel point nous sommes pauvres pour désirer le royaume de Dieu !

Mais, la Parole refuse d'être ainsi amputée de l'espérance car, en l'abandonnant, le croyant transforme sa foi en une illusion méprisable. Une foi sans espoir est une abdication qui renonce à la justice de Dieu. Elle transforme le Sauveur en un marchand de mirages dont les promesses ne sont que des leurres. Des martyrs, elle fait des dupes. Saint Paul l'a dit, sans la Résurrection, la Foi est une mascarade.

Dans l'Évangile, le Christ nous appelle à la vérité et à la lucidité, pas aux réconforts illusoires. Il ne nous propose pas un cocon tissé de mensonges pour enrober un savoir insoutenable.

Tout ce qui tire son existence du monde meurt. Ceci s'applique au croyant comme aux autres. Seul Celui qui ne vient pas du monde peut promettre la vie. L'espérance de la Foi, aussi ténue soit-elle, est le seul espoir véritable, le seul qui puisse soutenir un examen lucide sans s'évaporer. Tous les autres substituts ne promettent que des sursis illusoires.

Alors, le chrétien, soumis à la Parole, continue d'espérer, presque malgré lui, en la résurrection. Il fonde son espérance sur une connaissance lucide de la mort. Il rejette les paroles doucereuses du paganisme qui ne lui proposent que des chimères, lui disant qu'il existera tant qu'on se souviendra de lui, que la notoriété posthume équivaut la vie, qu'il « revivra » dans les plantes et les bêtes que sa carcasse nourrira, qu'il vivra dans sa descendance ou qu'il reviendra faire d'autres tours de piste dans des corps différents. Il sait que seul le pouvoir absolu d'un Dieu qui ne provient pas du monde pourra ramener son âme et sa conscience, uniques, à la vie. Il sait que seul Celui qui réside en dehors de notre cage de temps et d'espace peut vraiment nous sauver. Il met donc tout son espoir en Lui et rejette les faux-fuyants, les distractions, les échafaudages illusoires et les paravents mensongers de l'incroyance.

Pour le croyant imbu de l'espérance, le monde ressemble à une matrice mystérieuse. Sa vie se charge d'un sens nouveau car la valeur de ses gestes ne provient plus des exploits de son corps ni de ceux de son intellect. Elle dépend de leur impact sur son âme et sur son lien unique, éternel et irremplaçable avec un Dieu qui se donne sans cesse. Sa vie, enfin, change de sens car il se sait mandaté d'une charge qui dépasse la matière et dont il porte, seul, la responsabilité : la naissance du Christ en lui.

LA TERRE ET LE CENTRE

Pour l'incroyant, la Terre est une particule insignifiante, égarée aux confins de l'univers. Pour le croyant, elle est le centre véritable de l'univers car elle est le lieu, unique, de la Crucifixion et de la Résurrection de Jésus-Christ. Dans la Foi, la centralité de la Terre n'est pas un mythe culturel mais la réalité concrète, spirituelle et physique du monde.

Pour l'incroyant, la Terre est une poussière infime perdue dans une galaxie anonyme. La topologie de l'univers, telle qu'énoncée aujourd'hui par la science, représente, pour l'incroyant, une donnée axiomatique, reconnue par tous les savants et confirmée inlassablement jusque dans ses moindres détails. Dans cette cartographie cosmique, la Terre est une particule en orbite autour d'une étoile semblable à des milliards d'autres, en marge d'une galaxie pareille à des millions d'autres. Tout le savoir de la science confirme l'insignifiance de la Terre. Ce savoir dépasse l'évidence et prend la forme d'une certitude.

Les détails de la mécanique cosmique sont même si bien connus que nous en calculons les effets les plus infimes.

L'incroyant vénère l'histoire fabuleuse des savants qui, comme Galilée, luttèrent, au prix d'efforts héroïques, pour extirper la vérité cosmique, retenue prisonnière dans une gangue de superstitions religieuses archaïques, et la révéler à une humanité jusqu'alors aveuglée par la doctrine chrétienne. Ces savants, martyrs de l'obscurantisme religieux, sont les nouveaux saints de l'incroyance. Dans cette histoire mythique de la naissance radieuse du savoir scientifique, les évêques jouent le rôle ingrat. On les représente comme de sorciers ignorants, s'acharnant à préserver leurs dogmes dérisoires à coups d'incantations, d'inquisitions et de tortures.

La victoire fut totale. L'homme moderne, qu'il soit croyant ou pas, se considère libéré des superstitions médiévales qui plaçaient la Terre au centre de l'univers. Il accepte sans questions, comme certitude absolue, l'insignifiance cosmique de la Terre.

Quel croyant, aujourd'hui, douterait de cette évidence ? Qui oserait la contester ? Même les évêques et les théologiens, acculés par le poids écrasant de la science, tentent de rescaper des lambeaux de doctrine en dissociant la vérité théologique de la réalité scientifique. Après tout, se disent-ils, qu'importe la topologie de l'univers tant que la liturgie perdure.

Devant cette débandade, les croyants érigent des parois dans leur propre intellect pour préserver leur foi. Dans leurs pensées, ils visitent, tour à tour, le savoir de la science et celui de la Foi, prenant bien soin de les isoler. S'ils s'éprennent encore de la Foi, ils n'osent plus la confronter aux affirmations de la science. Ils craignent, s'ils ouvraient ces vannes, que le déferlement des évidences scientifiques n'engloutisse leurs croyances comme un raz de marée balayant des grigris indigènes. Ils préservent donc cette séparation et disent de la science « ceci est vrai », et de la Foi « cela, je le crois ».

Y aurait-il donc deux vérités, le vrai et la Foi ?

Le chrétien qui ose percevoir l'univers à la lumière de la Foi n'a pas le choix, il doit rejeter l'axiome scientifique de l'insignifiance cosmique de la Terre. Si les adeptes d'autres cultes peuvent s'accommoder d'une Terre décentrée, le chrétien, lui, est incapable de le faire. Toute la foi chrétienne repose sur l'Incarnation unique de Dieu, le Créateur de l'univers, dans la personne d'un homme qui vécut, spécifiquement, sur la Terre. La Foi affirme, de plus, que le Christ est la Vérité entière, pas un type particulier de vérité mais toute la vérité, physique et spirituelle, de l'univers. Le croyant doit donc se résoudre à dire, il n'a pas le choix, que la Terre réside au centre de l'univers car elle est le lieu de l'Incarnation unique du Christ.

Dans tout ce que l'humanité a connu et connaîtra, des Origines à la Fin des temps, il n'y a et il n'y aura qu'un seul Messie. L'univers, tout l'univers, a un centre unique. Ce centre est une croix, érigée voilà deux mille ans sur une butte aux abords d'une cité de la Méditerranée. Le Christ n'est pas une fable. Par conséquent, la centralité cosmique de la Croix n'est pas, non plus, une invention. La croix sur laquelle Jésus-Christ fut cloué est le centre véritable de l'univers dans toutes ses dimensions. Elle en est le centre, car Dieu en est toute la Vérité du monde, spirituelle et physique.

On ne peut accepter, à la fois, la royauté d'un Dieu qui s'est incarné, uniquement, sur la Terre et l'insignifiance de celle-ci au sein de l'univers.

Cette thèse de la centralité de la Terre paraît aujourd'hui inconcevable mais le chrétien doit demeurer confiant. En effet, si la science est un parcours, la vérité biblique en est le terme. Nul ne connaît tous les méandres que la démarche scientifique empruntera avant d'arriver, elle aussi, à la vérité ultime qui réside dans la Sainte-Trinité et dans son lien unique, à travers Jésus-Christ, avec la Terre.

Le chrétien doit apprendre à accepter les thèses actuelles de la science comme des vérités momentanées sans, pour cela, abandonner les vérités qui découlent clairement de la Foi. Qu'il épouse les deux, au contraire, acceptant le savoir scientifique du jour comme un stade, honnête mais transitoire, d'une quête incomplète qui, comme toutes les autres, aboutira, immanquablement, à la Croix.

En effet, si la Foi proclame la centralité de la Terre elle affirme aussi que la face de Dieu demeure cachée aux hommes. L'intellect humain, seul, dépourvu de foi, sera incapable de percevoir la face de Dieu tant que Celui-ci la cachera. Tant que le Seigneur choisira de se révéler à l'âme par la foi et non à l'intellect par la connaissance, nous pourrons fouiller tous les recoins de la matière avec nos seuls outils conceptuels sans jamais Le trouver. Or, la centralité physique perceptible de la Terre, dans l'univers, serait un signe, directement accessible à l'intellect, de la présence de Dieu. Qu'on s'attende donc à ce que cette tension entre la science et la Foi persiste et s'accentue avant qu'elle ne soit finalement résorbée dans le Christ !

Au cours de l'aventure du savoir, la science s'éloigne parfois de la Foi et parfois elle s'en rapproche. Nul ne sait combien de temps cela durera. Mais, dans la Foi, le chrétien sait que l'aventure de la connaissance trouvera un jour son terme dans le Christ. Dans la topologie antique, la Terre était au centre, puis elle fut reléguée à une orbite du Soleil, puis confinée au voisinage d'une galaxie. Dans les modèles du jour, le centre se trouve partout, et donc ici aussi. Aujourd'hui, la Terre est toute petite et pourtant, un brin d'herbe est plus complexe qu'une galaxie.

Qu'en sera-t-il demain ? Nul ne le sait. Une seule certitude demeure : l'aveuglement humain persistera et le monde continuera de nous confondre jusqu'au retour du Sauveur.

Pour l'incroyant, l'univers n'a aucun centre. Il est partout le même et partout soumis aux mêmes lois. Pour le croyant, il existe un point spécifique dans le tissu de l'espace et du temps, un endroit unique dans lequel toutes les lois de la matière sont subordonnées à une Loi qui les dépasse. Ce lieu, ce centre absolu de tout, est pendu sur une croix érigée à Jérusalem, voilà deux mille ans. Lorsqu'il annonce la Croix, le chrétien révèle l'endroit unique du portail mystique qui relie l'univers à son Créateur, ce point autour duquel tournent toutes les âmes et toutes les étoiles.

LA CAUSE ET LA FIN

> *Pour l'incroyant, le réel découle du passé. La cause de l'univers, tel qu'il le connaît, résulte de ses origines. Pour le croyant, la cause du monde est dans sa fin.*

L'incroyant scrute le début pour comprendre les causes du présent. Il ne se préoccupe pas de la fin car, pour lui, l'univers est accidentel. Il est un parcours chaotique et arbitraire dont chaque étape résulte des précédentes. Pour lui, le point d'arrivée dépend uniquement de l'origine et du trajet.

Pour le croyant, la cause de l'univers réside dans sa fin, le lieu, éternellement voulu de Dieu, du parachèvement du Corps du Christ. Pour le croyant, l'univers fut causé par l'appel du Père pour rassembler Ses enfants en Son Fils. Cet appel, plongé dans le néant, a créé la matière. L'humanité, sujet de cet appel, émergea de celle-ci.

L'univers est comme un éclair qui traverse le gouffre. Comme l'éclair, il provient d'une tension entre deux pôles, le début et la fin. Le parcours temporel de la matière semble chaotique, tout comme celui de l'éclair. Cependant, ce désordre apparent demeure, partout, ordonné à la tension primordiale qui en cause l'existence. Malgré ses méandres, tout l'univers s'oriente nécessairement vers la fin voulue par Dieu car il tire d'elle, son existence. Toute la matière, dans tous les âges, est conditionnée par cette destinée finale, infiniment subtile, localement imperceptible mais partout présente.

Pour le croyant, tout le réel accourt vers son Créateur. Un jour, la rencontre se fera et le parcours, chaotique aujourd'hui, deviendra, après la transition de la Fin des temps, absolument ordonné en Lui.

LA TERRE, TERREAU DES AMES

Pour l'incroyant, la vie sur terre est une forme particulière de l'organisation de la matière. Pour le croyant, la Terre a, parmi tous les corps célestes, la fonction, unique et voulue de Dieu, de servir de monture à des porteurs d'âmes.

La terre est le terreau des âmes. Ses caractéristiques physiques particulières découlent de cette fonction. Ainsi, le croyant, quand il parle du monde, dit « le ciel et la terre », car la terre a, pour lui, la forme d'un giron de vie enchâssé d'étoiles. Les âmes, et non la terre, sont la véritable création de Dieu. Il les engendre en se donnant sans cesse à Sa créature. L'univers physique, qui nous impressionne tant, n'est qu'un contenant utile à leur croissance.

Sans doute, l'incroyant aussi apprécie la valeur de la terre, cette capsule de vie irremplaçable, égarée dans l'espace. Mais pour lui, l'homme est adapté aux conditions du monde alors que, pour le croyant, c'est le monde qui est adapté aux besoins de l'âme. Pour l'incroyant, les humains sont des créatures de la terre, issus d'elle par le jeu des causes et des effets. La terre lui est précieuse car, pour lui, l'homme ne réside pas sur terre, il en est une composante. Pour lui, elle nous constitue et nous sommes d'elle. Nous serions de la terre animée ; comme une argile magique.

Pour le croyant, tout l'univers physique, pas seulement la terre, sert de scène à la vie des âmes et existe pour cette unique fonction. L'argile de l'homme enserre une semence divine. Dans la Foi, l'espace étoilé constitue une paroi invisible, un écrin qui enveloppe la terre, matrice des âmes. La terre n'est donc pas un endroit anonyme localisé dans un univers homogène. Elle réside au centre de l'univers, non seulement au sens physique ou géométrique mais aussi au sens vital, en tant que creuset de la véritable Création, celle des âmes.

Le monde n'est pas un objet, il est un métier.

LE TEMPS

> *Pour l'incroyant, la durée de la vie humaine s'estompe entre un passé immense et un avenir interminable. Pour le croyant, la durée de la vie s'insère dans un court intervalle, bordé d'éternité et défini par l'aventure d'Adam. Dans la Foi, le temps cosmique, comme le reste, est subordonné à la mesure de la vie du Christ.*

Pour l'incroyant, la durée d'une vie humaine est un instant invisible, noyé dans l'immensité immuable du temps. Il pense qu'après sa mort, l'univers persistera, inchangé, pendant des milliards d'années. Pour lui, l'humanité aura disparu depuis des millions d'années et, encore, l'univers, indifférent, poursuivra sa course. Selon ses propres convictions, l'instant de sa vie, si important pour lui, n'est qu'une gouttelette insignifiante dans un océan de temps.

Pour le croyant, tout l'univers, dans sa forme actuelle, vacille au bord d'un gouffre. En effet, selon la Révélation, le retour du Sauveur et la transformation radicale du monde adviendront dans un délai minuscule à l'échelle cosmique.

Les modèles scientifiques du jour nous proposent un avenir de l'univers essentiellement stable, qui se dégradera imperceptiblement au cours d'immenses étendues de temps. Cependant, selon la doctrine chrétienne, l'univers physique se situe, aujourd'hui, à la limite extrême d'une phase de stabilité qui sera bientôt suivie d'une transformation radicale et catastrophique de tout le réel. En effet, l'Écriture affirme qu'aux jours du retour de Jésus-Christ, des hommes, capables de pécher, vivront encore sur terre. Elle annonce aussi qu'en ces jours, des phénomènes impossibles, selon l'état actuel de la matière, auront lieu. Pour le croyant, l'avenir prochain du monde sera radicalement différent de son passé. Si des milliards d'années précèdent sa vie, des milliers d'années, seulement, la suivront.

L'incroyant considère ces idées comme ridicules. Pour lui, l'immensité du passé démontre celle de l'avenir. Pour lui, les lois physiques de la matière, immuables dans le passé, demeureront tout aussi immuables dans l'avenir. Il pense que la Terre est engloutie dans le temps de la même façon qu'elle est égarée dans l'espace. La durée de sa vie y disparaît, noyée dans des ères sans limites. Ainsi, le temps cosmique, défini aujourd'hui par la science, nous suggère que la durée de la vie humaine ne signifie rien, annihilée par un avenir qui n'en finit plus.

Ces prédictions cosmiques affectent aussi le croyant. Il semble évident, à lui comme aux autres, que les milliards d'années qui précédèrent son existence seront suivies, après sa mort, de milliards d'autres ! Malgré lui, le jour espéré du retour du Christ s'amenuise, dans ses attentes, jusqu'à disparaître dans un avenir évanescent où les galaxies elles-mêmes seront dissoutes dans une immensité refroidie. Ainsi, l'espérance du retour du Christ s'estompe dans le lointain. On suppose, ainsi, que le Fils de Dieu attendra docilement que l'univers s'essouffle avant de revenir.

Ces immensités de temps, postulées par la science, étouffent l'espérance et la rendent ridicule. On finit par penser que, puisque l'avenir du retour de Dieu est si lointain, seul le présent compte vraiment. Il faut, par conséquent, se contenter de bâtir un présent confortable et le faire durer le plus longtemps possible.

De cette façon, l'immensité du passé cosmique impose l'idée d'un avenir immuable et étouffe l'espérance dans le retour imminent du Christ.

Pourtant, cette immensité de siècles révolus ne prouve pas la durée de l'avenir. En effet, les théories édifiées à partir des événements passés ne peuvent jamais entièrement prédire ceux de l'avenir puisque des conditions différentes y surviendront. Les mutations prochaines les plus extrêmes peuvent demeurer imperceptibles à ceux qui ne disposent que du passé pour prédire l'avenir. Or, l'intellect ne perçoit que le passé alors que la Foi, elle, contemple aussi l'avenir.

Même ce passé de l'univers, apparemment si vaste, n'est pas ce qu'il parait. Dans la Foi, il y a deux temps, celui de la matière et celui de l'action créatrice d'un Dieu qui façonne, d'abord, des âmes. Dans ce sens, le temps de la Création débuta réellement avec Adam.

Un jour, le premier homme doté d'une âme fit, avec cette parcelle provenant de Dieu, un premier geste libre. Ce geste, libre, donc imprévisible, déclencha le temps véritable, celui de l'histoire du Salut. Avant ce moment, l'univers n'était qu'un engrenage qu'on roule ou qu'on déroule. Le temps défini par les choix libres des hommes n'avait pas débuté. Or, l'Éternel n'est pas soumis au temps des choses.

Ainsi, on pourrait dire que, avant d'insuffler une âme à Adam, Dieu créa, en un seul jour, le passé et tout ce qu'il contenait. À partir d'Adam, cependant, le Seigneur tout-puissant nous donna la liberté et donc, aussi, le pouvoir de façonner l'avenir avec nos choix. Cet avenir auquel nous collaborons tous devient aussi notre passé, l'histoire de notre salut.

L'incroyant s'imagine qu'il bâtit uniquement en fonction de l'avenir. Le croyant, lui, sait que chaque instant de sa vie existe éternellement en Dieu. Son œuvre première est sa vie elle-même qu'il façonne par ses gestes. Il crée son passé à travers les choix libres de sa vie. Ce passé, défini par les vies des croyants et par leurs choix, s'adjoint au Corps éternel du Christ. Voilà notre rôle : aider le Père à engendrer, dans notre portion temps, une part de Son Fils.

Qui sommes-nous donc pour être digne d'une telle tâche ! Seul le miracle de l'amour de Dieu peut s'abaisser à ce point !

L'AMOUR

L'incroyant pense que l'amour est un épiphénomène de la matière, une émanation transitoire de la vie physique. Pour le croyant, l'Amour est la force fondamentale qui cause l'existence même de l'univers. Dans l'incroyance, l'homme produit l'amour. Dans la Foi, l'Amour cause l'homme.

Pour l'incroyant, l'amour est une manifestation marginale et accessoire de la matière. Son existence dépend entièrement de la vie biologique et son importance se limite aux sensations humaines. Le croyant, lui, voit dans l'Amour la force fondamentale qui a causé l'univers et qui perpétue son existence.

Certes, l'incroyant admettra facilement l'importance de l'amour et de son rôle sur le comportement humain. Il apprécie sans doute l'amour et reconnaît sa beauté. Il dira même parfois, empruntant le langage poétique, que c'est l'amour qui fait tourner le monde. Mais il signifie, par là, que l'amour agite les gens et non les choses.

Malgré tous ces témoignages charmants, l'amour de l'incroyance demeure une émotion humaine, un phénomène entièrement biologique et imperceptible en dehors de la sphère des actions humaines. L'amour, tel que compris par l'incroyance, a une qualité à la fois héroïque et absurde. Il suscite des gestes beaux et futiles. Il est comme un cri sublime lancé vers le néant. Quand il célèbre l'amour, l'incroyant glorifie l'homme comme source de l'amour. Pourtant, ses convictions placent, en fait, sa source véritable dans la matière, matrice ultime de la vie selon lui et donc, du comportement humain.

L'incroyant aime l'amour en esthète, lui attribuant de la valeur selon les conventions de sa culture. Il dit aimer l'amour mais ne le regarde pas de trop près de peur de voir les mécanismes qui l'animent. Quand il discourt sur l'amour, il s'applique donc à occulter les pulsions animales qui grouillent sous sa tendre membrane, car, dans l'incroyance, l'amour, comme le reste, résulte d'un magma biologique d'émotions, d'instincts, d'intérêts et de confusion. Il est, à la fin, une forme attrayante de l'instinct puisque chaque élan, y compris ceux de l'amour, résulte uniquement d'un programme activé par les gènes.

Dans l'incroyance, l'Amour n'existe pas en tant que tel, même s'il est plaisant de le ressentir.

L'amour sensible touche aussi le croyant. Son cortège d'émotions, de joies, de plaisirs et de peines le traverse, lui aussi, et l'obsède. Il en vient parfois à confondre l'amour véritable avec ces frasques et oublie ce qu'elles recèlent d'instincts. Or, les sensations ne sont qu'une parure accessoire de l'Amour véritable.

Quand il revient à la foi, le croyant se souvient que l'Amour est plus qu'un agrégat d'émotions. Il est la cause fondamentale de l'existence même de l'univers. Croire, c'est croire que l'Amour pur existe. C'est croire que, quand tous les instincts, les intérêts, les mobiles, les réflexes et l'ignorance ont été comptabilisés, il reste encore quelque chose d'inexpliqué dans certains gestes humains, une substance mystérieuse et étonnante dont l'existence réside au-delà de tous les mécanismes physiques et biologiques.

Dans la Foi, l'Amour a causé le monde, le perpétue et le justifie. La force de l'Amour maintient chaque particule de l'univers en existence. Le croyant sait que l'Amour ne vient pas de lui. Il en est à la fois le fruit et le moissonneur. Il n'englobe pas l'Amour car l'Amour existe hors de la matière. C'est l'Amour qui l'englobe et cet Amour est Dieu.

Le Seigneur existe car, pour aimer, il faut exister. Il nous connaît car, pour aimer, il faut connaître. Il nous a créés et placés dans l'univers par Amour et pour aimer. Par Amour, Il a plongé tout entier dans l'impuissance absolue de notre matière et y plonge toujours à travers nous. Enfin, jamais Dieu, unique, ne fut ni ne sera seul, car Il Aime.

Certains saints répandent l'amour dans des lieux où ni l'instinct ni l'intérêt ne pourraient le susciter. Ils vont vers ceux qui n'ont rien à donner et posent des gestes qu'aucun calcul ne peut motiver. Parfois, ils oublient leur foi et cessent même d'espérer. Même alors, ils persévèrent dans leurs dons comme des bêtes qui ne connaissent aucun autre destin. Sans cesse, ils élargissent leurs vies avec des gestes de dévouement, faisant d'elles des conduits, tout ouverts, de l'action de Dieu. Ils deviennent comme de grands canaux, portant l'Amour qui, prenant sa source en Dieu, les traverse et irrigue le monde. Dieu a créé ce monde limité, mortel et imparfait, pour y répandre Son amour car, pour donner, il faut être pauvre, pour croire, il faut douter et pour espérer, il faut craindre.

L'incroyant reçoit ces discours sur l'Amour émanant de la Foi avec un mélange de sympathie et de condescendance. Ces discours ne répètent-ils pas, sous une forme religieuse, les mêmes sentiments, héroïques et absurdes, qui motivent les incroyants ? Ceux qui croient, se dit-il, ont un engouement si frénétique pour l'extase amoureuse qu'ils finissent par la prendre pour un objet concret indépendant d'eux et doté de sa propre existence. Comme des enfants naïfs, ils prennent leurs émotions pour des réalités physiques.

Même le croyant, quand il récite les mots de sa foi, peut à peine les croire. Qui peut croire qu'une émotion aussi intime que l'amour ait suscité les galaxies ? Qui peut imaginer que l'univers entier fut créé pour enchâsser le cœur humain ? Affirmer que Dieu est Amour représente certainement une allégorie, un symbole, une figure de style réconfortante ! Mais, comment peut-on croire que ce monde de misère et de mort est imbu de l'Amour et causé par Lui ?

Devant la réalité implacable du monde, cette foi semble inconcevable et absurde. Comment peut-on tolérer, rationnellement, l'idée que l'énergie cosmique qui a produit des milliards d'étoiles provient de l'appel aimant de Dieu, adressé au cœur humain ? Comment peut-on accepter que l'univers entier soit un appendice, conçu et créé pour servir de matrice à la gestation de l'amour ? Comment imaginer qu'un seul enfant pèse plus lourd, dans la mesure ultime des choses, qu'une galaxie ?

C'est pourtant la vérité et l'enseignement concret et direct de la Foi. Le dogme de la Trinité nous apprend que tout l'univers est une conséquence de la volonté de Dieu et de Son lien d'Amour, éternel, avec Son Fils unique, Jésus-Christ. Tout croyant, qu'il s'en rende compte ou non, affirme que le pouvoir de l'Amour a produit les galaxies et que l'Amour est la substance ultime de la matière.

D'instinct, on recule devant une conséquence aussi extrême de la Foi. On veut oublier cette thèse de l'Amour en tant que puissance créatrice cosmique. On se détourne de cette démesure pour se réfugier dans les sensations familières de l'amour émotif, romantique et amical, de l'amour-émotion qui adoucit sa vie et la rend supportable.

Qu'il est facile de méprendre les émotions sentimentales pour de l'amour ! Pourtant, on peut aimer sans en ressentir l'émotion et on peut éprouver l'émotion sans aimer. L'amour véritable s'incarne dans les gestes et non dans les sensations. Il se résume à ceci : agir pour le bien de l'autre.

Ceux qui dévouent leur vie à poser des gestes d'amour ressentent, comme les autres, le cortège des émotions. Mais, la substance mystérieuse qui s'écoule de leurs gestes dépasse ce qu'ils ressentent. Après des années passées à donner, ils finissent par aimer sans émois. Selon les apparences du monde, ils semblent froids, distants, indifférents même. En fait, ils ressemblent à ces vieux artisans qui, courbés sur le métier depuis des années, pétrissent, presque distraitement, la substance de leur travail.

Les croyants sont des moissonneurs qui récoltent, dans leur vie, une gerbe d'amour. Les sensations de la moisson passent mais le grain, lui, demeure.

L'EGALITE

L'incroyant a perdu le sens du plan de Dieu. Pour lui, la valeur d'une vie se mesure uniquement par rapport à celles des autres. Par conséquent, la seule justice qu'il comprend est celle de l'égalité puisque la seule valeur qu'il connaît provient de l'autre. Pour le croyant, l'univers résulte du plan divin qui ordonne chacun, de façon unique, en fonction de lui. Notre valeur ne provient pas d'une

> *comparaison mais de notre participation, unique et irremplaçable, à l'œuvre de Dieu. Pour le croyant, l'égalité n'est pas une valeur en soi ; elle est un instrument qui facilite notre contribution à l'œuvre de Dieu.*

Pour l'incroyant, la matière et la vie sont partout soumises à la même loi de la mort. Tout est égal et rien ne vaut. L'incroyant voit, dans l'instant présent du monde, un état fondamentalement insensé. Pour lui, tout ce qui existe, à chaque moment, participe de façon identique et égale à l'absence générale de sens. Tous les êtres sont pareillement sujets aux mêmes conditions d'existence et d'annihilation.

L'incroyant élabore des structures morales qu'il enseigne comme vérités. Mais, quand il est lucide, il sait que ses échafaudages sont insensés puisqu'ils camouflent la réalité amorale de la mort. Il sait que ses belles constructions ne sont que des illusions utiles, puisque tout est fortuit. L'incroyant ne rejette pas la loi de Dieu en faveur de ces élucubrations parce que celles-ci lui seraient supérieures. En effet, pour lui, tout est également futile et, donc, également valable. Il la rejette parce que ses échafaudages sont, selon lui, mieux adaptés aux circonstances sociales du moment.

Pour le croyant, l'univers a un but et tout ce qui existe y est ordonné. La création ne découle pas arbitrairement d'événements sans raison. Elle est le fruit de l'action créatrice, continue, de Dieu, la menant vers l'accomplissement de Sa volonté. Ainsi, la volonté de Dieu ordonne tous les êtres en fonction d'elle. Pour le croyant, tous sont appelés, également, à participer à l'œuvre de Dieu mais chaque appel est unique et distinct. La valeur véritable de la vie se trouve dans la réponse à cet appel. Cette valeur ne vient pas d'une comparaison avec l'autre, elle réside entièrement dans le lien intime de l'âme avec son Dieu.

La diversité du monde résulte de la rencontre de la volonté de Dieu avec la liberté humaine. Si Son appel est partout le même, la réponse, elle, ne l'est pas. Les choses et les bêtes, toutes entièrement soumises à la volonté de Dieu, sont égales devant Lui. Les hommes, libres, ne le sont pas. Ainsi, toute l'humanité est ordonnée par rapport au plan du Seigneur qui est la raison d'être du monde. L'inégalité résulte, ainsi, de l'action même de Dieu. En effet, Dieu agit. Or, agir c'est choisir et, pour choisir, il faut discriminer.

Le croyant reconnaît que l'inégalité fondamentale des cultures, des circonstances, des choix et des vies résulte de l'action de Dieu. Cette reconnaissance s'exprime d'abord en affirmant que Jésus est le Christ. En effet, pour proclamer le Christ, il faut accepter qu'un homme, parmi tous, soit fondamentalement différent des autres, qu'Il soit le premier entre tous. Par Sa soumission à la volonté de Dieu, Jésus-Christ a acquis un état unique et distinct. Par rapport à la seule mesure qui compte, Il n'égale pas les autres. Or, en choisissant Jésus, le Père discrimine. Il élève un homme parmi tous. À partir du Christ, Il élève aussi Sa mère, Ses parents, Ses ancêtres et Ses apôtres, et les distingue des autres. Ainsi, l'existence même du Christ concret ordonne, et donc discrimine.

Cet ordonnancement autour du Christ est réaffirmé dans le dogme de la communion des saints. En proclamant l'existence des saints, l'Église affirme que toutes les vies ne sont pas équivalentes et que certaines sont supérieures à d'autres par rapport à une hiérarchie qui émane de l'appel de Dieu et de notre réponse, libre, à cet appel.

La Foi reconnaît aussi les distinctions entre les peuples, eux aussi ordonnés en fonction de l'économie du Salut. Cette différenciation porte d'abord sur le choix du peuple juif comme porteur initial de la parole de Dieu et peuple ancestral du Christ. Pour le croyant, les peuples ne sont donc pas indistincts puisqu'un peuple particulier fut choisi pour cette tâche.

L'action concrète de Dieu dans le monde engendre donc des choix qui affectent les peuples autant que les individus et suscitent des distinctions entre eux. Ainsi, les croyances, les rituels, les cultes et les textes sacrés des peuples ne s'équivalent pas tous. Une seule foi ancestrale se démarque de toutes les autres, celle des Juifs. Celle-là annonce le vrai Dieu, les autres ne sont que des tâtonnements. Une seule fut le foyer originel du Sauveur de tous les hommes. Tout n'est pas égal et nos choix ne sont pas équivalents.

L'incroyant, incapable d'accepter le plan de Dieu, ne peut tolérer ces distinctions. Ne pouvant percevoir la valeur unique de son lien individuel avec l'œuvre agissante du Créateur, il subit ces choix, et la diversité du monde qui en résulte, comme des agressions iniques. L'incroyant, dans son désarroi, cherche une valeur à sa vie en se comparant au monde. Il milite pour une justice fondée sur l'égalité, mais ce qu'il cherche vraiment, c'est de donner un sens illusoire à sa vie en nivelant tout.

Le croyant reconnaît l'ordonnancement du monde puisqu'il se soumet à l'agir et au jugement de Dieu. Il accepte l'action de Dieu et donc, Son plan et les distinctions qui découlent de ce plan. Il sait que sa valeur ne résulte pas d'une comparaison mais de son rôle unique dans le plan de Dieu. En effet, croire au jugement de Dieu signifie croire que, à la fin, toutes les choses et tous les êtres ne s'équivalent pas. Agir c'est choisir et chaque choix sépare ce qui est choisi de ce qui ne l'est pas. Pour le croyant, même les étoiles ne sont pas égales puisqu'une seule, notre soleil, réchauffa le Fils de Dieu. La nature même du réel témoigne de l'action et des choix de Dieu car, quelle que soit la mesure qu'on prenne, on n'y trouve rien d'égal.

Dans la Foi, les diverses formes d'égalité qui sont établies entre les individus d'une société peuvent servir utilement aux intérêts d'une collectivité et de ses membres. Cependant, ils ne sont pas la mesure finale de la justice. Chaque vie puise sa vraie valeur en participant, selon sa condition unique, à l'œuvre de Dieu et trouve sa juste récompense en fonction de cette participation.

La doctrine chrétienne rejette les idéologies de l'égalité qui affirment l'équivalence indistincte des choix et des vies. Cet idéal d'égalité est un concept athée qui renie la légitimité de l'action de Dieu et de Ses choix. Il aspire à faire du monde une manufacture d'individus aux vies indifférenciées. Il émane de la misère de l'homme coupé de Dieu, seule vraie source de valeur.

Il aspire, implicitement, à l'égalité des bêtes, toutes amorales et inconscientes. Il rejette l'ordonnancement des valeurs qui résulte des gestes libres.

Le croyant cherche la justice non pas dans l'équivalence illusoire des personnes, mais dans la perfection du jugement et de l'amour infini de Dieu. Le croyant ose dire que tout n'est pas équivalent devant le Seigneur. Il croit, cependant, que tous seront également soumis à Son jugement parfait et que les conséquences de ce jugement ordonneront chacun, ultimement, de façon absolument juste.

Depuis des siècles, l'Église affirme que tous les hommes sont égaux. Cependant, cette égalité découle non pas des distinctions du monde mais de l'appel de Dieu. Dans la civilisation chrétienne, l'idéal d'égalité était, ainsi, tempéré par la sagesse de la Foi. L'égalité de chacun devant l'appel de Dieu y était reconnue d'emblée et existait comme un acquis. Cependant, l'idéal social imitait l'action du Seigneur qui différencie dans Sa justice et appelle chacun également mais selon ses moyens et sa situation particulière.

Aujourd'hui, une génération d'incroyants, affamés de valeur et de sens, s'est emparée de ce mot, égalité, qui était autrefois synonyme de justice chrétienne et l'a défiguré. Les élites athées proclament avec véhémence l'égalité comme un absolu moral fondé sur l'élimination des différences entre les personnes, les peuples, leurs choix, leurs valeurs et leurs vies. L'égalité des croyances et des religions est, elle aussi, proclamée dans un contexte où chaque culture représenterait, de façon équivalente, une image de la divinité suprême multiforme. Aujourd'hui, aussi, un nouveau culte étatique émerge, centré sur ces concepts athées.

Dans la foi, chacun tente d'agir malgré ses imperfections en fonction de la volonté de Dieu. Nous sommes égaux en fonction du Christ. Les nouveaux cultes de l'égalité cherchent la perfection dans une uniformité stérilisante. Ceux qui s'enferment dans ce carcan cessent de lutter contre leurs faiblesses individuelles. Ils cessent de mesurer leur valeur à l'aune de la Foi. Ils se tournent aveuglément, vers le monde, et cherchent leur valeur en se comparant aux autres.

LA VIE ET LES DEFUNTS

> *Pour l'incroyant, seuls ceux qui vivent sont vivants, les morts, eux, sont morts. Pour le croyant, les défunts aussi, vivent, et les vivants sont des défunts qui s'agitent encore.*

L'incroyant accepte l'évidence apparente du monde concernant la mort. Les êtres naissent et vivent dans leur portion du temps, puis ils meurent et ne sont plus. Pour lui, cela est une certitude. Les bêtes et les hommes s'agitent un temps, puis, comme des mécaniques fragiles, cassent et disparaissent. L'existence, pour l'athée, réside uniquement dans l'instant qu'il habite. Pour lui, seuls ceux qui s'agitent dans cette lamelle de temps, vivent réellement. Dans l'incroyance, il faut grouiller pour exister.

Dans la Foi, les vivants d'aujourd'hui sont aussi morts que les défunts puisque la vie physique n'est qu'une mort en suspens. Tous sont des défunts, ceux qui reposent et ceux qui respirent. Tous les gestes posés par les croyants dans l'agitation temporaire de leur vie participent à l'action éternelle et immuable du Christ. Seul le Christ est vivant ; les créatures, elles, sont mortes, même quand elles grouillent encore. Pour le croyant, les défunts sont des frères qui vivent, comme lui, de la seule vie qui compte, celle du Christ. Ils existent tout autant que lui, même si, en apparence, ils ne sont plus.

La volonté des défunts est une absurdité pour l'incroyant puisque toute l'existence est confinée dans l'instant présent. La volonté des morts n'existe donc pas, annihilée, comme le reste, dans un passé disparu. Les œuvres des défunts sont, pour l'incroyant, des squelettes qu'on peut exploiter sans contraintes puisque seuls ceux qui vivent ont des droits sur le présent. Parfois, l'incroyant respecte certaines vies insignes, mais en tant que reliques d'existences révolues. Pour l'incroyant, en effet, la vie et l'existence résident uniquement dans le présent et dans l'avenir. Pour lui, respecter la volonté des défunts, même saints, fait partie d'un égarement morbide et puéril qui refuse d'accepter l'annihilation de la mort.

Dans la foi, cette attitude représente une tyrannie de la chair vive sur la chair défunte. Elle est un abus fugace et illusoire, issu du pouvoir temporaire qu'ont ceux qui vivent physiquement, d'agir sur le monde. Le croyant considère qu'il fait partie d'un être qui ne distingue pas entre les défunts et ceux qui le seront. Appelé par le Christ à reconnaître ses frères dans les pauvres et les dépossédés, il se penche aussi vers la pauvreté absolue des défunts. Ceux-ci sont aussi ses frères, même s'ils sont dépossédés de tout, même de la vie. Il prie donc pour eux et respecte leurs œuvres car leur vie participe éternellement au Corps du Christ.

Les incroyants qui sont en vie pensent détenir un pouvoir absolu sur le monde présent. Ils se croient permis d'altérer à leur guise les témoignages des saints et de dénaturer les œuvres de la foi pour les asservir aux besoins de leur moment. Le croyant y voit l'arrogance de la chair d'un siècle qui, comme un enfant gâté, prétend mutiler les œuvres des défunts pour s'en repaître.

Chrétiens, rangez-vous aux côtés des défunts pour défendre le seul Être qui vit vraiment !

L'HOMME

Pour l'incroyant, l'homme, une bête parmi les bêtes, usurpe le pouvoir de dominer les autres animaux. Dans la Foi, l'homme est fondamentalement différent des autres bêtes et exerce légitimement sa souveraineté sur le monde, en conformité avec la volonté de Dieu.

Pour l'incroyant, l'homme et la bête sont identiques. L'espèce humaine niche dans un continuum d'organismes variés. Tuer une bête ou tuer un homme s'équivalent, physiquement. S'il fait des distinctions, elles sont uniquement culturelles et servent à maintenir la paix sociale et à se protéger des autres. Toute loi morale issue de l'incroyance se ramène à des motifs écologiques. Cette identité fondamentale, affirmée dans l'incroyance, entre la viande humaine et celle des bêtes, suscite parfois des régimes monstrueux qui assassinent les multitudes comme on émonde un cheptel. En effet, une fois entièrement aveuglé par les idéologies athées, on peut s'affairer sans remords à des boucheries innommables puisque tout n'est que viande.

D'autres, pris dans la même logique, dérivent vers l'extrême opposé. Pour eux, l'abattage des bêtes équivaut au meurtre. Ils élaborent des codes moraux où toute consommation de viande serait criminelle. Leur monde idéal est un potager et la vertu suprême consiste à frôler le monde sans le déranger.

Ainsi, les incroyants coupés de la parole de Dieu s'égarent dans des excès monstrueux. Certains abattent les hommes comme s'ils étaient des bêtes et d'autres vénèrent les bêtes au même titre que les hommes. Quels autres excès verrons-nous, dans un monde à la fois subjugué par la déraison de l'incroyance et disposant des pouvoirs grandissants de la science ?

Pour le croyant aussi, l'homme est une bête. Il ne perçoit rien chez l'humain qui le distingue physiquement des autres primates. Le croyant n'est pas aveugle, il sait que sa chair est animale. Par conséquent, il comprend qu'autre chose que la matière le distingue des bêtes, il sait qu'un don immatériel l'anime, son âme. Dire que l'âme n'est pas matérielle ne suffit pas. Elle ne dépend pas de la matière pour exister et n'en est pas une forme d'organisation. Pour le croyant, la croissance de l'âme est la raison d'être du monde. Les humains sont des porteurs d'âmes. Leurs corps sont des barques chargées d'une parcelle de Dieu, qu'ils doivent mener à bon port.

L'incroyant, pour contenir la démesure que l'équivalence entre l'homme et la bête engendre, cherche à sacraliser tout ce qui l'entoure. Il fabrique, sans relâche, des discours à saveur religieuse. Il exige que tous acceptent ses préceptes car ceux-ci tirent leur validité illusoire du consensus. Ainsi, on proclame, dans des chartes pompeuses, que la personne est sacrée, que la vie est sacrée, que la nature est sacrée, que la terre est sacrée, que le monde est sacré, que l'humanité est sacrée et que les espèces animales sont sacrées. Et tout ça doit faire consensus sinon la façade s'écroulera !

Pour le croyant, toutes ces proclamations sacralisantes ne sont que de la chair qui se glorifie. L'homme n'est pas sacré, ni sa vie, ni la terre, ni les bêtes, ni les nations, les états, les peuples, les croyances ou les espèces. Seul Dieu est sacré. La valeur sacramentelle d'une personne ne provient pas de son corps, ni même de sa vie. Elle réside dans le parcours de son âme vers la Source unique du sacré.

Pour le croyant, les principes de l'écologie ne sont pas des exigences sacrées mais, simplement, l'obligation de bien gérer les ressources collectives au nom de l'amour fraternel. Le pèlerinage des âmes est le sens ultime et la seule raison d'être de toutes les mesures écologiques. Si le croyant respecte la nature et œuvre à la préserver, c'est en fonction de son utilité par rapport au cheminement des âmes qui l'habitent. Tout l'univers est au service de cette œuvre spirituelle. C'est pourquoi Dieu a légué aux humains l'entière et légitime souveraineté sur toutes les bêtes et toutes les choses du monde, ici, sur terre et ailleurs.

Dans sa confusion, l'incroyant louvoie entre des thèses où tout n'est que de la viande insensée et des idolâtries qui sacralisent n'importe quoi : les personnes, les planètes, les bêtes et le reste. Tous ces échafaudages échoueront car rien n'est sacré dans le monde. Le croyant peut mettre sa confiance dans le mandat de dominer le monde qu'il a reçu de Dieu. Qu'il exerce sereinement sa souveraineté légitime sur l'univers sans recourir aux expédients de l'idolâtrie !

LE PROGRES

Pour l'incroyant, l'humanité progresse vers un état de perfection morale qui résulte de conditions sociales améliorées. Il situe son espérance dans la société idéale, parfaitement calibrée et dénuée de conflits. Pour le croyant,

> *les humains ne s'améliorent pas quand leurs conditions de vie changent. Quelle que soit l'époque, l'appel de Dieu demeure le même ainsi que le choix d'y répondre.*

L'incroyant aime croire au progrès. Pour lui, l'humanité évolue vers un niveau moral de plus en plus élevé qui aboutira, un jour, à un stade de maturité sociale merveilleuse. Ayant abandonné Dieu, l'athée fonde ses espoirs dans les utopies sociales. Pour lui, l'humanité est en marche vers un avenir radieux où les humains construiront des sociétés qui permettront à leur bonté naturelle d'éclore enfin. Car l'incroyant s'imagine que les humains sont intrinsèquement parfaits et que, quand ils auront édifié la société idéale, ils vivront dans la perfection morale.

Cette utopie attire aussi le croyant. Il aspire, comme quiconque, à vivre au sein d'une société pacifique et civilisée. Il voudrait, lui aussi, que ses enfants grandissent dans une ère de prospérité paisible et il travaille à réaliser ce rêve. Mais il ne place pas son espérance dans l'utopie sociale car il sait, dans la foi, que les humains de demain, comme ceux d'hier, seront pécheurs. Seul Dieu est parfait.

Le parcours de l'humanité n'est pas une ascension, il est un pèlerinage. Même si, parfois, certaines sociétés fonctionnent comme des engrenages bien lubrifiés, cela ne signifie pas que les gens paisibles qu'elles contiennent soient meilleurs. Dans la foi, il sait que, quels que soient l'époque et le niveau de confort, chacun doit choisir entre le bien et le mal. Seules les circonstances des choix varient.

Quand les temps sont durs, des personnes fortes font des choix héroïques. Quand ils sont faciles, les conséquences les plus minimes nous apeurent et même les gestes anodins requièrent du courage. La valeur d'une société ne se mesure pas à son niveau de confort mais à sa moisson d'âmes.

L'incroyant perçoit cette incrédulité devant l'utopie de la société vertueuse et le refus de croire au progrès moral de l'humanité comme les symptômes d'un profond pessimisme. De plus, il considère que ce manque d'enthousiasme pour le grand rêve social trouble l'agenda utopiste car, pour qu'un mirage se perpétue, il doit faire consensus. Ceux qui refusent de monter dans le carrousel progressiste menacent donc l'illusion collective. Des agendas d'endoctrinement tyranniques se profilent sous la pelure tolérante des idéologies progressistes car la survie de leurs illusions dépend de l'allégeance collective.

Pour l'incroyant, la promesse évangélique de la vie éternelle ressemble à un placebo puéril et dépassé. Lors des époques primitives et brutales, elle était, peut-être, la seule thèse capable de susciter un peu d'espoir. Mais l'humanité posséderait maintenant les moyens techniques de réaliser ses rêves. Il faut donc abandonner les chimères théologiques et travailler, sans illusions, à édifier l'utopie sociale. Les promesses concrètes du monde ne sont-elles pas préférables aux mirages de la Foi ?

La foi nous pousse à rejeter l'illusion d'un progrès moral de l'humanité découlant de conditions sociales améliorées. Pour le chrétien, le summum de la perfection morale fut définitivement atteint, il y a deux mille ans, en un lieu et en un homme. Il ne sera jamais égalé. Le monde demeure et demeurera toujours le lieu du choix entre le bien et le mal. Dieu donne à chaque génération la chance de choisir de Le servir.

Si pendant certaines époques, des citoyens repus fonctionnent paisiblement dans des sociétés bien organisées, cela ne signifie pas qu'ils soient vertueux. Le seul progrès moral possible provient de la pratique de la vertu et émerge du combat pour le bien des âmes, qu'il se déroule dans des époques primitives ou avancées. Une société placide sape la force morale. Les âmes, affaiblies, doivent y faire preuve d'une même mesure de courage pour surmonter des obstacles minimes. Une seule société est entièrement juste, la Jérusalem céleste. Quant au monde, il est aujourd'hui, comme hier et comme demain, le lieu des tentations et des choix.

LES SIGNES

L'incroyant dit que, sans signes, il est impossible de croire. Le croyant répond que, sans signes, il est encore possible de croire. Quand les signes arriveront, la foi deviendra impossible.

L'incroyant, parfois, cherche sincèrement le Seigneur et veut Le trouver. Il Le cherche et ne Le trouve pas. Il regarde et ne Le voit pas. Il Le cherche avec son intellect et ne parvient pas à Le déduire. Il veut percevoir des signes et n'en trouve aucun. Alors il demande : « J'ai cherché et je n'ai rien trouvé, comment puis-je croire ? » Il dit : « Que Dieu me donne un signe clair et alors je croirai ! » Même quand la foi l'attire, il la refuse, car « seuls les naïfs croient sans preuves ». Il se détourne donc de la foi en haussant les épaules. Il se dit qu'il n'est pas responsable de son incroyance. Il a cherché les preuves et ne les a pas trouvées ! Il attend d'être certain avant de croire. Aussitôt qu'il saura, il croira ! Il est, en quelque sorte, un croyant en attente, comme une larve dans son cocon. Il n'en tient qu'à Dieu, s'Il existe, de faire un petit effort et d'arroser ce bourgeon de foi avec quelques preuves indiscutables. Assis, confortable, il sourit et dit : « … mais je veux vraiment croire ! … prouvez-moi et, aussitôt, je croirai ! »

Pauvres fous ! À qui pensez-vous donc avoir affaire ? Le jour où le Seigneur se montrera à la face du monde, tous crieront leur repentir et se presseront aux portes des églises. Même les saints se déchireront de douleur en pensant à leurs instants égoïstes. Tous, alors, voudront croire mais la foi, elle, aura disparu ; seule la certitude subsistera. Chacun donnera tous ses biens aux pauvres mais la charité aussi aura disparu ; seul l'intérêt demeurera. Quant à l'espérance, elle aussi nous aura quittés, laissant derrière elle l'amertume sans espoir des choix disparus.

Comprenez ce trésor que le Seigneur nous donne en nous cachant encore Sa face !

4

Le sentier étroit

UNE VOIE MARGINALE

Si la foi en Dieu semble paradoxale par rapport à la réalité du monde, la foi au Christ ressemble à un greffon culturel marginal au milieu de toutes les sagesses du monde.

L'interprétation de l'univers que la doctrine chrétienne postule, une chose créée dont la Terre est le centre et dont la fonction est de susciter l'amour, est presque intolérable devant les évidences du réel. Pareillement, rien ne semble distinguer la doctrine chrétienne de toutes les autres manifestations religieuses véhiculées par l'humanité.

En fait, elle semble plutôt minable, greffon bâtard d'un culte tribal que rien, en apparence, ne semble la distinguer des autres artefacts religieux. Choisir Jésus-Christ ressemble à un geste arbitraire ou à une persistance culturelle. Il semble illogique, de nos jours, de s'appauvrir en se limitant au Christ alors que toutes les autres croyances du monde sont disponibles pour nous enrichir.

Eh bien, qu'il en soit ainsi ! Si seuls les simples et les minables s'approchent du Christ, eux seuls s'abreuveront à la Source unique de Vérité et de Vie !

Tout ce qui provient du monde brille un jour et devient charogne le lendemain. Les doctrines les plus vastes et les plus savantes passeront comme le reste. Nos livres d'histoire sont déjà remplis des cadavres monstrueux que nos anciennes révoltes ont engendrés. Chacune d'elles, en son temps, ressemblait à l'avenir. Chacune se transforma en une mécanique puérile et brutale, finissant, à son tour, par agoniser dans des spasmes grotesques. À ces époques aussi, la Foi semblait chétive et insensée.

Aujourd'hui, des intellectuels doucereux nous proposent, encore, des sagesses issues du monde. Elles ont des allures de justice et de compassion, et ressemblent, à s'y perdre, à la vertu. Encore, aussi, ils accusent, sans relâche, l'Évangile. Aujourd'hui, ces nouveaux fruits de l'orgueil semblent parfaitement justes et bons ! Demain, comme hier, ils deviendront des pourritures monstrueuses.

UNE FOI SUBMERGEE

Depuis les grandes découvertes, la foi chrétienne ressemble à une boutique anonyme dans un grand bazar de croyances équivalentes.

Dans les premiers siècles, la foi chrétienne était un greffon mineur du judaïsme, éparpillé dans un empire foisonnant de croyances diverses et bigarrées. Les chrétiens d'alors, marginalisés, insignifiants et persécutés, devaient, sans doute, se demander pourquoi l'adhésion à un charpentier juif valait mieux que les autres cultes qui les entouraient. Ils devaient vivre douloureusement cette déchirure entre les prétentions cosmiques de leur foi et la réalité minable de leur secte et de leur Maître. Même les Juifs les rejetaient, les coupant ainsi de leur légitimité ethnique. Les chrétiens des premiers temps étaient comme des orphelins reniés par leur mère et perdus dans un empire immense et hostile. Pourtant, ce petit troupeau marginal persévéra, soutenu et guidé par des hommes et des femmes à la foi immense.

La doctrine chrétienne parvint ainsi à s'imposer, petit à petit, jusqu'à devenir, au début du Moyen Âge, l'évidence commune partagée par tous les habitants d'un continent. Durant cette époque, il devait être facile d'imaginer que la foi chrétienne s'imposerait bientôt au monde entier puisque la moitié du monde connu d'alors suivait déjà le Christ. Ces chrétiens pensaient qu'ils vivaient au centre d'un monde dont il ne restait que quelques recoins isolés à convertir.

Avec les grandes découvertes des Temps modernes, cette situation se transforma complètement. Le monde, tel que les chrétiens le connaissaient, s'élargit de façon extraordinaire. Soudain, on découvrit des civilisations immenses et riches, habitées par des peuples innombrables, qui s'épanouissaient tranquillement dans des contrées lointaines sans connaître le nom du Christ. Les sagesses étranges et profondes de ces autres continents firent irruption dans l'univers chrétien, faisant paraître les querelles théologiques qui agitaient la chrétienté du temps comme des débats provinciaux et mesquins.

Au Moyen Âge, les croyants pouvaient imaginer que le monde entier était chrétien. Avec les grandes découvertes, ce qu'ils prenaient pour le monde devint une province. Tout à coup, les civilisations majestueuses de l'Orient émergèrent devant eux. Certes, des missionnaires infatigables portèrent l'Évangile à ces peuples innombrables mais, à la fin, l'Évangile sembla s'épuiser devant l'inertie de tant de multitudes.

À la même époque, une nouvelle génération de penseurs, issus des pays chrétiens eux-mêmes, commença à dominer la vie intellectuelle de la chrétienté, imposant ses thèses comme une nouvelle vérité impériale. Ainsi, à cause de ses propres découvertes et des doctrines des penseurs athées issus de son sein, le peuple des chrétiens se retrouva de nouveau, comme aux premiers temps, marginalisé dans un monde redevenu immense, païen et cosmopolite.

Graduellement, sans trop s'en rendre compte au début, les croyants acquirent la conviction que le monde était plus grand que leur foi et que cette foi, qu'ils avaient proclamée universelle, constituait probablement un phénomène ethnique particulier, contribuant sa couleur locale à la vaste fresque des croyances du monde.

Ce processus s'est poursuivi, sans arrêt, depuis l'époque des grandes découvertes jusqu'à ce jour. Les chrétiens sont graduellement redevenus une peuplade minoritaire au sein d'un monde rempli de croyances et de cultures diverses. Eux qui, à la fin du Moyen Âge, pensaient pouvoir convertir le monde et l'ordonner au Christ, se retrouvèrent de nouveau plongés dans un immense foisonnement de cultes et rongés par le scepticisme de leurs élites. Ils redevinrent un résidu, une communauté marginale et anachronique perdue dans un monde que Jésus-Christ laissait indifférent. Cet état persiste aujourd'hui.

Dans cet étrange retour à la marginalité des premiers temps, la foi a même perdu sa jeunesse originale. Elle a maintenant un goût d'agonie, une odeur de fin de règne, les allures d'une vieille échoppe qui aurait jadis servi, mais qui n'attire plus que quelques attardés épars. Dans le grand bazar des spiritualités, la foi chrétienne ressemble à un vieux brocanteur dont les consolations usées n'intéressent que les vieillards, les simples et les nostalgiques.

Les croyants en vinrent à se demander si ces millions d'âmes qui peuplent l'Asie et les autres continents ont vraiment besoin de Jésus-Christ ; si leurs sagesses ne sont pas, à la fin, comparables aux fruits de l'Évangile. La croyance dans l'universalité du message chrétien s'étiole devant ces multitudes qui l'ignorent et qui, pourtant, persistent et se perpétuent. La compassion de Bouddha n'équivaut-elle pas celle du Christ ? Les sommets mystiques de l'Inde ne sont-ils pas aussi sublimes que ceux des saints ? Les sagesses de la Chine ne sont-elles pas aussi efficaces que celles de la Bible ?

La masse inerte de toutes ces croyances a fini par refouler la Foi et la retrancher dans une identité ethnique et coloniale. Les croyants, recroquevillés, n'osent plus proclamer l'Évangile ! De peur d'être perçus par le monde comme des impérialistes, ils n'osent plus détourner les peuples païens des « richesses spirituelles » de leur croyance. Ainsi, l'Évangile du Christ, Sauveur de tous les hommes, en vient à se tapir dans un terroir timide.

En refusant de proclamer clairement l'Évangile, les chrétiens eux-mêmes s'étiolent car ils renient le sens universel de leur message. L'heure est venue de le dire, tous les fruits de la sagesse athée ainsi que ceux des croyances païennes ne sont que des pacotilles devant la Révélation de Jésus-Christ !

Mais, chrétiens, ne vous étonnez pas si les apostats qui vous côtoient s'insurgent contre l'annonce assurée et forte de l'Évangile. Soyez-en certains, chaque fois que vous oserez dire que Jésus-Christ est le seul Sauveur des hommes, ils gémiront, criant à l'impérialisme et à l'oppression ! Ils dénonceront chacune des conversions au Christ comme une perte tragique, comme l'abandon d'une richesse de croyances ancestrales qu'il faudrait préserver à tout prix. Ils s'objecteront toujours à l'évangélisation, prenant des airs de grands défenseurs de la diversité, pleins d'apparente compassion. Chaque fois qu'un chrétien osera dire que celui qui suit Jésus-Christ acquiert une plus grande richesse que tous les trésors d'incroyance et d'idolâtrie qu'il quitte, il entendra le chœur des apostats gémir en criant à l'injustice et à l'impérialisme.

N'en soyons pas surpris car, sous des formes changeantes, c'est la même révolte séculaire qui ressurgit. Persistons dans l'annonce car, si les sagesses païennes sont de grandes tours érigées vers le divin, la Bible, elle, est une échelle de corde descendue du ciel.

L'exemple de ces masses indifférentes à l'Évangile inspire, au sein de la chrétienté, une forme particulière d'apostasie : l'illusion qu'il est possible pour un chrétien instruit dans la parole de Dieu, de vivre comme si l'Évangile n'avait jamais existé.

L'heure est venue de dire ceci : on ne peut plus ignorer ce que l'on connaît. Ceux qui entendent l'appel de l'Évangile perdent, alors, la liberté de l'ignorer. Ils doivent choisir de le suivre ou de ne pas le suivre. Ce que nous apprenons nous transforme sans retour, qu'on le veuille ou non. La connaissance nous prive de l'innocence. On peut feindre l'ignorance devant le monde, mais pas devant le Seigneur.

Ceci s'adresse d'abord aux chrétiens apostats. Vous ne pouvez plus revenir à l'état de paganisme primitif ! Ceci s'adresse aussi à tous les autres : athées, agnostiques ou adeptes de croyances diverses. Si vous avez entendu l'appel du Christ, votre innocence par rapport à l'Évangile a disparu. Vous, qui lisez ce témoignage, vous avez maintenant entendu l'appel de Jésus-Christ ! Vous ne pouvez plus feindre de l'ignorer. Vous ne pouvez plus vous esquiver dans un simulacre d'innocence. Vous avez entendu Son appel, il faut maintenant choisir : l'accepter ou le rejeter !

LA PIERRE REJETEE

Dans l'édifice des connaissances modernes, la foi chrétienne ressemble à une survivance folklorique marginale et désuète.

Dans le monde d'aujourd'hui, la vérité évangélique ressemble à une croyance désuète, reléguée à un rôle marginal de l'édifice du savoir humain. Saint Paul l'a dit, la foi est une folie pour le monde. Les Écritures la décrivent comme une pierre rejetée par les bâtisseurs. Elle est bien rejetée, aujourd'hui, la foi chrétienne ; confinée dans la province excentrique d'un savoir périmé. D'où qu'on l'examine, elle semble accessoire, désaxée et triviale ! On dirait la survivance d'un mythe anachronique et puéril.

Dans leurs grandes fresques, les élites intellectuelles humanistes décrivent l'histoire humaine comme une longue ascension vers la civilisation lumineuse de l'incroyance. Dans ce vaste déploiement, la Foi tient le rôle d'une étape dépassée ou encore d'un égarement transitoire lors de la longue odyssée de l'humanité vers sa maturité. La Foi y est présentée comme une projection, sublime mais illusoire, des craintes de l'homme archaïque accablé par un univers indifférent. On lui concède, certes, quelques mérites, mais en tant que fragment de l'histoire, relique des ancêtres. Cette pseudo-valeur que l'incroyance progressiste veut bien concéder à la Foi ferait d'elle un bibelot culturel désuet qu'on conserve par nostalgie. En plus de cette valeur nostalgique, l'incroyance lui reconnaît volontiers, aussi, une certaine utilité pour façonner des vies humaines paisibles et productives. Elle serait donc une chose à la fois illusoire et utile ; une recette de bonheur pour les simples d'esprits, un placebo fabuleux, une béquille pour naïfs.

Dans l'édifice des connaissances modernes, la foi chrétienne se situe à l'extrémité d'une branche particulière de l'anthropologie, celle qui traite des religions comparées. On la place là, dans une remise remplie de croyances autochtones, d'aspirations périmées, de superstitions et d'amulettes. Le Christ s'y trouve, en tant qu'objet d'étude archéologique, comme une chose qu'on examine, qu'on soupèse et qu'on dissèque. La Bible y est assimilée au rang des autres bizarreries de la connaissance préscientifique : les divinités du bon vieux temps, les mythes cosmiques et les cérémonies tribales. Ainsi, dans l'édifice du savoir intellectuel contemporain, la foi en Jésus-Christ, Sauveur des hommes, ferait partie de ces tâtonnements obscurs de l'humanité qui précédèrent l'époque contemporaine, illuminée par la science.

Telle est la place de la foi chrétienne dans la pensée du monde. On demande à ceux qui s'obstinent dans cette croyance de conformer leur foi aux axiomes d'un humanisme qui camoufle son identité athée sous l'appellation de « laïcité ». On leur assigne le rôle de suivre docilement la nouvelle prêtrise des juges et des savants et de subordonner l'Évangile à leurs chartes arrogantes qui se prétendent plus vraies, plus universelles, plus inclusives et plus sages que la Révélation de Dieu.

Pour s'arroger le pouvoir de définir le bien, les promoteurs de l'incroyance n'ont pas hésité à usurper le vocabulaire de la foi et à le tordre. C'est ainsi que, dans leurs discours, les doctes athées qualifient les époques où la foi était vigoureuse de noirceurs et de ténèbres. Pareillement, les époques d'incroyance, de scepticisme et de cynisme sont dénommées « Renaissance » et « Siècle des lumières ». Ainsi, on donne à l'indifférence religieuse, à la mollesse et à l'apostasie les noms de progrès, de tolérance et de lucidité. La médiocrité et l'indifférence devant la parole de Dieu sont citées comme des exemples d'une sagesse brillante et avancée. Enfin, ceux qui osent s'engager corps et âme derrière le Christ sont qualifiés par les savants athées de niais ou d'extrémistes.

La diversité du monde et les discours assurés de la science impressionnent le croyant autant que les autres. L'évidente et palpable présence de la matière dans tout ce qu'il touche le subjugue. Souvent, il continue de poser les gestes extérieurs de la foi mais, dans son esprit, il s'est déjà soumis à la logique des élites athées. Mais il demeure, malgré tout, attaché à l'Amour qui émane de la Révélation et veut la cacher pour la sauver.

Pour protéger ce qui reste de sa foi, il accepte donc qu'on la relègue à un recoin du savoir ; rangée parmi les gestes folkloriques. Il évite de poser trop de questions car il craint les réponses. Il n'ose plus proclamer que sa doctrine décrit le monde réel. Il se prépare même à délester le Credo, ce dogme invraisemblable et apparemment indéfendable.

Le croyant, subjugué par les discours du monde, entrevoit une foi modernisée, émondée de ses élucubrations cosmiques moyenâgeuses. Une foi qui connaît sa place. Une religion améliorée, centrée sur les enseignements d'un sage appelé Jésus qui aurait dit de belles choses mais qui était, lui aussi, affecté par les superstitions primitives de son époque. Il consent même à accepter les autres croyances comme équivalentes. Ne sont-elles pas toutes les reflets de savoirs anachroniques semblables ?

Cette religion modernisée serait, pense-t-il, à l'abri des critiques et des attaques car elle offrirait une alternative parmi d'autres et y adhérer serait une simple question de goût. Or, comme chacun le sait, les goûts ne se discutent pas ! Dans cette religion « améliorée », on serait chrétien comme on est végétarien, adepte de valeurs et de rituels particuliers résultant d'un choix personnel.

À première vue, on croirait qu'il serait facile de se façonner ainsi un christianisme moderne, adapté aux connaissances scientifiques et à l'éthique des sociétés cosmopolites du jour. Il suffirait de faire un bon nettoyage de la Bible pour en écarter les passages trop fabuleux et d'ignorer certaines des restrictions sexuelles imposées par la doctrine chrétienne et qui seraient devenus, aujourd'hui, anachroniques. On pourrait se constituer, avec le reste, un guide de sagesse réaliste et bien adapté aux conditions modernes.

Mais voilà, la Parole refuse de se laisser ainsi dompter ! En effet, chacun des textes de la Révélation affirme une Vérité radicalement distincte de l'évidence du monde. Chacun proclame une Vérité qui dépasse le monde et l'englobe tout entier. Ainsi, ceux qui prétendent amender superficiellement la parole de Dieu, pensant ainsi la préserver, finissent toujours par la charcuter. Ils finissent avec des lambeaux qui leur glissent entre les doigts.

Non seulement la Révélation se démarque-t-elle, absolument, de l'apparente réalité physique mais, en plus, elle proclame sa suprématie sur cette réalité. La Bible annonce, sans cesse et partout, que tout l'univers et toutes ses lois, sont soumis à Dieu. Encore et encore, le monde affirme une réalité que la Révélation récuse et la Révélation proclame une Vérité que le monde rejette. Plus le monde vieillit, plus cette distinction se clarifie. Pourtant, loin de devenir absurde, la Parole continue d'englober, mystérieusement, tout ce que la science découvre.

DES MIRACLES MINEURS

> *À l'examen, les miracles rapportés par les Évangiles sont peu impressionnants par rapport au caractère divin du Christ et à Son statut de Fils unique de Dieu. Les chrétiens semblent se contenter de bien peu.*

La foi chrétienne affirme que Jésus-Christ est le Fils unique du Créateur de l'univers et qu'Il est éternellement uni à Lui dans la Sainte-Trinité. Il serait logique que l'Église fournisse, en soutien de cette thèse étonnante, tout un cortège de signes extraordinaires qui démontreraient, de façon certaine, le pouvoir divin du Christ sur le monde. Après tout, les signes de la venue sur terre du Fils de Dieu en personne devraient se comparer, dans leur splendeur, aux événements de la création de l'univers et à ceux qu'on prédit pour la Fin des temps. Les Évangiles relatent, en effet, que Jésus fit de nombreux miracles. Cependant, comparés aux proclamations de la Foi concernant la nature divine et messianique du Christ, ces signes sont bien modestes.

Après tout, même ceux que Jésus a guéris, lors de Son passage sur la terre, ont fini par mourir. Ceux à qui Il dit qu'ils étaient sauvés sont retournés à la poussière, eux aussi, depuis longtemps. Jésus a vécu à une époque brutale où on ne faisait pas toujours la différence entre les maladies psychiques et celles du corps, entre l'eczéma et la lèpre, entre la mort et le coma. Qui sait combien de guérisons furent psychosomatiques et combien physiologiques ?

Les Évangiles racontent que Jésus a ressuscité Lazare alors que celui-ci était déjà mort. Ceux qui l'ont rapporté ont sans doute cru qu'il était mort et en ont rendu un témoignage sincère. Mais Lazare était-il vraiment mort ? Il y a à peine cent ans, on enterrait encore des comateux, les croyant décédés. Et puis, même Lazare, ressuscité, finit par « remourir ».

On dit même que Jésus ne pouvait pas guérir les gens de son propre village. On le connaissait trop, apparemment, pour réagir à ses paroles. Les apôtres avaient vu tous les signes rapportés par les Évangiles. Ils avaient vu le Christ marcher sur l'eau, se transfigurer, multiplier des pains, prédire l'avenir et guérir les malades. Pourtant, ils doutaient encore assez de ses pouvoirs pour s'enfuir à l'heure de sa Passion. Même Jésus, enfin, craignit, comme un simple humain, sa Passion approchante.

Les signes des Évangiles, relatés avec foi et dans l'Esprit de vérité, demeurent bien près des phénomènes naturels. A-t-il multiplié des pains ou a-t-il convaincu ceux qui l'écoutaient de partager les pains qu'ils cachaient sous leurs manteaux ? Marchait-il sur l'eau ou sur un haut-fond quand les apôtres, désemparés, le virent approcher de leur barque ? Connaissait-il l'avenir ou devinait-il les gens ? Les Évangiles ressemblent parfois au témoignage véridique de gens sincères, mais confus, qui voyaient des signes merveilleux là où des événements prosaïques se trouvaient.

Quelle étrange foi, qui place tant d'espérance sur un tel homme et se contente de signes si faibles ! Quel étrange Dieu dont même les miracles sont humbles ! Il serait raisonnable, pour un croyant instruit, de délaisser les enjolivures miraculeuses pour se contenter des enseignements de sagesse de l'homme Jésus. Plusieurs tentent, d'ailleurs, de le faire, convaincus que la foi chrétienne ne pourrait pas survivre à un examen rigoureux et informé.

Pourtant, le chrétien qui contemple la faiblesse et l'indigence de cet homme simple devenu un Dieu pauvre, approche du cœur mystérieux de la Foi car, notre Dieu puise Sa force dans la faiblesse.

Plus les miracles évangéliques sont simples, plus les Évangiles sont vraisemblables. Plus les signes de Jésus sont petits, plus Sa Passion est grande. En effet, que vaudrait le sacrifice d'un magicien surnaturel endossant un costume de chair pour faire une visite de passage dans le monde ? Il faut avoir vécu comme un homme, pour donner sa vie comme un homme. Plus les signes sont petits et plus la foi est grande !

Plus les miracles sont faibles, plus nous sommes libres et plus notre réponse à l'appel de Dieu est pure !

Les signes des Évangiles, si humbles soient-ils, suffisent. Ils lancent un appel intime vers nos âmes, un appel capable de susciter et soutenir notre foi tout en préservant notre liberté et le sens de nos choix. Ces signes, à peine miraculeux, proviennent d'un Père qui cherche l'adhésion libre et amoureuse de Ses enfants. Il y a un seul grand miracle dans la foi chrétienne, le Christ Lui-même, Sa personne et les circonstances de Sa vie.

DIEU EST SIMPLE ET PETIT

Pour le païen et pour l'idolâtre, l'être suprême prend une multitude d'aspects et se présente à chaque peuple sous une forme différente. Pour le chrétien, le seul vrai Dieu s'est révélé, de façon unique, dans la personne d'un charpentier vivant au sein d'un peuple marginal. Pour lui, Dieu n'est pas une entité vaste et multiforme. Il est simple et petit.

L'être suprême, que l'intellectualisme idolâtre décrit, ressemble, dans ses dimensions, à l'univers que nous percevons. Ses attributs sont conformes à nos connaissances et à nos attentes. Il se présente comme une entité immense et multiforme qui enjambe les ères, fait des prodiges à la mesure de son pouvoir, se manifeste sous des myriades d'apparences, et se dandine au-dessus des multitudes, les engendrant et les broyant dans une grande danse cosmique. Quand il est bon, sa bonté est celle du despote. Il visite les humains de façon répétée, sous la forme de multiples messagers porteurs insignes de sa sagesse. Ces attributs sont entièrement compatibles avec l'intellect. Par conséquent, celui-ci les accepte facilement.

Cet être suprême est à la fois tout et n'importe quoi. Il exerce son pouvoir sur le monde comme un grand gestionnaire. Il est multiforme. Pour lui, notre existence est un accessoire, un vêtement qu'on enfile. Cependant, à cause de leur multiplicité même, chacune des incarnations de cette entité perd sa qualité authentique d'existence. Elles sont des promenades et non des vies. Ce dieu de l'intellect nous visite comme un acteur qui fait un tour de scène alors que nous, les vivants, sommes plongés sans réserves dans les circonstances âpres et limitées de la matière. Quand on y pense, qui pourrait aimer un tel imposteur magique ?

Le Dieu de la foi chrétienne est simple et petit. Il n'est pas un magicien multiforme qui revêt des vies comme on enfile des costumes. Il s'est incarné totalement dans le monde, devenant pareil à chacune de Ses créatures, un être unique, mortel, confiné à un lieu et à un temps, et soumis aux mêmes exigences de la matière. Dieu a plongé complètement et sans réserves dans notre existence. Il n'a pas revêtu la forme humaine pour nous visiter, Il est devenu un de nous.

Dieu, vraiment incarné, est devenu un être unique, comme tout ce qui existe dans le monde. Il « Est », absolument, dans Son Incarnation comme dans tout le reste. Il s'est anéanti dans Sa création pour la sauver. Il ne gère pas l'univers par des agissements multiples ; Son amour suscite l'existence. Les apparences chatoyantes du monde reflètent Son appel éternel et immuable. Sa parole unique est une invitation perpétuellement lancée vers Ses enfants. Cette Parole, Il l'a plongée sans réserves dans le monde en prenant entièrement la condition humaine.

Le Dieu du chrétien est simple ; Il est aussi simple que tous les autres êtres et toutes les choses. Son action ne contredit pas le réel par des prodiges magiques ; elle le dépasse. Il est en effet puissant, mais Sa puissance nous est incompréhensible. Il ne gouverne pas, Il est.

L'intellect coupé de Dieu cherche un maître de puissance à la mesure de la matière. Le chrétien trouve un serviteur incarné dans un homme et se prosterne, étonné, devant Lui.

UN METEQUE DANS SA PROPRE FOI

> *Le chrétien adore le Dieu d'un autre peuple, il s'inspire de l'histoire de patriarches sémitiques dont il ne descend pas, son livre sacré fut rédigé par d'autres et le Fils de Dieu devant qui il se prosterne est un Juif. Le chrétien est un étranger, un parvenu, dans sa propre foi.*

Ce n'est pas toujours facile d'être chrétien. Certes, le christianisme a fondé des empires et a établi des civilisations florissantes. Pourtant, en dépit de ces réussites, la foi chrétienne, dans sa forme, demeure humble et humiliante. En effet, elle est, ultimement, un emprunt. Chaque chrétien, qui cherche l'origine de sa foi parmi ses ancêtres, trouve quelqu'un qui, un jour, a rejeté ses croyances tribales pour adopter le Dieu des Juifs et suivre un Messie que les Juifs, eux-mêmes, ignorent ! Son Livre saint, la Bible, fut entièrement écrit par des Juifs. Il raconte les gestes d'un peuple auquel ses propres ancêtres n'ont jamais appartenu. Le chrétien est un éternel faire-valoir dans l'épopée de l'autre. En tant qu'étranger, il n'aurait même pas accès au sanctuaire du temple de Salomon, le seul qu'il reconnaît ! Sa place y serait l'antichambre des étrangers !

Quand le chrétien imagine l'avènement glorieux de Dieu, tel qu'il est décrit dans l'Apocalypse, il entrevoit les patriarches, les prophètes, les apôtres et les douze tribus d'Israël, tous des Juifs, entourant le trône éclatant. Sa place à lui se trouve avec la multitude anonyme des simples croyants, revêtus de draps et agitant des branches, qui contemplent de loin tous ces Juifs sur le podium. Le chrétien est un figurant dans sa propre Rédemption ! On lui enseigne dès l'enfance qu'il n'appartient pas, par la naissance, à la race des élus originels. Il est un métèque, un invité de la dernière heure, un parvenu. Sa place est dans les faubourgs. Son espérance, c'est de parvenir, en s'accrochant au manteau du Juif Jésus, à s'introduire, malgré son état, dans le sanctuaire de la noblesse divine.

Il fait des sermons. Il construit des églises. Il se déclare élu. Il affirme solennellement que sa foi est la meilleure et la plus vraie. Mais, au fond, une inquiétude le tenaille. Il se sent comme un paysan parvenu, assis au milieu d'un banquet d'aristocrates, qui craint secrètement qu'on découvre ses origines illégitimes sous son costume de gala.

Le chrétien côtoie des Juifs et les voit indifférents aux trésors évangéliques dont il est si fier. Il les voit vaquer, imperturbables, à leurs affaires, observant tranquillement les préceptes ancestraux de leur loi, sans s'arrêter, même un instant, devant ses églises et ses autels. Quand il songe aux israélites qui sirotent leur sagesse dans leurs synagogues comme on déguste un vieux bourgogne, le vin nouveau de l'Évangile, qu'il avale si goulûment, prend un goût de piquette. Des doutes l'assaillent. Sa Doctrine est-elle un simulacre simpliste, un pastiche du seul salut qui compte, celui des Juifs ? Sa foi serait-elle un placebo, inventé par Yahvé pour distraire les autres nations et les rendre inoffensives ?

Comment peut-on subir une foi aussi humiliante sans s'acharner aussitôt à la détruire ? Comment peut-on se plier à une telle croyance et garder un lambeau de dignité ? Comment soutenir un tel fardeau, comment subir un tel abaissement, sans se révolter ?

Que fait alors le Seigneur ? Il en remet en disant qu'il ne suffit pas de porter ce fardeau, il faut aussi le chérir ! « Tu sens que tu n'as aucune dignité devant Moi, que tu es un imposteur, un mouton naïf, un indigne ? Tant mieux, c'est ainsi que Je te veux. » Voilà comment le Seigneur mène Son troupeau !

Parfois, le chrétien, humilié, se rebelle. Il rage, il rue, il cogne, il cherche ailleurs, il retourne à ses vieilles idoles, il se durcit, il harcèle ces Juifs qui le précéderont toujours. Mais à quoi bon ! Quand, au milieu de ces révoltes, le chrétien se penche vers son âme, il l'entend murmurer, comme Pierre, « où irions-nous, Seigneur ? » [Jean 6, 67].

Quels sont ses choix, en effet ? Se faire prendre, comme un poisson, dans les filets de Dieu ou devenir le prince des bêtes ? Se presser, avec les moutons, dans l'antichambre du temple de Dieu ou trôner dans les palais de ses illusions ? Servir de fond de scène à la Vérité ou jouer le premier rôle dans une charade ? Boire la piquette du Christ ou avaler le purin de son orgueil ? Vraiment, où irions-nous, Seigneur !

Le chrétien qui se soumet ainsi à ce rôle d'accessoire anonyme dans l'histoire sacrée de l'autre, se dénude. Il abandonne ses dernières prétentions. Voici, alors, qu'une nouvelle dignité le revêt. Le Sauveur accepté devient sa mante et la croix, son sceptre. En effet, par le don de la foi, Dieu lui a donné, à lui, l'étranger, le métèque, le parvenu, le pouvoir de connaître le Messie incarné et d'entendre Sa voix alors que son propre peuple demeure aveugle et sourd. Ainsi, le Seigneur rend chacun, juifs et chrétiens, indigne et revêt chacun de sa propre dignité.

Les juifs ont rédigé la Torah, nous chrétiens l'avons compris ; ils ont porté l'Alliance, nous l'avons recueillie ; ils ont annoncé le Messie, nous L'avons entendu ; ils ont côtoyé le Christ, nous L'avons reconnu ; ils ont été invités, nous avons répondu. L'aveuglement des Juifs est une extraordinaire bénédiction pour les nations. Voilà la source de la véritable égalité entre les hommes : nous sommes tous également indignes du Salut et tous, nous dépendons absolument de la grâce de Dieu !

Seule la conviction que Jésus de Nazareth, ignoré par le peuple juif, est véritablement le Messie permet au chrétien d'endurer sa foi. Le Christ est la seule légitimité du chrétien car, si Jésus n'est pas le vrai Messie, alors nous sommes les dupes d'une immense imposture, les pantins d'un culte pitoyable. Il faut demeurer fermes dans la foi car Jésus-Christ est notre unique dignité. Tant que nous croyons qu'Il est le Messie, nous sommes confiants de faire partie du peuple des élus. Mais, aussitôt qu'un doute s'installe, nous devenons les poissons niais d'un obscur rabbin et nous croyons entendre des ricanements sortir des synagogues.

Heureusement, des siècles de foi, de dévouement et de sainteté ont maintenant érigé des remparts qui défendent la Foi. Chaque vie offerte en sacrifice au Christ a solidifié la Foi et l'a rendu plus légitime. Ces vies saintes l'ont suffisamment affermi pour que nous puissions, aujourd'hui, examiner sans crainte cette anxiété secrète qui réside au cœur de la Foi et prendre conscience de l'humilité qu'elle exige de nous !

DIEU EST UN HOMME

> *Certains disent que Dieu dépasse toutes les formes particulières et qu'Il a donc toutes les formes. Il serait à la fois informe et multiforme. Ces idolâtres affirment que toutes les formes s'équivalent puisque Dieu est inconnaissable. Pour le chrétien, tout ceci est faux. Le Créateur de l'univers S'est révélé d'une façon unique et spécifique dans la personne unique d'un homme.*

La pensée humaine accepte naturellement l'idée d'un créateur de l'univers pouvant visiter les hommes sous des formes multiples et à des époques nombreuses. Pourquoi celui qui domine toute chose, se confinerait-il dans une seule personne ? La pensée naturelle conçoit ainsi Dieu comme un gestionnaire cosmique qui endosse diverses apparences pour visiter ses créatures et les guider.

Pour le chrétien, Dieu s'est incarné de façon unique et absolue dans Sa création. Le Seigneur ne nous a pas visités comme le ferait un touriste magique. Il a pris chair dans le monde comme chacun d'entre nous, c'est-à-dire en un lieu, une langue, une race, un corps, une vie, un temps, une naissance et une mort. Il s'est uni à nous en devenant, comme nous, un être chétif, individuel et temporel. Dans cette intersection avec Sa créature, le Créateur a plongé absolument et sans réserves dans le monde, dans une démarche qui va de la génération des galaxies jusqu'à la Croix en passant par la terre, la condition humaine, un peuple, une mère et un corps d'homme.

Pour s'incarner, il faut choisir et pour choisir, il faut différencier.

En devenant notre frère, le Seigneur s'est distingué de chacun de nous. Car, en choisissant de s'incarner dans la personne de Jésus, Dieu a en même temps choisi de ne pas s'incarner ailleurs. L'idole prend n'importe quelle forme et se présente à chacun sous l'apparence qui le flatte. Le Christ, Lui, se présente à nous comme l'autre, le prochain. Par le Christ, Dieu nous dit qu'Il est un autre et Il nous demande de L'aimer malgré cette différence. Il nous demande d'aimer Celui qui n'est pas nous-même. L'idole est un miroir. Le Christ, c'est l'autre.

L'Incarnation est une déchirure. Pour exister dans le monde, il faut devenir particulier et limité. Cela implique des choix et des rejets. Alors que l'idole a toutes les apparences et suggère à chacun que Dieu lui ressemble, Dieu incarné, Lui, n'a qu'une seule apparence, celle de l'autre et Il nous demande de Lui ressembler.

La foi chrétienne qui proclame l'Incarnation sans réserves de Dieu dans un seul homme est une folie pour la raison. La doctrine de l'Incarnation de Dieu peut sembler raisonnable tant qu'elle demeure théorique. Elle devient étrange et dérisoire dans son application concrète. En effet, le chrétien proclame que le Créateur éternel de l'univers, du temps, de l'espace et de la matière est un charpentier galiléen qui vécut sous le règne de Tibère. Quelle thèse incompréhensible et presque intolérable !

Le chrétien subit sans cesse la tentation de remodeler le Christ pour en faire quelque chose de plus vaste et de plus conforme aux besoins de son intellect. De prendre cet artisan galiléen et d'en faire une entité immense et indéfinie, un être cosmique et multiforme, un grand gestionnaire du cosmos. Autrement dit, un christ à l'image de l'idole. Pourtant, par Son existence concrète et humaine, le Christ nous incite sans relâche à L'accepter humblement, tel qu'Il est, et à L'aimer dans Sa faiblesse, dans Ses limites et dans Ses particularités. C'est le défi de la foi chrétienne.

Le chrétien, devant la Révélation, constate simplement que Jésus-Christ est un homme. Et, comme le Christ est aussi Dieu, Dieu est un homme. Si Dieu est inconnaissable, Il s'est aussi révélé. Ainsi, le croyant, contemplant le Seigneur Jésus-Christ, accepte Celui qui se présente devant lui et déclare que le Fils de Dieu est un homme.

Est-ce une injustice envers les femmes de leur demander de croire en un Dieu incarné uniquement dans un homme ? Est-ce acceptable d'affirmer qu'Il ne reviendra jamais sous la forme d'une femme ? Une femme est-elle capable de s'identifier pleinement à ce Dieu homme ?

Voici comment l'Incarnation de Dieu fait scandale aujourd'hui. Pour ceux qui cherchent une divinité à leur image, tous les choix du Seigneur incarné sont des rejets injustes. Or, il faut encore l'affirmer, humblement mais fermement, l'Incarnation implique un choix. En s'incarnant dans un homme, le Seigneur a choisi, entre autres, de ne pas le faire dans une femme. C'est ainsi, hier, aujourd'hui et pour tous les temps.

Ce choix est-il injuste ? La foi chrétienne, en donnant à l'homme Jésus le statut d'unique Messie confine-t-elle ainsi les femmes à une identité d'inférieures ? Les apostats modernes crient que ce discours de la Foi, qui identifie le Messie à un homme, relève d'une démarche d'oppression patriarcale millénaire. Ils insistent qu'il faut, pour préserver la légitimité de la chrétienté, reformuler l'identité du Christ en tant qu'entité abstraite, asexuée et inclusive. Ainsi, disent-ils, pourrons-nous redonner aux femmes la dignité que ce dogme patriarcal du Fils de Dieu leur a enlevée.

Les choix de Dieu seront toujours intolérables pour le monde. Le chrétien demeure d'abord silencieux devant ces accusations qui semblent irréfutables. Pourtant, s'il se penche humblement vers la Parole et s'il l'écoute en dépit du vacarme du monde, il l'entendra. Ce qu'elle dit est simple et clair : Jésus est un homme, Jésus est le Christ, le Christ est Dieu et donc Dieu est un homme.

Comment peut-on oser, crient les accusateurs, soumettre la parole de Dieu à un outil aussi cru et simple que le syllogisme ? On ne peut utiliser un raisonnement aussi primitif pour comprendre les choix de Dieu, surtout quand cette logique exclut des millions de femmes ! Mais ceux qui parlent ainsi cherchent à se donner licence de faire dire à la Révélation ce qu'ils veulent entendre.

L'autorité qui permet d'affirmer que Dieu est un homme provient d'une affirmation solennelle de l'Église : « Marie est la mère de Dieu ». En effet, les Écritures ne mentionnent pas directement cet attribut, pourtant l'Église l'affirme d'autorité. Or, cette proclamation découle, elle aussi, d'un syllogisme, humblement appliqué à la Révélation : Jésus est le fils de Marie ; Jésus est le Christ ; le Christ est Dieu ; donc Marie est la mère de Dieu. En proclamant cet attribut de Marie, l'Église affirme, implicitement, la légitimité de cet instrument de la raison, quand il est soumis à la Parole, comme mode de compréhension de la Révélation. Marie, Mère de Dieu, réunit la raison à la Foi. Elle sert de bouclier aux croyants.

Le monde ne peut concilier les choix de Dieu avec ses concepts de l'amour. Il lui semble impossible que l'Amour infini fasse des choix. Pourtant, les Évangiles disent, d'un seul disciple, qu'il était celui que le Christ aimait [Jean 18, 26] ! Pour commencer à comprendre, il faut pénétrer dans l'alchimie merveilleuse de l'amour. Qui est inférieur et qui est supérieur par rapport à la mesure de l'amour ?

Voici un paradoxe étonnant de l'amour : plus celui que nous aimons diffère de nous, plus nous ressemblons au Christ. Ainsi, moins le Christ nous ressemble selon le monde, plus, en L'aimant, nous Lui ressemblons selon l'Esprit. Plus une femme aime le Christ, plus elle Lui ressemble. Que ceux qui en doutent regardent le visage des contemplatives !

DIEU EST UN JUIF

La même raison qui pousse le chrétien à reconnaître que Dieu est un homme l'amène à témoigner que le Fils de Dieu est un Juif. Si Son origine est juive, Son témoignage le sort de ce peuple pour aller vers tous les hommes.

En s'incarnant dans le monde, Dieu a choisi un corps. Il a aussi choisi une race, une langue, un temps, un métier, une région et un peuple. En adorant Jésus-Christ, le chrétien accepte tous ces choix. Il adore donc un Juif, ce que les Juifs, eux-mêmes, ne font pas !

L'Incarnation du Christ confirme définitivement le rôle unique du peuple juif, de sa race et de son histoire comme véhicule de la présence de Dieu sur terre et lieu de Son Incarnation. En même temps, l'Incarnation du Christ retire au peuple juif l'illusion qu'il est lui-même divin. En effet, Jésus-Christ, en devenant le Messie incarné dans un seul homme, enlève au peuple juif la prétention d'incarner, collectivement, le rôle messianique.

En faisant le choix de ce peuple, le Seigneur exige de toutes les autres nations un fardeau presque étouffant d'humilité. L'esprit se révolte à l'idée de se prosterner devant le représentant d'un autre peuple, de se mettre à genoux devant un Juif. Souvent, au cours de l'histoire, les chrétiens, écrasés par ce joug, ont tenté d'escamoter l'identité ethnique de leur Sauveur. Ils ont voulu faire de Lui un être universel sans appartenance ethnique, dissocié de Son peuple ou en opposition à celui-ci. Qui peut blâmer ces révoltes de nos frères dans la foi ou leurs égarements sous le poids, lourd à porter, de la Révélation ? Quant aux Juifs, qu'ils tentent d'adorer un Malais ou un Norvégien avant de critiquer ces révoltes !

Jésus était-il juif ? On devrait plutôt demander s'il est possible d'être plus juif que Jésus, ce rabbin des nations ! Voici un homme né d'une mère juive, de descendance juive, recensé comme un Juif, présenté au temple conformément à la tradition juive, circoncis, résidant dans le territoire d'Israël et soumis à la loi juive. Il enseignait dans les synagogues, se faisait appeler « rabbin » et observait toutes les fêtes juives. Chaque fois que Ses comportements faisaient scandale, la raison principale était qu'ils divergeaient des règles de comportement qu'on attendait d'un Juif à cette époque. Il fut condamné à mort selon la seule loi juive, pour un crime, le blasphème, que seul un Juif pouvait commettre. Enfin, sur Sa croix, on inscrivit : « Jésus le Nazaréen, Roi des Juifs ».

Que dire de plus ! Jésus est un Juif. Quand le Seigneur veut faire comprendre quelque chose à ces mules que nous sommes, Il en remet ! Pourtant, nous parvenons malgré tout à trouver des façons d'entendre ce que nous voulons plutôt que ce qu'Il nous dit.

Si Jésus est de descendance juive, est-il valide de conclure que Dieu Lui-même est Juif ? Comment pouvons-nous affirmer que le Créateur de l'univers appartient à un peuple particulier ? Pour celui qui entend humblement et raisonnablement la Parole, la réponse découle simplement et clairement de l'Évangile et du titre de « Mère de Dieu » que l'Église a conféré à Marie. En effet, le chrétien est amené à reconnaître l'identité juive de Dieu en suivant la même démarche que les Pères de l'Église ont emprunté pour décerner à une Juive, Marie, le titre de « Mère de Dieu ». Jésus est un juif. Jésus est le Christ. Le Christ est Dieu. Dieu est un juif.

Si le croyant, aguerri à l'humilité par sa soumission au Christ et aux mystères de l'Évangile, parvient à peine à porter ce savoir ; l'idolâtre, le musulman et le païen, eux, en sont incapables et finissent par haïr ce peuple dont l'existence même révèle la présence agissante de Dieu. Souvent, ceux qui ressemblent le plus aux Juifs les détestent d'avantage car les Juifs furent choisis et eux, pas. Encore une fois, il faut s'accrocher fermement au Messie pour porter patiemment ce poids qui blesse notre orgueil.

L'Incarnation de Dieu dans le peuple qu'Il a choisi, retire à celui-ci, collectivement, toute prétention au statut divin. Dieu est un Juif mais les Juifs ne sont pas Dieu. Avec l'Incarnation, le Seigneur sort du domaine collectif et devient individu, Il sort du peuple et devient homme. Or, si l'identité originelle d'un homme est définie, sa destinée elle, demeure ouverte.

Le Christ nous demande d'accepter Sa provenance mais Il nous dit, en même temps, que Lui, est Dieu, et non le peuple qu'Il a choisi. En devenant un homme, Il devient le frère de chacun, quelle que soit sa race. Avec l'Incarnation, la Torah collective d'un peuple devient le verbe de Dieu incarné dans un seul homme. Dans la personne de Jésus, la Torah quitte son peuple, sans le renier d'aucune façon, et part à la rencontre de tous les humains.

Au cours des siècles, la dure leçon d'humilité ethnique inscrite dans la Révélation a souvent scandalisé les croyants. Mais, malgré toutes leurs révoltes, les fidèles de ces époques n'ont pas osé altérer sciemment la Bible pour la rendre moins scandaleuse. Il fallait attendre notre temps pour que des castes d'intellectuels, pourris d'orgueil, usurpent ce droit.

LA CROIX ET LE GIBET

> *Nous, chrétiens, avons si bien glorifié la Croix qu'elle a perdu son caractère honteux. Mais qui porterait, aujourd'hui, l'effigie d'un Juif pendu à un gibet? Voilà pourtant la Croix.*

La croix, instrument paradoxal du rachat et symbole de la souffrance du Messie, est devenue, dans la foi chrétienne, le signe de Sa gloire. Au fil des ans, l'adoration chrétienne a transformé cet appareil de torture en une parure, un bijou qu'on arbore fièrement. Ainsi, l'outil dégradant que la croix représente finit par disparaître sous les enjolivures. Ces parures qui ornent la croix ne la défigurent pas. Elles émanent de la foi et manifestent, par leurs formes, l'adhésion des croyants et leur volonté de témoigner de la Passion, source de pardon et de vie. Mais en décorant ainsi la croix, nous risquons d'oublier sa fonction.

Un jour, j'aperçus un graffiti hargneux, griffonné sur le mur d'une synagogue. Le dessin grossier représentait une potence. Au premier regard, je n'ai vu là qu'un symbole antisémite parmi tant d'autres. Ensuite, cependant, j'ai reconnu la Croix dans ce dessin méprisant. De nos jours, c'est la potence, et non la croix, qui symbolise le châtiment honteux et méprisable.

Sous le gibet griffonné, on avait dessiné, comme pendue, une étoile de David, cette couronne de pointes entrelacées, le sceau du Juif. Je me suis alors souvenu d'une photo, datant de la persécution nazie, que j'avais vue autrefois. On y voyait quelques Juifs pendus à une potence, érigée dans un camp de concentration.

On avait pris tous leurs vêtements pour les revendre. Ils n'étaient ni vêtus ni nus, portant le pyjama anonyme des camps. On leur avait même rasé les cheveux et arraché les plombages de leurs dents. Ils étaient méconnaissables, presque inhumains. Ils n'avaient même plus de nom, seul un chiffre les identifiait et une étiquette cousue sur eux qui les marquait. Ils portaient tous ce signe, l'étoile à pointes qui ressemble à une couronne. Alors, j'ai compris que cette potence était une croix et que cette marque du juif était aussi la marque de mon Dieu, le Roi des Juifs, crucifié.

Ces malheureux pendus à ce gibet ne sont pas le Messie, seul Jésus l'est. Mais, ils Lui ressemblent. Ils ont été persécutés à cause du Christ, victimes de la révolte, athée et païenne, d'un peuple chrétien contre la loi de Dieu et contre ceux qui la portent.

Je n'accuse personne. Si j'avais vécu à cette époque, je les aurais sans doute persécuté, moi aussi, ces Juifs ; pour sauver ma peau ou, peut-être, pour connaître l'ivresse du mal. Pourquoi une vie aisée remplie de petites lâchetés serait-elle pleine de grands courages en des temps héroïques ? Et puis, ils sont si faciles à détester, ces Juifs qui sont presque comme nous, mais pas tout à fait.

Qui donc pourrait porter cette potence comme un bijou, cette étoile de honte comme une parure ? Qui pourrait vénérer ces pendus anonymes ? Les premiers chrétiens firent cela car la croix, alors, était une potence ! Nous devons le faire encore, en nous souvenant de la honte de la croix en même temps que de Sa gloire.

Deuxième partie :

La tourmente silencieuse

5

Une déroute muette

L'HEURE DE PRAGUE

> *L'heure de Prague sonne au nadir de la défaite quand la déroute n'ose même pas se nommer. Elle est l'heure de tous les compromis.*

À la fin de la première Grande Guerre, alors qu'ils enterraient leurs morts, les vainqueurs avaient compris que l'Allemagne devait demeurer désarmée pour que la paix règne en Europe. Ils savaient que le poids démographique et technologique de l'Allemagne, combiné à sa force militaire, les mènerait inévitablement vers une nouvelle catastrophe. Ceux qui négocièrent la reddition aspiraient à l'idéal de la paix autant que les autres mais, lucides, ils façonnèrent une entente qui tenait compte de la faiblesse humaine et de la dynamique des nations. C'était une paix humble et réaliste, façonnée par des gens douloureusement conscients de leurs limites humaines et politiques. C'était une entente pragmatique et sans prétention.

Mais les sociétés de l'époque voulaient plus qu'une simple absence de conflit assurée par des politiques réalistes. Elles aspiraient à un état de grâce collectif, à un nouveau stade moral de l'humanité. Au sein des élites progressistes du temps, une nouvelle idéologie, le pacifisme, émergea. Celle-ci promettait une ère plus belle, plus lumineuse et plus optimiste que les arrangements prosaïques des artisans de l'entente. Selon cette idéologie, la nouvelle paix ne dépendrait plus d'une gestion réaliste des rapports de forces, mais résulterait d'un stade moral supérieur atteint par une humanité qui aurait enfin transcendé l'instinct de guerre grâce aux vertus du savoir scientifique et du progrès technologique.

Le nouveau pacifisme déclara que toutes les nations devaient se plier aux mêmes règles car, par rapport à ses valeurs idéales, elles étaient toutes moralement équivalentes ; les actions des vainqueurs correspondant à celles des vaincus. Ce pacifisme affirmait que, dans un contexte de respect mutuel, chaque État devrait d'abord avoir un droit égal de s'armer mais que ce stade intérimaire serait bientôt suivi d'un désarmement collectif. Il enseignait que les nations les plus avancées dans la voie de la perfection pacifiste devaient se désarmer d'abord, pour montrer la voie aux autres.

Qui pouvait critiquer des discours empreints de tant de beauté et d'optimisme ? Ces pacifistes des années trente ressemblaient presque à des saints. Ils étaient les détenteurs d'une sagesse nouvelle, les architectes d'un monde nouveau. En comparaison, les défenseurs des ententes bassement pragmatiques faisaient figure de brutes guerrières et rétrogrades. Ainsi, les promoteurs de l'idéologie pacifiste finirent par dominer les milieux intellectuels où leurs opinions empreintes d'optimisme utopique enthousiasmaient la jeunesse et l'endoctrinaient.

Il fallut plus de vingt ans à l'Allemagne pour rebâtir sa force militaire avant de pouvoir attaquer l'Europe de nouveau. Elle le fit ouvertement, à la face du monde. À chacune des années de ce réarmement, les vainqueurs de la Grande Guerre auraient pu arrêter cette progression menaçante. Mais, pendant toute cette période, l'emprise d'un pouvoir idéologique mystérieux, émanant du cœur même de leurs sociétés, les maintint dans un état de paralysie et d'impuissance, les empêchant de stopper la menace grandissante alors qu'elle était encore faible.

L'idéologie pacifiste, concoctée par les élites intellectuelles et propagée dans tous les lieux de savoir du temps, était ce pouvoir. C'est lui qui permit la montée du nazisme. Ce pacifisme d'intellectuel qui, en apparence, était l'antithèse même du nazisme, même son opposé irréductible, fut en fait le collaborateur le plus efficace de l'agression nazie.

Qui accuserait ces pacifistes, si doux et si délicats, d'être des collaborateurs nazis ? Qui qualifierait ces intellects supérieurs, débordants de bonne volonté et détenteurs d'une élévation morale exemplaire, d'être des agents de l'agression hitlérienne ? Ces amants de la paix, qui condamnaient toutes les guerres sans exception, n'étaient-ils pas l'antithèse même du soldat nazi ?

Pourtant, les pacifistes de cette époque ont participé aussi sûrement à l'agression hitlérienne que les commandants des divisions de panzers. Au-delà des déclarations, des mots et des apparences, leurs actions suscitèrent directement les conditions qui permirent l'agression nazie. Et, à l'orée de la guerre, alors que la cadence du réarmement et des agressions s'accélérait sans relâche, la mécanique pacifiste aussi augmentait, sans cesse, la dose d'illusions et de mensonges qu'elle sécrétait.

Les comportements historiques des dirigeants de cette époque, devant l'évidence du réarmement et des intentions nazies, sont incompréhensibles à ceux qui les étudient aujourd'hui. Ces dirigeants semblent plongés dans un délire collectif, victimes d'un aveuglement vertigineux. À chaque étape de ce délire qui précéda la guerre, les pays alliés consentirent à des accommodements toujours plus insensés avec les puissances fascistes, refusant de reconnaître que ces ententes portaient, chacune, le germe de l'agression suivante.

Plus la cadence des agressions accélérait, plus les alliés, désemparés et désarçonnés, accumulaient compromis et concessions, s'accrochant aux utopies mêmes qui causaient leur déroute, incapables de percevoir ce qui les acculait à ces gestes insensés.

Ce processus se poursuivit jusqu'à ce qu'on en vienne à sacrifier des nations entières pour satisfaire une menace qu'on n'osait même pas nommer. Car, en 1939, alors qu'ils donnaient la Tchécoslovaquie en pâture à l'Allemagne, la mécanique du pacifisme utopique, roulant à plein régime, les paralysait et les aveuglait.

L'heure de Prague avait sonné, l'heure des illusions forcenées, de la déroute qui n'ose pas se nommer, de l'abdication travestie en victoire.

La Deuxième Guerre n'avait pas commencé et pourtant l'Europe était déjà battue. Les démocraties, épuisées, sapées, empoisonnées par leurs chimères, s'affaissaient, tour à tour, devant un fascisme triomphant. On était en déroute et pourtant la guerre n'avait même pas commencé ! Mais, d'où provenait cette défaite en l'absence de combats ? Comment une ère de paix avait-elle pu aboutir à une telle débandade ? Voici comment : cette période de l'entre-deux-guerres n'était pas une paix mais une guerre d'un type différent. Un conflit idéologique occulte se déroulait sous la surface placide d'une paix apparente.

Sous la surface anodine de cette époque, un combat mystérieux avait fait rage au sein même des démocraties occidentales, il avait été livré contre un adversaire aux allures amicales et vertueuses et il avait été perdu. Au lendemain de Prague, les démocraties européennes récoltèrent les fruits amers d'une défaite déjà consommée dans le silence et la tranquillité. Ils durent faire la guerre parce qu'ils avaient perdu la bataille de la paix.

L'heure de Prague sonne, aujourd'hui, pour les chrétiens. Désemparés, insignifiants, désuets, ils n'osent même pas voir l'étendue de leur déroute. D'un compromis à l'autre, ils ont fini par adopter le langage même de l'incroyance pour décrire leur foi et le monde qui les entoure. Leurs enfants, par milliers, ont quitté la Foi et leurs petits-enfants ne savent même plus où la trouver. Les institutions qui transmettaient l'Évangile d'une génération à l'autre se sont effondrées ou sont devenues, elles-mêmes, athées. Leurs familles écartelées et amputées de la vie de la foi ne sont plus que des machines à exister. Leurs écoles et leurs collèges sont devenus des manufactures de blasphèmes.

Alors qu'hier l'union œcuménique des chrétiens semblait poindre à l'horizon, aujourd'hui des Églises entières dérivent vers la perversion et l'hérésie. Les croyants reculent, battus. Ils sont en déroute ! Mais d'où provient cette défaite s'il n'y eut pas de combat ?

Les chrétiens sont, aujourd'hui, submergés par la déroute. Il suffit de mesurer l'espace parcouru depuis cinquante ans ! En 1950, on faisait référence aux pays occidentaux en les qualifiant de « civilisation chrétienne ». La reine du Commonwealth, lors de son couronnement, s'engageait solennellement en tant que Défenseur de la Foi.

Jaugez la distance parcourue ! Aujourd'hui, l'identité chrétienne de l'Occident a été partout escamotée en faveur d'idéologies progressistes laïques qui s'érigent en religions d'État. Nous voici bien à l'heure de Prague ! Le temps de la tranquillité illusoire et des déroutes qui n'osent pas se nommer ; quand on s'accroche encore à l'illusion que rien n'a changé et que l'on persiste à croire que le dernier accommodement sera vraiment le dernier. Nous voici maintenant au jour de la défaite invisible et du cri silencieux ; quand les vainqueurs, battus, s'accroupissent en souriant.

À l'heure de Prague, la cadence des déroutes accélère de plus en plus et pourtant, chacune des défaites revêt encore l'apparence d'un dernier compromis. Dans ces temps, ce qui reste de droiture s'effondre et, pourtant, personne n'ose encore nommer l'adversaire ni même le voir. Au cours des années, la tolérance magnanime d'hier envers des marginaux insignifiants s'est métamorphosée, imperceptiblement, en une tentative désespérée de ralentir une débâcle inéluctable. Tout semble perdu et pourtant on refuse de reconnaître qu'une défaite a lieu.

Mais, un moment arrivera, nécessairement, où ce qui restera de droiture ouvrira les yeux, résistera à l'érosion et cessera de reculer. Les loups, alors, laisseront tomber leurs masques pour tenter de dévorer ceux qu'ils n'auront pas pu pervertir. Le combat invisible aura pris fin et un conflit d'un type nouveau s'amorcera. Selon les apparences du monde, la paix aura cessé. En fait, la nature du combat aura changé et ceux qui poursuivront la lutte, devenue visible, le feront avec sérénité car ils verront l'adversaire et connaîtront les enjeux.

LE COURAGE DE VOIR

L'heure de Prague est la plus périlleuse. Elle commence à passer quand le dernier bastion qui résiste perçoit enfin l'étendue de sa propre déroute. Le chemin de la victoire débute avec la conscience de la défaite.

En apparence, l'heure de Prague est la plus douce et la plus paisible. En réalité, elle est la plus périlleuse. Les plus grandes défaites sont consommées quand personne n'ose reconnaître la déroute. C'est lors de telles époques que des populations entières basculent, subjuguées sans effort par des idéologies pernicieuses. Dans l'heure de Prague, tout ce qui est mou, diffus, confus et ambigu est sapé puis emporté par l'érosion empoisonnée. Mais, l'érosion qui détruit, émonde aussi. Son action finit par découvrir le noyau vivace qui résiste. Alors, le temps de la perversion achève et les forces qui sapaient secrètement les croyants doivent enfin se dévoiler pour achever la besogne.

Après l'heure de Prague vient celle de Varsovie quand ceux qui reculaient s'arrêtent au bord du gouffre, ouvrent enfin les yeux et s'aperçoivent que le partenaire qu'ils tentaient en vain d'apaiser est un adversaire qu'il faut combattre. Alors, la défaite cesse et le combat s'engage. Ce combat correspond à la nature des adversaires. En 1940, des armées de jeunes montèrent au front pour y mourir. Aujourd'hui, la lutte aura probablement un caractère différent, moins militaire, plus spirituel et plus spécifiquement centré sur la doctrine chrétienne. Mais, qu'on le sache, les peuples chrétiens avancent vers un conflit, à la fois mystique et concret, qu'ils devront livrer contre un adversaire de blasphèmes, pour établir le royaume du Christ sur le monde !

En 1939, le danger qui pesait sur les sociétés libres venait d'abord de l'extérieur : de l'Empire nazi. Les idéologies pacifistes avaient paralysé les démocraties et facilité l'agression nazie. Cependant, celles-ci gardaient un rôle de second plan. La menace venant de l'extérieur prédominait. Celle-ci étant de type militaire, le conflit qui suivit fut une guerre conventionnelle. Par rapport à la doctrine chrétienne, le blasphème nazi tenta de subjuguer les croyants par la violence policière et militaire pour ensuite les asservir et les endoctriner.

Aujourd'hui, le rapport entre l'agression et la perversion est inversé. Le péril a un caractère plus sournois, davantage focalisé sur la dimension chrétienne de nos sociétés. Les croyants ne sont pas menacés par une invasion militaire ni même par une révolution violente. Ce qui les affronte, c'est l'effondrement des structures et des valeurs qui soutiennent la foi, érodées par des décennies d'apostasie et de blasphème. Sur le plan social, nous courons le danger d'acquiescer à une tyrannie intime, aux allures souriantes et confortables, mais dont le caractère inhumain est sournoisement hostile à la doctrine chrétienne. Enfin, ce qui menace aussi le monde, c'est l'instauration d'une idolâtrie perverse, sous les allures factices d'un humanisme indulgent, comme religion suprême du monde.

Un gouffre sépare la doctrine chrétienne des idéologies qui l'accusent. Quand les croyants oseront scruter l'histoire humaine à la lumière de la parole de Dieu, le brouillard de confusion qui camoufle cet abîme lèvera. Alors, les chrétiens verront avec effroi un pouvoir monstrueux dressé devant eux et s'apprêtant à les engloutir. Tout semblera alors perdu.

Pourtant, comme dans toute maladie, les symptômes doivent d'abord apparaître pour que le corps ait une chance de guérir. Quand les fièvres, les faiblesses et les nausées arrivent, cela signifie que les mécanismes immunitaires s'activent enfin. L'apparence de la maladie signale, en fait, le début de la guérison. Tant que les peuples chrétiens se laisseront subjuguer sans résister, ils conserveront les apparences illusoires de la santé. Quand ils amorceront la résistance, la cadence et l'intensité des attaques et des dénigrements accéléreront. Alors, ils perdront encore plus d'adhérents et ceux qui les toléraient se détourneront d'eux. Les croyants sembleront alors être plus faibles et plus démunis que jamais. Il faudra pourtant s'y résoudre pour avoir une chance de guérir.

Mais, attention, la venue des symptômes ne garantit pas la guérison. Il arrive, parfois, que la riposte soit trop tardive ou trop faible. Alors, l'agression l'emporte. Au cours de l'histoire, des peuples entiers furent engloutis par des idéologies monstrueuses qui les chevauchèrent pendant des générations. Leurs malheurs servirent d'exemple aux autres. Leur sort nous renseigne sur la nature monstrueuse des blasphèmes qui saccagent le monde. Mais qui veut un tel destin pour son propre peuple ? Ceux qui suivent le Christ sont assurés de la victoire finale. Cependant, le pouvoir du monde est immense. Plusieurs batailles sont perdues et plusieurs peuples sont abîmés en chemin vers le dernier dénouement. Rien n'assure l'issue de celle qui s'annonce.

Ouvrons maintenant les yeux ! Ayons le courage de scruter les événements du monde à la lumière de la parole de Dieu pour ainsi discerner les pouvoirs hostiles qui convergent de toutes parts vers la doctrine chrétienne pour l'investir et la débaucher.

6

L'apostasie moderne

LA DEMARCHE D'APOSTASIE

> *Après une période de fautes habituelles, le croyant, installé dans ses habitudes immorales, cesse de ressentir le remords. Il se rebelle alors contre lui et décide de se donner sa propre loi morale. La démarche d'apostasie débute à ce moment.*

Avant qu'une démarche d'apostasie ne débute, chez un croyant individuel ou au sein d'une population entière, il faut d'abord quitter la foi. La démarche d'apostasie débute uniquement quand on s'est déjà séparé de la Foi et qu'on l'examine, en quelque sorte, de l'extérieur. Les fautes, même graves, accompagnées de remords et de repentir, ne suscitent pas la démarche d'apostasie. Par contre, ceux qui s'installent confortablement dans des habitudes immorales, même mineures, finissent souvent par suivre une démarche d'apostasie qui les mène, imperceptiblement, vers le blasphème et, finalement, à la persécution des croyants.

Les exigences de la foi, les jeûnes, les sacrifices, les obligations de charité renforcissent les croyants en les confrontant sans cesse à l'idéal chrétien. Ces exigences maintiennent aussi les croyants dans une relation de contrition aimante avec le Seigneur. Le croyant subit avec peine la distance qui le sépare de l'idéal. Il se sait pécheur, il éprouve du remords et appelle Dieu à son aide. Or, ceux qui cherchent le Seigneur Le trouvent déjà. Dans cet état, le croyant, même fautif, demeure uni au Seigneur et n'entreprend pas de Le quitter.

Quand une existence immorale devient confortable, cependant, on s'y installe. Alors, la tension vitale, faite de remords et d'élans entre la faiblesse vécue et l'idéal visé, s'estompe. Or, cette tension anime la vie de la Foi. L'âme qui avançait à coup de chutes, de remords et d'élans, s'immobilise et s'accroupit. On cesse de chuter puisqu'on ne se relève plus. Le remords s'estompe et, avec lui, la tension vers le bien.

Ayant cessé de ressentir le remords, on le rejette. En effet, il faut avoir perdu le remords pour pouvoir le rejeter. Cette absence procure un bien-être qui ressemble à l'harmonie, et on s'y installe. La vie du corps continue mais celle de l'âme stagne. On ne confronte plus la vie qu'on mène avec celle qu'on devrait mener. On jouit sans regret et on vivote sans crainte. Cette existence dénuée de souffrance morale, consacrée au service de l'enfant intérieur et centrée sur soi ressemble alors à une sagesse quelque peu orientale. On se dit « centré », « en harmonie », « serein ». Rendu à ce point, on s'est déjà retiré de la présence du Seigneur et on a quitté la Foi. Les conditions nécessaires à la démarche d'apostasie sont alors en place.

Les trois étapes

La démarche d'apostasie comporte trois étapes : le dénigrement de la Foi, l'échafaudage d'idolâtries complaisantes et le barrage d'accusations. Quand cette

> *démarche débouche sur l'élaboration de systèmes idéologiques de pouvoir fondamentalement antichrétiens, il s'agit, alors, de blasphème.*

La démarche d'apostasie qui mène de la crainte aimante du Seigneur au rejet de la Foi comprend trois étapes distinctes. Ces trois stades de l'apostasie ne se déroulent pas uniquement sur le plan individuel. Quand toute une société amorce une telle démarche, ces mêmes étapes prennent alors la forme de vastes phénomènes sociaux et culturels. Ainsi, on peut discerner ces étapes dans les grands mouvements idéologiques amorcés par la génération des baby-boomers dont le parcours, de 1960 à 1990, fut une longue démarche d'apostasie collective.

PREMIER STADE : LE DENIGREMENT DE LA FOI

Dans un premier temps, celui qui a quitté la foi se retourne vers elle, de l'extérieur, et l'examine comme on évalue une chose. Il puise alors les instruments conceptuels de son analyse dans la théologie, les sciences, les philosophies et ailleurs. Avec ceux-ci, il dissèque la doctrine qui frustrait ses désirs et le remplissait de remords. Pour ce faire, il emprunte souvent les idées élaborées par des générations de penseurs apostats qui l'ont précédé.

Or, la foi a ceci de particulier ; quand elle est vécue, elle est source de richesses et de vie, elle est immense et merveilleuse, mais, vue de l'extérieur, à partir de l'incroyance, elle semble minable et ridicule.

Ayant perdu la foi, on la trouve incroyable. L'apostat imagine qu'il étudie la Foi. En fait, ce qu'il dissèque avec les œillères de l'incroyance n'est pas la Foi car, l'ayant déjà perdue, elle lui est maintenant méconnaissable. Ce qu'il pense examiner n'est plus la Foi mais l'idée qu'il veut s'en faire. L'intellect examine ainsi ses propres sécrétions et les trouve pitoyables.

À ce stade, l'apostat déclare, parfois, qu'il est devenu « athée ». Plus souvent, il dira avec un sourire un peu condescendant, qu'il est simplement devenu « sceptique ». Il ressemble alors à un porc qui découvre du fumier.

SECOND STADE : LA QUETE D'IDOLES

Ayant relégué la Foi au rang de superstition, l'apostat, dans un premier moment, abandonne toute pratique spirituelle. Mais, un temps vient où il aspire à posséder une spiritualité complaisante qui lui donnerait la sensation que sa vie a un sens tout en lui permettant de conserver ses licences. Il se met donc à fouiller, ici et là, parmi les cultes, les éthiques, les traditions et les philosophies. Avec les morceaux qui lui conviennent, il échafaude une spiritualité compatible avec ses besoins et ses désirs. En effet, ayant déclaré, dans un premier temps, que la foi chrétienne n'était, elle-même, qu'une construction, il se donne ainsi permission de construire, à son tour, les échafaudages qui lui conviennent.

Pour certains, ce stade aboutit à des formes religieuses alternatives. Pour plusieurs, il les incite à sacraliser des grands projets collectifs, sociaux ou politiques pour en faire des substituts de la Foi. Ces causes deviennent alors, pour lui, des cultes idolâtres qui camouflent leur véritable nature sous des apparences laïques.

TROISIEME STADE : LES ACCUSATIONS

Malheureusement, il manque toujours quelque chose aux échafaudages spirituels de l'apostat, un je-ne-sais-quoi de pur et de vrai. Il voudrait que sa spiritualité, exempte de foi véritable, le satisfasse. Cependant, quand il la compare aux modèles de piété, d'amour et de dévouement que la foi chrétienne inspire, il voit trop bien que ses théories ne sont que des accessoires au service de ses sens. Alors, pour se convaincre de la supériorité de ses édifices, il s'acharne à rabaisser le christianisme en l'accusant. Ces attaques lui donnent du plaisir car elles lui procurent une sensation de supériorité.

Maintenant l'apostat attaque ce qu'il dénigrait auparavant. Ses attaques se répètent et s'amplifient car, plus il rabaisse la Foi plus il s'élève lui-même et justifie ses pantins. On penserait que ces attaques se déroulent dans des lieux sombres et sinistres. Mais non ! Elles ont lieu lors de conversations usuelles. On les entend dans toutes les écoles et lors de soirées amicales, où les convives se repaissent dans les accusations sous prétexte de conversations anodines.

Enfin, ces trois stades de l'apostasie finissent par déboucher sur l'élaboration de systèmes de pouvoir antichrétiens. L'apostasie, alors, mue en blasphème et l'égarement se transforme en persécution.

Un cycle récent d'apostasie

> *La révolution sexuelle qui eut lieu à la fin de la guerre froide dans les sociétés occidentales signale le début d'une démarche collective d'apostasie centrée sur la volonté de jouissance de la génération de l'après-guerre. Cette démarche débouche, aujourd'hui, sur l'émergence d'une nouvelle génération de blasphèmes et favorise l'expansion de l'islam au sein de la chrétienté.*

La démarche d'apostasie est individuelle mais elle peut aussi être collective. Il y a une cinquantaine d'années, alors que les vieux blasphèmes socialistes commençaient à s'essouffler, un nouveau cycle d'apostasie débuta. Ce cycle prit son origine dans la volonté de plaisir de la génération des baby-boomers nés après la Deuxième Guerre. Il fut précédé, au cours des années soixante, par une période brève caractérisée par une simple quête de plaisirs sexuels rendus accessibles par l'arrivée de nouvelles technologies de stérilisation. Cette période dura à peine quelques années.

Vers la fin des années soixante, déjà, cette même génération, utilisant le corpus idéologique athée, commençait à dénigrer et à rejeter la doctrine chrétienne qui faisait obstacle à ses plaisirs. La pratique religieuse s'est alors effondrée, mais, surtout, la vie intime de la foi a cessé pour des millions de personnes.

Le deuxième stade de cette démarche débuta, à peine quelques années plus tard, avec les premiers engouements pour des philosophies et des religions sexuellement tolérantes, à caractère oriental, communautaire ou écologique.

Vers la fin des années soixante-dix, la démarche devint plus sombre et plus accusatoire. Les idéologies féministes et anti-impérialistes ainsi que les mouvements de promotion des croyances autochtones faisaient alors apparition. La cadence et l'intensité des accusations augmentèrent, décrivant la doctrine chrétienne comme une entreprise intolérante de domination patriarcale et impérialiste.

Depuis une dizaine d'années, une nouvelle phase de cette démarche est en cours. Les idéologies d'accusation s'organisent en systèmes blasphématoires. Ceux-ci ont maintenant engagé une lutte de pouvoir idéologique visant à pervertir la doctrine chrétienne, à la supplanter auprès de l'ensemble de la population et à imposer leurs schèmes en tant que discours dominants des États et de leurs élites.

Globalement, on pourrait qualifier le temps qui vient de s'écouler de « début de la chute ». Pendant cette période, l'enfant révolté dilapide l'héritage de droiture que les générations précédentes lui ont légué. Tant qu'il lui reste encore une partie de l'héritage à gaspiller tout semble facile et sa vie se poursuit comme une longue fête. On dirait qu'il a découvert une formule magique de bien-être et qu'il a inventé une sagesse nouvelle, supérieure à l'ancienne. Mais, un jour arrive où les créanciers se présentent à la porte.

Qui sont-ils donc, ces créanciers, quand l'héritage dilapidé est de nature spirituelle ? Quel sera le prix à payer ? Nous devrons bientôt répondre à ces questions.

Hier, nous avons abandonné la doctrine chrétienne qui brimait nos désirs. Nous laissant endoctriner par des discours et des divertissements complaisants, nous avons délaissé les valeurs et les coutumes sur lesquelles nos sociétés et nos familles étaient fondées. Aujourd'hui, alors que les créanciers s'approchent, nos enfants ne savent plus où trouver cette droiture qui fut, pourtant, notre héritage.

LES MOTS TRAVESTIS

> *Trois éléments sont en jeu dans une démarche d'apostasie : un effort intellectuel, un appétit qui le motive et des concepts qui l'encadrent. L'intellect sert de locomotive à la démarche, la volonté de jouissance fournit son carburant et les concepts de l'humanisme athée en sont les rails. L'apostat imagine qu'il pense librement. En réalité, son intellect, mû par ses appétits, suit docilement un chemin balisé vers une conclusion qui le repaît. On arrive à l'incroyance comme un train entre en gare.*

La confusion spirituelle qui afflige les chrétiens d'aujourd'hui résulte, entre autres, du fait qu'ils tentent de comprendre leur Foi en utilisant un vocabulaire défini par l'incroyance. À partir du Siècle des lumières, l'étude de la parole de Dieu s'est subtilement transformée. Jusqu'alors, la Parole était partout révérée comme la source de la Vérité. Ceux qui l'étudiaient cherchaient humblement à comprendre un texte qui représentait, pour eux, la source ultime du savoir et non un objet de connaissance.

Une nouvelle génération d'intellectuels entreprit alors d'étudier toutes les sphères du savoir humain à partir du postulat que l'homme, doté de raison, représentait l'étalon ultime de la vérité. Ce mouvement affecta le domaine de la théologie comme les autres et suscita un déplacement subtil de son objet. Antérieurement, on étudiait la théologie de l'intérieur, pour ainsi dire. Des savants croyants cherchaient à comprendre le sens d'un texte dont ils ne doutaient pas de la vérité. Mais, à partir de cette époque, on commença à scruter la Bible et la Foi de l'extérieur, en tant que phénomènes du monde et objets de connaissance. Ainsi, l'objet de la théologie cessa d'être l'étude de la Vérité provenant de la parole de Dieu pour devenir la recherche de ce qui, dans la parole de Dieu, était vrai.

Les docteurs de la Foi furent remplacés par des savants athées qui examinaient la Foi comme on scrute un phénomène.

Au cours des siècles qui suivirent, des générations de théologiens athées élaborèrent, pour décrire la parole de Dieu, une terminologie qui, puisqu'ils étaient incroyants, provenait d'une pensée coupée de Dieu. Ces travaux produisirent tout un bagage de concepts qui s'imposèrent, universellement, dans toutes les démarches d'investigations théologiques et dans tous les enseignements relatifs à la doctrine chrétienne.

Or, les concepts mêmes que l'intellect emprunte dans sa démarche orientent déjà les conclusions vers lesquelles il chemine. Aujourd'hui, ceux qui réfléchissent sur la Foi en utilisant ce langage théologique sont subtilement influencés par cette terminologie, issue de l'incroyance, qui altère, sans qu'ils le sachent, leurs démarches et détermine leurs conclusions. Pareillement, les chrétiens qui tentent de témoigner de leur foi en utilisant ce langage sont empêtrés, d'avance, par les mots mêmes qu'ils empruntent.

Les mots sont des conventions. Nous devons les utiliser, mais ils confinent les idées et les canalisent dans des sillons prédéterminés. Ainsi, ceux qui tentent d'exprimer la doctrine chrétienne par ces mots finissent par s'égarer dans des dédales dont les couloirs ont été façonnés par l'apostasie et l'incroyance.

S'il veut raisonner sur la doctrine de la Foi, le chrétien doit donc d'abord examiner les mots mêmes qu'il utilise pour la décrire et prendre conscience de l'effet qu'ils ont sur sa pensée. Dans une perspective de foi, il ne sera pas surpris d'apprendre que des concepts issus de l'incroyance fausseront subtilement sa démarche. Prenant connaissance des erreurs enfouies dans la terminologie théologique moderne, il pourra refaçonner son discours sur la Foi et le ramener plus près de sa source. Il s'éloignera de cette terminologie pour privilégier, d'abord, les mots que le Christ Lui-même utilisa et, aussi, ceux qui proviennent de la Foi : les témoignages des saints et les écrits des Pères de l'Église.

Dans ce qui suit, nous examinons certains de ces mots pour voir comment leur sens, quand ils proviennent de l'extérieur de la Révélation, influencent subtilement nos quêtes de Dieu.

« Théologie »

> *Le sens ancien du mot théologie signifiait « l'étude de Dieu, révélé dans la Bible ». Ce sens a changé pour devenir « science des phénomènes divins en général ». Cette mutation confond ainsi le Seigneur avec les idoles et la Foi avec l'idolâtrie.*

Dans ce premier mot examiné, théologie, le déplacement de sens est facile à percevoir. Avant le Siècle des lumières, alors que la Parole était étudiée dans une optique chrétienne, le mot théologie faisait référence à l'étude de la parole de Dieu. Son domaine privilégié d'investigation était donc la Bible. Nul ne mettait en question l'identité de « théo- » dans théologie. Il référait au Seigneur dont la parole était uniquement révélée dans les Saintes Écritures et dans les témoignages des saints.

À partir du Siècle des lumières, le sens de ce mot mua pour devenir « l'étude de tout discours et de toute manifestation considérée comme sacrée ou dont l'objet était une divinité ». Ainsi, sans que la graphie du mot ne change, la science de la parole de Dieu, révélée uniquement dans la sainte Bible, devint l'étude de tous les discours qui s'identifient eux-mêmes comme sacrés ou font référence à des divinités quelconques ou à leurs cultes. De plus, le sens du mot prit une connotation additionnelle, passant de l'étude de la parole de Dieu à l'étude de tous les discours relatifs au divin.

Ainsi, le sens même du mot théologie, qui était originellement lié à la Foi et à son étude, quitta celle-ci pour devenir le lieu d'étude de tous les paganismes. De cette façon, les accusations antichrétiennes se trouvèrent confondues, en tant qu'objets équivalents de connaissance « théologique », avec la parole de Dieu elle-même. Ainsi, le discours des accusateurs et des idolâtres fut rangé sous la même rubrique que celui de la

Révélation, le préfixe « théo- » englobant maintenant les idolâtres, les accusateurs et leurs divinités.

Enfin, cette nouvelle définition relègue Jésus-Christ au rang des autres manifestations de type spirituel issues du monde. Celui qui utilise ce mot dans ce sens élargi s'élève, implicitement, au-dessus du Christ en assimilant la parole de Dieu aux discours de l'idolâtrie comme objets de connaissance similaires.

Ce sens du mot théologie, issu de l'humanisme du Siècle des lumières, demeure en vigueur aujourd'hui. Il contient et favorise tout l'agenda de l'apostasie. Le temps est venu de distinguer, dans les mots qu'on utilise, l'étude de ce qui provient de Dieu de celle qui le rejette.

« Chrétien »

Le nom de « chrétien » décrivait ceux qui suivent l'Évangile et qui adhèrent au Credo. Ce sens est élargi pour englober les adeptes de n'importe quelle croyance qui fait référence à Jésus. Il en perd son identité. Tout ce qui se réfère au Christ, et même ce qui l'accuse, porte maintenant le nom de « chrétien ». Les croyants doivent se battre pour préserver le lien qui unit chrétien et Credo.

Une forme de vérité est accessible à tous, qu'ils soient croyants ou non. Cette première vérité est celle du sens des mots. Quand les mots perdent leur sens, la vérité devient embrouillée. Lorsque le sens d'un mot est étiré et tordu pour dire n'importe quoi, il cesse d'exister. Quand un mot est attaqué, ridiculisé, réfuté, il garde encore son sens. Il peut même devenir désuet et continuer d'exister. Un mot peut aussi se faire diluer et devenir distendu au point d'inclure n'importe quoi. Alors, il finit par perdre son sens.

En apparence, un mot dont on élargit ainsi le sens semble d'abord s'enrichir et devenir plus vaste, plus fécond et porteur d'une plus grande ambiguïté créatrice. En fait, il devient le pantin d'une pensée molle et lâche. Il se confond avec n'importe quoi, devient trivial et insignifiant. Quand les contours des mots s'estompent, la pensée se transforme en bourdonnement.

Certains mots servent de balises. Ils sont comme des emblèmes qui nous situent, nous rassemblent et nous distinguent. Un de ces mots est chrétien. Il n'est pas nécessaire de croire ou d'accepter le dogme de la Foi pour conserver une certaine rigueur intellectuelle. Celui qui n'adhère pas au Credo et qui reconnaît ne pas être chrétien respecte le sens de ce mot. Malgré son manque de foi, il participe un peu à la Vérité, car il respecte le sens des mots.

Le mot chrétien a un sens précis et doit le conserver. Au-delà des sectes et des divergences, ce mot existe et son sens peut être compris de tous. Ceux qui respectent ce sens, même les athées, rendent un service à cette part de la vérité qui est accessible à tous, croyants ou non.

Si tout ce qui accuse, nie, rejette, déforme et attaque la doctrine chrétienne s'affuble aussi du nom de « chrétien », alors le mot perdra son sens et deviendra une référence vide. Il ne pourra plus servir de balise aux croyants ni à ceux qui cherchent la foi. Ce mot, ce simple mot, chrétien, sera donc, dans les années qui viennent, le lieu d'un grand combat. Son sens doit demeurer clair pour qu'il puisse servir de phare au milieu d'une tourmente de confusion.

Plusieurs voudront s'accaparer de ce mot. D'abord, ceux qui acceptent Jésus comme prophète humain ou comme sage mais qui rejettent le Christ voudront porter ce nom. Ceux-là diront qu'ils sont, eux aussi, chrétiens. Ils ne le sont pas. Qu'ils se trouvent un autre nom ! Certains protestants traditionnels, qui étaient autrefois chrétiens, abandonnent aujourd'hui le Credo ou le diluent pour satisfaire les exigences des apostats et des idolâtres. Ils voudront, eux aussi, conserver le nom de « chrétiens ». Ils ne sont plus chrétiens, qu'ils se donnent un autre nom !

Il faut pouvoir dire, clairement : ceci est chrétien et cela ne l'est pas. Qui est chrétien ? La réponse est simple. Le chrétien adhère au dogme de la Foi exprimé dans le Credo de Nicée-Constantinople.

Il y a aujourd'hui plusieurs groupes et confessions différents de chrétiens : catholiques, orthodoxes, protestants et autres. Le Credo de Nicée les précède tous. Même à l'époque de son élaboration, ceux qui en divergeaient ne se nommaient pas chrétiens. Il précède tous les schismes. Depuis au moins mille cinq cents ans, tous ceux qui ont porté ce nom l'ont lié directement au Credo, ce symbole de la Foi, élaboré et affiné au cours des premiers siècles de la chrétienté.

Le nom de « chrétien » fut alors l'enjeu de conflits terribles, de débats passionnés, de sacrifices étonnants et de réflexions magistrales. Des milliers d'hommes et de femmes souffrirent et moururent pour préserver le sens de ce mot. Des milliers consacrèrent leur vie à l'incarner. Depuis que ce mot, chrétien, fut défini, aux premiers siècles, par le Credo qui ancre son sens, il a cheminé avec nous, inchangé. Ce mot est l'emblème, le blason grâce auquel les chrétiens peuvent se reconnaître et être reconnus. Il est donc légitime d'unir le nom de « chrétien » au Dogme résumé dans le Credo et d'insister pour que ce nom conserve son sens. Que ceux qui rejettent le Credo, en tout ou en partie, inventent d'autres mots pour se nommer !

Un mot est un territoire dans l'univers de la pensée. Certains mots acquièrent leur sens à la suite de longues quêtes d'excellence comme, par exemple, les mots qui définissent des vins rares ou des instruments de musique exceptionnels. D'autres mots définissent des substances précieuses. Quand un mot est chargé d'un sens précieux, on tente souvent de l'accaparer pour en parer des items de pacotille.

Nous vivons, aujourd'hui, dans un déluge de discours et de messages. Plusieurs accaparent le sens des mots qu'ils défigurent ensuite à leur guise. Dans ce babélisme envahissant, certains mots sont essentiels car ils balisent la vérité. Leur sens, souvent ancien, précède les dérives actuelles. Ils structurent la pensée et la clarifient. Il faut se battre pour préserver le sens de ces mots. Ainsi, le nom de « chrétien », aujourd'hui, agit comme un phare crucial au milieu d'un monde spirituellement tourmenté. Ce mot doit garder son sens.

Plusieurs confessions chrétiennes qui portaient, justement, ce nom, s'éparpillent, maintenant, dans toutes les directions, emportant dans leurs dérives le sens du nom de « chrétien » dont elles héritèrent. Ce nom risque ainsi de se dissoudre. Par ailleurs, des sectes et des blasphèmes émergent à leur tour et revendiquent, elles aussi, le droit de s'identifier comme chrétiennes même si elles rejettent le Credo et le condamnent. Les croyants doivent résister à ces tendances et demander à ceux qui s'éloignent de la doctrine chrétienne, qu'ils choisissent d'autres mots pour s'identifier.

Que ceux qui veulent proclamer d'autres croyances choisissent d'autres noms ! Ceci ne les empêchera pas de croire ce qu'ils veulent. Nous devons veiller à ce que le nom de « chrétien » conserve son sens car il est un phare pour l'humanité.

« Christianisme »

L'appellation de « christianisme » semble décrire, de façon anodine, les civilisations chrétiennes. Cependant, cette appellation issue de l'incroyance assimile la foi en Jésus-Christ à un regroupement quelconque de croyances que l'on peut quitter sans inconvénients.

Ceux qui rejettent l'appel du Christ finissent souvent par chercher une nouvelle terre d'accueil pour héberger leurs sensations spirituelles. Après avoir vécu quelques années dans une incroyance au service de leurs désirs, ils souhaitent retrouver une pratique religieuse qui satisferait leurs besoins de spiritualité tout en accommodant leur sexualité élargie.

Mais, avant d'échafauder une spiritualité confortable, ils doivent d'abord répudier le caractère universel de l'Évangile. En effet, si le message du Christ est universel, ceux qui l'ont reçu ne peuvent plus l'ignorer car ils admettent qu'il s'adresse, aussi, à eux. Or, ces gens rêvent de quitter la doctrine chrétienne pour s'installer dans de nouvelles croyances, plus accommodantes, qui seraient entièrement distinctes de la Foi et qui se situeraient ailleurs, en quelque sorte, dans la topologie des croyances. Ils inventent donc une géographie de l'espace spirituel dans laquelle la doctrine chrétienne constitue une île particulière dans un grand archipel de religions.

Cette démarche suscita le mot et le concept de « christianisme ». Le mot même, christianisme, définit un territoire distinct, comme une île ou un isthme, au sein d'un ensemble d'entités conceptuelles équivalentes. Les mots Évangile et Christ font référence à l'appel du Seigneur, adressé à tous les hommes de tous les lieux et de tous les temps. Mais, en faisant référence à cet appel comme émanant du « christianisme », il devient possible de concevoir l'Évangile comme un îlot culturel inséré dans un archipel de croyances, un îlot qu'on peut quitter à sa guise pour aller s'établir dans un autre « isme » : hindouisme, bouddhisme, tantrisme, ou autre. En dotant la doctrine chrétienne du nom de « christianisme », on l'isole et on la situe dans un ensemble de croyances équivalentes.

Ce mot, ainsi que le sens qu'il véhicule, provient de l'apostasie. Quand on a connu le message de l'Évangile, on ne peut plus l'ignorer. On ne peut que l'accepter ou le rejeter. Ceux qui tentent de cataloguer la Foi dans le but de l'isoler pour ensuite la quitter se leurrent. Ils pourront tenter toute leur vie de se convaincre qu'ils ont fait un choix impartial parmi des sagesses équivalentes. Ils pourront faire croire à tous ceux qui les entourent qu'ils sont parfaitement détachés de l'appel du Christ et indifférents à l'Évangile. Ils pourront se présenter comme des exemples purs d'une spiritualité entièrement disjointe de la doctrine chrétienne, qu'ils auraient découverte dans un îlot spirituel distinct et indépendant de Jésus-Christ et de Son message. Rien n'y fera ! L'Évangile demeurera toujours en eux comme une question à laquelle ils refusent de répondre.

Ce nom de « christianisme », qui semble décrire innocemment, une réalité particulière du comportement humain, confine la Foi. En lui donnant le nom d'une catégorie de croyance, il l'insère dans un ensemble d'objets équivalents. Il suggère qu'on puisse quitter l'Évangile pour aller ailleurs. Or, pour quitter la Foi, il faut rejeter l'appel de Jésus-Christ. Ceux qui prétendent qu'ils ont quitté un « isme » de croyance pour s'établir dans un autre, utilisent ce concept pour se mentir à eux-mêmes.

D'ailleurs, les formes religieuses alternatives qu'ils semblent innocemment adopter trahissent souvent le motif réel qui sous-tend leur démarche. Même les plus ascétiques de ces cultes prennent un caractère sexuel étrangement permissif quand les apostats occidentaux les adoptent. Le concept de la métempsycose, par exemple, peut soulager ceux qui ignorent tout des promesses évangéliques. Pour ceux qui proviennent de la tradition chrétienne, cependant, il sert d'abord de justification à la licence, permettant de se vautrer dans cette vie, quitte à jeûner dans la prochaine.

Dans la foi, le Christ nous offre la Rédemption. Cependant, Il appelle chacun à fonder le salut de son âme sur son unique existence. L'option de se réincarner élimine le caractère absolu de cette exigence en suggérant qu'on puisse prendre, sans grandes conséquences, un congé de vertu.

Les chrétiens encouragent ces mascarades en acceptant ces rejets de la foi comme des conversions authentiques à des alternatives valables. Ils doivent stopper ces complaisances factices. Ils doivent avoir le courage de témoigner devant les apostats, leur rappelant que leurs démarches quittent le Christ et que leurs échafaudages sont des leurres.

Le temps est venu de proclamer que la foi chrétienne n'est pas un îlot au milieu d'un archipel de croyances. L'appel de Jésus-Christ n'est pas un particularisme qu'on peut ignorer à sa guise. Le message du Christ s'adresse toujours, en tout temps et en tout lieu, à tous les hommes ! Le temps est venu de rappeler que, quand on a entendu cet appel, on ne peut plus faire semblant qu'il n'existe pas, il faut choisir.

Enfin, ce nom de « christianisme », et la tentative qu'il sous-tend d'insérer l'Évangile dans un archipel de croyances, a un autre effet pervers. Il porte à confondre la distinction entre le blasphème et la Vérité. En effet, quand on conçoit la doctrine chrétienne comme une instance idéologique particulière dans un ensemble indistinct, on finit aussi par l'assimiler, sous un même vocable, avec les discours qui l'attaquent et la dénigrent. Les discours antichrétiens sont ainsi confondus à des phénomènes participant à un même « christianisme ». C'est une erreur. Les agressions contre la doctrine chrétienne et la foi n'émanent pas d'un même lieu qui se dénommerait « christianisme ». Elles proviennent de tout ce qui, dans le monde, renie l'Agneau de Dieu.

« Visible » et « invisible »

> *Pour l'intellect, l'être suprême, invisible, ne peut pas être connu car il serait alors visible, ce qui serait une contradiction. Pour le chrétien, Dieu est à la fois invisible et visible puisqu'Il s'est incarné dans la personne visible de Jésus-Christ.*

La doctrine chrétienne se penche sur le mystère de Dieu, révélé dans la personne de Jésus-Christ. Ce mystère dépasse les catégories de l'intellect, y compris celles qui portent sur le visible et l'invisible. Le chrétien, tourné vers la présence intime et agissante du Sauveur, doit sortir des schèmes conceptuels relatifs à la « visibilité » de Dieu. En effet, le Christ est à la fois visible et invisible ou encore, Il n'est ni l'un ni l'autre. En effet, Dieu n'est pas invisible puisqu'Il a vécu avec nous. Il a marché, parlé, et Il a été vu. Quand l'apôtre demande : « Dieu, qui L'a vu ? », le Seigneur répond : « Tu Le regardes » [Jean 14, 8]. Pour le chrétien, le Créateur de l'univers s'est assis avec des hommes pour manger avec eux. Dieu est donc visible.

Et pourtant, le Seigneur, en même temps, est invisible en ce sens que nous n'en possédons aucune image. En effet, nous ne pourrons jamais modeler aucune image véridique de Dieu qui fut pourtant visible dans le Christ. Dieu ne s'est pas révélé à nous comme une image ou une représentation de la pensée que nous pouvons connaître intellectuellement. Il fut un être particulier ; un homme que nous rencontrons. Là où Jésus-Christ se présente à nous, dans les circonstances de Sa Révélation, Il n'est ni visible ni invisible, Il est un être à la fois connaissable et incompréhensible.

Quand l'intellect seul tente de situer le Seigneur, il ne trouve que des idoles. Ainsi, la pensée, dissociée des révélations de la Foi, définit Dieu comme un être invisible présent dans un monde visible. Pour l'intellect, toute forme visible est une image nécessairement imparfaite de Dieu puisqu'il confond visibilité et compréhension. Ainsi, la démarche purement intellectuelle, incapable d'échapper à ces catégories, conçoit le Christ comme une représentation incomplète d'un Dieu inconnaissable. Cependant, l'apostat qui déclare ouvertement que Dieu est inconnaissable tait la sensation intuitive que le concept de Dieu lui inspire et qu'il prend, en fait, pour le mode suprême de sa connaissance.

L'apostat qui rejette le Christ en faveur de cette entité abstraite et absente, imagine qu'il élabore ainsi une image purifiée de Dieu. Dans ses raisonnements, il se consacre, implicitement, grand-prêtre de la divinité que seule son intuition peut entrevoir. Il place cette sensation subtile de savoir, au faîte des modes d'appréhension du divin. Par conséquent, toute révélation, tout message qui lui provient de l'extérieur représente, pour lui, une approximation grossière du joujou de sa pensée intuitive qu'il prend pour la Vérité. Ainsi, il fait de ses intuitions informulées le véhicule suprême pour accéder au saint des saints de son idolâtrie personnelle.

Quand l'intellect envisage la visibilité de Dieu, elle prend la forme d'une représentation, d'une image. Une autre façon de rendre Dieu invisible, c'est de Lui donner plusieurs formes. Accepter que la divinité ait de multiples représentations peut ressembler à une forme extrême et particulièrement douce de la tolérance. En fait, il s'agit d'une technique utile pour modeler un pantin malléable. En effet, quand l'une des formes de la grande créature exige des sacrifices désagréables, il suffit d'en façonner une autre qui soit mieux adaptée à ses désirs !

Quand il a fini de s'amuser avec son idole, l'apostat la remet au placard en disant que Dieu est, en fin de compte, inconnaissable, invisible et incompréhensible. On peut donc refuser de l'écouter, de le connaître ou de le suivre puisque aucun de ses messages n'est parfait et que tous sont équivalents. On renvoie ainsi sa créature flotter gentiment dans les recoins de sa pensée jusqu'à la prochaine fois.

Les mots visible et invisible, appliqués à la recherche du Seigneur, portent donc en eux les germes de l'idolâtrie. L'utilisation du qualificatif d'« invisible », attribué à Dieu, peut ressembler à une quête épurée de foi visant un essentiel qui se situe au-delà des apparences. En fait, cet être suprême, ce grand architecte, ce mirifique et multiforme créateur, cette invisibilité inconnaissable et incompréhensible, n'est qu'un pantin de l'intellect. Le Christ, Lui, est visible, Il est une personne. Il l'a dit : « nul ne peut aller au Père que par le Fils », et ce Fils fut concret et visible.

Pour le chrétien, Dieu, invisible et inconnaissable, s'est pourtant révélé, car Il avait ce pouvoir. Il s'est rendu visible, d'abord par Ses alliances avec le peuple juif, puis en devenant un homme parmi les hommes.

« Monothéisme » et « polythéisme »

Ceux qui s'éloignent de la foi ont recours aux concepts du monde pour caractériser le divin. Ils fabriquent, ainsi, des catégories à partir de l'intuition élémentaire d'unité et de multiplicité. Cette distinction, issue de l'intellect, pervertit la foi trinitaire. Elle assimile la doctrine chrétienne avec l'islam et suggère, faussement, que quiconque professe un dieu unique adhère, nécessairement, au seul vrai Dieu.

Les grands penseurs du Siècle des lumières, en s'éloignant de la doctrine chrétienne, élaborèrent une taxonomie simpliste des croyances religieuses qu'ils observaient de l'extérieur de la foi. Ces encyclopédistes, examinant les différentes religions comme autant d'oiseaux empaillés, subdivisèrent celles-ci en deux grandes catégories : les religions où plusieurs dieux étaient adorés et celles qui n'en vénéraient qu'un seul. Ils qualifièrent les unes de « polythéismes » et les autres de « monothéismes ». Ils postulèrent la supériorité générale des formes monothéistes, entendues comme représentant des étapes plus évoluées de la démarche religieuse. Ces penseurs entrevoyaient, en effet, un processus d'évolution des croyances, débutant avec l'animisme et son foisonnement d'esprits et de divinités, se poursuivant dans les polythéismes antiques puis dans des formes religieuses monothéistes de plus en plus épurées pour aboutir à des cultes dépourvus d'anges et d'esprits dans lesquels tout le divin est réduit à une présence unique et évanescente. Quand ceux-ci s'épureraient encore, ils arriveraient au stade ultime de pure perfection : l'athéisme.

Cette terminologie suggère donc un mouvement, une évolution des croyances dont les catégories de polythéisme et de monothéisme sont des stades particuliers et dans lequel Dieu s'éloigne sans cesse de la réalité matérielle jusqu'à disparaître. Dans cette évolution, la quête spirituelle débuterait avec une multiplicité d'esprits concrets qui cohabitent avec les hommes et se terminerait avec une divinité unique qui s'estompe graduellement dans un espace de plus en plus abstrait.

Le concept du monothéisme place implicitement la doctrine chrétienne sur un pied d'égalité avec les autres croyances à dieu unique, y compris l'islam. Il semble rendre un compliment à la Foi en la situant dans une catégorie de croyances dites « avancées ». En fait, il dégrade Jésus-Christ, seul Sauveur des hommes, en L'associant à une catégorie qui inclut des idolâtries.

Cette terminologie, associée au postulat additionnel que, sans doute, Dieu est unique, établit une autre fausse équivalence entre la doctrine chrétienne et les autres monothéismes. Elle propose que, puisqu'il n'y a qu'un seul Dieu, tous les cultes qui reconnaissent un dieu unique, reconnaissent, nécessairement, le même dieu. Le monothéisme lui-même serait donc la vérité, la doctrine chrétienne en étant une instance particulière.

Il serait tentant d'admettre que le dieu unique de l'autre et le nôtre sont le même. Cependant, ils ne le sont pas. On oublie trop souvent que, même à l'époque romaine, il existait des versions monothéistes du paganisme. Il n'y a qu'un seul Dieu, Celui qui s'est incarné dans Jésus-Christ. Les autres entités, les créateurs, les dieux des dieux, les dieux suprêmes, et les consciences cosmiques, n'ont rien en commun avec le Seigneur révélé à Moïse et incarné dans le Christ.

Ces concepts de monothéisme et de polythéisme sont des inventions de l'incroyance. Ils proviennent de l'extérieur de la Foi. Ils tentent de cerner l'unicité de Dieu en L'assimilant à une intuition arithmétique élémentaire. Le « un » et le « plusieurs », voilà bien des concepts qui semblent évidents, éternels et axiomatiques ! Qui ne comprend pas le sens de « un » ?

Que la doctrine de la foi trinitaire semble compliquée et ambiguë devant la simplicité apparemment évidente du chiffre un ! Même les chrétiens utilisent parfois cette catégorie, le monothéisme, en se référant à leur Foi ! Qu'il est facile aux promoteurs d'un dieu dont l'unicité est un chiffre de discourir avec assurance et de dénigrer ceux qui persistent dans des élucubrations apparemment indéchiffrables sur l'unité de Dieu dans la Trinité des personnes ! Or, leurs idées semblent évidentes car elles proviennent du monde.

Le Seigneur ne se laisse pas cerner par les catégories simplistes de l'intellect. La doctrine chrétienne n'est ni monothéiste ni polythéiste parce que l'unité de Dieu n'est pas un chiffre. Ce concept de « un », qui semble si évident, ne l'est pas. En effet, qui peut concevoir le singulier sans faire référence, implicitement, au pluriel ? Nous commençons à peine à élaborer des concepts mathématiques capables de cerner cette intuition élusive. Le dieu unitaire de l'islam et des idolâtries de l'être suprême est, en fait, une divinité singulière dont l'unicité, un nombre, résulte d'une comparaison avec la pluralité présente dans le monde.

L'Éternel déborde ces cases de la pensée. Il dépasse toutes les créations, même les plus simples. Animés par l'Esprit saint, les chrétiens sont demeurés douloureusement fidèles au mystère de la Trinité. Pendant des siècles, ils subirent, à cause de cette fidélité, les accusations et les dénigrements de ceux qui fondaient l'unité de Dieu sur un chiffre. Cette patiente obstination des croyants qui persévérèrent dans la foi trinitaire alors qu'elle semblait incompréhensible et indéfendable constitue un des grands signes de la présence agissante de l'Esprit saint et de l'intelligence particulière qu'Il confère à ceux qui Le suivent.

Les « êtres suprêmes » uniques sont des pantins suscités par les mécanismes de l'intellect. Ceux qui prétendent que la Foi équivaut à n'importe quel autre monothéisme proposent l'erreur. Chrétiens, rejetez ces catégories arrogantes qui prétendent ainsi cerner la Foi ! La doctrine chrétienne n'est ni un monothéisme ni un polythéisme, car l'unité de Dieu dépasse les schémas du monde. Ces catégories passeront mais la Trinité demeurera.

« Lumière » et « ténèbres »

> *Depuis quelques siècles, l'apostasie occidentale a usurpé le discours évangélique de la lumière et des ténèbres pour se l'assigner et le mettre au service de ses tromperies. On baptise les époques qui rejettent la Foi de « lumineuse » tandis que celles où la Foi était vive sont qualifiées d'« âges de ténèbres » ou de « grandes noirceurs ». L'idolâtrie et le blasphème se pavanant ainsi dans des simulacres obscènes de la Lumière véritable.*

Le concept de la lumière possède une force symbolique immense. Elle représente la vérité et la connaissance. Notre intuition du sens de la lumière provient de nos expériences les plus intimes et immédiates. Nous gardons, tous, le souvenir de nos peurs enfantines où, gisant dans la noirceur, affolés par les obscurs remous de nos sens, nous projetions nos terreurs sur les ténèbres qui nous cernaient. Dans ces moments, le plus faible filet de lumière faisait émerger la réalité familière et dissipait l'écran de craintes qui couvrait la surface des choses.

Nous cherchons instinctivement la lumière mais les ténèbres aussi nous attirent. Une part de nous désire s'immerger dans le labyrinthe des sens pour y retrouver l'inconscience brutale des bêtes nues. Nous voudrions nous dissoudre dans la volonté pure et dans l'action immédiate. Or, cet appât des ténèbres purifiantes est un leurre car l'homme, créé pour être humain, devient un monstre et non une bête quand il s'égare dans les sens. Nous sommes des porteurs d'âmes destinés à devenir enfants de Dieu. Mais le désir de s'égarer dans la chair aveugle nous incite sans cesse à cueillir des plaisirs douteux en bordure de l'abîme.

L'homme n'est pas un animal sauvage immergé dans la matière et libre de toute entrave. Il est une bête de somme chargée du joug de son âme. Telle est sa nature ; tel est son destin. Quand, voulant se libérer de son destin, il secoue cette charge et la rejette, il ne retrouve jamais l'innocence animale mais se transforme, plutôt, en pâture dénaturée, chevauchée par des monstres.

Le Christ est la Lumière du monde. Il révèle à l'homme, son âme. Il l'appelle à suivre son destin. Depuis des millénaires, Il brille sur le monde comme un phare. Les sciences se sont épanouies dans cette lumière. Rendus confiants par la foi, les chrétiens ont, sans crainte, disséqué les tabous et dénudé les mythes.

Cette hardiesse dans la connaissance provenait de la Foi qui enseigne que le monde est créé, qu'il n'est pas sacré et que nous pouvons, donc, l'explorer et l'exploiter. Celui qui a établi Son foyer dans une Parole qui n'est pas de ce monde, peut fouiller, sans réserves, tous les recoins du monde car le fondement de Son identité se trouve ailleurs. La parole de Dieu rend l'homme souverain sur le monde, car elle lui révèle que le monde est une chose. Ainsi, la science s'est épanouie au sein de la chrétienté et ses œuvres se sont multipliées.

Mais, plus la domination de l'homme sur le monde s'est accrue, plus son orgueil grandit. Le temps arriva donc où les savants déclarèrent que leur science était la lumière et, se retournant vers la parole de Dieu, ils dénommèrent celle-ci « ténèbres ». Ainsi, un nouveau discours vit le jour au dix-huitième siècle, un discours parsemé d'allusions à la lumière et à l'ombre, un discours qui se qualifia lui-même de « lumineux ».

Dans ce nouveau discours, la lumière de la Foi devint ténèbres, et les ténèbres de l'apostasie sont qualifiées de lumière. On y présente l'humanité comme une grande foule, engagée dans une procession glorieuse la menant des superstitions obscures à une incroyance lumineuse. On la décrit s'extirpant laborieusement des sombres miasmes de la Foi pour renaître dans la lucidité scientifique athée. Ainsi, on donna à l'époque qui rejeta la Foi comme source première de connaissances le nom de « Siècle des lumières », alors que les temps où la foi était forte reçurent l'appellation de « noirceur ».

Dans la grande fresque de la lumière et des ténèbres, esquissée ainsi par l'apostasie, la doctrine chrétienne joue le rôle d'une étape intermédiaire, archaïque et confuse, de la connaissance. Elle ferait le pont entre une époque primitive de superstitions animistes et un stade évolué d'incroyance sceptique, parachèvement de la lucidité, où l'homme humaniste serait enfin libéré de toutes ses superstitions, dont celles de la Bible. Cette idéologie présente l'homme comme un luminaire et donne à Dieu le rôle d'étouffoir. Dans ce discours, ceux qui doutent de Dieu ou qui l'ignorent devancent toujours les autres. Même les savants croyants y sont présentés comme des athées qui s'ignorent.

Ces thèses dominent, depuis des siècles, toutes les sphères du savoir universitaire. Elles dénigrent subtilement la Foi. Leur agenda sous-jacent donne une coloration « apostasiante » à tous les domaines de la connaissance. Ces catégories sont si profondément implantées dans nos modèles du monde que nous ne les percevons même plus. Les chrétiens eux-mêmes ont fini par les adopter et les transmettre. Pourtant, ce discours, avec ses jeux d'ombre et de lumière, redit sans cesse le même refrain : « moins tu pries, plus tu brilles ».

« Ères »

> *Le discours des ères, ces époques qui s'étendent sur deux mille ans, suggère que l'ère chrétienne achève et qu'elle sera bientôt remplacée par une ère nouvelle, porteuse d'une sagesse plus grande que celle des Évangiles.*

Le langage savant du monde découpe l'histoire en époques. Ces découpes prennent, à l'usage, l'apparence de la réalité. Dans ces grands schémas temporels, les époques qualifiées de sombres alternent avec les périodes de civilisations dites brillantes. Ces partitions sont largement arbitraires et nous renseignent autant sur les préjugés des historiens que sur le caractère des époques qu'ils décrivent.

Alors que les époques conventionnelles s'étendent sur quelques siècles, un autre type de partition, plus mythique, subdivise le parcours humain en tranches plus vastes : les ères. Celles-ci s'étendent sur des périodes de deux mille ans et correspondent, vaguement, aux signes du zodiaque. Selon ce découpage, nous traverserions, présentement, une phase de transition entre deux ères. En effet, l'ère chrétienne, correspondant au signe astrologique des Poissons, serait maintenant complétée, ayant duré deux mille ans. Elle ferait place, aujourd'hui, à une nouvelle ère, celle du Verseau, qui correspondrait à un temps paradisiaque caractérisé par l'émergence d'un nouveau paradigme sexuel.

Comme le reste, la thèse des ères tente de confiner le Christ en Lui concédant une tranche de temps, généreuse mais limitée, de deux mille ans. Cette thèse insinue la venue prochaine d'une nouvelle révélation qui supplantera celle, révolue, du Christ et qui définira le caractère de l'ère nouvelle.

Pour le chrétien, les seules ères qui comptent sont définies par le plan de Dieu : la création du monde, l'élection d'Abraham, l'Incarnation de Jésus-Christ, Sa Résurrection et Son Retour. Nous vivons, en effet, dans l'ère du Christ ressuscité, mais cette ère, loin de s'achever, ne prendra fin qu'au jour de Son retour.

« Religion »

> *Le concept de religion rabaisse la Révélation de Dieu et les signes de l'Église en les regroupant dans une même catégorie que les cultes de l'humanité archaïque. Le concept même de religion camoufle la nature idolâtre de l'humanisme athée. En effet, l'humanisme exclut ses propres mythes, ses cultes et ses rituels des phénomènes qu'il qualifie de religieux. Ainsi, cette idolâtrie occulte sa nature pour mieux répandre ses mythes.*

De tous temps, les divers groupes humains ont façonné des mythes, des rituels, des tabous et des codes moraux qui les ont guidés. Évidemment, dans les tribus primitives, les gens partageaient tous les mêmes croyances. L'expression religion n'avait pas de sens puisqu'il n'y avait pas de références en dehors des croyances propres à la tribu, celles-ci constituant l'unique référence.

Le concept de « religion » n'est apparu que plus tard, quand on commença à étudier les mythes de l'autre. Il fallut alors définir un terme pour signifier des regroupements plus ou moins disparates de croyances et de pratiques que l'on observait chez les autres sans y adhérer soi-même. L'expression de « religion » remplit cette fonction. Elle fait implicitement référence à des croyances considérées comme erronées et auxquelles on n'adhère pas soi-même.

En effet, l'utilisation de ce mot implique un détachement par rapport aux croyances auxquelles il fait référence. Même celui qui fait référence à sa propre foi comme étant une religion s'en détache un peu. Il y a un dicton qui dit que la superstition, c'est la religion de l'autre. Dans nos sociétés, ceux qui discourent sur les religions pensent qu'ils sont libérés de ces particularismes. Pour eux, c'est la religion qui est la superstition de l'autre. En fait, ces gens ne sont pas libérés mais aveuglés, méprenant leurs propres mythes pour des axiomes et leurs rituels pour des événements politiques ou culturels.

Dans la chrétienté médiévale, l'ensemble de la population partageait la même foi dans le Dieu unique, Père, Fils et Saint-Esprit. À cette époque, seuls le judaïsme, l'islam et les paganismes antiques divergeaient de la foi commune. La notion de religion n'existait pas. En effet, la doctrine de l'Église n'était pas une religion mais la Vérité. Pareillement, l'islam était une hérésie, le paganisme, un aveuglement désuet, et le judaïsme, un entêtement.

Quand la doctrine chrétienne s'est morcelée et que diverses Églises durent cohabiter, le mot religion prit un premier sens. Ce sens, plus étroit, correspondait à cette multiplicité d'Églises qui reconnaissaient toutes l'existence du Dieu biblique transcendant et l'identité de Jésus-Christ. Ainsi, on finit par interpréter le mot religion comme définissant un ensemble de croyances et de rituels qui, nécessairement, reconnaissaient l'existence du Dieu de la Bible. On ne concevait pas de religion sans Dieu.

À cette époque, aussi, comme toutes les religions connues se réclamaient d'une doctrine ou d'une sagesse ancienne, ce particularisme fut intégré à la définition. L'expression religion finit donc par signifier uniquement une forme de culte organisé, d'ascendance ancienne, qui reconnaissait l'existence du Dieu biblique transcendant.

Au cours des siècles, les États de la chrétienté élaborèrent un ensemble de lois et d'usages pour définir les droits et les devoirs des religions, telles qu'elles étaient définies selon cette interprétation. Celles-ci leur permirent de cohabiter paisiblement sur un même territoire. Ces lois et ces pratiques constituent les fondements de nos démocraties occidentales modernes.

Ce sens étroit et limité du mot religion, qui correspond à la situation sociale des siècles passés, sous-tend toute la législation, les valeurs et la culture de tolérance religieuse de nos sociétés occidentales. Ce sens demeure l'interprétation généralement acceptée même s'il englobe aussi maintenant quelques formes anciennes (donc vénérables selon les barèmes humanistes) de polythéismes.

Cependant, cette interprétation particulière ne correspond plus aux phénomènes religieux de notre époque. L'acceptation commune de l'expression est donc devenue erronée et mensongère. Cette divergence porte surtout sur deux points. L'un de ceux-ci constitue un danger extraordinaire pour la liberté de foi dans nos sociétés.

La première erreur tapie dans ce mot ressemble aux erreurs qu'on retrouve dans les expressions monothéisme et théologie. Le sens du mot religion s'est élargi pour y inclure des cultes d'origine non biblique tout en continuant d'englober les religions chrétiennes. Cette nouvelle définition marginalise le lien d'amour de l'âme avec Jésus-Christ en L'assimilant à un épiphénomène d'un type religieux particulier alors que Celui-ci est le cœur même de l'univers.

Prier le Christ n'est pas une « manifestation religieuse », c'est participer à la vérité même du monde, celle à laquelle toutes les âmes, de toutes les cultures et de toutes les époques, sont conviées. Le premier mensonge dans ce mot assimile donc la foi dans le Père, le Fils et l'Esprit au paganisme et à l'idolâtrie en les insérant dans un même vocable qui les englobe tous.

D'une part, l'extension du sens de l'expression religion pour inclure tous les cultes anciens qui reconnaissent l'existence de dieux, marginalise la Foi. D'autre part, en restreignant le sens de cette expression aux pratiques théistes, il confine la doctrine chrétienne dans un ghetto cultuel tout en laissant le champ libre aux cultes et aux mythes dépourvus de foi. Cette seconde erreur contenue dans le mot religion ne réside pas dans ce que le mot inclut dans sa définition, mais dans ce qu'il exclut.

Les religions d'origine ancienne qui reconnaissent l'existence d'un Dieu transcendant ne constituent qu'une partie des activités de type cultuelles. En effet, tous les regroupements de rituels, de croyances, de mythes et de systèmes éthiques qui se présentent comme des références absolues sont, eux aussi, des phénomènes religieux même s'ils ne reconnaissent pas l'existence d'un dieu. Des formes religieuses qui ne contiennent pas de reconnaissance, explicite ou non, de l'existence de Dieu existent depuis toujours.

Dans le paganisme antique, par exemple, la démarche de foi en un dieu transcendant n'était pas toujours une composante essentielle des croyances. Une religion peut ignorer entièrement la question de l'existence de dieux ou même la nier directement. Voilà l'erreur !

En confondant religion et foi, on restreint la doctrine chrétienne au domaine étroit des « manifestations religieuses », tout en laissant libre cours à tous les discours de type religieux qui nient ou ignorent l'existence de Dieu. Ceux-ci envahissent donc tous les champs d'activité, politique, culturelle, médicale, artistique et scientifique sous prétexte qu'ils sont laïcs et ils y répandent leurs mythes, leurs cultes et leurs systèmes de valeurs sans aucune contrainte.

Le danger que représente cette ambiguïté pour la vie de la foi est le suivant. Sous prétexte de protéger la liberté religieuse, les États qui interprètent le domaine religieux selon le schème décrit plus haut réglementent les activités des organisations qui reconnaissent l'existence de Dieu tout en laissant entière liberté aux formes religieuses athées d'endoctriner les gens par le biais de discours sociaux, politiques, artistiques, éducatifs, culturels, scientifiques et autres. Leurs adhérents peuvent ainsi prêcher partout, présentant leurs mythes non pas comme des discours religieux mais comme la science, l'évidence, l'art, l'avenir, le progrès ou la philosophie. Alors que le concept de liberté religieuse semble protéger la foi, il la contingente au profit des cultes athées.

Alors que l'enseignement de la doctrine chrétienne est soigneusement circonscrit au domaine liturgique, des idéologies qui sont en réalité des religions sans foi, ont libre cours de se proposer comme vérités absolues et de répandre, sans entraves, leurs mythes, leurs fables, leurs éthiques tordues et leurs rituels dans tous les champs du savoir et dans tous les lieux de l'enseignement. Ces cultes athées maquillés en laïcités sont les véritables religions occultes de notre société. Ils camouflent leur vraie nature pour mieux répandre leurs mensonges, leurs valeurs perverties et leurs mythes comme s'il s'agissait de science, de consensus et d'opinions !

Le marxisme-léninisme et le nazisme, qui ont terrorisé le monde pendant des générations, étaient des religions. Ils avaient leurs mythes, leurs croyances, leurs rituels, leurs espérances eschatologiques, leurs paradis originels, leurs discours axiomatiques, leurs systèmes de valeurs et leurs démiurges. Pourtant, ces religions ne furent jamais identifiées comme telles dans les discours des savants humanistes parce qu'elles niaient Dieu.

Ces croyances simplistes, monstrueuses et destructrices ne se présentaient pas comme des religions, mais comme des savoirs et des vérités. Elles affirmaient rejeter toutes les religions tout en répandant leurs propres mythes. Ces pastiches grotesques de la doctrine chrétienne seraient aujourd'hui risibles s'ils n'avaient pas tué tant de gens.

L'abandon de la foi chrétienne dans nos sociétés crée un vide spirituel qui permet l'éclosion d'une nouvelle génération de cultes païens. Au nom de la tolérance et de la diversité, les élites intellectuelles proposent, aujourd'hui, l'école laïque en tant que lieu d'enseignement « non religieux », qui serait également compatible pour tous, croyants ou non.

En fait, l'école non confessionnelle n'existe pas. Ces endroits, apparemment indépendants de toute religion, deviendront les organes d'endoctrinement du culte étatique non chrétien et des idéologies athées de ses élites. Les écoles confessionnelles tièdes seront englouties par ces nouveaux paganismes. Devant cette agression provenant des idéologies athées, ce qu'on appelle la tolérance est une abdication.

Seuls les lieux d'enseignement qui auront le courage de centrer leur identité ouvertement et sans compromis sur la primauté de Jésus-Christ et de Sa parole pourront maintenir leur droiture.

IDOLES ET ACCUSATIONS

> *Les nouveaux théologiens, aveuglés par l'illusion de la supériorité de leur savoir, se considèrent aujourd'hui capables d'améliorer la Révélation. Leur attitude, sous des apparences doucereuses, diverge radicalement de l'humilité des Pères de l'Église. Leurs discours suscitent l'idolâtrie et justifient l'accusation.*

Pendant des siècles, les docteurs de la Foi se dévouèrent humblement au service de la Parole. Aujourd'hui, une nouvelle génération de théologiens a décidé d'améliorer la foi ancestrale plutôt que de se limiter à la comprendre. Ayant fait une étude comparative des diverses croyances du monde, ils pensent avoir compris les mécanismes qui sous-tendent le phénomène religieux. Ils se targuent de posséder tous les outils nécessaires pour fabriquer les mythes, les valeurs, les cérémonies et les sacrements qui correspondent aux besoins des Temps modernes.

Leur travail est aux antipodes du labeur des prophètes, des mystiques et des Pères de l'Église. Ceux-ci œuvraient dans la soumission à la Parole reçue et se percevaient comme serviteurs fidèles des textes sacrés. Quand un passage les choquait, ils courbaient l'échine et disaient : « la Parole est vraie et nos sens nous trompent ». Ceux-là, au contraire, jugent le texte du haut de leur savoir supérieur, lui trouvent des carences, l'accusent sous des dehors doucereux et s'activent à l'altérer.

Ni des statues, ni l'argent, ni le sexe

> *Personne ne méprend les statues pour des divinités. Le culte des idoles n'a plus cette forme concrète depuis des siècles. L'Église l'a reconnu en acceptant l'utilisation de l'iconographie religieuse. On méprend souvent l'argent ou le sexe pour les nouvelles idoles de notre époque. Il s'agit, en fait, des objets de l'avarice et de la luxure, pas d'idoles. Les idoles d'aujourd'hui sont façonnées avec des matériaux plus subtils.*

Il y a des milliers d'années, le Seigneur a donné dix commandements aux hommes. Les croyants reconnaissent encore la valeur de ces commandements, aujourd'hui, et s'appliquent à les suivre. Mais, en fait, ils considèrent que seulement neuf d'entre eux demeurent encore actuels, le dixième étant devenu désuet. En effet, si neuf des dix commandements de Dieu traitent de comportements qui existent encore de nos jours, le dixième, celui qui proscrit l'idolâtrie, semble avoir perdu son utilité. Nous l'aurions, en quelque sorte, éradiqué comme on élimine une maladie.

L'humanité a cessé depuis longtemps de se prosterner devant des statues. Nous avons évolué au-delà de ces comportements, issus de l'ignorance, qui affligeaient nos ancêtres. Notre société fabrique des images à une vitesse foudroyante, mais ces images n'ont plus de signification magique. D'ailleurs, l'Église a reconnu depuis des siècles que les images et les statues ont perdu leur caractère magique en acceptant celles-ci comme décorations légitimes des lieux de culte.

Quand l'homme moderne regarde une statue, il n'y voit qu'un objet façonné, sans plus. Il pense donc avoir surmonté l'idolâtrie parce qu'il a cessé d'adorer les statues. Au mieux, quand on le presse sur ce point, il supputera que l'argent ou le plaisir sont les idoles du jour, même si ces appétits sont déjà balisés par d'autres commandements.

L'idolâtrie a-t-elle donc été éliminée du répertoire des fautes humaines comme une maladie éradiquée par les soins des agences de santé ? Ce mal moral qui affligeait nos ancêtres aurait-il complètement disparu ? Il semble qu'il reste seulement neuf des dix commandements de Dieu à surmonter. L'humanité, donc, progresserait !

Depuis des siècles, les idoles ne sont plus des images gravées et, pourtant, nous continuons de concevoir et de fabriquer des images que nous adorons. Cependant, ces images ne sont plus des statues ou des objets physiques. Elles sont constituées d'éléments plus subtils qui reflètent notre niveau de connaissances actuel. Les humains seront toujours assez rusés pour échafauder des mensonges qui les égarent. Nos connaissances ne nous protègent pas des égarements. Elles nous servent, simplement, à inventer des mensonges plus savants.

Les idoles, aujourd'hui, sont façonnées avec des idées, des concepts, des représentations émotives et des images intellectuelles subtiles. Leur culte n'est pas cru. Il ne prend pas la forme de prosternations évidentes devant des objets familiers. Il consiste plutôt en sacrifices, en rituels et en comportements qui ne semblent même pas être de nature religieuse. L'idole est un piège. Or, quand nous connaissons trop bien un piège, il disparaît et un autre le remplace. L'idolâtrie sera toujours plus subtile que nous le sommes et, sans l'aide de Dieu, nous en serons toujours les dupes.

Si l'idolâtrie moderne ressemble aux religions païennes, elle en diffère aussi sur certains points. Comme dans les paganismes d'autrefois, les idoles d'aujourd'hui ne requièrent pas l'adhésion intime de la foi. On les sert d'abord publiquement. Elles prennent la forme de nos désirs et de nos appétits, qu'ils soient des appétits de violence, de pouvoir, de plaisir ou même de confort.

De nos jours, elles se présentent rarement à nous en tant que cultes religieux car, alors, on les examinerait sous cet angle en les jaugeant à la mesure de la Foi. Si certaines formes d'idolâtrie ressemblent aux religions antiques, la plupart prennent plutôt l'apparence d'opinions et d'idées laïques. On ne retrouve pas leurs cultes et leurs mythes dans les cours de théologie. Ceux-ci se déroulent plutôt dans les sphères de la politique, de la sociologie et de la psychologie.

Évidemment, l'idolâtrie ne se présente jamais en tant que telle. Elle porte les appellations d'idéologie, de philosophie, de politique. Certaines des idolâtries modernes ont exercé un pouvoir tyrannique monstrueux sur l'humanité. Mais, même alors, elles n'étaient que des pantins au service de ceux qui s'en servaient.

Les idoles ont une existence subtile et apparemment divine. D'une part, elles semblent réelles car elles sont le reflet du monde et de nos besoins. Pourtant, quand on les examine, elles s'évaporent aussitôt pour réapparaître ailleurs. Créature de l'orgueil, l'idolâtrie alimente, à son tour, l'orgueil de ses adhérents. Car ceux-ci savent, au fond, qu'ils sont supérieurs aux pantins qu'ils prétendent servir. Leurs soumissions sont des licences camouflées. Ils conservent, en effet, cette liberté factice qui provient du refus de suivre le Seigneur. En gaspillant leur vie à suivre les créatures de leurs cultes, les idolâtres évitent d'affronter la volonté de Dieu.

Un cortège d'idoles

> *En retirant la doctrine chrétienne de la sphère sociale pour la confiner dans les églises, nos élites progressistes ont prétendu définir un espace social laïque non religieux. En fait, ce retrait a favorisé l'éclosion et la croissance d'un foisonnement d'idoles et de cultes qui camouflent leur identité sous des apparences sociales, politiques ou culturelles. Voici un échantillon de ces idoles modernes et des cultes qu'elles suscitent.*

Les temps présents sont exceptionnellement propices à l'idolâtrie. L'illusion d'avoir éradiqué cet égarement et d'en être entièrement libéré nous rend particulièrement vulnérables à ses pièges. De plus, en confinant le Christ et Sa doctrine dans les églises au nom de la tolérance religieuse, nous avons laissé le champ libre à l'idolâtrie. Celle-ci, déguisée sous la forme d'idéologies laïques, envahit impunément toutes les autres sphères de la société.

L'humanisme progressiste a emprisonné la doctrine chrétienne. Il lui a façonné une cage, définie dans le mot religion, qui confine, effectivement, l'action de la foi à un domaine limité et réglementé de l'activité sociale. Pour s'assurer que nous n'oserons pas sortir l'Évangile des églises, les progressistes agitent sans cesse l'épouvantail de la société intégriste devant nos yeux. Ils nous répètent que, au contraire de l'islam, la foi chrétienne n'est pas compatible avec le domaine politique. Ils affirment que la sagesse de nos sociétés consiste à retirer la parole de Dieu du domaine public et à la confiner aux lieux de culte. Ayant ainsi enfermé le Christ dans Ses églises, les fabricants d'idoles et les marchands de mythes acquièrent le champ libre pour répandre leurs fables et leurs pantins dans toutes les autres sphères du discours humain.

L'idolâtrie nous menacera toujours car nous serons toujours assez adroits pour nous mentir à nous-mêmes. Chaque fois que nous percevons ses formes, elles s'évanouissent et réapparaissent sous d'autres apparences. Le chrétien sait que, sans l'aide du Seigneur, il est incapable de s'extirper du dédale de ses illusions. Il sait que, laissé à lui-même, il donnera toujours des formes à ses appétits et qu'il les servira.

Mais Dieu, incarné dans Jésus-Christ, montre la voie qui libère de l'idolâtrie. Jésus-Christ n'est pas un pantin conceptuel à qui on peut faire dire ce qu'on veut. Il est un homme, qui vécut en tant qu'homme et nous enseigna à partir de cette identité. Ses paroles furent prononcées concrètement et sont consignées, comme telles, dans les Évangiles. En écoutant les paroles d'un homme et non les émanations d'un concept, le chrétien s'éloigne des images mensongères.

Voici un échantillon des idoles qui, aujourd'hui, égarent les humains.

Le gentil dieu

Cette divinité proclame le règne du bon voisinage. Le Club Méditerranée a ses gentils organisateurs, les « g.o. ». Les adhérents de cette divinité ont leur gentil dieu, le « g.d. ». Cette créature a un commandement unique, présenté comme une forme simplifiée de la loi d'Amour enseignée par Jésus, mais indépendante de toute référence à Dieu. Son commandement unique est le suivant : les gentils seront sauvés.

Après tout, se disent les fidèles de cette idole, quand tout le monde sera gentil, nous serons alors confortables et ce sera le paradis. Et puis, si Dieu est bon, Il est sûrement gentil. Donc, les gentils n'ont rien à craindre de Lui, il suffit d'être aussi gentil que les autres.

Le Christ nous enseigna deux commandements, l'amour de Dieu et celui du prochain. Il nous dit, aussi, que ces commandements étaient équivalents. Dénaturant cet enseignement, les adhérents du gentil dieu suggèrent que si on est gentil avec les autres, ça ressemble à l'amour du prochain et que donc, cela seul suffit.

Voilà une idole bien adaptée à notre société d'abondance et faite sur mesure pour les temps faciles dans lesquels nous vivons ! Nous sommes tous tentés par ce culte. Nous sommes tous, à des degrés divers, les disciples de l'idolâtrie du gentil dieu.

Comparé au gentil dieu, le Dieu biblique nous semble agressant et désuet. Le g.d. est une idole éminemment démocratique. Sa loi morale ne provient pas d'un jugement mais d'une comparaison. Le g.d. n'est pas un dieu qui juge, qui est source de remords et qui appelle à l'idéal et au choix douloureux de la conversion.

Les adhérents de cette idole n'ont pas besoin de prier, ni même de croire. Il suffit de regarder ses voisins et de se positionner par rapport à eux car il suffit d'être aussi gentil que les autres pour être sauvé ! On est peu ou pas croyant, on est un peu égoïste, on fait ce qu'on veut... pas de problème, pourvu qu'on soit gentil !

Le Christ nous appelle à l'humilité. Cette idolâtrie propose un substitut dénaturé de cet appel : la médiocrité. Alors que le Christ nous appelle à devenir, à Sa suite, prêtres, prophètes et rois ; le g.d. nous dit que nous sommes des gens ordinaires et que la voie du salut consiste à demeurer inoffensifs. Le culte du g.d. nous suggère que, au-delà de toutes les religions, et donc au-delà de la foi chrétienne, une seule chose compte vraiment : vivre en harmonie avec ses voisins dans la gentillesse et la tolérance.

Le culte de l'idole du gentil dieu ne bénéficie pas d'un système idéologique formel. Il ne requiert pas, non plus, que ses adhérents fassent l'effort de l'identifier comme leur idole. Ses adeptes n'ont qu'à suivre les chemins les plus faciles. Sa résidence se trouve dans le lieu du moindre effort. Cet espace semble situé à un point de jonction confortable entre la foi et l'incroyance. On n'y est ni croyant ni athée. Les adeptes du g.d. pensent gagner sur tous les plans. Ils se disent que, si Dieu existe, ils seront assez gentils pour être sauvés et que, s'Il n'existe pas, ils auront, au moins, satisfait leurs désirs. Ce qu'ils prennent pour un juste milieu est en fait un abîme, le point extrême de l'indifférence devant l'appel du Christ.

Le g.d. a-t-il des temples ? Bien sûr, ses temples sont tous les lieux où les gentils se rassemblent et se disent entre eux qu'il suffit d'être gentil et de ne pas déranger les autres pour être sauvés ! Les disciples du gentil dieu fréquentent souvent les églises et participent aux sacrements qui font leur affaire. S'ils fréquentent volontiers les cérémonies, ils détestent, cependant, les sermons qui leur parlent de jugement, d'appel, de renoncement ou d'exclusion. Qu'un prêtre ou qu'un pasteur ose aborder ces thèmes et il les entendra aussitôt regimber !

En effet, les adhérents de ce culte dédaignent toutes les formes trop fortes de dévotion, de sacrifice ou de prosélytisme. S'ils prient ou s'ils participent à des rituels religieux, ils le font sans ferveur, considérant que ces manifestations sont sans utilité réelle, le salut provenant uniquement de leur positionnement par rapport aux autres.

Quand l'idolâtrie du gentil dieu prend une apparence chrétienne, elle encourage d'abord la discrétion. Les idolâtres du gentil dieu n'osent jamais démarquer leur foi des croyances qui les entourent, de peur d'insulter leurs voisins. Ce ne serait pas gentil ! Ils cachent leur foi et justifient ce geste comme une sagesse de bon voisinage. D'ailleurs, pourquoi déranger les autres quand, à la fin, tous seront sauvés quelles que soient leurs croyances, pourvu qu'ils soient gentils ! Toutes les idéologies antichrétiennes tolèrent sans effort les chrétiens discrets qui gardent leur foi à l'écart et ne l'affirment jamais au grand jour. Dans sa version à saveur chrétienne, le culte des gentils affirme que Dieu, étant gentil, ne châtiera que certains individus particulièrement monstrueux et que, par conséquent, tous les médiocres seront sauvés.

Le g.d. n'exige pas la foi, cette vieille attitude tranchante et pénible où l'on tient certaines choses pour vraies et d'autres pour fausses. De toute façon, d'après eux, la doctrine chrétienne avec son obsession pour la vérité, a déjà causé trop de guerres et de dégâts. Par contre, les gentils, qui croient peu, ne causent que de la banalité.

Les adeptes du g.d. ne sont pas trop friands de sainteté. Pour eux, la sainteté est un excès douteux, élitiste et peu recommandable. Pour le g.d., la sagesse consiste à rester tranquille et à se mêler de ses affaires. Son humilité est l'anonymat ; sa paix, la tranquillité.

On pense souvent que l'effondrement de la pratique religieuse dans le monde occidental résulte d'un simple abandon de la foi. Or, quand on quitte quelque chose, on va toujours vers autre chose. Dans bien des cas, ceux qui semblaient simplement quitter la foi échangeaient celle-ci, en fait, en faveur d'un nouveau culte : l'idolâtrie du gentil dieu. Ces gens ordinaires, qu'on dit incroyants ou peu pratiquants, sont, en fait, des idolâtres du g.d. Ils délaissent la pratique de la foi parce qu'ils la considèrent inutile : étant gentils, ils sont déjà sauvés puisqu'ils ne sont pas pires que les autres. Alors, pourquoi prier, pourquoi croire ?

Malgré ses apparences bon enfant, le culte du gentil dieu recèle une accusation fondamentale contre la doctrine chrétienne. Cette accusation prend la forme d'une condamnation des guerres de religion et des autres démesures de la foi.

Mais, qui pourrait défendre les meurtres et les exactions que ces guerres ont causées ? Pour les disciples du gentil dieu, ces excès résultent directement de l'adhésion vigoureuse à une doctrine de vérité. Pour eux, la foi est une cause de guerres alors que l'indifférence suscite la paix.

Pour les adhérents de ce culte, toute doctrine spécifique de foi, tout dogme, y compris la doctrine chrétienne, est moralement suspect. À partir du statut qu'ils se donnent de « gentils sauvés », ils jugent et condamnent les actions de ceux qui se sont engagés à fond dans la foi et qui ont combattu pour l'avènement du règne de Dieu et l'annonce de l'Évangile. Croyant leur médiocrité moralement supérieure, ils se retirent de cette mêlée de doctrinaires intransigeants.

Le culte du g.d. flatte l'amour-propre de ses adhérents. Il suggère que leur médiocrité, leur tiédeur et leurs abdications sont des formes de sagesse. Il les pousse à condamner explicitement, en tant que causes de violence, la foi et toute quête âpre de vérité et de sainteté. Sous des apparences inoffensives, cette idolâtrie représente une véritable menace pour le peuple des croyants car elle lui propose une fausse voie de salut et l'incite, sournoisement, à trahir la Foi. Elle maintient ses adeptes dans un contentement stérile alors que le Christ a besoin de combattants pour établir Son royaume.

Les chrétiens ne sont pas des gens ordinaires. Ils sont des membres du Corps mystique du Christ et participent, en Lui, à la royauté de Dieu. L'anonymat, la médiocrité et l'impuissance ne signifient rien devant Dieu. Il nous glorifie selon des barèmes différents. Il nous l'enseigne par Son action car Il choisit des gens qui n'avaient aucun attribut notable par rapport aux critères du monde – Marie, les apôtres et les disciples – et les sortit de l'anonymat pour en faire des piliers exemplaires de Son Église. Le plus humble témoignage rendu ouvertement au Christ revêt celui qui le fait de majesté et le sépare de la médiocrité confortable des adorateurs de l'idole.

LES EXTRATERRESTRES

Certains croient que Dieu est un extraterrestre. Ils s'imaginent que la race humaine est l'héritière d'une sagesse cosmique. Ils postulent qu'un concert de civilisations sublimes et pacifiques peuple l'univers. Ils croient que toutes créatures hypothétiques plus techniquement avancées que l'humain seraient nécessairement plus morales. Ils enseignent que l'intellect mène immanquablement à la vertu et qu'un jour l'humain, accédant enfin à la science ultime, deviendra digne, à son tour, de répandre la sagesse parmi les étoiles.

Ils imaginent que les signes de l'action de Dieu sur Terre proviennent, en fait, d'une race cosmique. Ils attendent avec ferveur la venue d'êtres monstrueux et supérieurs, venus d'ailleurs, dont l'existence même serait une négation incarnée de la parole de Dieu. Proposant un simulacre de foi, ces idolâtres suggèrent que le Christ fut, en fait, un membre insigne de cette caste étoilée qui nous guide mystérieusement depuis l'espace.

Pour l'homme lucide, ces idées sont des divagations. Pour le croyant, elles sont une forme d'idolâtrie, une projection défigurée de la Révélation sur la substance mystérieuse de l'espace. Ce culte fait des humains une race inférieure, il nie la dignité fondamentale de l'homme, créé enfant de Dieu, au profit d'un fantoche de rêve. Que cherchent-ils donc de plus grand que le Dieu sauveur fait homme ? Ce culte nie le Christ car il fait de l'espèce humaine, choisie par Dieu pour incarner Son Fils, une race inférieure.

Lorsque Jésus a déclaré qu'Il n'était pas de ce monde, Il signifiait, par-là, que Son royaume se situait en dehors de l'univers physique et non sur une autre planète. L'action de Dieu dépasse tout ce que l'univers contient, sur Terre et dans l'espace.

Qui sait quelles créatures réelles ou imaginaires nous visiterons dans les jours où le monde sera saturé de mensonges et d'artifices ? Que les chrétiens se souviennent, alors, que Jésus est le seul, l'unique Messie de la Terre et de tout l'univers !

Rien de ce qui provient du monde ni aucune invention de l'intellect n'égalent ou n'égaleront Jésus-Christ. Qu'ils se souviennent aussi que, quelles que soient les embûches, l'Esprit saura toujours déblayer un chemin vers le Sauveur à ceux qui Le cherchent dans l'humilité et la vertu ! Dieu nous donnera toujours les signes qui suffisent à notre salut.

LES MASSES

Cette idole particulière, les masses grouillantes d'humanité définies selon la race, le rang social ou le statut économique, et les cultes qu'elle a suscités ne sont plus aussi populaires aujourd'hui qu'elles ne l'étaient il y a quelques années. Le culte des masses se présentait, alors, sous le nom de socialisme, comme une forme supérieure et plus efficace de l'amour du prochain.

En effet, on justifiait souvent les actions, souvent monstrueuses et brutales, de ceux qui se disaient mus par l'amour des masses comme des dépassements, libérés du cadre limité de la morale individuelle. Ces carnages étaient justifiés en tant que raccourcis, empruntés au nom de l'amour des masses, qui promettaient d'amener les multitudes plus rapidement et plus certainement à l'éden social utopique.

Ce paradis des masses résulterait d'un bien-être concret et matériel résultant de la société socialiste ou de l'espace vital de la race supérieure. Ces délires utopiques ont poussé leurs adeptes à des actions d'une brutalité terrifiantes au cours du siècle dernier.

Étrangement, les démesures qui résultent du culte des masses proviennent souvent de l'athéisme intégral. En effet, le rejet absolu de la présence de Dieu et la perte de toute espérance dans Son salut, pousse les humains à édifier des images monstrueuses qui comportent des similitudes grotesques avec les promesses de la Foi. Ainsi, ces incroyants, dénués de toute espérance, en viennent à sacrifier leurs vies dans des actes d'altruisme absurde pour enfanter, dans le meurtre et le sang, des illusions utopiques qui sont des pastiches grotesques du royaume de Dieu.

Toutes les vertus et toutes les affirmations de la foi chrétienne se retrouvent dans le culte des masses, mais sous des formes obscènes et dénaturées. Ces cultes poussent leurs adeptes à des sacrifices extrêmes qui ressemblent à la dévotion mystique. Leur endoctrinement ressemble à des sermons, leurs exigences à la vertu.

Pourtant, ces cultes des masses sont entièrement privés des deux formes spécifiques d'amour que le Christ nous a enseigné : l'amour de Dieu et l'amour du prochain. Ce prochain, en effet n'est pas l'élément indistinct d'une masse, mais l'autre, cette personne unique que nous rencontrons personnellement dans les détours de nos vies.

Toutes les vertus se retrouvent, sous une forme dénaturée, dans ces cultes forcenés. Nous y trouvons une apparence de l'Amour, l'amour des masses anonymes. Une certaine espérance y est présente sous la forme de l'utopie sociale attendue. Enfin, un type de foi s'y retrouve : la certitude de l'efficacité de l'action politique brutale. Ces cultes exigent même toutes les ascèses et tous les dévouements, suscitant parfois des sacrifices extrêmes. Tout y est, sauf ce qui compte : le Seigneur et l'amour du prochain.

LE SIMILIREDEMPTEUR

Certaines des formes de l'idolâtrie poussent leurs adeptes à persécuter les croyants. D'autres les amènent à se pervertir. Ces cultes de perversion n'attaquent pas directement la doctrine chrétienne. Ils tentent plutôt de la dénaturer en se présentant sous des apparences semblables à la Foi. Dans les idéologies de perversion, on tente d'altérer le Dogme en lui substituant une doctrine subtilement différente qui propose de l'améliorer.

Une de ces idolâtries de perversion est le culte du similirédempteur. Son idole ressemble à une forme modernisée de la Sainte-Trinité. On dirait une simple reformulation de la doctrine chrétienne, adaptée aux circonstances d'aujourd'hui. Celle-ci semble répondre aux questions suscitées par les thèses accusatoires qui émanent des castes intellectuelles progressistes ; accusations féministes, promotions des divinités autochtones, promotion de l'égalité des diverses croyances et autres ; tout en préservant, inchangée, la foi trinitaire qui est cœur de la doctrine chrétienne.

Cette idole résulte de l'excision systématique de toutes les références personnelles, ethniques et patriarcales de la doctrine trinitaire. Comme Jésus est un homme juif, il s'agit d'abord de minimiser la mention du nom de l'homme lui-même, Jésus, pour ne garder que des références à sa fonction rédemptrice. L'apanage de ce culte est un similicredo aseptisé, semblable par sa structure au Symbole des apôtres.

Cette idolâtrie est le fruit du travail de théologiens qui ont savamment reformulé la doctrine chrétienne pour la rendre générique. On y retrouve, exprimées dans l'abstrait, une entité « créateur » ou « créateure », une entité de type « rédempteur » et, enfin, une troisième entité « esprit » ou encore « conserveur » ou « mainteneur ». Cependant, ces entités ne sont plus des personnes mais des personnages.

Ces trois choses interagissent entre elles comme une mécanique divine parodiant la doctrine chrétienne. Leurs interactions ressemblent, en surface, à celles que la foi et la prière révèlent. Ce culte semble donc entièrement contenir la Foi et même la dépasser.

Les inventeurs de cette idolâtrie concèdent que le personnage créateur peut certainement être, entre autres, le Père, Dieu d'Abraham, enseigné dans la doctrine chrétienne. Cependant, il peut aussi être la mère cosmique, la déesse, Krishna, le créateur autochtone, pris individuellement ou collectivement.

Quant au rédempteur, il peut certainement être Jésus ; même les idolâtres concèdent des mérites à l'homme, Jésus, c'est Jésus-Christ, le Fils unique de Dieu, qu'ils ne peuvent tolérer. Mais, il peut être, aussi, tout autre messager mystique et sublime, considéré individuellement ou collectivement, en tant que fonction messagère rédemptrice multiforme.

Enfin ces entités interagissent dans le lubrifiant spirituel de l'entité « esprit-mainteneur ». Le tout produit de la compassion, de la gentillesse et, surtout, beaucoup de tolérance pour les orientations et les dévotions particulières de chacun.

Les ministres de ce nouveau culte sont souvent des pasteurs et des prêtres égarés. Ils façonnent savamment des prières qui sont délicatement calibrées pour imiter la forme des prières chrétiennes, mais en évitant toute référence spécifique aux personnes de la Sainte-Trinité. Les inventeurs de ce culte imaginent ainsi qu'ils préservent les valeurs et l'essence de la foi chrétienne tout en l'ouvrant aux autres croyances et en leur faisant, généreusement, une place.

À l'obligation de charité envers les autres humains, ils ajoutent la charité envers les autres divinités. On peut entrer sans courber l'échine dans leur temple, la porte est large. On y pénètre en apportant toutes ses croyances et ses valeurs particulières.

Sous cette grande tente, tous peuvent réciter, ensemble, des prières parfaitement inclusives dans un climat délicieux d'harmonie et de tolérance qui ressemble en tout point à l'amour. Toute la Foi semble contenue dans ce culte. Toute, sauf deux noms : « Jésus-Christ », et « Dieu d'Abraham, d'Isaac et de Jacob ».

Le chrétien est invité à participer, sans réserves, aux prières et au culte du similirédempteur et de sa similitrinité. Ceux-ci lui sont présentés comme une forme renouvelée du christianisme, ouverte à la diversité. Souvent, d'ailleurs, ce culte provient de théologiens qui étaient chrétiens à l'origine, et il a lieu dans des endroits qui étaient jadis des églises consacrées au Christ.

On invite le chrétien à participer aux prières de ce culte en lui disant qu'il n'y perd rien de sa foi mais, au contraire, que celle-ci y est résumée et agrandie dans un culte plus large et plus épuré. En effet, il suffirait, en récitant leurs credos désincarnés, de substituer les mots « rédempteur » et « créateur », avec ceux de « Jésus-Christ » et de « Son Père », pour retrouver, à peu de choses près, le Symbole des apôtres. Ainsi, on suggère aux croyants qu'ils peuvent, à loisir, donner une coloration chrétienne à ces prières génériques en assignant mentalement leurs noms chrétiens aux personnages génériques du culte.

Le chrétien, en récitant les prières de cette idolâtrie, n'aurait qu'à se souvenir que le créateur correspond au Père, que le rédempteur porte le nom de Jésus-Christ, et que l'entité spirituelle qui lubrifie le tout est le Saint-Esprit. Et voilà ! Le divin algorithme fonctionne alors en tous points comme une dévotion chrétienne tout en ayant l'avantage d'inclure et d'accepter, dans un culte commun, tous ceux qui rejettent le Père et qui renient Jésus-Christ.

Ce culte extraordinairement confortable et subtil, élaboré par des théologiens qui se disent chrétiens, est une manifestation insidieuse et perverse de l'idolâtrie. La voie large et facile qu'il propose mène à une façade vide. Il est un pastiche de la foi !

Sachez-le, pour entrer dans le temple de Dieu, il faut courber l'échine devant ce charpentier juif qui nous a sauvés ! Il faut laisser ses idoles et ses mensonges à la porte et emprunter la voie étroite. Il faut reconnaître, en les nommant, le Dieu d'Abraham, d'Isaac et de Jacob et Son Fils unique Jésus, le Christ. Ceux qui façonnent des rituels d'où ces noms sont absents proposent des perversions de la Foi.

LES MESSAGERS

L'affirmation chrétienne, que Jésus est le seul et unique Messie, ferme la porte à tous les faux prophètes et autres prétendants à qui on voudrait aussi donner ce titre. Elle rejette toute la diversité additionnelle que des messies, d'origines ethniques différentes, pourraient contribuer au culte chrétien. Ainsi, la doctrine chrétienne, limitée à la seule personne de Jésus-Christ, a, pour plusieurs, un caractère de pauvreté spirituelle intolérable.

L'Incarnation du Christ dans un seul homme semble insuffisante pour exprimer toute la diversité et la richesse de la parole de Dieu adressée au monde. Elle paraît incompatible avec le pouvoir créateur infini de Dieu.

La question se pose, pourquoi le Créateur enverrait-Il un seul messie sur Terre, alors qu'il y a tant de peuples, tant d'époques et tant de besoins ? Ceux que cette pauvreté du Christ laisse insatisfaits et qui veulent « l'enrichir » en lui ajoutant des compléments qui leur plairaient davantage, se tournent vers la théologie des messagers.

La théologie des messagers reconnaît l'existence d'un messie et de son autorité divine. Elle accepte même le caractère messianique de Jésus et de Son enseignement. Les promoteurs de la théologie des multiples messagers chantent souvent les louanges de Jésus, le comblent de respect et le décrivent dans les termes les plus élogieux. Ils reconnaissent même que Jésus fut, Lui-même, un messie ! Mais, Il ne serait pas l'unique Messie.

En effet, selon eux, Dieu envoie régulièrement, dans le monde, des « messagers » qui, collectivement, remplissent la fonction messianique d'enseignements divins destinés aux humains. Ce créateur ne limiterait pas son message à un seul faible messager. Il abreuverait plutôt les peuples et les époques d'une ondée de maîtres, les grands messagers, dont les enseignements, équivalents, correspondraient aux besoins particuliers de chaque époque et de chaque peuple.

Selon cette théologie, ceux qui ont de la difficulté à accepter Jésus comme le Christ, pourraient trouver, dans l'histoire, des messies mieux adaptés à leurs besoins. Ou encore, ils pourraient simplement anticiper la venue et les enseignements du prochain messager en devinant déjà les messages qu'il transmettra.

La théologie des messagers permet à certains faux prophètes de s'affirmer comme égaux du Christ. Elle incite à suivre ces faussaires. L'islam est un exemple de la théologie des messagers : le Coran reconnaît que Jésus est un Messie, mais il en fait un messie parmi plusieurs. En effet, il fallait d'abord que Mahomet rabaisse Jésus-Christ en rejetant Son identité de Messie unique pour pouvoir s'élever lui-même et imposer son Coran comme un nouvel évangile.

Étrangement, certains éléments du féminisme idéologique enseignent aussi une théologie des messagers multiples qui ressemble à celle qu'on trouve dans le Coran. Les deux utilisent la même appellation de « messager » pour décrire cette succession d'envoyés insignes. Cette thèse justifie l'attente féministe d'un messie féminin qui compléterait et équilibrerait une révélation chrétienne perçue comme trop masculine et patriarcale. Ce nouveau messager rétablirait ainsi un équilibre perturbé.

Ainsi, ces deux cultes, en apparence si opposés, l'islam et le féminisme, se rejoignent sur ce point. Ils partagent la même théorie des multiples messagers et conditionnent ainsi leurs adeptes à suivre des imposteurs.

Jésus a annoncé que des faux prophètes Le suivraient. Certains, comme Mahomet, ont connu un succès immense. D'autres suivront, sans doute. Cette fébrilité dans l'annonce de messagers futurs et cette concordance étrange entre des idéologies, en apparence si distinctes, n'inspire rien de bon.

Que les chrétiens le sachent, la théologie des multiples messagers est une perversion de la Foi ! Elle justifie et encourage l'émergence des faux prophètes, annoncée par le Christ, Lui-même.

On ne peut pas suivre deux maîtres. Il est impossible d'accepter, à la fois, Jésus comme le Christ, et un autre. Lui seul s'est incarné, une fois, pour tous les peuples, tous les temps, tous les hommes et toutes les femmes.

Dans les temps qui viendront, des individus extraordinaires énonceront peut-être des messages merveilleux et des paroles d'une sagesse et d'une douceur incomparable. L'Évangile paraîtra bien pauvre comparé à tous leurs trésors et ceux qui persisteront à se contenter, malgré tout, de leur charpentier juif, paraîtront bien désuets.

Mais, qu'on le sache, la théologie des messagers, qu'elle provienne de l'islam, du féminisme ou d'ailleurs, n'augmente pas le Christ en lui ajoutant d'autres instances de Messie. Elle Le renie dans le blasphème et l'infidélité.

LES DIVINITES ANTIQUES

Les apostats qui cherchent des alternatives à l'Évangile se tournent, parfois, vers les divinités préchrétiennes. Ils adoptent, alors, des versions modernisées des divinités antiques locales ou encore, se tournent vers les divinités hindoues ou celles des populations autochtones. Dans tous les cas, ils présentent leurs démarches comme la redécouverte d'une sagesse extraordinaire, perdue et enfin retrouvée.

Ces « retrouvailles » sous-tendent généralement un élément d'accusation envers la doctrine chrétienne décrite comme une idéologie menaçante causant la destruction des trésors de sagesse enfouis dans les cultes archaïques. Dans leur démarche, ils se portent à la défense des cultes anciens, percevant leurs dieux comme des divinités injustement opprimées par un Dieu judaïque trop exclusif. Ils élèvent et soutiennent les vieilles croyances ; ils les justifient, les proclamant égales de la doctrine chrétienne. Enfin, ils célèbrent la réémergence de ces anciens cultes et de leurs dieux comme un juste rétablissement après des siècles de prosélytisme chrétien.

La déesse antique, proposée par les promoteurs de certaines versions de l'idéologie féministe, est une de ces idoles modernes aux apparences faussement archaïques. On la présente comme une divinité plus antique et plus authentique que le Père de la foi judéo-chrétienne. Elle aurait été la divinité suprême originelle de l'humanité, reconnue comme telle pendant des millénaires avant d'être occultée par l'agression inique des peuplades patriarcales et de leurs cultes centrés sur des dieux mâles jaloux et oppresseurs.

On la présente comme une divinité plus près de la vraie nature humaine. Elle correspondrait à une époque édénique d'égalité entre les hommes et les femmes qui précéda l'intrusion patriarcale. Elle aurait subsisté sous la forme de divinités féminines dans les religions antiques avant d'en être chassée par le Dieu des Juifs.

De cette façon, on se fabrique, avec des débris archéologiques, des idoles entièrement contemporaines et on les met au service d'agendas antichrétiens. Comme les autres idoles, celles-ci demeurent dans l'ombre. Quand on veut les examiner de près, ses défenseurs déclarent qu'il ne s'agit que d'un mythe esthétique et culturel dont l'existence n'est que symbolique. Mais quand nos regards s'en détournent, ses adeptes recommencent à les promouvoir comme s'il s'agissait de divinités réelles.

On pourrait croire que les partisans des idoles antiques reprennent fidèlement les croyances anciennes et les sagesses archaïques qu'ils redécouvrent. En fait, il n'en est rien. Ceux qui se tournent, aujourd'hui, vers les divinités antiques n'éprouvent aucunement les craintes que ces faux dieux inspiraient autrefois à leurs adhérents. Par conséquent, ils ne ressentent aucune nécessité de les amadouer par des sacrifices sanglants ou coûteux.

Ces pseudo-païens ne ressemblent en rien aux peuples antiques qui, dans la nuit préchrétienne, se blottissaient dans des superstitions craintives et des rituels sauvages. Ils ne ressemblent pas non plus à ceux qui, en Inde ou ailleurs, perpétuent, par tradition, les croyances ancestrales héritées de leurs ancêtres. Non, il ne s'agit pas d'un éveil des croyances archaïques ni du retour des divinités d'autrefois.

Ceux qui prétendent pouvoir redevenir des païens innocents, inconscients du Christ, se leurrent. Il est impossible à un homme de redevenir un enfant. Pareillement, on ne peut plus effacer la Parole entendue ni l'ignorer comme si elle n'avait jamais existé. La connaissance annihile l'ignorance. Les seuls choix qui demeurent sont : accepter ou rejeter.

Chrétiens, sachez-le, on ne peut plus revenir à l'ignorance innocente des peuples archaïques ! Ceux qui tentent de le faire rejettent, en fait, ce qu'ils prétendent ignorer. Ils ne deviennent pas païens mais apostats.

En effet, c'est l'apostasie qui se tapit sous ces apparentes renaissances mythologiques. C'est elle qui façonne des idoles nouvelles à partir de lambeaux antiques et qui dresse ces assemblages de convenance pour supplanter le Christ.

Que le chrétien, à qui l'on propose ces faux trésors de sagesses autochtones, regarde le comportement de ceux qui les proclament ! Font-ils des sacrifices coûteux pour assagir leurs dieux ? Vivent-ils dans la crainte superstitieuse de châtiments magiques ? Croient-ils vraiment aux fables de leurs ancêtres ? Se plient-ils aux exigences sauvages de leurs traditions ? Non, ils utilisent, simplement, des anciennes croyances pour se façonner des cultes opportuns, attaquer l'Évangile et imposer leurs discours.

Les croyances antiques et autochtones ne sont pas des trésors redécouverts mais des décombres utiles fournissant des matériaux que l'apostasie moderne utilise pour façonner des idolâtries qui accusent la doctrine chrétienne et rejettent la Foi.

LE GRAND PANTIN

Voici le dieu favori des intellectuels. Ce dieu paraît supérieur, en tous points, aux croyances mesquines des Juifs. Il englobe tous les dieux, y compris le Dieu d'Abraham. Il dit : « en m'adorant, tu continues d'adorer ton Dieu mais, en plus, tu Lui ajoutes d'autres formes du divin ».

Après tout, tous les peuples ont des croyances et chacun croit en son être suprême. Le dieu suprême doit donc être celui que tous décrivent, chacun à sa façon. Pour ce dieu, tous les livres saints sont sacrés et toutes les croyances sont équivalentes. Il tolère tout et englobe tout.

Ce dieu n'est pas jeune, il date de l'Antiquité. Il est le « dieu des dieux » des stoïques de l'Empire romain et aussi l'être suprême des libres penseurs du Siècle des lumières. Il est répandu dans toutes les universités et dans toutes les écoles. Son habitat de prédilection est la faculté de théologie progressiste où sa doctrine est enseignée sous la forme du cours de religions comparées.

On le nomme, de nos jours « le Créateur » ou « le Grand Architecte » ou encore « l'Être suprême ». C'est le dieu de ceux qui disent ne croire qu'en un seul dieu. Il est un dieu unique aux mille visages. Il se révèle un peu partout, à travers différentes cultures et dans des dizaines de textes révélés. Il est la divinité de l'œcuménisme pan-religieux, de la grande union, non seulement des hommes, mais aussi de leurs croyances. Il est le dieu englobant, celui qui permet à tous les hommes de l'adorer à leur façon. Il leur dit : « Tous vos livres saints sont mes livres saints et toutes vos croyances sont mes vérités ».

Il est tolérant et ouvert, chacun peut le suivre à sa façon. Il est le dieu de la voie large et facile. Il aime tant les hommes qu'il leur donne tous les chemins pour le trouver. Il est visible ou invisible, un dieu pour les hommes et une déesse pour les femmes, ou encore il a une teinte bleue comme Krishna. Il est un éléphant, un serpent ou, pour ceux qui se délectent plutôt dans les abstractions, un beau grand concept.

Il s'annonce comme le grand réconciliateur, la divinité qui chapeautera toute l'humanité dans un monde technologique sans frontières, un monde où toutes les croyances se confondront dans le grand bazar spirituel de l'humanité. N'est-il pas le dieu nouveau d'une ère nouvelle, une ère sans conflits et sans frontières ?

Voilà bien une divinité en accord avec les intelligences éclairées du nouvel ordre mondial ! Il est le pendant théologique des Nations unies, une divinité à la mesure d'une époque de tolérance et de diversité, une croyance capable d'unir tous les humains quelles que soient leurs convictions particulières.

Il est le dieu de l'égalité. Avec lui, tous les cultes s'équivalent, toutes les races produisent des bibles et chaque révélation contribue quelque chose de précieux à la grande quête du divin. Il promet la paix, c'est-à-dire une ère sans guerres et, surtout, sans guerres de religions. La guerre de religions, quelle horreur ! Ce dieu prétend l'abolir. Avec lui, nous serons en paix, adorant, tous, celui qui englobe tout.

Mais, les chrétiens doivent payer un prix pour recevoir les avantages et les promesses de ce culte. Ils doivent élever cet être suprême au-dessus de Jésus-Christ, ou plutôt, accepter qu'il englobe le Christ et le dépasse.

Les Juifs aussi doivent payer. Pour eux, le prix consiste à renier l'alliance particulière que Dieu fit avec eux et l'héritage légitime d'Israël. Parfois, certains Juifs, même s'ils refusent eux-mêmes de suivre cette voie, sont tentés de demeurer silencieux devant ce culte, acceptant ainsi qu'il s'impose aux autres nations. Après tout, se disent-ils, si cette divinité pacifie les nations, ils pourront, eux, continuer d'adorer tranquillement le vrai Dieu, celui d'Abraham.

Certains sont tentés, aussi, de reconnaître Yahvé dans cette divinité qui, également, se déclare l'unique créateur de l'univers. Ne sont-ils pas les mêmes ? Et puis, ce dieu promet aux Juifs une consolation suprême. Avec lui, ils pourront se fondre enfin parmi les autres peuples et perdre cette marque millénaire qui les distingue et les afflige.

Les Juifs voudraient donc adhérer, eux aussi, au culte de cet être suprême. Or, chaque page de la Torah leur répète qu'ils sont uniques et qu'ils furent choisis parmi toutes les nations ! Comment dire, alors, que tous les dieux sont équivalents quand un seul peuple fut choisi ? La conscience de ce choix empêche les Juifs d'adhérer à l'idolâtrie du dieu des dieux.

Le chrétien, pareillement, est tenté d'entrer dans la ronde œcuménique du grand pantin. Il s'imagine dans la grande tente collective, au milieu de tous les autres ; main dans la main, ton dieu c'est mon dieu, ton prophète c'est mon prophète et tous, ensemble, nous dansons dans la joie du nouveau culte mondial ! Ce dieu n'est-il pas plus grand et plus complet que l'étroite croyance d'un petit peuple sémitique ? Il invente donc des prières délavées, faites de compromis. Des paroles insipides que nul ne peut critiquer, des rituels lors desquels chacun courbe doucement l'échine en songeant à l'entité créatrice aseptisée de son choix, lui demandant de le rendre toujours plus tolérant et plus inclusif.

On penche un peu la tête ; on dit des mots fades et doucereux. On ressent un gentil frisson en pensant qu'on fait partie de l'avant-garde lumineuse qui pousse l'humanité vers la spiritualité ample, englobante, multimodale et transethnique de demain.

Mais voilà, il y a un problème. La foi du chrétien passe par une personne unique qui n'est pas une idée mais un homme. Un homme qui n'a pas vécu n'importe où ni n'importe quand.

Il n'était pas de toutes les croyances ni de toutes les époques, mais d'une seule ! Pour le chrétien, Dieu s'est incarné une seule fois, dans un seul homme qui vécut dans un lieu, provint d'un groupe ethnique et suivit une tradition religieuse. Une abstraction peut avoir plusieurs formes mais un homme, lui, n'a qu'une forme.

Toute la foi chrétienne passe par un moment unique, dans tous les sens et par rapport à toutes les mesures. Ce moment eut lieu sur une croix, à Jérusalem, il y a deux mille ans. Ceux pour qui le créateur est une abstraction peuvent s'imaginer qu'il est de tous les lieux et de toutes les paroles. Pour le chrétien, la parole de Dieu est un mince et fragile filet d'eau vive. Elle fut placée dans le cœur d'un patriarche sémitique et portée par une peuplade nomade, pour être enfin incarnée dans le Messie et révélée à tous les peuples.

À travers Jésus-Christ, le chrétien appartient à la descendance d'Abraham. Par Jésus, il est lié à la Torah. Pour le chrétien, l'unicité de Dieu ne provient pas d'un unique regroupement ni d'une unique synthèse ni d'un concept « englobeur », mais d'une personne unique.

L'intellect peut facilement fabriquer des synthèses englobantes, y compris des synthèses de dieux, mais celles-ci ne sont que des concepts. Tant qu'il reconnaît que Jésus est le Christ, Dieu incarné, la Foi du chrétien ne peut pas être assimilée à cette idolâtrie car un homme ne peut pas être résumé dans un concept.

L'Évangile, dans son essence même, réfute le culte de l'être suprême. L'Évangile est une nouvelle, un message de vérité. Il affirme que Jésus le Nazaréen est le Christ, le Fils unique de Dieu et l'incarnation de la loi de Dieu qui fut d'abord transmise au peuple juif pour ensuite être révélée au monde. Or, cet appel implique, pour tous ceux qui l'entendent, qu'ils abandonnent leurs divinités ancestrales.

Ainsi, chaque chrétien retrace l'ascendance de sa foi à un ancêtre qui abandonna ses croyances ethniques pour adhérer au

Christ. Ceux qui se convertissent aujourd'hui devront, pareillement, abandonner les idoles d'aujourd'hui.

Cette idole de l'être suprême n'est pas nouvelle. Elle date, au moins, de l'époque de l'Empire romain. Les intellectuels de cette époque la nommaient « le dieu des dieux ». Ce dieu n'est pas le Seigneur. Il est une créature, un pantin, une fabrication, le résultat du processus intellectuel de syncrétisme. Il n'est pas « tout pour tous », mais plutôt « n'importe quoi pour n'importe qui ». Sa complexité, en apparence mystérieuse, résulte simplement de l'accumulation des attributs contradictoires dont on l'affuble. Il est si changeant qu'il semble vivre. En fait, il ne fait que prendre les formes qu'on lui donne comme une banderole agitée par le vent.

Chrétiens, la prochaine fois qu'on vous invitera, au nom de l'harmonie et du respect des autres, à vous joindre à une cérémonie qui se dira œcuménique, exigez qu'on y mentionne, spécifiquement, le nom de Jésus-Christ, Fils unique de Dieu ou encore, demandez qu'on y proclame le nom que le Père a donné à Moïse, Dieu d'Abraham, d'Isaac et de Jacob.

Si ceux qui vous invitent refusent, alors détournez-vous de cette cérémonie car il s'agit d'un culte idolâtre et vous êtes invités à vous prosterner devant une chose qui n'est qu'un assemblage de compromis. Ne soyez pas surpris, alors, si les agents doucereux de cette guimauve divine vous accusent de semer la discorde, d'être étroits d'esprit, de causer des conflits, de véhiculer une religion mesquine et impérialiste, et de nuire à l'harmonie sociale de la société multiethnique de demain. Ne soyez pas étonnés s'ils vous dénigrent et vous disent que vous vous cramponnez à des croyances dépassées. Eh bien, continuez de vous cramponner car on tente de vous égarer ! Ne vous laissez pas réduire au silence par ces discours mielleux ! Osez prononcer, à voix haute, le seul nom qui sauve : Jésus-Christ !

LA TERRE

Les croyants qui affirment croire à la fin du monde n'y croient pas vraiment. En effet, pour eux, l'expression « fin du monde » signifie plutôt un nouvel état du monde qui suivra le retour du Christ. Ceux qui croient absolument à la fin du monde sont les athées. Pour l'athée, tout ce qu'il sait, ce qu'il connaît, ce qu'il perçoit émane des mécanismes de son cerveau et disparaîtra avec lui. Devant l'abîme de son annihilation imminente, l'athée se tourne vers des formes illusoires de survivance.

Étrangement, si l'athée était capable de demeurer lucide, il suivrait sans doute, lui aussi, les commandements du Christ. En effet, il percevrait ses plaisirs comme autant de sécrétions inutiles et saurait que sa volonté de pouvoir n'est que la pulsion insensée et transitoire d'un mécanisme physiologique. Il verrait, sans détours, ses idoles, y compris celle qu'il nomme « moi », pour ce qu'elles sont : les mirages biochimiques du système nerveux d'un primate.

Devenu alors absolument indifférent au monde, il se tournerait vers le Christ et ferait le bien. En effet, le cœur, quand il n'est pas égaré par les pulsions de la jouissance, de la survie et du pouvoir, s'oriente naturellement vers la voie tracée par le Sauveur. L'athée entièrement lucide suivrait lui aussi le Christ car, même si la mort était absolue, ça vaudrait quand même la peine d'aimer.

Mais l'état d'incroyance pure, privé des lumières de l'Esprit saint et du soutien de la foi, devient vite intenable et l'incroyant se tourne vers des espérances illusoires. Il redevient une cellule plus ou moins inconsciente, immergée dans l'action politique ou sociale du moment. Quand il trouve un combat dont les enjeux dépassent l'horizon désespéré de sa chair, il y plonge aussitôt. Ainsi, il façonne des idoles qui semblent le dépasser mais qui ne sont que des créatures comme lui, et il se livre à leur domination.

Une de ces idoles est la Terre. Le culte de la Terre, considérée comme un être vivant à part entière, est une idolâtrie millénaire qui était tombée en désuétude depuis longtemps. Sa réémergence récente provient de notre conscience nouvelle de la fragilité de l'environnement écologique. Ce culte prend son origine dans le constat que l'activité humaine altère le milieu naturel et que l'humanité entière doit ajuster ses comportements pour réduire leur impact sur la nature.

Cette idolâtrie, comme d'autres, prend sa justification dans une situation nouvelle occasionnée par des transformations technologiques. À partir de ce constat, on emprunte un langage de type sacré pour mieux influencer les gens, les incitant à « sauver » la Terre.

Le culte qui en découle présente la Terre comme un fragile esquif emportant sa précieuse cargaison de vies à travers l'immensité de l'espace. Il affirme que l'humanité est en train de détruire son unique habitat et qu'elle doit adhérer à une nouvelle sagesse qui consiste à se percevoir comme une espèce animale subsistant dans une écologie fragilisée.

Dans ses discours, le culte de la Terre affirme que, pour ne pas nous détruire, nous devons réapprendre, comme nos ancêtres l'ont fait, à vénérer la Terre comme une mère sacrée. Nous devrions la percevoir comme un temple ou encore comme un être vivant et conscient dont nous serions les enfants ou les cellules. En acquérant cette conscience pseudo-mythique de la Terre en tant qu'entité spirituelle qui dépasse les individus, l'humanité obtiendrait la sagesse écologique essentielle à son salut.

Ainsi, une nouvelle idole prend forme, qui tire sa justification d'une situation écologique en transformation. Comme bien d'autres, cette idolâtrie n'exige pas vraiment de la foi. Ses adeptes n'ont pas besoin d'être complètement convaincus, par exemple, que la Terre est vivante ou qu'elle est consciente. Il leur suffit d'en ressentir la sensation, occasionnellement, et de le mentionner dans leurs discours.

La motivation première de ce culte repose sur la thèse que les humains sont incapables de gérer leur environnement sur une base uniquement rationnelle. Il serait donc nécessaire de les mobiliser par des impératifs émotifs, mythiques et sacrés pour les amener à respecter l'environnement. Suivant cette logique tordue, les gens finissent par se convaincre que, pour agir rationnellement, ils doivent se fabriquer des superstitions et les vénérer. Ils en viennent à percevoir les mécanismes de rétroaction entre les espèces et leur environnement comme une forme de conscience !

La divinité centrale du culte de la Terre n'est pas, en dépit des apparences, la Terre elle-même, même quand elle est présentée comme un être conscient. L'idole principale de ce culte se nomme, en fait, « nous ». Ainsi, les gens sont appelés à substituer leur relation individuelle avec Dieu en faveur d'un militantisme collectif dont l'objectif est d'atteindre un état écologique stabilisé. Celui-ci est perçu comme une forme de « salut » et comme une quête mystique.

L'adepte du culte de la Terre oublie son propre destin individuel en tant qu'enfant de Dieu pour s'égarer dans une idolâtrie de la vie animale perçue comme sacrée. Il place son espérance dans un monde écologiquement stable d'un futur imaginaire et inaccessible. Enfin, il est appelé à se prosterner devant ces absurdités que sont l'espèce animale sacrée et la planète maternelle.

Comme pour plusieurs autres idolâtries, le culte de la Terre prend son origine dans une situation concrète et observable. Il s'agit, dans ce cas, de la nécessité pour l'humanité de gérer son environnement. Cependant, à partir de cette situation rationnelle et concrète, et sous prétexte de mobiliser les gens, les élites écologiques ont tissé un discours rempli d'allusions au sacré et de fabrications idolâtres.

Tout ce fatras d'idées à moitié scientifiques et à moitié superstitieuses vivote dans un recoin vague de la pensée, où les idées ne sont ni entièrement fictives ni tout à fait rationnelles. Au nom de la cause importante (les causes sont toujours importantes), on se fabrique des mythes utilitaires qu'on n'examine pas de trop près car ils ne survivraient pas à l'analyse.

Cet état, où on ressent des certitudes sans trop les examiner, est la matrice de prédilection de l'idolâtrie, là où on fabrique des divinités de convenance et des discours à la sauce sacrée. L'égarement individuel et les superstitions en apparence scientifiques ou politiques en résultent.

Ainsi, l'objectif rationnel et valable de gérer adéquatement l'écologie terrestre mue en une idolâtrie de la Terre sacrée. Cette sacralisation, à son tour, mène à des décisions collectives irrationnelles et à l'égarement individuel.

Le barrage d'accusations

La démarche d'apostasie suscite un besoin constant de critiquer la Foi pour, ainsi, se justifier elle-même. Ces accusations prennent plusieurs formes. Elles attaquent sans cesse les chrétiens, sapent leur confiance et menacent de pervertir leur foi.

D'abord, l'apostat quémande un tout petit peu de tolérance. Puis, il demande la liberté d'être différent et de vivre tranquillement selon ses règles à lui. Ensuite, il veut redonner à sa vie une légitimité et un but. Alors, il explore les spiritualités, il médite, il milite. Il suit des cultes ou des causes. Il se met à trouver des fautes à la doctrine chrétienne pour justifier son rejet de celle-ci, et alors l'accusation prend forme.

Il se tourne parfois vers la Foi, non pour la suivre, mais pour la remodeler et l'adapter à ses besoins ; non pour s'y soumettre, mais pour la dominer. Parfois, il veut édifier un nouvel échafaudage spirituel ou moral.

Dans tous les cas, la doctrine chrétienne l'incommode. Alors, la cadence de ses accusations accélère et elles deviennent une clameur urgente. Ce vacarme accuse sans cesse la doctrine chrétienne pour la rabaisser et ainsi élever, par comparaison, les édifices navrants que l'apostat érige pour justifier ses volontés de jouissance et de pouvoir. Voici un échantillon de quelques accusations, anciennes et nouvelles.

CAPTIFS D'UN CULTE DEBILITANT

Cette accusation, qui trouve sa forme la plus virulente dans le nazisme, dépeint la foi chrétienne comme une maladie du corps social qui affaiblit les peuples. Pour ces accusateurs, la foi chrétienne serait une contagion sémitique débilitante. Pour eux, un peuple croyant ressemble à un malade pitoyable et fiévreux, habité par des hallucinations irréelles.

Elle décrit les peuples préchrétiens comme des races fortes et saines, engagées dans les combats âpres et joyeux de la survie et du pouvoir. Elle présente les croyances de ces peuples comme des expressions, parfois confuses et primitives mais essentiellement véridiques, reflétant les conditions concrètes de la survie dans un monde sans merci. Elle nous montre des guerriers vivaces au regard lucide, dont les gestes sûrs dépassent les atermoiements des faibles. Elle dépeint leurs croyances et leurs superstitions comme des formes obscures d'une sagesse profonde, en accord avec la vérité du monde et au service du peuple et de la race dans sa lutte sublime pour la survie.

Or, voici que des missionnaires s'infiltrèrent, comme des microbes, au sein de ces peuples naturellement forts. Ils semblaient, en apparence, inoffensifs, refusant même de combattre pour se défendre. En fait, ils étaient porteurs d'une contagion qui se répandit depuis la Palestine et qui transforma les peuples qu'elle toucha en troupeaux de moutons apeurés. Ainsi contaminés, les nobles guerriers qui mordaient dans la vie à pleines dents et vivaient dans l'ici et le maintenant, se transformèrent en moines émasculés, tapis aux fonds de leurs monastères, consacrant leur vie à préparer leur mort.

Avant de recevoir l'Évangile, ils agissaient dans le monde comme des lions, des boucs et des étalons. Les voici maintenant à genoux dans leurs églises, rêvant de devenir les brebis fécondées d'un Dieu sémitique et modelant leur vie sur celle d'une jeune vierge appelée Marie. Alors qu'ils luttaient, lucidement, pour des biens concrets, les voici prostrés, attendant nerveusement la permission d'accéder à un ciel imaginaire.

Autrefois, cette accusation particulière mettait d'abord l'accent sur les aspects guerriers de cette vitalité païenne et sur les combats joyeux et sans scrupules qu'elle suscitait. Après le carnage de la Seconde Guerre mondiale, le discours mythique de cette accusation a pris un caractère sexuel. Par conséquent, la saine vitalité des peuples préchrétiens ne nous est plus présentée comme une joyeuse lutte sanguinaire mais comme un état de copulations tribales, libérées de toutes contraintes artificielles.

Comme toutes les accusations, celle-ci comporte sa part de vérité. Certains peuples qui furent convertis au Christ et adoucis par l'Évangile ont en effet été dévorés. Les Celtes, christianisés, furent envahis par les Vikings. Les Égyptiens et les Byzantins furent subjugués par l'Islam. Les Hurons, convertis, furent conquis par leurs voisins. Il est donc vrai que certains peuples, adoucis par la foi, furent conquis, en partie à cause de celle-ci. Il est vrai aussi que les joies subtiles de la grâce paraissent fades à côté de l'exultation sauvage des vainqueurs.

L'accusation contient une part de vérité. Sa force provient de là. Mais cette vérité, immédiate et concrète, lui vient du monde et dénature celle de Dieu. Vaut-il mieux être le roi des animaux ou une brebis dans le troupeau de Dieu ?

Ces hommes et ces peuples, que l'accusateur nous présente comme idéaux, fonctionnaient comme des bêtes parmi les bêtes. Leur harmonie avec la nature et avec leur entourage résultait, comme celle des bêtes, des mécanismes de l'instinct. Ce qui nous paraît être une liberté souveraine n'est, en fait, qu'une soumission absolue aux lois de la matière.

Ceux qui cherchent le bonheur dans l'accouplement sans retenue n'égaleront jamais, sur ce plan, l'intensité parfaite et immédiate des insectes. Ils n'atteindront jamais, au même degré, cette union complète des sensations et des gestes, cette perfection de l'action pure, qu'on retrouve chez les bêtes.

Nous ne sommes pas conçus pour ces communions bestiales ; ceux qui les cherchent se dénaturent. Celui qui, par la grâce de Dieu, prend conscience de sa nature animale commence déjà à la domestiquer. Celui qui s'aperçoit qu'en se domestiquant lui-même, il subordonne cette bête à son identité d'humain, avance déjà vers le Seigneur.

Le croyant comprend bien que sa foi ressemble souvent à de la faiblesse car la puissance qui en émane a d'autres visées que le pouvoir. Cependant, il sait, aussi, que son véritable destin n'est pas de dominer les bêtes et les hommes mais de soumettre la parcelle de Lumière qu'il reçoit de Dieu, à Celui de qui elle provient. Il sait que s'il se saisit d'elle pour l'asservir à son corps, il se viole lui-même et prostitue sa nature. Il sait que ce sont ceux qui mettent leur conscience au service de leurs instincts qui agissent de façon dénaturée.

Il n'est pas naturel pour l'humain d'agir comme une bête. Quand il essaie, il se comporte comme un monstre. Il voit d'ailleurs que ceux qui rejettent leur nature d'enfants de Dieu ne muent pas en êtres naturels et harmonieux mais, au contraire, ils se dégradent dans des comportements qui n'ont rien de naturels.

Dans les tribus primitives, cet acharnement bestial se transformait en des rituels sanglants, des superstitions terrifiantes et des orgies dénaturées qui n'avaient rien de commun avec le comportement animal. De nos jours, il prend la forme de sociétés stériles et affadies ; engourdies par l'accumulation des petites jouissances. Elles deviennent l'antithèse même des peuples jeunes et vigoureux qu'elles croient recréer.

Que le chrétien le sache, si ses victoires ressemblent parfois à des défaites, elles ressemblent aussi, parfois, à des victoires ! Ceux qui, aujourd'hui, accusent la foi chrétienne d'affaiblir les peuples, craignent, en fait, que la force qui provient de la foi ne mette un frein à leurs licences.

Par conséquent, cette accusation, tout en incitant les humains à retrouver leur force dans des comportements préchrétiens s'applique, en même temps, à les convaincre que la Foi est une source d'impuissance. En décrivant les chrétiens comme des êtres moralement impuissants et incapables d'agir, elle cherche à les maintenir dans un état de paralysie morale qui ressemble à la vertu mais qui n'en est qu'un simulacre.

Celui qui se soumet à la volonté de Dieu et qui bâtit, pour lui et les siens, une société droite et féconde n'est pas un être dénaturé ni faible. Au contraire, il est en accord avec la nature et avec sa nature. En effet, il se trouve alors mandaté par le Seigneur de mettre Sa force au service du Père, Créateur de l'univers.

LES MARCHANDS D'OPIUM

Cette accusation, qui provient du communisme, affirme que la foi chrétienne est un narcotique dont les consolations maintiennent les travailleurs dans un état de contentement factice, les empêchant d'atteindre le paradis social auquel ils ont droit.

L'accusation précédente faisait référence au passé en affirmant que la Foi avait affaibli des hommes forts. Celle-ci se tourne plutôt vers l'avenir. La doctrine chrétienne y est décrite comme un instrument asservi aux intérêts des classes dominantes et utilisé par celles-ci pour enrayer la grande mécanique de la lutte des classes et retarder l'avènement du paradis socialiste.

Ce système accusatoire ressemble, par sa structure, à la doctrine chrétienne. Il contient des composantes similaires à celles du Dogme mais il en invertit radicalement le sens ; le royaume de Dieu annoncé par le Christ y devient un mode d'organisation social.

Comme la Foi, il propose une vertu mais celle-ci consiste à agir sans scrupules dans l'intérêt de la lutte des classes. Ainsi, les communistes se présentent comme des sauveurs, libérant les prolétaires des illusions stériles de la Foi pour les amener à une nouvelle naissance en tant que travailleurs purifiés, débarrassés de toutes leurs pulsions bourgeoises et appelés à vivre, comme de nouveaux élus, dans un monde que la victoire communiste aurait débarrassé de tout réflexe individualiste.

Le communisme qui niait Dieu et condamnait les religions était lui-même une religion. En déclarant que la doctrine chrétienne était un opium délétère qui détournait les travailleurs de la vertu prolétaire et faisait obstacle à l'avènement de l'éden socialiste, cette idéologie monstrueuse accusait la doctrine chrétienne de promouvoir un agenda maléfique.

Cette religion qui était fausse au point de renier sa propre nature, en arriva à bénir tous les vices et toutes les atrocités au nom de l'amour des masses, son image tordue de la charité. En effet, dans sa logique, les scrupules étaient des fautes condamnables puisque l'élévation morale suprême consistait à subordonner tous les actes aux impératifs de la cause.

UN INSTRUMENT D'IMPERIALISME

Selon cette accusation, la doctrine chrétienne détruirait l'identité des autochtones. Elle couperait leurs âmes d'un lien essentiel et vivifiant avec le territoire et la tribu, pour ainsi en faire des inférieurs et les déposséder. De plus, l'expansionnisme inhérent à l'annonce de l'Évangile aurait suscité des agressions incessantes de la part des pays chrétiens contre les peuples avoisinants. En particulier, les croisades sont présentées, dans cette accusation, comme des razzias sordides, menées injustement contre les peuples musulmans pacifiques.

D'abord, le chrétien demeure silencieux devant cette accusation car il est touché par la souffrance des peuples autochtones et impressionné par les violences des guerres saintes. Mais, en examinant les faits historiques que l'accusation laisse dans l'ombre, une nouvelle réalité apparaît. Il découvre que cet islam, que l'accusation présente comme une victime pacifique des croisades, subjugua la moitié de la chrétienté par la force et faillit conquérir le reste. La violence des uns équivalait celle des autres.

Il apprend, aussi, que ces missionnaires européens, accusés d'impérialisme, provenaient, eux-mêmes, de peuples qui avaient été convertis par des étrangers et leur en étaient reconnaissants. À leur tour, ils annonçaient la Bonne Nouvelle à des frères étrangers comme d'autres l'avaient fait auprès de leurs propres ancêtres.

En annonçant l'Évangile aux peuples autochtones, ces missionnaires reconnaissaient ceux-ci comme de vrais frères, dignes de recevoir, eux aussi, la parole de Dieu, et non comme des spécimens à conserver dans leur état de nature pour amuser les savants et les nantis.

Les accusateurs regardent uniquement ce qu'ils veulent voir.

UN OPPRESSEUR PATRIARCAL

Selon cette thèse, la doctrine chrétienne représenterait l'aboutissement d'un système millénaire d'endoctrinement dont le but serait de justifier la domination de l'homme sur la femme et de maintenir celle-ci dans un état d'asservissement perpétuel. Ce système trouverait son origine dans des sociétés patriarcales guerrières qui auraient supplanté les peuples archaïques, moins violents, dont les cultes, plus anciens et plus naturels, étaient centrés sur les aspects féminins du divin.

La foi chrétienne, avec son Dieu uniquement masculin, serait donc la manifestation ultime d'une soif effrénée de pouvoir mâle. Cet appétit aurait eu pour conséquence d'imposer un système de valeurs désaxé qui réduit les femmes au rôle, unique, d'instruments de procréation.

Que le chrétien qui est ébranlé par ces accusations réexamine les œuvres de sa foi et la vérité de son message ! Il verra que le Messie s'est incarné dans le monde par une femme et que celle-ci est le premier chrétien, le modèle et le symbole de tous les autres. Il se souviendra comment la foi soutint les familles à travers les guerres, les épidémies et la pauvreté ; comment elle permit à des générations de croître en droiture et de s'entraider malgré des conditions de vie souvent pénibles.

Au cours des siècles, les chrétiens, hommes et femmes, ont marché côte à côte. Ils ont bâti, dans des conditions matérielles dont nous avons aujourd'hui oublié la rigueur, les familles qui assurèrent leur survie matérielle et leur épanouissement spirituel.

Quelle est cette génération stérile, vautrée dans son confort, qui ose accuser ceux qui ont bâti le monde qu'ils consomment maintenant ?

UN PATHOGENE SEXUEL

La foi chrétienne, selon ces accusateurs-ci, serait un appareil oppressif qui étouffe la fonction sexuelle humaine. Les tendances antisexuelles déjà latentes, selon eux, dans le judaïsme auraient été poussées, dans la doctrine chrétienne, à des limites extrêmes et insensées qui blessent les croyants. Ces accusateurs décrivent les chrétiens comme des individus spirituellement châtrés, asservis au joug inhumain de la morale sexuelle de l'Église.

Nous touchons ici à la source même des dernières cinquante années d'agressions idéologiques antichrétiennes !

Ces accusateurs, comparant la fonction sexuelle à l'alimentation ou à la respiration, affirment que des activités copulatoires régulières sont essentielles à toute vie saine et bien balancée. Le coït ne serait donc pas une activité essentiellement conjugale, mais plutôt une fonction biologique individuelle dont l'exercice serait nécessaire et hygiénique.

Dans cette optique, le lien conjugal ne serait pas un attribut spécifique au couple en tant qu'entité distincte, mais une activité individuelle pratiquée en partenariat avec un autre individu. L'optique est entièrement différente car, pour les uns, l'accouplement émane du couple alors que pour les autres, il est d'abord un besoin individuel que l'on satisfait en couple.

Par conséquent, ces accusateurs considèrent que la doctrine chrétienne, qui refuse de laisser libre cours à la fonction sexuelle en dehors du mariage, impose un carcan déshumanisant aux croyants célibataires et maintient ceux-ci dans un état physiquement et psychologiquement malsain. Ils se représentent ainsi les croyants comme des frustrés, perpétuellement obsédés.

Selon eux, les pulsions sexuelles des croyants, artificiellement bloquées par l'appareil répressif du clergé, finiraient par trouver des exutoires pathétiques dans le culte même qui les frustre. Ainsi, ils perçoivent la doctrine chrétienne comme profitant indirectement de son activité répressive. Elle harnacherait la libido de ses fidèles pour la réorienter vers ses pratiques dévotes.

Cependant, cette pulsion sexuelle frustrée et dénaturée ne trouverait pas seulement son exutoire dans des formes exacerbées de la liturgie. L'accusateur insinue que les dégâts de cette tyrannie émotive s'étendent beaucoup plus loin. En effet, il suggère que les chrétiens dévots, sexuellement brimés, tendent à devenir hargneux, violents et intolérants. Ce blocage artificiel de leur fonctionnement copulatoire les rendrait même malades. Cette situation causerait des violences, des abus, des haines, des dérèglements et tout un cortège de misères individuelles et collectives.

Quand ces accusateurs jettent un regard sur les autres croyances, ils concluent toujours que les exigences de la doctrine chrétienne imposent un carcan sexuel plus restrictif que tous les autres. Ainsi, la doctrine chrétienne leur semble une pathologie dénaturée qui tire son pouvoir des frustrations mêmes qu'elle engendre.

Invariablement, selon les thèses de cette accusation, les peuplades païennes vivaient dans un état d'harmonie sexuelle édénique avant l'arrivée des pères missionnaires qui transformèrent alors ces enfants de la nature, sexuellement sains, en créatures tordues et empêtrées ; enchaînées à l'appareil de remords paralysant imposé par les pères oppresseurs.

Pour ces accusateurs, la culture chrétienne serait un carnaval grotesque de castrations rituelles dont l'iconographie hagiographique sanguinolente et douloureuse reflète les frustrations sexuelles qu'elle inflige à ses fidèles. Pour eux, la doctrine chrétienne enferme les croyants dans un cachot de remords dont ils doivent s'évader pour retrouver la sexualité libérée qui les rendra enfin heureux.

Dans cette vision utopique suscitée par l'accusation, l'homme sexuellement libéré fonctionne sur tous les plans comme une machine bien rodée. Le voici pleinement satisfait, digérant une nourriture abondante, s'abreuvant de boissons saines et copulant avec régularité. Repu, il devient béat. Tous ses besoins physiques étant comblés, il perd son âpreté. Sa vie cesse d'être un combat pour la vertu et devient une longue rumination placide. Contenté, il n'est plus tenté. Il peut maintenant passer de longues années dans le confort inoffensif qui lui tient lieu de bonheur, méprenant sa passivité égoïste pour de la vertu.

Le chrétien qui entend ce discours accusatoire se sent tenu de l'accepter. Il voit bien comment la loi implacable de la doctrine de la Foi impose un carcan dur à ceux qui l'acceptent. Il compare les gestes raides et guindés de ses aïeux chrétiens aux danses fluides et sensuelles des indigènes. Il voit bien toute la violence, les refoulements et les pressions qu'a entraîné le combat, pour mater la pulsion sexuelle, surtout dans son monde repu et inondé d'incitations au plaisir.

En particulier, il voit bien à quel point l'appétit sexuel peut dominer tous les autres besoins dans une société qui est paisible et abondante. Les croyants, bâtés par leurs devoirs, font figure d'infirmes sclérosés devant l'aisance fluide des jouisseurs libérés. L'insatisfaction chronique que cause ce blocage et la pression intolérable des besoins sexuels inassouvis font éventuellement irruption hors de leur champ naturel et résultent en agressions, conquêtes, abus, et dominations violentes.

Le chrétien entend ces accusations et tend à les accepter. Il sent bien à quel point ses efforts pour refouler ses pulsions et les remords d'y céder le drainent et le déforment. Tous ses sens lui dictent qu'il faut copuler quand on le peut. Mais une autre loi fait obstacle à la loi du corps, une loi qui veut soumettre l'appel du sexe à la raison et à l'amour.

Dans une société où les esclaves, les pauvres, les impuissants et les étrangers sont sans importance, on peut assouvir ses pulsions sans contraintes sur ses inférieurs. Mais, quand l'autre devient mon frère ou ma sœur, alors la loi de l'amour exige que je place son bien devant mon besoin. Le croyant qui ose affronter ce dilemme sans esquives est amené à concéder qu'il y a bien peu de situations où l'accouplement sexuel coïncide entièrement avec le bien de chacun. Mais qui veut accepter un tel joug ? Qui peut l'accepter ?

Dans une société calme et prospère dans laquelle les autres besoins sont satisfaits, la volonté de jouissance s'impose sans réserves. Alors, les nantis sexuels, non pas les riches mais ceux qui possèdent les attributs qui ont cours dans la foire du sexe, revendiquent le droit de se consommer les uns les autres et d'exhiber leurs luxures.

L'apparence physique, la jeunesse, la santé, la notoriété, sont des formes de richesse au même titre que l'argent. Alors que les nantis monétaires se paient des voitures, des bijoux et des voyages, les nantis sexuels, eux, se paient des aventures, des partenaires et des rencontres. Ceux qui sont plus riches que les autres, riches de jeunesse, de santé et d'apparence exigent le droit d'assouvir leurs désirs, non pas en fonction du bien, mais pour jouir, sans retenues ni obligations, des corps qu'ils possèdent.

Parce qu'ils ne paient pas leurs plaisirs avec de l'argent, ils se croient pauvres et vertueux. En fait, ce sont des nantis qui rémunèrent leurs luxures avec d'autres devises. Pour justifier leurs consommations, ils substituent une idéologie de libération sexuelle aux obligations de l'amour véritable.

Nous sommes si conscients de la dimension monétaire de la richesse que nous oublions ses autres formes. En ignorant les formes de la richesse qui relèvent de la sensualité, nous escamotons les pauvretés qui leur font pendant : pauvretés d'apparence, de jeunesse, de santé.

Que les nantis de l'élite copulante prennent conscience de ces pauvres de corps qui les côtoient et dont les vies sont dépourvues de rencontres ludiques et de festins charnels ! Ils percevront alors l'arrogance blessante de leurs étalages libertaires au sein d'une société engloutie dans les incitations au plaisir. Ils verront comment leur refus du sacrifice alourdit la charge de ceux qui persistent à subordonner leurs instincts aux nécessités de l'amour.

D'où vient donc une telle frénésie d'accouplements stériles ? À quoi peut servir cette surenchère de réclames suggestives ? D'habitude, nous sommes trop enfoncés dans cette foire de l'agace pour en prendre conscience. Mais, quand on y réfléchit, cette juxtaposition d'hypertrophie érotique et de stérilité physique a le caractère pathologique d'une boulimie. Elle ressemble aux divagations lubriques d'un castrat. La friandise occasionnelle d'hier est devenue une drogue collective. Nos sociétés proclament sans cesse leur santé sexuelle. En fait, elles sont sexuellement malades.

Pour le chrétien, la pulsion sexuelle doit être subordonnée à la raison car la raison est l'outil qui permet de découvrir où se trouve le bien, le nôtre et celui de l'autre. C'est la raison qui nous rappelle, quand nous l'écoutons, que la pulsion sexuelle doit être assujettie à sa fonction et non à la sensation qu'elle procure. Cette même raison nous suggère qu'une société qui subordonne tous ses comportements, ses lois, ses valeurs et sa culture à la volonté de jouissance de ses nantis sexuels, s'égare.

UN VIOLEUR DE LA TERRE

Alors que les cultes traditionnels ont un respect pour la nature et les bêtes en soulignant la fraternité de l'homme avec les autres animaux, la doctrine chrétienne proclame que l'humain est fondamentalement différent des bêtes et affirme sa souveraineté sur le monde. Se basant sur cette distinction qui émane de la doctrine chrétienne, ces accusateurs affirment que le chrétien traite la nature comme sa possession et qu'il l'abuse.

La doctrine chrétienne, raffinée par la scolastique, a connu de très grands succès au cours des siècles. La scolastique, étude humble et attentive de la Révélation acceptée comme source de vérité, fut décriée de tous temps par les accusateurs comme cause d'ignorance et d'obscurantisme. Elle fut pourtant le creuset originel d'où émergea l'explosion extraordinaire des connaissances scientifiques.

Les civilisations chrétiennes, astreintes à se soumettre à la vérité d'un texte, même quand celui-ci prend des formes paradoxales, puisèrent dans la scolastique les outils intellectuels qui ont, ensuite, façonné la science. Ainsi, les disciplines originellement élaborées pour l'étude de la Foi, servirent de semences à la quête scientifique. L'exégèse judéo-chrétienne est la matrice des sciences.

Ces accusateurs méprennent les tensions qui existent entre ces différentes démarches de vérité, l'élaboration de la doctrine de la Foi et la recherche scientifique, pour un combat opposant des forces contradictoires. Ils présentent la Foi comme une anti-vérité, en lutte contre une démarche scientifique lumineuse qui aboutirait nécessairement à l'incroyance. Là où l'accusateur progressiste voit une guerre d'extermination entre deux thèses incompatibles, le croyant trouve, au contraire, une tension féconde. La foi suscite un amour inconditionnel et confiant de la Vérité. Un attachement semblable nourrit toute quête scientifique vraie. La science, en raffinant notre connaissance du monde, affine aussi la foi.

Les connaissances scientifiques qui émergèrent du monde de la chrétienté devinrent les techniques d'un pouvoir exercé sur la matière. Fortes de ce pouvoir, les civilisations chrétiennes étendirent leur empire, et avec lui, l'Évangile, dans le monde entier. Les fruits de leur science ont, en quelque sorte, conquis le monde.

Des modes de vie ont disparu, des étendues sauvages furent colonisées et domestiquées, leurs ressources exploitées. La technologie issue de la chrétienté transforma radicalement le monde. La transition fut si rapide et complète qu'elle ressembla à un cataclysme. La transformation fut telle que nous commençons à peine à percevoir toute l'étendue du pouvoir technologique et de son impact sur le monde. Pendant des millénaires, on avait dû lutter contre une nature, apparemment infinie, pour survivre. Du jour au lendemain, nous devînmes les maîtres d'un jardin exigu.

Voyez, dit l'accusateur, pendant des milliers d'années, les peuples primitifs ont vécu en harmonie avec la nature, prenant d'elle ce qu'il leur fallait sans jamais l'abuser ! Ces peuples possédaient une sagesse spirituelle intimement liée à la terre.

Depuis toujours, la terre nourrissait paisiblement hommes et bêtes, troupeaux et tribus. Or, voici que, du cœur de la chrétienté, une race de conquérants répandit son pouvoir technologique sur tous les continents et les défigura. En adoptant la doctrine judéo-chrétienne qui les sépare des animaux, ils perdirent leur lien immémorial avec les esprits de la terre. Coupés de la sagesse qui les lie aux bêtes, ils agressent la nature, détruisant celle qui les nourrit.

Pour ces accusateurs, le pouvoir de détruire la nature provient des outils technologiques, mais la volonté de destruction, elle, émane de la doctrine judéo-chrétienne. En effet, ils considèrent que les croyances païennes, en plaçant le sacré au sein du monde, incitent leurs adhérents à adorer, et donc à respecter, la nature.

Les disciples de la doctrine chrétienne, par contre, situent la source du sacré en dehors du monde. Ils se considèrent comme distincts des bêtes et appréhendent leur vie sur terre comme un pèlerinage transitoire vers une autre existence. Au lieu de vénérer la nature matérielle qui les nourrit, les chrétiens adorent un Dieu qui provient d'ailleurs et qui les invite à aller ailleurs.

Au lieu d'adorer les cycles de gestation qui soutiennent la vie physique, les croyants proclament que l'univers lui-même est une construction de Dieu, un bâtisseur tout-puissant, qui leur délègue souveraineté sur le monde et les incite, à leur tour, à chambarder la nature avec leurs propres constructions.

Pour ces accusateurs, toutes les affirmations du livre de la Genèse sont inverties. Le monde précédant Abraham était un paradis originel. La faute originelle consiste à se croire différent des bêtes, alors que la vertu devrait au contraire enseigner que nous sommes pareils aux animaux. Ces accusateurs considèrent donc que la doctrine chrétienne, issue du judaïsme, a engendré un pouvoir technologique néfaste et a suscité, chez ses adhérents, une volonté de domination dénaturée qui détruit le monde en le polluant.

Le chrétien reçoit ces accusations en silence car elles ressemblent à la vérité. Il voit bien que ses conquêtes ont décimé des peuplades, transformé la nature et épuisé ses ressources. Il admet que l'essor technologique prit son origine au sein de la chrétienté et que l'exploitation technologique de la planète et de ses ressources fut d'abord l'œuvre d'hommes et de femmes chrétiens. Il entend la dimension spirituelle de ces accusations et leur logique le plie.

N'est-il pas vrai que, dans la Genèse, le Seigneur a donné à l'homme l'autorité d'exercer sa souveraineté sur tout l'univers ? N'est-il pas vrai que le chrétien se croit différent de la bête même s'il est constitué de la même matière ? N'est-il pas vrai, aussi, que le croyant n'attend pas son salut de la matière ni de la nature ?

Dans la foi, le chrétien sait qu'il provient du Ciel et, à la suite du Christ, qu'il est à l'image d'un Dieu qui n'est pas de ce monde. Il est donc vrai que, conformément à sa foi et par l'autorité de Dieu, il peut agir souverainement sur toutes les bêtes et sur toutes les choses. Pour lui, la nature est au service des enfants de Dieu qui sont libres d'en user à leur guise. Il vit donc dans le monde, par la volonté de Dieu, à la fois comme un visiteur transitoire et un maître.

L'apparente vérité de l'accusation remplit le croyant de remords et de crainte. Il commence, lui aussi, à penser que sa doctrine est une agression qui menace la planète. Il prête l'oreille aux accusations et se dit que, pour avoir une chance de survivre sur terre, il devrait, lui aussi, adorer la nature et les bêtes, ou au moins faire semblant.

Il est tenté, à son tour, de vénérer la terre comme si elle était une mère sacrée. Après tout, se dit-il, un tel culte nous aidera sans doute à mieux respecter notre environnement. Il se dit qu'il serait peut-être préférable, pour la survie humaine, d'accepter notre nature animale, sans plus.

Il en vient, enfin, à considérer la doctrine chrétienne, elle-même, comme le véritable péché originel puisque, en faisant de lui un enfant de Dieu, elle a coupé son lien intime avec la nature. Il commence à voir, dans la thèse de l'humain animal, la sagesse qui le sauvera. En m'assimilant aux bêtes, se dit-il, je serai libéré de l'orgueil destructeur, incité par la foi, qui me distingue d'elles, et je pourrai participer plus sagement à la protection de notre niche écologique planétaire.

Cette accusation, comme les autres, se présente comme une vérité urgente et nécessaire. Elle inspire la crainte. Elle décrit la Terre comme une planète titubant au bord d'un gouffre écologique et place la responsabilité première de ce désastre imminent sur la doctrine chrétienne qui a artificiellement scindé le lien de l'homme avec la nature.

L'accusation harcèle le croyant. Ses discours fébriles l'incitent à mettre son esprit critique en suspens. On exige, c'est urgent, que le croyant reconnaisse, sans attendre, qu'il saccage la terre ! Il doit avouer, tout de suite, que ses comportements destructeurs résultent du mythe judéo-chrétien qui le distingue du monde et l'autorise à le dominer ! Le temps presse car demain il sera peut-être trop tard et la terre sera anéantie !

Il faut donc, sans attendre, accepter l'accusation ! Nous n'avons plus le temps de réfléchir, les dangers menacent ! Il faut agir d'urgence, admettre que la doctrine chrétienne cause le mal écologique et sauver la planète !

Dans cette accusation, comme dans toutes les autres, une forme de perdition menace les croyants. Celle-ci provient de la doctrine chrétienne elle-même. Ici, la destruction écologique de la terre constitue l'élément d'urgence, et la mesure à prendre consiste à rejeter la doctrine qui distingue l'humain des bêtes et affirme sa souveraineté sur le monde.

Si le croyant, ébranlé par ces accusations, fait encore confiance à la Providence et prend le loisir d'examiner de plus près ces discours, il verra à quel point ceux-ci sont truffés de subterfuges. Il verra comment les faits y sont altérés en fonction des besoins de l'accusation antichrétienne.

En effet, la prétendue sagesse écologique des autochtones n'était qu'une forme d'impuissance. Les peuplades prétechnologiques n'altéraient pas la nature parce qu'elles en étaient incapables, pas à cause d'une prétendue sagesse écologique. Leurs relations avec les tribus avoisinantes évoluaient lentement pour les mêmes raisons, leurs génocides duraient des siècles.

Quand des humains, quels qu'ils soient, acquièrent un nouveau pouvoir sur la matière, ils endommagent d'abord leur environnement avant d'apprendre à en restreindre l'usage. Ceci s'applique à tous, qu'ils soient chrétiens ou non. Or, dans cette accusation, l'impuissance prétechnologique est travestie en une « sagesse écologique » supérieure à la doctrine chrétienne. L'agenda véritable de l'apostasie se révèle encore ici !

Par ailleurs, le sentiment d'urgence écologique sert de prétexte pour promouvoir un culte qui n'est qu'une idolâtrie sans fondement. Ainsi, la sacralisation de la Terre, des espèces animales, de la nature, de l'écologie, est proposée comme un expédient émotif nécessaire pour motiver des comportements écologiques sains. Le croyant est ainsi appelé, d'urgence, à se prosterner devant ces choses, non par foi mais parce que ces prosternations l'empliront de sensations motivantes, utiles à la cause écologique. Une forme tordue du discours du salut lui est donc proposée : adore la Terre pour sauver la nature.

Quand il écarte l'urgence artificielle suscitée par l'accusation et qu'il examine à loisir ses discours, le croyant s'aperçoit que les idoles qu'on lui propose sont des pantins pitoyables. La Terre est une boule de matière en orbite. Elle n'est pas plus digne de vénération que n'importe quel autre objet. L'homme lucide sait que la survie de son espèce dépend de la Terre mais il ne l'adore pas car elle n'est qu'une chose.

Pareillement, la nature n'est pas plus divine que la Terre. Il s'agit simplement de mécanismes de rétroaction, inconscients et indifférents. La nature ne peut pas être sauvée, elle est comme elle est, sans plus. L'idée qu'il faut « sauver la nature » implique que celle-ci aurait un état préférentiel d'existence, c'est faux. La nature est une association interactive de choses et d'êtres vivants. Elle est un mécanisme. Ses états, qu'ils soient arides ou foisonnants, n'ont aucune valeur intrinsèque. Leur valeur relève uniquement de nos besoins.

La Terre, comme le reste de la création, sert l'homme et celui-ci exerce sur elle sa souveraineté, par l'autorité de Dieu. Il est certainement préférable que la Terre soit dépolluée et que la diversité des espèces y soit maintenue. Cependant, cet état de la nature ne possède, en soi, aucun caractère sacré. Ce sont les besoins de l'humanité qui le privilégient.

Pour le chrétien, dépolluer l'environnement et maintenir la diversité animale ne sont donc pas des obligations spirituelles ou morales relevant de la vie de son âme. Il s'agit simplement de gérer sainement un legs de Dieu sur lequel il a tous les droits. Le seul élément sacré ou moral de cette obligation ne relève pas de la Terre elle-même, mais du commandement d'Amour, instauré par le Christ et exercé envers ceux qui nous survivront. Nous devons bien gérer les ressources de la Terre par amour pour notre prochain. Le reste, Terre, bêtes, espèces animales et végétales ainsi que leurs rituels écologiques n'ont rien de sacré. Ce sont des choses, sans plus.

Avec l'émergence du pouvoir technologique, les peuples chrétiens ont décuplé leur impact sur leur environnement. Ils ont dû découvrir que la nature n'est pas inépuisable et que leurs actions peuvent la modifier de façon irréversible. Cette conscience n'existait pas auparavant, ni au sein des peuples chrétiens ni parmi les autres peuples. Elle est récente et résulte directement du nouveau pouvoir technologique lui-même.

Cependant, les accusateurs ont utilisé les transformations radicales de l'environnement, causées par la technologie, pour justifier une idéologie qui attaque directement l'affirmation chrétienne qu'un lien unique et surnaturel unit l'homme à Dieu et le distingue du monde. Ils suggèrent que les sévices faits à l'environnement découlent de cette croyance.

Utilisant, de façon opportune, les impacts de dégradation écologique suscités par l'émergence de la technologie, ils incitent les croyants à rejeter la Foi pour se tourner vers le culte de la Terre et des animaux. Ils essaient, aussi, de remplacer l'espérance chrétienne par un éden illusoire dans lequel une humanité domestiquée résiderait placidement dans un monde transformé en vaste jardin zoologique.

UN DOMINATEUR INTRANSIGEANT

Cette accusation déclare que le fait d'affirmer que Jésus-Christ est le seul Sauveur et que la Bible est le seul livre inspiré de Dieu, ainsi que le refus, de la part des chrétiens, d'accepter, comme équivalentes, les croyances non chrétiennes, constitue une forme de discrimination qui dévalorise systématiquement les peuples qui adhèrent à d'autres doctrines religieuses.

Dans l'Antiquité, les divinités faisaient bon ménage. Les croyances et les cultes s'influençaient et se modifiaient mutuellement. Chaque conquête et chaque migration amenaient leurs cortèges de nouveaux dieux qui s'intégraient à leur tour aux cultes des cités. Les conquérants adoptaient les cultes des vaincus et les conquis s'adaptaient à ceux des vainqueurs. Mais, au sein du peuple juif, un nouveau Dieu fit son apparition, un Dieu exclusif et jaloux, un Dieu intolérant des autres divinités.

Selon cette accusation, cette nouvelle divinité intransigeante aurait d'abord pris possession du peuple juif en chassant tous les autres dieux et déesses de ses cultes. Les Juifs seraient ainsi devenus les premiers otages de la divinité intolérante qu'ils auraient inventée. Avec le christianisme, cette divinité conquérante aurait débordé de son cadre ethnique originel pour se répandre à travers le monde et supplanter tous les autres dieux.

Si, dans le judaïsme, Yahvé exige de son peuple un culte exclusif, Il ne tente pas directement de se substituer aux divinités des autres peuples. La doctrine chrétienne, issue du judaïsme, par contre, répand la foi dans le Dieu jaloux à tous les peuples. Elle recèle un agenda de conquête mondiale en affirmant le pouvoir cosmique exclusif de ce Dieu jaloux. Ainsi, la doctrine chrétienne ressemble, pour ces accusateurs, à une mécanique impérialiste utilisée par le Dieu intolérant pour quitter Son repaire ethnique et envahir le monde.

Pour ces accusateurs, les croyances des nations du monde sont des trésors inestimables et leurs divinités sont équivalentes à la Sainte-Trinité. En convertissant les autres à leur Foi exclusive, les missionnaires éroderaient donc les trésors culturels du patrimoine humain. Ainsi, un à un, les peuples convertis abandonnent leurs divinités, leurs mythes et leurs rituels bigarrés, nivelés par la divinité impérialiste des patriarches sémitiques.

Pour ces accusateurs, l'annonce de l'Évangile incite donc les peuples à abandonner les créations religieuses propres à leur génie pour se fondre dans la matrice anonyme et réductrice de la foi judéo-chrétienne. Ces accusateurs perçoivent le christianisme comme une souche contagieuse du judaïsme, qui menace la beauté, la richesse et la diversité de l'écologie religieuse.

La volonté de convertir et d'annoncer la Bonne Nouvelle, équivaudrait, pour eux, à un comportement impérialiste et agressif. À leurs yeux, les chrétiens dénigrent les peuples en leur annonçant le Christ. Ceux qui reçoivent l'Évangile seraient, en quelque sorte, contaminés. Finissant par perdre confiance dans leurs propres cultes, ils se détourneraient des sagesses enseignées par leurs propres chamans. L'annonce de l'Évangile ressemblerait à de l'abus verbal, amenant l'autre à penser que ses dieux à lui sont inférieurs au Dieu chrétien.

Pour ces accusateurs, la doctrine chrétienne équivaut à une pandémie spirituelle. Par conséquent, ils enjoignent les chrétiens d'abandonner la pratique « honteuse » du prosélytisme et d'approcher plutôt les croyances des autres dans un esprit de respect et de partage mutuel, c'est-à-dire en adoptant les dieux des autres en même temps qu'ils leur demandent d'adopter le leur. Les accusateurs les pressent, enfin, d'accepter toutes les croyances comme manifestations équivalentes d'une quête universelle de la même divinité suprême.

Le chrétien qui entend ces accusations se sent contraint de les accepter. Il sait que l'histoire de l'expansion de la foi est jonchée d'idoles détruites, de temples démolis et de croyances oblitérées. Il lit, dans les chroniques des saints, leur rejet inlassable des idoles et des croyances païennes. Il voit bien que l'exigence de rejeter les croyances ancestrales accompagne l'annonce de l'Évangile. L'accusation le touche car elle semble véridique !

Mais quand il examine cette accusation à la lumière de la foi, le croyant s'aperçoit que la véritable oppression consisterait plutôt à refuser d'annoncer l'Évangile dans le but de préserver les croyances de ceux qu'il rencontre. Le véritable racisme impérialiste serait de garder le silence sur l'Évangile.

En effet, cache-t-on la Vérité à son frère, à son égal ? Quand des égaux se rencontrent, ils se parlent sans réserves et ne craignent pas de s'influencer mutuellement. Ce supposé respect des croyances de l'autre camoufle, en fait, un mépris condescendant. En effet, il nous invite à considérer les peuples païens comme des réceptacles d'artefacts religieux et non comme des groupes d'hommes et de femmes capables d'entendre un nouveau message et d'évoluer grâce à lui.

Sous sa pelure de faux respect, cette accusation nous invite à traiter les gens comme de véritables indigènes et de les maintenir, artificiellement, dans une ignorance figée, comme s'ils habitaient une réserve écologique ; leur diversité servant à nous divertir.

Les gens ne sont pas les faire-valoir d'un musée anthropologique. Celui qui refuse d'annoncer une bonne nouvelle à ceux qu'il rencontre ne les traite pas comme ses frères mais comme les créatures de son jardinet culturel. Le croyant qui refuse d'annoncer l'Évangile à cet homme ou à cette femme qu'il rencontre, les traite comme s'ils étaient des cellules sans importance dans leurs entités tribales car il valorise le culte de la tribu au-dessus de la foi individuelle. Ainsi, ces accusateurs rejettent la pauvreté culturelle du Christ au nom d'une diversité folklorique qui ne sert qu'à les divertir aux dépens des autres.

Les tribus et leurs croyances ne sont pas des personnes mais des regroupements d'hommes et de femmes qui, chacun, sont appelés à la dignité d'enfants de Dieu.

LE FLEAU DU PEUPLE JUIF

Cette accusation-ci suggère que la doctrine chrétienne porte la responsabilité de l'holocauste nazi car celui-ci résulterait de la volonté des chrétiens d'usurper la foi judaïque et d'accaparer son statut de peuple élu. Ainsi, pour ces accusateurs, la doctrine chrétienne aurait inventé et propagé l'antisémitisme. Le nazisme en découlerait directement, il serait en quelque sorte, un rejeton de la doctrine chrétienne.

Le catalogue des comportements de la chrétienté à l'endroit des Juifs n'est pas toujours reluisant. Ces accusateurs le savent. Ils dénombrent, avec diligence, toutes les exactions et les charges que les chrétiens firent subir aux Juifs pendant des siècles.

Ils suggèrent que ces comportements découlent de passages hargneux qu'on trouve dans les Évangiles eux-mêmes ! Ils font le décompte de toutes les instances de discrimination mises en place par les États chrétiens pour entraver leurs populations juives. Ils soulignent que ces mesures ont maintenu leur séparation dans des sociétés où on ne tolérait pas la diversité.

Ces accusateurs exhibent leurs trouvailles à la face des croyants, comme des faits lourds et incontournables, des faits qu'on n'a même pas besoin de commenter tellement ils accusent par eux-mêmes. Voyez, disent-ils, comment la foi chrétienne, elle qui prêche l'amour de l'autre, s'est acharnée contre ce peuple ! Comparez les violences et les agressions des chrétiens contre les Juifs avec la tolérance éclairée et pacifique que nous avons découverte chez les païens et même chez les musulmans ! Voyez comment la doctrine chrétienne trahit ses propres valeurs !

Ces accusateurs ne semblent pas rejeter les valeurs d'amour fraternel enseignées par la Foi. Au contraire, on dirait qu'ils y sont plus attachés que les croyants eux-mêmes ! Il semble même que leur réquisitoire contre la doctrine chrétienne provient d'une compréhension supérieure de la Loi d'amour du Christ. Ces accusateurs prétendent découvrir, derrière les affirmations d'amour et de fraternité de l'Évangile, une idéologie sous-jacente de haine antisémitique. Celle-ci serait résumée dans le statut d'« assassins de Dieu » que la doctrine chrétienne leur conférerait.

Ils se tournent vers les chrétiens et leur disent qu'ils ont bien raison de rechercher l'amour et la tolérance car il s'agit de valeurs universelles. Cependant l'Évangile, entaché d'antisémitisme, transmettrait cet idéal sous une forme imparfaite et même viciée. On invite donc les chrétiens à « dépasser » les Évangiles au nom des valeurs mêmes d'amour et de respect. On leur demande d'adopter, plutôt, les déclarations de droits universels aseptisés que les élites humanistes inventent.

Ces accusateurs enjoignent les chrétiens de reconnaître humblement, comme Jésus Lui-même l'aurait fait, que leur doctrine fausse le message fondamental d'Amour auquel elle prétend. On leur suggère que les textes évangéliques véhiculent des résidus de haine tribale, d'obscurantisme et d'antisémitisme qui suscitent des conflits religieux. On les invite à se tourner, plutôt, vers la perfection des principes humanistes abstraits et d'y voir l'expression la plus élevée des idéaux évangéliques eux-mêmes.

Simultanément, ces accusateurs se tournent vers les Juifs et, énumérant les souffrances qu'ils subirent, leur suggèrent que la doctrine chrétienne est fondamentalement hostile à leur endroit. Seul l'humanisme athée serait parfaitement tolérant et pourrait leur offrir la paix et la tranquillité. Les Juifs devraient donc inciter les nations à se détacher de la doctrine chrétienne pour adopter les principes éclairés de l'humanisme.

Ces accusateurs, enfin, suggèrent que l'Holocauste constitue une extension naturelle des pogroms médiévaux. Ainsi, ils insinuent que le nazisme serait, en quelque sorte, une version excessive mais conséquente d'un antisémitisme inhérent à la doctrine chrétienne. Ainsi, la brutalité nazie s'apparenterait, sous une forme extrême, au comportement séculaire des papes. Après tout, le nazisme n'a-t-il pas germé au sein de la chrétienté ; Hitler n'était-il pas catholique ?

Devant ces accusations, le chrétien demeure, d'abord, silencieux. Ce réquisitoire l'accable car toutes les évidences semblent le confirmer. Il constate que les politiques nazies qui imposaient aux Juifs de porter une marque identitaire ressemblaient, étrangement, à des mesures semblables adoptées par les papes et les rois de la chrétienté médiévale. Il semblerait donc, en effet, que la foi chrétienne, malgré tous ses discours bienveillants, véhiculerait un relent occulte de haine qui culmina dans le plus grand crime de l'histoire.

Les accusateurs exigent que l'Église confesse ses fautes et admette sa responsabilité pour se purger de ses crimes ! Devant l'avalanche des accusations qui la pressent, elle est tentée de le faire.

Qu'elle prenne garde ! Quelque chose de laid se cache sous les épanchements qu'on exige d'elle. En effet, en se livrant à une telle confession, elle s'identifierait, elle-même, au rôle d'un usurpateur dément, jaloux de la préséance du peuple juif, et déterminé à se substituer à lui.

Comme toutes les autres, cette accusation contient une part de vérité qu'elle défigure. Elle y puise son pouvoir. L'accusation ne nie pas la Vérité, elle la défigure pour la conformer à son agenda. Elle n'invente pas des fables pour étoffer ses réquisitoires. Elle choisit plutôt des faits qui lui conviennent et les arrange pour façonner une image du réel qui dessert ses fins.

Les pouvoirs du monde s'acharnent depuis des siècles contre le lien qui lie l'Église au peuple juif. Mais ce lien résiste à leurs assauts car il dépasse les aléas de l'histoire. Il réside dans la personne même de Jésus, le Christ et le roi des Juifs.

Les Juifs ont vraiment subi des exactions de la part des nations chrétiennes. Mais ces mesures s'apparentaient à celles que l'État hébreu infligea aux premiers chrétiens, à l'époque où les Juifs détenaient le pouvoir et les chrétiens le subissaient. Dans les deux cas, les politiques des puissants du jour provenaient de la volonté de combattre le blasphème et l'idolâtrie.

Dans les deux cas, il s'agissait d'actions compatibles avec la Torah elle-même ! En effet, le judaïsme tout comme la doctrine chrétienne tolère peu les hérésies quand il détient le pouvoir. Souvent, au cours de ces combats pour la foi, judaïque ou chrétienne, des erreurs furent commises et des excès eurent lieu. Mais ils provenaient d'une volonté légitime, ancrée dans la parole de Dieu, de combattre l'idolâtrie.

Sans doute, l'étendue et la durée des misères que les chrétiens firent subir aux Juifs dépassent largement celles qu'ils subirent aux mains de ceux-ci. Cependant, cette différence découle des circonstances historiques de leurs situations respectives et non d'une divergence fondamentale de comportement. Le pouvoir étatique des Juifs s'étend à peine sur cent ans, celui des chrétiens sur deux mille ans.

Il est vrai que, aux époques où l'Église luttait contre l'hérésie, les Juifs subirent des souffrances terribles au sein des sociétés chrétiennes. Il est vrai, aussi, qu'ils trouvèrent, au sein de ces sociétés, une terre d'accueil qui préserva leur identité pendant deux mille ans d'exil. Les Juifs, sans doute opprimés et rejetés, ont tout de même prospéré en tant que peuple distinct au milieu des sociétés chrétiennes au cours d'époques où toutes les divergences de croyances ou de comportements étaient persécutées.

Par ailleurs, confondre le nazisme avec la doctrine chrétienne constitue une défiguration grotesque de la vérité. L'idéologie nazie n'était pas chrétienne, elle était antichrétienne. Il s'agissait d'une forme brutale du blasphème qui rejetait radicalement la doctrine chrétienne. Les forces nazies purent laisser libre cours à leur déferlement de haine parce que, justement, elles avaient rejeté l'Évangile.

Deux grandes tentations spirituelles menacent le peuple juif, aujourd'hui. La première tentation invite les Juifs à croire que leur statut au sein des nations dépend d'eux-mêmes alors qu'il résulte du choix de Dieu. Dans cette tentation, le peuple juif est invité à se concevoir comme la victime innocente d'un monde coupable. Il est appelé à méprendre des comportements historiques qui résultaient de son impuissance politique pour de la vertu. On invite ainsi le peuple juif à oublier les actions commises quand il détenait le pouvoir pour uniquement se souvenir des sévices subis quand il était sans pouvoir.

La deuxième tentation qui guette le peuple juif consiste à imaginer qu'il pourra trouver la paix dans l'anonymat. Les Juifs qui pensent que leur peuple pourrait s'intégrer facilement dans un monde progressiste composé de nations uniformément équivalentes et indistinctes, se leurrent.

Malgré les apparences, les idéologies qui proclament l'équivalence de tous les peuples et de toutes leurs croyances, sont fondamentalement hostiles au peuple juif car elles rejettent son statut particulier. Sous des apparences pacifiques, ces idéologies nient le caractère unique du peuple juif, de sa révélation et de son Alliance.

Cette négation mènera, inexorablement, les tenants de ces idéologies à désirer l'assimilation du peuple juif et l'extermination de l'État d'Israël. Déjà, les idéologues progressistes commencent à la rechercher au nom, justement, des droits équivalents du peuple palestinien.

Des liens plus forts que les circonstances de l'histoire unissent les peuples chrétiens au peuple juif. Ils sont réunis, d'abord, dans la chair même d'un Juif : Jésus-Christ, le Messie, le Sauveur de tous les hommes et le roi des Juifs. Ils sont liés, aussi, par leur adoption commune de la Torah et des prophètes.

Les humanistes athées concéderont tout aux Juifs. Tout sauf une chose : l'accomplissement des promesses de l'Alliance. Ils rejetteront toujours le destin unique de ce peuple et la légitimité divine de ses droits sur le territoire d'Israël. Sur ce point, tous les idolâtres, tous les blasphémateurs et tous les athées, même les plus progressistes et les plus tolérants, se tourneront éventuellement contre eux. Ils n'auront, alors, qu'un seul allié, le Christ et ceux qui Le suivent.

Les chrétiens doivent reconnaître leurs erreurs et leurs excès. Mais ils doivent le faire à partir d'un regard lucide sur l'histoire et non sur la base d'une image défigurée de celle-ci, façonnée par des accusateurs dont l'agenda ultime n'est pas de révéler la Vérité, mais de discréditer la Foi et de couper le lien mystique qui unit, en Dieu, chrétiens et Juifs.

LE PANTIN DE L'AGENDA JUDAÏQUE

Alors qu'une accusation attaque les chrétiens en tant que persécuteurs des Juifs, une autre, au contraire, suggère qu'ils en sont les dupes. Ces accusateurs-ci insinuent que la doctrine chrétienne est l'instrument d'un projet de domination mondiale, occulte et millénaire, du peuple juif. Son rôle serait d'endoctriner les nations du monde pour les conditionner à leurs visées. Les Juifs auraient donc, dans ce but, encouragé l'expansion d'une religion, pastiche de la leur, appelée « christianisme ».

Le christianisme centré sur le rabbin Jésus aurait ainsi pour but d'émasculer les nations du monde par des messages d'amour inconditionnel. En plus de les abrutir avec ces préceptes mièvres et masochistes, les Juifs auraient placé, au cœur même des prières chrétiennes, des appels incessants réclamant l'avènement de leur royaume.

Ainsi, l'agenda judaïque aurait transformé les nations fières qui les côtoyaient en populations chétives dont les membres s'identifient eux-mêmes à des moutons qui demandent de se faire tondre. La doctrine chrétienne, disent ces accusateurs, sert de levier docile à l'agenda de pouvoir des Juifs.

Le chrétien, en entendant ces paroles, est consterné. N'est-il pas vrai, se dit-il, que nous, chrétiens, adorons un Juif que les

Juifs eux-mêmes ne vénèrent pas ? Ils ne croient même pas au Messie qu'ils nous ont donné !

Comme les autres accusations, celle-ci recèle sa part de vérité qu'elle défigure. Les chrétiens, en effet, sont les moutons d'un berger juif et, vraiment, ils attendent, dans l'espérance, l'établissement sur la terre entière du règne du Christ, roi des Juifs.

Quand le chrétien entrevoit ainsi sa foi, il se sent berné ! Un vent de rancune et de haine lève alors en lui. Il se croit la cible crédule d'une arnaque millénaire. Il veut aussitôt abandonner la foi. Mais, alors qu'il s'apprête à le faire, il se demande : si je rejette Jésus-Christ, qui donc suivrai-je ? et quelle voie est supérieure à la Sienne ?

La réponse est simple : aucune. Le croyant répond, alors, à ces accusateurs. Oui, les chrétiens sont les moutons dociles d'un projet annoncé par un Juif il y a deux mille ans. Mais ce projet n'a rien d'occulte, il s'offre ouvertement à tous. Il nous appelle sans cachettes et sans détours. De plus, cet agenda n'est pas millénaire, il est éternel. Celui qui choisit librement de le suivre ne devient pas un esclave, mais un fils. Il vaut mieux vivre comme un mouton dans le troupeau de Dieu, conclut-il, que de régner comme un fauve parmi les bêtes.

Le pouvoir de cette accusation provient de la part de vérité qu'elle contient. Le croyant perçoit la présence de cette vérité à l'intérieur de l'accusation et cela le trouble. Mais cette part de vérité est défigurée en fonction d'un agenda hargneux. Ainsi, l'accusation paraît véridique dans son contenu, mais elle trahit l'intégrité du message chrétien et le pervertit.

Ayant perçu le mensonge empoisonné, tapi sous des apparences de vérités, le croyant se tourne, en prière, vers le Messie des Juifs, et Lui demande, encore, de servir d'outil à l'avènement de Son règne.

UNE SOURCE DE CRAINTE ET DE REMORDS

Les croyances païennes permettent à l'homme d'avancer vers son salut sans hâte et sans anxiété. Certaines enseignent qu'on peut déambuler tranquillement d'une vie à l'autre, se perfectionnant graduellement à travers des incarnations successives. D'autres lui proposent le salut sur la base de sa race ou de son statut social. Plusieurs, enfin, promettent le même sort pour tous, sans jugement.

La doctrine chrétienne, par contre, place le croyant devant un précipice aux conséquences abruptes. Son âme est entièrement liée à une existence unique qui est suivie d'un Jugement aux conséquences éternelles. Il n'y a pas de retour, ni de seconde chance. Tout se joue ici et maintenant.

Pour ces accusateurs, la doctrine chrétienne, avec ses conséquences brutales, est une cause d'anxiété et de remords. Ses exigences inhumaines susciteraient même des comportements pathologiques.

Le croyant qui éprouve du remords véritable ou qui ressent la crainte de Dieu est absolument incapable de critiquer ou de condamner ces sensations. En effet, ces émotions ne proviennent pas de l'extérieur mais émergent, au contraire, de la vie authentique de la foi. Elles font partie de la démarche intime du croyant. Comme il n'y a aucune séparation entre le remords éprouvé et celui qui l'éprouve, toute condamnation de cet état est impossible. Dans la foi, la crainte de Dieu n'est pas seulement un point d'enseignement, elle émane directement du lien de l'âme avec le Seigneur.

Pour pouvoir condamner le remords en tant que phénomène illicite, il faut d'abord quitter cet état et l'entrevoir de l'extérieur. Ceux qui décrivent le remords comme un état maladif ont déjà cessé de l'éprouver. Ils prétendent en être oppressés alors qu'ils en sont déjà séparés. Ceux qui condamnent le remords et rejettent la crainte de Dieu les ont déjà perdus.

Le remords, qui semble si lourd et si étouffant perçu de l'extérieur, est léger quand on le vit. En effet, le remords, ressenti, rencontre aussitôt le pardon de Dieu. Il est comme un élan vers la miséricorde de Dieu et vers l'idéal que le Seigneur désire pour nous. Le remords ressenti est une prière spontanée, exempte de mots et toute entière contenue dans une attitude d'humilité. Il est douloureusement doux car il nous pousse vers Dieu.

Si le remords lui-même est léger, la révolte et le refus du remords sont lourds. Quand un conflit s'amorce entre le regret ressenti et la volonté de recommencer, alors le regret devient un obstacle pénible qui nous empêtre et nous dérange. Or, quand la volonté de persister s'impose, le remords, lui, a déjà disparu.

La même attitude de rejet rend aussi la crainte de Dieu intolérable. Cette crainte n'est pas vraiment une peur de Dieu mais plutôt la conscience aiguë des conséquences de notre liberté. Quand un croyant mesure l'écart entre ses forces minuscules et la grandeur du destin auquel le Seigneur l'appelle dans la liberté, il craint ce Dieu qui, par Amour, lui a tout donné, y compris le pouvoir de se perdre et qui l'appelle à imiter Son amour absolu.

Comme pour le remords, la crainte de Dieu est à la fois terrible et douce. Elle lève en lui comme un cri de détresse qui monte vers le Père mais elle exulte, en même temps, devant la confiance que le Seigneur place en nous.

La crainte de Dieu ressemble à ce qu'éprouve un jeune marin à qui le capitaine confie la gouverne du navire pour la première fois. Apeuré par ses responsabilités et un peu terrifié par ce capitaine qui lui fait trop confiance, il ressent, tout à la fois, de la crainte, une fierté intense et la conscience aiguë de ses limites. Ainsi, le croyant ne craint pas Dieu Lui-même, il craint Son Amour sans limites qui nous rend responsables de la gouverne de nos vies.

Ceux qui ont étouffé la crainte et le remords en eux finissent par en perdre le souvenir. Ils se souviennent uniquement de la rage impuissante qu'ils éprouvaient quand des obstacles les empêchaient d'assouvir leurs appétits. Ce qu'ils nomment, alors, la crainte et le remords, ne sont plus ces états eux-mêmes mais les émotions que leur rejet suscite.

Cette accusation contient donc sa part de vérité. La foi, en effet, suscite du remords et la crainte de Dieu car la vie du chrétien, il le sait, est un moment irremplaçable dont l'enjeu est absolu. Cependant, le remords apporte aussitôt le Pardon, et la crainte procure la miséricorde.

Mais, si l'accusation contient de la vérité, elle la défigure aussi car c'est la révolte, et non le remords, qui apporte le jugement et les sensations qui en découlent. Or, ce jugement est présent pour tous, même pour ceux qui refusent d'y croire.

Ce n'est pas le remords qui est pénible, mais la volonté de le rejeter. La crainte de Dieu n'est pas, non plus, la source de la peur. Cette source réside dans le refus d'accepter l'amour de Dieu et d'assumer la liberté terrible qu'Il nous confie. Nous voudrions tous vivoter comme des bêtes repues dans un parc bien géré. Mais cela ne suffit pas au Seigneur.

Quelles que soient les circonstances, notre salut se joue, toujours, sur les choix que nous faisons avec cette part de liberté qui subsiste en nous après que tous les conditionnements biologiques et sociaux ont été comptabilisés. Il ne suffit jamais d'être équivalent aux autres !

La foi chrétienne est en effet remplie de remords et de craintes, comme le dit l'accusation. Mais ce remords et cette crainte, qui semblent si lourds et si oppressants pour ceux qui les rejettent, sont des sources de joie quand on les vit dans la foi. En effet, ils sont des élans d'amour et des prières spontanées.

LE CHRETIEN DISCRET

Les accusateurs incitent souvent les chrétiens à pratiquer une foi discrète et personnelle. Le monde tolère facilement les chrétiens discrets. Ils ne dérangent personne et cèdent la place aux idéologies qui les dénigrent et les accusent.

Subissant douloureusement ce barrage d'accusations qui l'amenuise, les croyants, blessés et ébranlés, veulent se retrancher dans une pratique religieuse intime. D'ailleurs, le monde aime les chrétiens discrets ! Ils pratiquent une foi personnelle qui les satisfait émotivement mais n'auraient jamais l'audace d'incommoder les autres avec leurs convictions.

L'idolâtre et l'incroyant tolèrent facilement cette foi intimiste. Pour eux, la vie spirituelle est d'abord une expérience individuelle dans laquelle un croyant ressent diverses sensations de révérence, de respect, de contrition et de réjouissance qui correspondent aux moments particuliers de son cheminement personnel. Par conséquent, l'idolâtre suggère que l'on est croyant dans la mesure où l'on ressent l'émotion de croire et que, pareillement, quand on ne ressent pas cette émotion, on ne croit pas.

Pour l'humanisme, la religion est, d'abord, une démarche individuelle généralement insérée dans un contexte social particulier qui lui sert, au mieux, d'accessoire. La tolérance religieuse consiste donc, pour lui, à permettre à chaque individu d'entretenir une relation émotive, personnelle, individuelle et discrète avec la divinité de son choix. Quant aux manifestations collectives de foi, elles sont tolérées en tant que phénomènes folkloriques patrimoniaux plus ou moins figés.

Dans cette même optique, les mystiques sont perçus comme des gens qui s'isolent des autres pour poursuivre une démarche individuelle encore plus discrète et exempte de toutes contraintes doctrinales et sociales. Les mystiques solitaires et un peu sauvages plaisent bien aux apostats car leur démarche ressemble, superficiellement, à leurs révoltes.

Pour l'humaniste, les manifestations religieuses collectives correspondent donc à des formes religieuses, inférieures et transitoires, du culte individuel. Ce qu'il nomme la « religion organisée » n'est pas essentiel, d'après lui, à une vie spirituelle authentique et même lui nuit. Elles s'adresseraient surtout à des gens moins avancés spirituellement et donc incapables d'entretenir, avec le divin, une relation entièrement individuelle, libérée de tout formalisme doctrinal ou rituel.

Ces idéologies présentent donc le croyant discret comme le type religieux idéal. Ainsi, l'humanisme progressiste dénigre subtilement la participation à des formes religieuses collectives au profit d'un culte individuel. De plus, dans cette optique, il entrevoit qu'il serait possible d'interdire les manifestations religieuses collectives et les affirmations publiques de foi tout en respectant le principe de la tolérance religieuse, en autant qu'on permettrait encore les pratiques religieuses individuelles.

Le monde tolère facilement ce croyant individualiste qui ne dérange pas les autres et prie sans éclat. S'il éprouve, discrètement, des extases et des grandes émotions, tant mieux pour lui. Pourvu que ces émotions ne le poussent pas à proclamer ouvertement l'Évangile !

L'humanisme étatique fait étalage de tolérance vis-à-vis de la pratique individuelle discrète et des cérémonies religieuses folkloriques mais il rejette, implacablement, toute société dont les fondements sont chrétiens. Ainsi, il veut confiner les croyants dans des rituels personnels ou folkloriques tout en s'opposant à toute tentative d'affirmer le caractère social, éthique et politique de la doctrine de la Foi.

Cette vision de la vie de la foi, proposée par l'athéisme, est subtilement fausse. Cette forme de relation individualisée avec le divin, que le paganisme et l'incroyance tolèrent si facilement, étouffe la foi chrétienne et mène à sa destruction.

Au septième siècle, l'Islam pratiqua une tolérance semblable envers les populations chrétiennes qu'il avait conquises. À cette époque, aussi, on permit aux chrétiens de préserver leur religion sous une forme discrète et personnelle. Ces populations chrétiennes, envahies par l'Islam et dont on « toléra » ainsi les pratiques religieuses individuelles, furent toutes éventuellement subjuguées. Elles perdirent la foi dans l'Unique Sauveur et devinrent, à leur tour, musulmanes.

Cette fausse tolérance qui réduit la foi à l'expression d'une démarche individuelle l'étiole. Elle incite les croyants à quitter la foi en faisant appel à leur vanité, suggérant qu'ils se suffisent à eux-mêmes et peuvent trouver Dieu sans soutien. Elle les égare dans des cultes émotifs.

Combien d'hommes et de femmes, dans nos sociétés, ont quitté la foi parce qu'ils prenaient leurs sensations individuelles pour une forme supérieure de spiritualité ? Combien d'entre eux demeurent loin des églises parce qu'on les a convaincus que des pratiques religieuses organisées, qui ne suscitent pas d'émotions individuelles signifiantes, sont inadéquates ? Combien, aussi, pensent qu'ils ne croient pas parce qu'ils ne ressentent pas, individuellement, des émotions et des sensations particulières à l'idée de Dieu ? La foi, définie comme une sensation, est un concept athée.

La foi chrétienne n'est pas, comme les philosophies orientales, une recherche d'illumination individuelle faite de sensations, d'émotions ou, encore, de leur absence. Les émotions religieuses sont, certes, utiles et souvent motivantes, mais elles ne sont pas essentielles à la foi et, surtout, elles ne lui suffisent pas.

Croire n'est pas une émotion ressentie mais une forme d'action, une démarche. Le croyant n'est pas un individu qui ressent une sensation de certitude par rapport à la doctrine chrétienne, il est quelqu'un qui tente activement d'entendre la parole de Dieu et de suivre ses voies.

Dans la foi chrétienne, les émotions, les convictions et les sensations ne sont pas essentielles, même si elles peuvent être utiles. Les émotions nous aident à vivre la foi mais elles ne sont pas la foi.

Mère Térésa, pendant toutes les années où elle s'occupait des malades dans la puanteur des taudis de Calcutta, n'a peut-être jamais ressenti un état euphorique ni même particulièrement plaisant lors de son ministère. Elle ne fut peut-être jamais aussi calme ni aussi sereine que les gourous hindous qui la côtoyaient. Elle était peut-être frustrée, agacée, anxieuse, déprimée ou triste. Quel qu'ait été son état émotif, sa foi s'exprimait dans ses gestes concrets. Dans la doctrine chrétienne, les gestes qui incarnent la parole de Dieu comptent autant que les émotions ressenties.

La dernière parole du Christ, sur la croix, fut : « Père, pourquoi M'as-Tu abandonné ? » Quand on y pense, cette parole est bien étrange ! Quand Jésus-Christ pensait que Son Père L'avait abandonné, avait-Il encore la foi ? Celui qui répond « oui » à cette question prend la mesure de la foi chrétienne car, même quand le Christ se sentit abandonné, Il croyait.

Aux yeux du monde, les moines et les mystiques s'isolent pour mieux faire l'expérience de l'illumination individuelle. En fait, s'ils se retirent physiquement du monde, ils agissent, en prière, avec la communauté des croyants. Leurs vies dénuées d'événements sont des actes vigoureux de secours et d'entraide.

La communauté des chrétiens n'est pas un regroupement d'individus engagés, chacun, dans sa démarche spirituelle personnelle. Elle est un corps, agissant dans la société, dont le domaine d'action légitime comprend le salut personnel des individus qui la composent, mais aussi la sanctification de toutes les sphères de l'action collective.

Le destin des chrétiens ne se limite pas à l'attente, émotivement satisfaisante, d'une récompense céleste individuelle. Le monde tolère cela facilement. Nous devons, en tant que chrétiens, propager publiquement la parole du Christ et croître non seulement en tant qu'individus mais en tant que Corps du Christ agissant sur la Terre. Or, cela fait problème.

L'apostasie et l'idolâtrie toléreront aisément les démarches discrètes confinées dans la niche individuelle. Cependant, elles réagiront sauvagement, chaque fois que le peuple des croyants osera affirmer sa foi dans les domaines sociaux, culturels et politiques.

Chrétiens, voyez comment les athées tolèrent facilement la foi qui se terre ! Voyez comment ils condamnent, par contre, celle qui ose s'organiser et s'affirmer ! Tant que vous marmonnerez dans vos églises, ils vous trouveront charmants mais, si vous osez répandre la sagesse de l'Évangile en dehors de celles-ci, ils gémiront comme des victimes offensées et se tourneront contre vous.

7

Le blasphème

LE BLASPHEME NE NIE PAS, IL DEFIGURE

> *Le blasphème est un système idéologique antichrétien. Il ne nie pas directement la Vérité car il en tire son pouvoir. Plutôt, il la défigure.*

La Vérité, issue de l'appel de Dieu et transmise dans la Bible, fait résonner l'âme qui est créée en fonction de cet appel. Ce lien intime avec l'âme donne à la Parole un grand pouvoir sur le comportement humain. Elle le touche, le mobilise, l'inspire à l'action et aux sacrifices.

Pour l'athée, toute correspondance intime entre la nature humaine et la Parole résulte de la concordance de celle-ci avec les archétypes fondamentaux de notre espèce. Le croyant aussi tient cette opinion sauf que, pour lui, le lien est inverse. Ce sont les archétypes qui ressemblent à la Parole qui, elle, résulte éternellement de l'Esprit saint.

Pour le croyant, la Bible correspond aux aspirations humaines de façon unique et parfaite car elle est la vérité ultime de l'homme et du monde. Ainsi, quand une âme s'approche de la Parole dans une attitude humble de prière, elle se conforme simplement à sa nature fondamentale d'enfant de Dieu.

Parfois, les humains, mus par la volonté du plaisir ou par celle du pouvoir, décident d'ériger un système de pensée qui rejette la parole de Dieu. Cependant, les thèses qu'ils fabriquent alors ne sont pas de simples négations de celle-ci. Une telle négation de la Parole n'aurait aucun pouvoir car toute puissance spirituelle provient de la Vérité qui, elle, émane de Dieu.

Pour que le blasphème acquière un pouvoir sur les hommes, il doit donc, lui aussi, puiser son pouvoir à sa source unique. Par conséquent, le blasphème ne rejette pas directement la Vérité, il en accapare plutôt des morceaux et les modifie pour les subordonner à son agenda. Le blasphème ne nie pas la Vérité ; il la défigure.

Les thèses du blasphème reprennent divers éléments de la doctrine chrétienne mais sous une forme tordue. Ainsi, les idéologies blasphématoires contiennent, dans une version dénaturée, de nombreux éléments qui s'apparentent à ceux de la Foi.

On y retrouve des formes qui ressemblent au péché originel, un type d'espérance en un royaume futur, des hiérarchies morales transcendantes, une définition de l'homme et de son destin, des simulacres de la vertu, des pseudo-saints, un éden originel, des patriarches, des démiurges, des rituels et des récits fabuleux de tribulations collectives. Tous les blasphèmes finissent par prendre les apparences de la Parole, car c'est en elle qu'ils puisent leur pouvoir.

Alors que la prière se soumet à la parole, le blasphème, lui, la défigure. Ces maquillages grotesques de la Vérité puisent, ainsi, leur force et leur apparente légitimité dans la Vérité elle-même.

Quand une idéologie nie simplement la parole de Dieu, elle ne possède pas la force mobilisatrice et morale requise pour le pouvoir. Par exemple, un discours idéologique qui affirmerait simplement que les humains sont des colonies cellulaires transitoires et insignifiantes proposerait une thèse athée mais celle-ci n'aurait pas un caractère blasphématoire. Une telle thèse ne posséderait pas ce pouvoir moral particulier qui émane de la vérité divine, même dénaturée.

Le blasphème émerge quand l'incroyant, animé par sa volonté de pouvoir et se considérant le maître du discours sacré, usurpe des morceaux de la Vérité pour en édifier des simulacres dénaturés et monstrueux.

L'incroyance n'est pas, en soi, un blasphème. Mais, comme la démarche qui mène à l'incroyance est alimentée par une volonté de puissance ou de jouissance, cette démarche ne s'arrête pas au stade de la simple négation de la parole de Dieu. Cette étape transitoire débouche, éventuellement, sur l'adoption d'idéologies de pouvoir qui puisent des bribes de la vérité biblique pour s'en faire des imitations grotesques.

L'incroyant camoufle souvent le motif qui anime son rejet de Dieu sous les apparences d'une recherche abstraite et désintéressée de connaissance. Cependant, si cette recherche était mue uniquement par une soif désintéressée de vérité, elle mènerait à des doctrines qui n'auraient aucun pouvoir sur la vie des hommes et s'accommoderait sans effort des valeurs existantes. On n'attaquerait pas la doctrine chrétienne car le faire n'aurait aucune utilité. Dans une société chrétienne, l'athée qui ne recherche ni pouvoir ni plaisir pourrait se conformer sans effort aux commandements de Dieu car ceux-ci lui seraient indifférents.

D'ailleurs, certains ascètes orientaux, quand ils sont libérés du désir, vivent souvent en conformité avec les enseignements moraux de la doctrine chrétienne. Il en est autrement, cependant, des apostats de nos sociétés qui font étalage de sagesse « orientalisante ». Ceux-ci sont mus par le désir et mettent ces sagesses au service de leurs appétits.

Quand le rejet du Seigneur est suscité par la volonté de pouvoir, il ne se limite pas à une simple observation de la réalité physique. La démarche se poursuit et débouche sur l'adoption de systèmes idéologiques qui visent le pouvoir. Comme ce pouvoir provient ultimement de la parole de Dieu, ils l'accaparent et la déforment pour la soumettre à leur volonté. Ainsi, la démarche débouche, presque invariablement, sur des regroupements de mythes et de valeurs qui parodient la Parole.

En tentant de dominer la parole de Dieu et de l'assujettir à leur volonté, les apostats usurpent la Vérité et la défigurent dans des assemblages idéologiques grotesques. Ceux-ci se transforment alors en des mécanismes de pouvoir monstrueux qui dévorent les peuples et les nations.

Comme une vertu plus que parfaite

> *Le blasphème présente ses thèses comme porteuses d'une vertu plus efficace, plus vraie et plus prometteuse que la vertu chrétienne.*

Il ne suffit pas au blasphème d'imiter la parole de Dieu dans ses formes, il tente aussi de la supplanter pour satisfaire son appétit de domination. C'est pourquoi il se présente comme une forme supérieure et plus efficace de la vertu. Il établit cette supériorité, d'abord, en rabaissant la vérité évangélique par le biais de l'accusation.

Dans l'accusation, le blasphème dénigre la Révélation pour s'élever à sa place. Il tente ainsi d'accroître sa légitimité en se présentant comme une thèse plus véridique et plus réaliste que la doctrine chrétienne. Il propose ses schèmes moraux comme des alternatives semblables aux vertus chrétiennes, mais supérieures à celles-ci. Par exemple, il présente l'action révolutionnaire brutale comme une forme plus efficace de l'amour du prochain, transformé en amour des masses. Ou encore, la promiscuité sexuelle y devient une alternative plus vaste et plus riche de l'amour conjugal.

La logique du blasphème, nourrie d'accusations, compare ses valeurs à celles de la doctrine chrétienne. Elle conclut que celle-ci constitue, au mieux, un bagage inutile et anachronique et, au pire, qu'elle fait obstacle aux paradis utopiques qu'elle propose et doit donc être éliminée pour qu'on puisse y accéder. Parfois, le blasphème présente, plutôt, l'accession au paradis égalitaire ou à la société sexuellement libérée comme des alternatives réalisables de l'espérance chrétienne elle-même.

Le blasphème travestit même les exigences ascétiques de la foi. Il requiert des adhésions inconditionnelles qui ressemblent à la vocation et des formes d'altruisme qui ont l'apparence de saintetés. Ainsi, les fous qui suivent ces guignols se mortifient pour devenir de parfaits prolétaires, des guerriers nazis implacables, des polysexuels sereins ou des bonzes progressistes à l'esprit parfaitement lessivé.

Les visées utopiques du blasphème sont à la fois inévitables, précaires et pressantes. En effet, le blasphème présente son objectif simultanément comme un stade inexorable de l'évolution humaine et comme une opportunité fugace et fragile qui doit absolument être saisie dès maintenant pour sauver l'humanité. L'agenda du blasphème est toujours urgent. En effet, ce sentiment d'urgence incite ses adeptes à mettre de côté leurs facultés d'analyse et les pousse à obéir immédiatement aux directives idéologiques. Cette mise en veilleuse de la faculté critique facilite l'adoption de ses subterfuges.

Qui peut s'opposer aux impératifs du blasphème ? Qui voudrait repousser ce qu'il promet : l'abolition de la pauvreté, l'égalité absolue des possessions matérielles, l'élimination de la discrimination, une société enfin égalitaire entre hommes et femmes ou un monde dans lequel toutes les tendances sexuelles sont encensées ? Ces grands objectifs sublimes et utopiques servent à justifier tout l'appareil fabuleux par lequel le blasphème égare les âmes.

Et, toujours, le blasphème, dans ses discours haletants, exige que l'adhérent mette ses facultés critiques en suspens au nom des paradis utopiques, à la fois inévitables et précaires, qu'il véhicule. Cette sensation de précarité urgente, qui aliène le jugement, justifie aussi la persécution. Ainsi, la sujétion à l'agenda utopique devient la vertu suprême, quels que soient les excès qu'elle occasionne.

Le chrétien, bombardé par ces discours urgents, se sent, lui aussi, emporté par le désir d'adopter, sans questions, leurs agendas utopiques. Il résiste parfois sur des points de détails mais n'ose pas prendre conscience du noyau antichrétien dont elles émergent. Il se met, lui aussi, à imaginer qu'on peut prendre, avec la vertu, des raccourcis qui seraient compatibles avec le plan de Dieu. Il accepte de mettre son sens critique en veilleuse pour atteindre les états paradisiaques, collectifs ou individuels, qu'on lui promet.

Le chrétien qui se sent emporté, malgré lui, par la cadence haletante des discours du jour, doit faire une pause et se remémorer les égarements d'hier. Il doit se souvenir des mirages utopiques qui, sous des prétextes de justice, abrutirent les hommes des générations passées : des idéologies brillantes qui muèrent en tyrannies monstrueuses ou des façades capiteuses d'amours qui dévoilèrent des agendas égoïstes. S'il perçoit les similitudes entre les cadavres idéologiques d'hier et les propagandes neuves et fraîches d'aujourd'hui, il saura mieux jauger l'étoffe des mensonges qui l'assaillent.

Toutes les causes et tous les combats inspirés par le monde finissent dans la pourriture. Leurs idéaux, si brillants un jour, se transforment en ordures. Seule l'action qui est centrée sur un amour du prochain directement modelé par la parole de Dieu et mené dans un esprit humblement soumis à la vérité évangélique, mérite vraiment d'être accomplie. Elle seule est sainte.

À la fin, toutes les illusions utopiques du monde s'effondreront et seul le jugement de Dieu accomplira la justice pour tous.

La morphologie du blasphème

> *Le blasphème comporte deux faces qui recouvrent et camouflent les mobiles qui l'animent. La première face est un barrage d'accusations qui alimentent sa supériorité apparente sur la vérité évangélique. La seconde est un voile de promesses utopiques dépourvues de sagesse.*

Le blasphème ne propose pas une thèse radicalement distincte de la Révélation mais plutôt une image qui en reprend des éléments et les déforme pour les asservir à son agenda. Il tire ainsi son pouvoir de la Parole et, par ce pouvoir, accuse celle-ci en la dénigrant sur la base des valeurs tordues qu'il propose.

Examiné à partir de la lumière de la Foi, le blasphème apparaît comme un guignol obscène, morcelé et caricatural de la Vérité. Parfois, le blasphème se présente comme vérité indépendante de la Révélation. Ce n'est qu'un leurre car, même alors, il est issu du rejet de la Parole et en imite la forme.

Le blasphème puise son pouvoir dans la Vérité en échafaudant ses constructions monstrueuses à partir de fragments empruntés à la Parole. Il ressemble à un joyau mais il est un excrément couvert d'éclats scintillants et de facettes abîmées. Les images brillantes qu'il projette jettent les croyants dans la confusion car ceux-ci sont aveuglés par les bribes de la Vérité qui couvrent sa surface. Quand le chrétien s'éloigne des vertus qui émanent de la doctrine de la Foi et leur préfère des valeurs qui lui semblent plus brillantes, alors le blasphème le séduit.

Le blasphème ne peut pas être directement nié car il ne nie pas, lui-même, la Vérité. C'est pourquoi le croyant demeure souvent perplexe et démuni face à ses thèses. Il voudrait répondre aux accusations dressées contre la Révélation et déclarer qu'elles sont fausses et ne contiennent aucune vérité. Cependant, il en est incapable car il perçoit les lambeaux de vérité qui les recouvrent. Le croyant ne peut donc pas nier directement les thèses du blasphème car cela équivaudrait à trahir les bribes de vérité qu'il contient. Il est donc réduit au silence. Il peut à peine murmurer, timidement, que les thèses qui accusent sa foi sont exagérées. Ainsi, le blasphème, en présentant un reflet tordu de la Vérité, se sert de celle-ci pour se légitimer lui-même.

Voici un exemple simple. Une forme virulente de l'accusation antisémitique décrit les Juifs comme des chiens cosmopolites engagés dans un mystérieux et antique complot pour dominer le monde. Il est impossible de nier directement cette accusation car, dans la forme et même dans le fond, elle est vraie ! Pourtant, comment peut-on reconnaître qu'une accusation aussi violente soit, en même temps, véridique et conforme à la parole de Dieu ?

Ainsi, le blasphème, comme un étau, enserre et paralyse les croyants. S'ils nient ses thèses, ils renient aussi la vérité qu'elles contiennent mais, s'ils les acceptent, ils participent alors à l'accusation et s'éloignent de la Parole. Voilà le fondement du pouvoir de l'accusation qui ne nie pas la vérité mais la défigure ! Les mots qu'elle contient sont vrais et même leur sens est véridique. Pourtant, il s'agit d'une vérité dénaturée.

L'accusation spécifique, citée en exemple, utilise et défigure la vérité de la façon suivante. Les Juifs, en effet, s'apparentent aux chiens dans le plan de Dieu tout comme les chrétiens, eux, ressemblent à des brebis. Le caractère dérogatoire de cette comparaison ne provient pas de la Foi mais du monde. Les Juifs sont vraiment cosmopolites, même quand ils sont des citoyens consciencieux des pays qu'ils habitent.

En effet, ils n'appartiennent entièrement à aucune autre nation et en demeurent distincts, qu'ils le veuillent ou non. Les Juifs sont vraiment les agents d'un mystérieux plan de domination universel. Ce projet, cependant, ne vient pas d'eux mais de Dieu et vise l'accomplissement des promesses de l'Alliance et la venue du règne, sur le monde entier, de Jésus-Christ Son Fils unique, le roi des Juifs.

À la suite du Christ et selon Son enseignement, le chrétien se tourne en prière vers le Dieu d'Abraham, d'Isaac et de Jacob et lui dit : « que ton règne vienne ». Cette prière, tordue par le blasphème, prend la forme d'un complot occulte et sanguinaire. Dans le blasphème, tout semble vrai et pourtant tout est faussé.

Le blasphème camoufle son origine. Il exhibe son spectacle d'accusations mais ne dévoile pas les motifs qui l'animent. Il tente de se rendre supérieur à la doctrine chrétienne, non pas en se dévoilant directement, mais en rabaissant la Parole par l'accusation pour, ainsi, s'élever par comparaison. L'accusation est claironnée et urgente mais les motifs qui la meuvent demeurent occultés. En accusant, le blasphème suggère sa supériorité par rapport à ce qu'il accuse sans avoir à se révéler lui-même. En accusant la parole de Dieu, le blasphème insinue qu'il est supérieur à celle-ci. Là encore, le blasphème prend son pouvoir ailleurs qu'en lui-même, car il assoit sa supériorité sur la base d'une comparaison et non d'une affirmation.

Le blasphème a deux faces visibles qui occultent le noyau qui l'anime. La première de ces faces est une accusation, urgente et pleine de rigueur, de la doctrine chrétienne et de ses œuvres. Cette façade pousse les croyants à rejeter la doctrine chrétienne. Sa deuxième facette, moins apparente, se trouve derrière cette première façade. Celle-ci prend la forme d'un projet utopique simpliste, précieux, fragile et rempli de promesses merveilleuses. L'utopie annonce une époque d'égalité, de bonheur et de bien-être paradisiaques. Mais ce rêve utopique est fragile et, pour le réaliser, il faut mettre sa raison et sa sagesse en suspens.

Cette deuxième face du blasphème ressemble à un rideau de scène pudique et séduisant qui laisse entrevoir un avenir à la fois merveilleux et vague. Mais ce voile est si fragile qu'il ne tolère pas d'être examiné de près. L'idéologie propose, comme substitut à la vérité, la sensation intuitive de véracité et les slogans de la propagande. Elle propose une nouvelle vérité subordonnée aux impératifs du pouvoir. Elle propose aussi une nouvelle vertu : l'action amorale au service de la cause.

La face qui accuse est pleine de rigueur mais elle défigure la vérité. La face qui séduit est pleine de promesses merveilleuses, mais elle est dénuée de sagesse.

Le blasphème ressemble au cheval de Troie ou au ver dans la pomme. Il se présente devant la Cité comme une vérité supérieure et nécessaire. Ses accusations sapent les murs de la Cité et ses promesses séduisent ses habitants. Or, l'accusation défigure la vérité et les promesses sont irréalisables.

Derrière ces façades et ces apparences, le blasphème contient, lui aussi, sa vérité particulière. Cette vérité du blasphème ne réside pas dans ses thèses apparentes, ni dans les fragments de Vérité divine qu'il véhicule, mais dans la force qui le façonne et le meut. Cette force provient de la volonté de l'homme de s'élever au-dessus de la parole de Dieu, d'agir sans entraves morales et de tout soumettre aux impératifs de ses désirs.

Tant que la société n'a pas été conquise et soumise, le noyau qui anime le blasphème demeure camouflé par ses deux façades. Une fois au pouvoir, cependant, les masques tombent. La perversion mue alors en persécution et des régimes monstrueux et tyranniques émergent pour dominer ceux qu'ils ont pervertis et opprimer ceux qui résistent encore.

Les blasphèmes récents se réclament toujours du progrès car le concept même du progrès justifie leurs agendas. Après des siècles, la doctrine chrétienne s'est implantée dans le monde et l'illumine de sa présence. La Foi a déjà donné de nombreux fruits tangibles. L'idée du progrès sert de caution pour justifier le rejet de ceux-ci et pour subvertir la doctrine chrétienne.

Le blasphème situe, dans un lieu appelé « progrès », les trésors utopiques qu'il fait miroiter. Parfois le progrès est présenté comme une nécessité scientifique, parfois il s'agit d'un choix inévitable, parfois d'un stade dans une démarche spirituelle collective ou encore d'un état de bien-être matériel et de jouissance physique. Dans tous les cas, cependant, les richesses attendues se trouvent au terme d'un progrès. Or, celui-ci ne peut être atteint que par la voie du blasphème, au prix de l'action amorale et de la subversion de la Vérité.

Là encore, le blasphème défigure la vérité évangélique. En effet, le progrès qu'il propose passe par une étape de transformation personnelle qui constitue une caricature obscène de la transformation de l'âme lors de son cheminement vers Dieu. Dans le blasphème, cette transformation produit un guerrier amoral, un militant dénué de scrupules, un prolétaire absolument docile, un jouisseur libéré de toutes entraves, un malheureux prêt à se suicider pour une cause absurde.

Le blasphème ne condamne pas la vertu, il la travestit. Il se présente comme porteur d'une vertu supérieure plus belle, plus large et plus efficace que la vertu chrétienne. À la loi qui commande d'aimer le prochain, celui que l'on rencontre aux détours de nos vies, il propose des amours plus vastes et moins personnels. À la loi qui commande d'adorer le Dieu d'Abraham, il propose des cultes plus larges et plus inclusifs.

Le blasphème exige, lui aussi, des formes d'ascèses : il impose des règles de conduite, il suscite des gestes parfois héroïques et, dans les tourmentes qu'il engendre, il cause souvent des souffrances et des privations aux malheureux qui le servent. Parfois aussi, il suscite des comportements doucereux et impuissants qui ressemblent à des formes extrêmes de la bonté. Sur ces points aussi, les exigences, les souffrances, les sacrifices et la transformation personnelle, le blasphème imite, en la dénaturant, la parole de Dieu.

Les apparences de vertu, exhibées par le blasphème, impressionnent les croyants. La petite vertu chrétienne, orientée vers le service du prochain, semble insignifiante quand on la compare aux œuvres grandioses et brutales qui résultent de l'amour du peuple, de la race ou des masses. Les joies de la prière paraissent fades par rapport aux plaisirs concrets de la licence sexuelle.

Le blasphème chevauche les humains et les pousse à toutes les extrémités. La parole de Dieu, elle, habite les croyants et les appelle doucement et patiemment à la vertu. Le croyant n'aime pas le sacrifice. Il s'y résout par amour. Chaque pas du chrétien vers la vertu demande le consentement lucide et aimant de l'âme. Le blasphème, lui, stupéfie l'âme par l'intensité criarde de ses discours et par les sensations aveuglantes qu'il suscite. Il envahit la conscience et pousse les humains à s'égarer dans des simulacres de vertu. Il dévore leurs vies par millions.

L'évolution du blasphème

> *Quand il est marginal et sans pouvoir, le blasphème a souvent un visage romantique juvénile et charmant. On le retrouve souvent, alors, tapi dans les lieux de savoir sous la forme d'un idéalisme marginal. Il y persiste à l'état larvaire jusqu'au moment où la société, dans un état affaibli, ne peut pas lui résister. Il émerge alors de sa tanière, répand son emprise sur elle et établit sa tyrannie.*

Dans une société droite et lucide, les gens perçoivent, derrière leurs allures alléchantes, la nature monstrueuse des idéologies blasphématoires. Celles-ci demeurent donc marginales et reléguées au rang de tracasseries sociales. Ces idéologies peuvent subsister ainsi à l'état larvaire au sein d'une société saine pendant des années et même des siècles.

Dans cette phase latente, elles nichent uniquement parmi les marginaux. On les trouve alors confinées, surtout, dans les lieux où les idées les plus variées et les plus extrêmes coexistent. C'est pourquoi les institutions d'enseignement servent souvent d'incubateurs aux blasphèmes larvaires et sont les premières à en être dominées quand ceux-ci émergent et se répandent.

Éventuellement, un temps arrive où une société se retrouve dans un état moralement affaibli : par la guerre, par la misère ou encore, par trop de plaisir et de confort. Parfois aussi, une société saine finit simplement par céder, érodée par l'agression, inlassable, des accusations. Alors, les murailles, qu'on croyait immuables, s'écroulent. Les gens deviennent aveuglés et s'égarent. Ils cessent de percevoir les mensonges cachés derrière les façades d'accusations et d'illusions que le blasphème érige. La déraison qui était, jusqu'alors, confinée dans les marges de la société, étend son pouvoir et répand son poison.

Plus le blasphème accroît son pouvoir, plus sa nature monstrueuse devient visible. Même les monstres sont jolis quand ils sont petits. Pareillement, l'idéologie blasphématoire, quand elle est inoffensive et neuve, ressemble à un idéalisme juvénile un peu excessif. Elle a alors les allures d'une démarche intellectuelle un peu trop audacieuse ou d'une liberté quelque peu brutale et irresponsable, mais pleine de charme. Les voies sordides et les progrès illusoires qu'elle propose ont, alors, le cachet de la jeunesse impétueuse et romantique. Ceux qui s'opposent aux blasphèmes qui sont dans ce stade joli et juvénile font figure de fossiles doctrinaires et guindés. On dirait, alors, des moralistes rigides, ennemis de la jeunesse et du progrès.

Mais quand l'idéologie blasphématoire commence à répandre sérieusement son pouvoir, alors sa nature véritable devient de plus en plus apparente. À ce stade de croissance, le blasphème traverse une période dangereuse. En effet, ceux qu'il s'apprête à dominer risquent alors de s'éveiller et de le stopper avant qu'il ne les possède complètement.

Les agents du blasphème, ceux qui en font la promotion, perçoivent cette réaction de sauvegarde comme un réflexe craintif de la part d'une population ignorante qui refuse encore de faire le grand saut qui la mènera à l'utopie. Ils accélèrent alors la cadence des attaques et l'intensité des accusations. Si l'idéologie les possède entièrement, ils abandonnent tous scrupules. Un combat s'engage alors.

Les mécanismes de la perversion

> *Celui qui persécute subvertit les croyants en les tourmentant. Celui qui pervertit, les pervertit en les incitant à tourmenter les autres. La persécution se déroule dans les cris et les éclats. La perversion préfère les époques faciles et ennuyeuses.*

Le peuple de Dieu fut souvent persécuté au cours de son histoire. À ces époques, les croyants subissaient les assauts directs de ceux qui les attaquaient. Leurs agresseurs les affrontaient directement et exhibaient ouvertement leur volonté de destruction. La frontière entre persécuteur et persécuté était claire, les croyants connaissaient ceux qui voulaient les arracher à la Foi et ils devaient leur résister. La persécution attaque directement les croyants. Elle les décime à coups d'emprisonnements, de tortures et de meurtres. Elle agresse les croyants et les menace pour les inciter à répudier leur foi.

La persécution représente, sans doute, un des champs de batailles de la Foi. Sur ce terrain particulier, la lutte est bruyante, les victimes sont physiquement meurtries et l'identité de l'adversaire ne fait pas de doute. Quand le combat se déroule dans la persécution, ceux qui ont la charge des croyants savent que l'heure est à la lutte. Ils connaissent leur devoir, s'accrochent à leur foi et affrontent l'adversaire. Ceux qui doivent combattre la persécution puisent leur vaillance dans les exemples des martyrs et, s'ils tombent, nul ne doute de leur sainteté.

Mais la persécution n'est pas la seule arène où combat la Foi. Il arrive que la lutte se déroule ailleurs et qu'un autre type d'agression décime le peuple des croyants. Cet autre champ du combat spirituel se nomme la perversion. Dans ce type de combat, la lutte prend un caractère étrangement feutré et la bataille y ressemble à une paix. Il n'y a pas de cris ni de fracas. On n'y trouve pas de gestes héroïques ni de grandes souffrances. La moisson des martyrs y est particulièrement maigre.

Le lieu de prédilection de ce type d'agression n'est ni la guerre ni la misère. Non, on le trouve plutôt dans les époques de confort tranquille et ennuyeux. En effet, pour que la perversion réussisse, les croyants doivent, avant tout, ignorer qu'un combat se déroule. Alors, détendus et inconscients, ils dérivent peu à peu au cours de longs jours monotones vécus dans des temps anonymes et sans histoires.

Dans la lutte contre la perversion, l'adversaire ne prend pas l'apparence d'un ennemi et ceux qui lui résistent ne semblent pas héroïques. Il se présente sous une forme amicale, comme un allié bien intentionné qui cherche à aider les croyants, à les faire progresser, à améliorer leur foi et à assurer leur sécurité. Il ne propose pas d'orgies ni d'excès. Il suggère, plutôt, que tout va bien, que nous sommes tranquilles et qu'on peut bien se permettre quelques petits écarts sans conséquences. Il suggère que les sacrifices et les vocations sont devenus, maintenant, inutiles puisque tout va bien.

Les apostasies qu'il inspire sont gentilles et souriantes, ses blasphèmes, mielleux. Le combat se déroule sans cris ni éclats. Ici, pas de douleurs ni de souffrances. Tout est gentillesse et civilité. On s'étreint, on se sent bien, on cherche ensemble de nouvelles façons de croire, on expérimente, on se façonne des prières fluides et des credos sans épines. Et tout cela ressemble à la paix !

La persécution est rude et brutale. La perversion, elle, préfère la subtilité. Ses plaisirs sont délicats. L'exemple suivant distingue les deux : un homme qui sodomise un enfant, le persécute ; un homme qui incite cet enfant à en sodomiser un autre le pervertit.

LA BETE ET LE SERPENT

> *Certains blasphèmes ressemblent à des bêtes féroces qui menacent directement les croyants. D'autres s'apparentent aux vipères, petits, apparemment faibles, à peine visibles, mais venimeux. Les premiers persécutent ; les seconds pervertissent. Le communisme et le nazisme ont persécuté l'humanité au cours du vingtième siècle. De nos jours, l'islam, redevient menaçant.*

Certains blasphèmes sont ouvertement hostiles au dogme de la Foi. D'autres se présentent comme indifférent ou même amicaux à son égard. Les uns ressemblent à des bêtes, les autres à des serpents.

La bête féroce est énorme, visible et puissante. Elle attaque directement sa proie de l'extérieur. Celui qui se défend contre une bête connaît son adversaire et lutte ouvertement contre lui.

Le serpent, lui, est différent. Il est petit, tapi dans l'herbe, faible et apparemment inoffensif. Sa morsure est à peine perceptible, comme une écharde. La proie qu'il mord ne ressent rien ou presque. Elle ne voit même pas son agresseur et ne sait pas qu'elle fut agressée. Même quand le poison commence à faire effet, la victime ignore qu'une lutte s'amorce. Cette bataille ne se déroule pas directement contre le serpent qui demeure tapi dans l'ombre, invisible. Le combat a lieu, secrètement, dans les entrailles mêmes de la victime, affaiblie, qui lutte contre le poison qui l'envahit.

Autrefois, les blasphèmes s'emparaient d'abord du pouvoir, par la conquête ou la révolution. Ensuite, ils utilisaient ce pouvoir pour attaquer la Foi et persécuter les croyants. De nos jours, les blasphèmes se présentent plutôt sous des formes pitoyables et douceâtres. Ils sabotent la droiture en prétendant l'améliorer. Plutôt que de persécuter les croyants, ils les égarent et les déciment.

Ces blasphèmes ressemblent à des vertus excessives. Ils ont une présence mielleuse et familière. Ils ne proposent pas directement de détruire mais prétendent, plutôt, améliorer. Ils présentent leurs agendas de destruction sous la forme d'ajustements amicaux. Leur environnement de prédilection n'est pas la guerre, la violence ou la famine mais une époque de confort fade et un peu ennuyeux qui ressemble à la paix. Cependant, sous leurs allures larmoyantes ou souriantes, les améliorations qu'ils proposent empoisonnent les fondements mêmes de la droiture des chrétiens, de leurs familles, de leurs sociétés et de leurs enfants.

Les blasphèmes de persécution attaquent la Foi à coup de tueries et de tortures. Leurs excès saccagent des sociétés entières. Les idéologies de perversion, elles, agissent de façon beaucoup plus ciblée, chirurgicale, même. Les premiers ressemblent à des haches, les seconds, à des bistouris. Alors que les uns attaquent les âmes en torturant les corps, les autres dorlotent les corps et sabotent les âmes. La persécution engendre des victimes, la perversion, elle, produit des complices.

Deux grands blasphèmes de persécution ont ravagé l'humanité au cours du vingtième siècle : le communisme et le nazisme. De nos jours, un troisième blasphème de persécution plus ancien que les deux autres, l'islam, redevient menaçant.

Le communisme

> *Le communisme est un blasphème opportuniste de persécution. Il a utilisé les transformations technologiques et sociales pour justifier une idéologie dénuée de sagesse et imposer ses mythes et ses cultes par le biais du pouvoir politique. Il persécute la doctrine chrétienne en tentant de l'éradiquer comme si elle était une contagion nuisible.*

Le communisme, malgré son rejet de Dieu, n'est pas généralement perçu comme une manifestation du blasphème. Le monde le perçoit comme une idéologie politique. Les croyants doivent examiner cette idéologie à la lumière de la Révélation pour entrevoir sa nature fondamentalement blasphématoire. Autrement, ils ne comprendront pas que le communisme est, lui aussi, une religion, avec ses mythes, ses croyances, ses démiurges et ses dogmes. Ils ne verront pas la composante spirituelle antichrétienne de cette idolâtrie qui s'oppose directement à la doctrine de la Foi.

Le communisme se présente comme une idéologie purement politique, et même scientifique, dont la composante religieuse serait un élément marginal. Cependant, quand on examine cette idéologie à la lumière de la parole de Dieu, sa nature blasphématoire apparaît clairement.

Pourtant, les chrétiens demeurent souvent inconscients de l'élément blasphématoire de cette idéologie parce qu'ils ont, eux-mêmes, cessé de jauger les événements du monde à la lumière des Saintes Écritures. Ils confinent la Révélation au domaine théologique et rejettent sa valeur comme mode de compréhension des réalités politique, historique, sociale et scientifique. Ce rejet résulte d'un long travail de sape de la part des élites intellectuelles athées qui ont graduellement refoulé la Révélation aux confins du savoir et ont convaincu les croyants eux-mêmes de la percevoir comme telle. Cet aveuglement des chrétiens a permis à cette idéologie de se livrer à une lutte d'extermination antichrétienne tout en camouflant sa nature blasphématoire.

L'idéologie communiste se présentait comme porteuse d'une forme supérieure, plus efficace, de la vertu. Elle promettait l'avènement d'un homme nouveau : le travailleur parfaitement altruiste, entièrement consacré au service de l'État socialiste. Elle présentait l'amour des masses et la violence révolutionnaire comme des formes supérieures de la charité. En dénonçant les sociétés traditionnelles comme fondamentalement injustes, elle accusait la doctrine chrétienne d'être un agent activement impliqué dans l'édification de l'injustice. Elle l'accusait de maintenir les travailleurs dans un état de soumission en les aveuglant avec ses superstitions chimériques.

Sur le plan théologique, l'idéologie communiste attaque le lien qui uni les deux grands commandements : l'amour de Dieu et l'amour du prochain. En effet, elle affirme qu'il est possible d'aimer son prochain tout en reniant Dieu et en l'attaquant. Elle prétend que la patiente charité est une forme inutile et inefficace de l'amour du prochain qui nuit à la mise en œuvre de la véritable justice, attendue dans l'espérance de la société socialiste. Ce blasphème attaque donc le Credo en visant sa première affirmation : « je crois en Dieu ».

L'agression de l'idéologie communiste contre la Foi était simple. Elle consistait à utiliser le pouvoir de l'État, subjugué par le parti, pour systématiquement détruire les églises, éliminer l'enseignement de la Foi, persécuter les croyants et endoctriner leurs enfants.

Pour adhérer au communisme, il faut d'abord avoir rejeté la foi ou l'avoir relégué à un rôle marginal et personnel. Tant que la foi en Dieu demeure le pôle central de la vie du croyant et le critère fondamental de sa perception du monde, tant qu'il tient Jésus-Christ pour le Roi de l'univers, il ne peut pas accepter le communisme athée. Mais, s'il relègue la pratique de la foi aux marges de sa vie, il peut alors être attiré par les mirages de justice sociale que cette idéologie fait miroiter.

Dans le communisme, l'agression contre la Foi prenait le visage d'un aspect idéologique accessoire. Celui-ci affirmait relever uniquement des domaines politiques et scientifiques alors qu'il proposait en fait un culte. Il persécutait les croyants et détruisait leurs églises tout en prétendant se livrer à une simple activité de nettoyage social sans importance. Cette idéologie camouflait ainsi son identité fondamentalement religieuse et occultait le motif de son action.

Le blasphème communiste a connu une longue phase de latence. Il s'est d'abord implanté dans les milieux intellectuels universitaires où il a subsisté dans un état larvaire marginal. Quand, en 1917, la guerre et la famine eurent suffisamment affaibli la société russe, alors cette idéologie, qui incubait depuis des années dans les milieux éduqués, saisit le pouvoir et imposa ses cultes athées à des centaines de millions d'hommes et de femmes.

Les structures de la société russe s'effondrèrent en l'espace de quelques mois. Cette transition, apparemment subite, avait, en fait, été précédée d'un long travail de sape lors duquel des intellectuels socialistes qui paraissaient simplement excentriques et inoffensifs avaient graduellement endoctriné les élites.

Dans les sociétés occidentales, le discours communiste demeura l'idéologie dominante des milieux universitaires jusque dans les années quatre-vingts. Dans les pays occidentaux, ce blasphème avait aussi une connotation sexuelle. Ceux qui en faisaient la promotion se donnaient aussi le droit de consommer leurs « bonbons » sexuels au nom du rejet des valeurs bourgeoises. Des dizaines d'années après la faillite économique et spirituelle de cette idéologie, nos facultés universitaires étaient encore remplies de doctes gauchistes qui faisaient encore l'apologie du communisme.

Combien de ces individus ont-ils publiquement reconnu leurs erreurs quand les dernières illusions du communisme se sont écroulées ? Quand les monstruosités qu'ils prêchaient ont perdu leurs derniers lambeaux de crédibilité, ils se sont esquivés en douce, sans mot dire, migrant vers les blasphèmes plus frais et plus crédibles qui pointaient à l'horizon.

Le nazisme

> *Le nazisme est un blasphème de persécution, façonné par des athées qui ont utilisé les formes du discours religieux pour inventer un culte de pouvoir directement hostile au Dieu biblique.*

Tout comme le communisme, le nazisme ne se présentait pas lui-même comme une religion et il n'est pas considéré comme tel par les historiens. Ceux-ci le décrivent comme un mouvement politique et idéologique. Pourtant, il s'agissait bien, là aussi, d'un culte avec ses croyances, ses valeurs, ses rituels, ses mythes et ses divinités. Celles-ci prenaient la forme du démiurge Hitler, lui-même, mais aussi de ses mythes nationaux de l'homme idéal nazi, de la race conquérante et de son destin insigne.

Comme le communisme, le nazisme était une idéologie religieuse même si elle rejetait Dieu. Comme l'autre, elle fut échafaudée par des gens qui, ayant rejeté Dieu à la suite des intellectuels de leur époque, s'arrogèrent le droit de razzier les symboles et le langage de la doctrine chrétienne pour façonner un culte centré sur le pouvoir absolu.

Le nazisme proposait l'utopie de la race forte et conquérante dont la puissance repose sur un code moral inspiré du paganisme antique et dont la valeur suprême est la volonté brute. L'appel du nazisme était une incitation à revenir aux valeurs, brutales et simples, de la tribu et du combat sans entraves.

Or, la soumission à la volonté de Dieu, qui est le fondement de la sagesse judéo-chrétienne, représente l'antithèse absolue du culte nazi et de ses valeurs. Les Juifs, entre tous, incarnent collectivement cette soumission et l'ont introduit dans le monde. Le nazisme percevait donc la Foi et la soumission à

Dieu comme un poison concocté par le peuple juif et répandu, sous sa forme chrétienne, dans la race allemande.

En persécutant les Juifs, le nazisme attaquait aussi les liens qui unissent le Christ à la Torah et les chrétiens au Dieu d'Abraham. En poussant ses adeptes à se livrer à la boucherie de l'Holocauste, il ravageait la source ethnique de la doctrine chrétienne et, en même temps, détruisait le Christ en eux. Deux tragédies eurent lieu, la persécution des Juifs qui le subirent et la perversion des chrétiens qui s'y prêtèrent.

Comme dans le cas du communisme, l'incubation du nazisme a duré plusieurs années. Il prit sa source dans l'abandon collectif de la Foi et dans l'émergence du nihilisme athée au sein des élites intellectuelles germaniques. Longtemps avant l'émergence des SS, les intellectuels allemands fabriquaient et répandaient les bases d'une morale athée libérée de toute contrainte et fondée sur la volonté pure. Ces idées formèrent les hommes qui édifièrent le nazisme.

Pourtant, qui traiterait les intellectuels bedonnants et casaniers qui enseignaient dans les universités allemandes de la fin du dix-neuvième siècle, de nazis ? Nous voyons le blasphème quand il éclate au grand jour mais son incubation secrète dure des dizaines d'années. Pendant cette phase souterraine, nos universités servent souvent de matrices aux monstres. Staline et Hitler furent des produits de Marx, de Nietzsche et du nihilisme athée de leur génération.

L'islam

> *Selon les conceptions de la sociologie moderne, l'islam serait une grande religion, éminemment respectable et civilisatrice, issue de la même tradition spirituelle que la chrétienté. Selon la doctrine chrétienne, il s'agit d'une idéologie qui refuse directement l'identité paternelle de Dieu, nie la Trinité, rejette le sacrifice de la Croix, condamne les chrétiens comme idolâtres et élève son prophète au même rang que le Sauveur.*

Parmi les diverses croyances répandues aujourd'hui dans le monde, l'islam présente les caractéristiques les plus similaires à celles de la foi chrétienne. Voici ce qu'il est convenu d'appeler une des grandes religions de l'humanité, porteuse d'une tradition, d'une ancienneté et d'une respectabilité indiscutables. L'Islam a fondé de grandes civilisations centenaires, des millions d'hommes et de femmes y adhèrent, il a suscité de grands philosophes, des savants et des artistes fameux. Sur tous ces points, il ressemble à la chrétienté.

De plus, l'islam professe une dévotion respectueuse envers Abraham, les prophètes, la Vierge Marie et même Jésus, qu'il honore du titre de grand prophète ! Il semble même, à première vue, accepter la Révélation et tenir la Bible pour un livre sacré.

Ainsi, selon les catégories du monde et de l'intellect, l'islam fait partie d'un groupe sélect de religions éminentes et vénérables qu'on appelle, communément, les grands monothéismes issus d'Abraham.

Les humanistes athées sont fascinés par le chatoiement superficiel des comportements humains. L'atlas géographique est leur bible. Pour eux, les croyances sont des spectacles. Ainsi, ils perçoivent l'islam comme une source de richesses, un trésor de l'humanité et un facteur contribuant à la diversité folklorique du genre humain.

Cependant, celui qui ose examiner ce culte non pas selon la logique du monde mais à partir de la Révélation arrive, malgré lui, à une autre conclusion. Il doit conclure, qu'il le veuille ou non, qu'Allah n'est pas Dieu, que Mahomet est un faux prophète et que l'islam est un blasphème.

Dans les premières années de l'élaboration de ce texte, je refusais, moi-même, de reconnaître que la religion musulmane soit une manifestation du blasphème. Je reconnaissais des signes forts de foi dans ce culte immense qui vénérait les personnages familiers de la Bible et leur attribuait pouvoirs et prodiges. Je respectais le courage de ses adhérents et l'intensité de leurs croyances. Ils osaient se prosterner ouvertement pour adorer leur dieu alors que nous, chrétiens, n'avions même pas le courage de faire, en public, un furtif signe de croix.

L'islam semblait donc constituer une branche, excentrique mais authentique, de l'arbre enraciné dans la foi d'Abraham. Il m'apparaissait comme une variante primitive de la foi biblique, un peu sauvage et magique, mais fondamentalement similaire.

De plus, je considérais que l'islam aidait indirectement les croyants à demeurer fidèles au Christ. En effet, plus la foi chrétienne faiblit, plus l'islam devient fort ; plus les croyants se dissipent dans les plaisirs et l'insignifiance, plus l'islam répand son emprise parmi eux. Ainsi, l'islam agit à la manière des bêtes sauvages qui rodent autour du troupeau et qui, par leur présence menaçante, incitent les brebis à suivre le berger.

Même l'agression musulmane incessante contre Israël semble remplir cette fonction. Avec sa forte proportion de progressistes et d'athées, le peuple juif deviendrait, laissé à lui-même, le lieu de toutes les tolérances. Sans la menace islamique, Jérusalem deviendrait, sans doute, la capitale méditerranéenne de l'hédonisme et de l'idolâtrie ; l'Amsterdam du Moyen-Orient.

Je voulais accepter l'islam comme une forme primitive mais valide de la Foi. Je lus donc attentivement le Coran, cherchant à y trouver la confirmation de mes préjugés favorables. Cependant, je fis aussi cette lecture à la lumière du dogme de la Foi, comparant ce que j'y trouvais avec les affirmations de la doctrine chrétienne. Au début le texte sembla confirmer mes opinions favorables. Mais, avançant d'avantage dans ma lecture, je m'aperçus que, malgré ses similitudes superficielles, ce culte rejette, explicitement, le cœur vivant et essentiel de la foi chrétienne et dénonce ceux qui y adhèrent.

À l'heure où j'étais brisé, terrassé par l'accident de mon fils, j'ai juré de rendre à Dieu un témoignage, sans réserves. Je dois donc, devant le Christ, dire ici ce que la doctrine de la Foi indique avec tant de clarté : le Coran refuse le sacrifice de la Croix ; il attaque ceux qui affirment que Jésus est le Christ ; il rejette l'alliance d'Abraham ; il dénonce la Bible comme une falsification ; et il nie l'identité paternelle de Dieu.

Chaque fois qu'un chrétien fait un signe de croix, le Coran s'oppose, irrémédiablement, à son geste. Chaque messe, et même chacun des moments liturgiques de l'Eucharistie est absolument incompatible avec la doctrine de l'islam.

Les similitudes superficielles qu'on retrouve entre le Coran et la doctrine chrétienne camouflent une opposition fondamentale. Le Coran semble reconnaître la valeur sacrée de la Bible. En fait, ce qu'il nomme « bible » est un texte inexistant qui aurait été perdu. Quant à la Bible elle-même, il la rejette en la qualifiant de falsification.

Le Coran semble respecter les chrétiens. En fait, ceux qu'il nomme « chrétiens » sont des gnostiques alors qu'il condamne les chrétiens eux-mêmes, les qualifiant d'« associateurs », c'est-à-dire d'idolâtres.

Le Coran semble exalter Jésus en le dénommant « un grand prophète ». Cependant, il nie directement le cœur essentiel de la foi chrétienne : Son identité de Fils de Dieu, Sa mort sur la croix et Sa Résurrection. Il suggère même que Jésus laissa un autre se faire torturer à Sa place !

Le Coran se présente comme une révélation plus archaïque que les textes bibliques. En fait, il est plus récent que les Évangiles, non seulement chronologiquement, mais par rapport à son contenu et à ses positions doctrinales qui font spécifiquement référence à des points précis de la doctrine chrétienne et aux hérésies des premiers siècles.

L'islam accuse le cœur de la Parole. Il proclame que la Bible elle-même est une falsification et que la véritable bible, falsifiée par les Juifs, se retrouve uniquement dans le Coran. De cette façon, l'islam pousse ses adhérents à rejeter la parole de Dieu tout en leur donnant l'illusion de lui demeurer fidèle. Ainsi, l'islam empêche directement ses adhérents d'accéder à la Révélation et les attire vers un écrit alternatif rempli de prodiges et de magies.

Le Coran, qui se présente comme un texte sacré, rejette radicalement les deux événements les plus fondamentaux de la Révélation : le sacrifice d'Isaac et celui de Jésus-Christ. En affirmant qu'Abraham a voulu sacrifier Ismaël, l'enfant de sa servante, plutôt qu'Isaac, le fils de son épouse, l'islam présente le sacrifice d'Abraham comme un geste motivé par des intérêts tribaux plutôt que l'acte d'obéissance absolue à une exigence paradoxale de Dieu et qui est la source même de l'Alliance. En effet, dans la logique du monde, on peut facilement comprendre que, avec l'arrivée du fils légitime, le rejeton de la servante était de trop.

Pareillement, en suggérant que le Christ s'est fait remplacer sur la croix, l'islam transforme la Crucifixion en un tour de magie ou en un subterfuge sordide. Ainsi, l'acte sublime qui unit Dieu à l'homme et le sauve, le sacrifice final et éternel, le phare qui guide tous les hommes égarés dans le monde vers leur Créateur, l'aboutissement dans le Christ de la grossesse millénaire de l'humanité, se transforme, dans le Coran, en une dérobade. Malgré toutes ses prosternations et ses ostentations, l'islam rejette, absolument, la Croix.

Le Coran est simple car il provient du monde et lui ressemble. Il est un simulacre de la Révélation. Il substitue la magie au mystère. Alors que le chrétien doit porter dans sa foi des mystères qui le dépasse, le Coran propose, sous une pelure d'actes magiques, des motifs humains et des concepts issus du monde. Ainsi, le sacrifice d'Abraham devient un drame familial, l'unité de Dieu est réduite à un chiffre, la crainte de Dieu est un esclavage et le mystère de la Crucifixion devient un subterfuge.

Dans les schémas conceptuels des élites intellectuelles athées, toutes les religions sont des élucubrations mythologiques équivalentes. Dans leur arrogance, ils tracent les contours géographiques des religions de la même façon qu'on décrit des continents. Dans cette optique qui définit les religions comme des artefacts anthropologiques, plus une croyance est ancienne, plus elle est respectable et précieuse.

Pour ces grands curateurs du musée spirituel mondial, tous les artefacts doivent être préservés, non seulement les monuments et les statues mais aussi les diverses croyances des hommes et des femmes vivant aujourd'hui. Ainsi, ces gens qui ont souvent eux-mêmes rejeté, sans hésiter, la foi de leurs ancêtres, se proclament les défenseurs zélés des valeurs religieuses traditionnelles des autres.

Par ailleurs, ces penseurs, même quand ils daignent admettre l'existence d'un être suprême, rejettent inconditionnellement les esprits comme des inventions superstitieuses. Ils disposent donc d'un unique contenant conceptuel où loger toutes les entités spirituelles qu'ils considèrent. Par conséquent, ils assument que tout discours qui décrit un être suprême fait nécessairement référence à la même entité. Ainsi, pour eux, Allah doit être une représentation équivalente de Dieu puisqu'ils ne disposent d'aucune autre identité à lui assigner. L'islam équivaudrait donc à la foi chrétienne puisque la divinité qu'il propose serait la même que celle des chrétiens.

Le chrétien est tenté, lui aussi, par ces conceptions qui ont toutes les apparences de la tolérance et de l'acceptation d'autrui. Il finit, lui aussi, par voir dans les croyances qui l'entourent des cultes de bonne volonté tournés vers l'objet unique de toutes les religions : un être suprême. De plus, quand, sous prétexte de vivre une foi plus adulte, il rejette, lui aussi, l'existence des esprits, le chrétien est, à son tour, acculé à l'idolâtrie car il doit tout ramener, Allah et Dieu, à l'unique entité spirituelle dont il reconnaît l'existence. Enfin, il est, comme les autres, influencé par les apparences du monde et il attribue, aux cultes les plus anciens et les plus répandus, un caractère de respectabilité et d'authenticité qui ne provient pas de la parole de Dieu mais des frasques de l'histoire.

Toutes ces conceptions sont fausses !

Toutes les apparences du monde plaident en faveur de l'islam : sa dimension, son âge, sa puissance, son étendue, le nombre de ses adhérents et les similitudes conceptuelles qu'il partage avec la chrétienté. Il est donc facile et tentant d'accepter cette croyance comme une forme équivalente de « l'intuition abrahamique », comme les penseurs inclusifs la dénomment. Les chrétiens qui sont attirés par la thèse des messagers multiples, qui postule que Jésus-Christ serait une manifestation particulière d'un messie multiple, acceptent facilement, eux aussi, qu'Allah soit le même que Dieu. C'est faux !

Le chrétien qui jauge le Coran, non pas selon les critères du monde mais par rapport au dogme de la Foi, celui qui ose lire le Coran à la lumière de la doctrine chrétienne, verra aussitôt qu'Allah n'est pas Dieu. Mais pour oser le voir, il faut faire confiance, comme jamais, à la doctrine des Pères de l'Église et s'agripper à la Foi en dépit de toutes les apparences du monde.

Dans cette approche, il faut rejeter tous les paramètres matériels impressionnants de ce culte : son grand âge, sa force, son étendue, le nombre de ses adhérents, ses manifestations religieuses, les fanatismes qu'il suscite, ses monuments et ses civilisations. Ce n'est pas facile, car l'islam est une religion séculaire qui a suscité des empires et compte, aujourd'hui, un milliard d'adhérents. Des centaines de millions d'hommes et de femmes se prosternent chaque jour devant Allah. Depuis des siècles, des millions de gens vivent leur vie et édifient leur société sur la base de ce livre qui se dit saint.

Toutes les évidences du monde affirment que l'islam est aussi légitime que la doctrine chrétienne. Pourtant, quelques paroles de l'Évangile et quelques strophes du Credo, rédigées voilà des siècles par les Pères de l'Église, nous enseignent que Dieu a un Fils et que ce Fils s'appelle Jésus-Christ. Or, le Coran déclare sans équivoques, en citant les paroles même de sa divinité, qu'Allah n'a pas d'enfant, n'en a jamais eu, et que personne ne peut le nommer « Père » !

Dans la Révélation, Dieu est Père. Il le dit avec une insistance et une clarté extraordinaire. Dans le Coran, Allah lui-même affirme sans détours que nul n'est son enfant et qu'il n'est le père de personne. Aucune confusion et aucun compromis ne sont possibles : Allah et Dieu ne sont pas le même.

Pour celui qui ose baser son jugement sur le dogme de la Foi, la conséquence est incontournable : Allah n'est pas Dieu car Dieu a un Fils et Allah, lui, n'en a pas. Il n'y a pas de choix ; pour accepter Allah comme l'équivalent de Dieu, le chrétien devrait larguer Jésus-Christ, cœur vivant de sa foi.

Que dire, alors, d'une religion qui détourne des centaines de millions d'hommes et de femmes de la foi en Jésus-Christ pour les entraîner dans une voie qui rejette explicitement l'identité paternelle de Dieu et qui dénonce le sacrifice de la Croix ? Que dire d'un texte qui emprunte les apparences d'une parole révélée pour renier directement et explicitement le cœur essentiel de la Foi et discréditer la Bible ? Que dire d'un homme qui s'est donné lui-même le nom de prophète et s'est déclaré l'égal et le successeur de Jésus-Christ ? Que dire d'une doctrine qui propose la multiplicité des messies et prépare, ainsi, la venue d'antéchrists ? Que dire, enfin, d'un culte qui, au Moyen Âge, a subjugué la moitié de la chrétienté et a tenté par trois fois d'envahir le reste ?

Le croyant, ancré dans le Christ, dans cet homme concret, crucifié, ressuscité, Fils de Dieu et seul Sauveur des hommes, ne peut donner qu'une seule réponse à cette doctrine, malgré toute l'énormité qu'elle contient : l'islam est un blasphème.

L'islam naquit à un moment où la chrétienté s'épuisait dans des querelles théologiques. En une génération, il a subjugué, par la force, la moitié du monde chrétien et a menacé de l'engloutir entièrement. L'épithète d'« infidèle », que le musulman donne au chrétien, décrit, en fait, la démarche même de l'islam qui a rejeté l'enseignement de la Bible pour adopter, à sa place, un simulacre.

Les sociétés musulmanes tolèrent généralement les populations chrétiennes en leur sein. Cependant, si elles favorisent les conversions à l'islam, elles persécutent systématiquement ceux qui voudraient quitter l'islam pour suivre le Christ. Ainsi, elles assimilent graduellement les populations chrétiennes en attirant les croyants dans une voie sans retour qui agit comme une trappe pour ceux qui s'y aventurent et pour leurs descendants.

L'idéologie humaniste décrit l'islam comme une grande religion, ancienne, respectable et comparable à la doctrine chrétienne. L'islam, selon cette thèse, offrirait des bienfaits spirituels équivalents à ceux de l'Évangile. Par conséquent, annoncer l'Évangile aux musulmans et les appeler à la conversion au Christ constitue, selon cette idéologie, une activité inutile et même nuisible.

La doctrine chrétienne, par contre, affirme que Jésus-Christ est la seule voie authentique du salut. Ceux qui osent examiner le monde de l'islam avec le regard de la foi, voient des millions d'âmes emprisonnées dans un culte qui les sépare systématiquement de l'Évangile. Quand des Églises chrétiennes reconnaissent le culte d'Allah comme une voie spirituelle comparable à l'Évangile, elles abandonnent ces enfants de Dieu.

De nos jours, combien de chrétiens osent suggérer, même délicatement, que l'appel du Sauveur s'adresse aussi aux musulmans ? Nous les avons catalogués et oubliés, les confinant à perpétuité dans ce culte. La violence hargneuse que des millions de musulmans vouent à l'endroit des chrétiens ressemble à un cri de désespoir !

Il y a quarante ans, la tyrannie communiste dominait la moitié de l'humanité. À cette époque, elle semblait susciter l'adhésion volontaire de centaines de millions de gens endoctrinés dans cette idéologie. Tout en profitant grassement des avantages de la liberté, nos castes progressistes affirmaient, alors, que les régimes communistes équivalaient ceux de l'Occident et que le soviétisme offrait des bienfaits comparables à ceux de la démocratie. On suggérait même que l'avenir appartenait au socialisme. Toutes nos facultés universitaires chantaient cette même chanson !

Depuis, ces régimes se sont effondrés. Quand les murs tombèrent, la détresse des prisonniers de ces dictatures apparut au grand jour. Le contraste entre les élucubrations utopiques de nos universitaires progressistes et la réalité devint alors incontournable. Combien de ces doctes défenseurs de l'Empire soviétique eurent le courage de reconnaître publiquement leurs égarements ? Tous ces apologistes de la brutalité s'estompèrent comme par enchantement.

Aujourd'hui, l'islam semble plus vivace que jamais. Il suscite les adhésions les plus inconditionnelles et les sacrifices les plus extrêmes. De nos jours, aussi, les castes progressistes, elles-mêmes confortablement installées dans une incroyance et une licence sexuelle qui n'ont rien d'islamique, nous présentent l'islam comme une religion pleine de tolérance et une source de trésors culturels incomparables. Quant à nous, chrétiens, nous devons nous rappeler que, derrière ces apparences trompeuses, les musulmans sont, eux aussi, nos frères et qu'ils sont, comme nous, des enfants de Dieu appelés à suivre le Christ.

Dans un monde qui contient un milliard de musulmans, affirmer que l'islam est un blasphème constitue, pour les élites progressistes et humanistes, un geste intolérable et immoral. Chaque fois que des chrétiens oseront affirmer ce que la Foi leur révèle sur l'islam, ces bien-pensants du monde s'insurgeront. Ils leur ordonneront d'assouplir leur position, d'élargir leur foi, de tolérer, et d'inclure. Ils les appelleront à faire preuve d'un esprit fraternel et œcuménique. Après tout, cette divinité est presque aussi ancienne que la leur !

Les croyants qui demeurent, malgré tout, fidèles aux conclusions qui découlent de la doctrine de la Foi se verront accusés, avec une véhémence croissante, d'intolérance, de fondamentalisme, d'étroitesse, d'intégrisme et même de manquements à la loi de l'Amour. Les accusations pleuvront et même, peut-être, les persécutions !

Agissez et parlez maintenant, chrétiens, pendant que votre foi est encore assez forte pour être tolérée dans des sociétés dont les valeurs sont en dérive ! Armés du Credo, penchez-vous maintenant sur la parole de Dieu. Comparez-la à l'islam et aux autres idolâtries ! Osez dire ce qu'elle révèle ! Si vous empruntez, aujourd'hui, le chemin du silence et des compromis, il deviendra impossible, plus tard, de parler à voix haute. Il faut affirmer, maintenant, les vérités qui déplaisent et faire face aux inconforts qui pourraient en découler. Plus vous attendrez, plus les choix, et leurs conséquences, deviendront abrupts.

Ceux qui prétendent que Dieu est absolument inconnaissable nient la Révélation. Le Seigneur s'est révélé. Nous pouvons L'approcher, dans la foi, parce qu'Il nous a donné ce pouvoir. Il s'est révélé dans la Bible et dans le Christ.

Les idolâtres de l'être suprême considèrent qu'Allah est une représentation légitime de Dieu. C'est faux. Allah est peut-être une représentation légitime de l'idole de l'être suprême mais il n'est pas le Dieu d'Abraham, d'Isaac et de Jacob incarné dans le Christ.

Jésus, Lui-même, par Son Incarnation, nous détourne de la tentation de les confondre. Allah et le Père, révélé dans le Christ, ne sont pas le même être. Les Évangiles, et le Coran lui-même, l'affirment clairement et directement.

Quant à Mahomet, que dire de ce prophète qui a entraîné avec lui la moitié de la chrétienté et une large part de l'humanité vers le culte d'une créature ? Que dire d'autre, sinon qu'il est un des faux prophètes dont Jésus-Christ, Lui-même, prophétisa la venue !

Dans la foi et selon l'enseignement des Évangiles, les musulmans sont, eux aussi, nos frères dans le Christ. Ils méritent notre sympathie. S'ils s'égarent sur le fond, ils nous instruisent par la forme. Leur courage, leur droiture, leurs valeurs, leurs familles et, surtout, l'intensité de leur croyance nous édifient souvent. Les conclusions qui découlent de la doctrine chrétienne concernant l'islam sont incontournables. Il faut donc, à la suite du Christ, professer ce qu'elle enseigne. Cependant, ce témoignage demeure empreint de respect.

Prions pour que les millions de musulmans qui sont nés et ont été endoctrinés dans cette croyance, trouvent, à leur façon, Jésus-Christ dans leur vie. Prions aussi pour qu'un jour, eux ou leurs enfants, rejettent enfin ce simulacre de la seule vraie Révélation. Car, malgré ses mérites, la doctrine qu'ils suivent est fausse et ne remplace pas l'Évangile.

En acceptant l'islam comme une religion équivalente à la foi chrétienne, nous, les chrétiens, suggérons aux millions de gens qui y adhèrent qu'ils suivent une voie juste de salut alors qu'il n'y a qu'une seule Voie : le Christ. Priverons-nous indéfiniment ces gens de l'Évangile parce que nos atlas géographiques classifient l'islam de religion authentique et lui assignent des peuples ?

Nous avons le devoir d'annoncer l'Évangile aux musulmans comme aux autres et de leur rappeler que leurs croyances ne remplacent pas le Christ.

DES FORMES INTIMES ET SOUFFRANTES

Les blasphèmes modernes se présentent souvent sous des apparences faibles et souffrantes. Plutôt que de persécuter la Foi de l'extérieur, ils tentent d'infiltrer la doctrine chrétienne pour la pervertir.

Les blasphèmes anciens proposaient, comme vertu de l'avenir, la brutalité guerrière et conquérante, qu'il s'agisse de celle du pur guerrier nazi ou du communiste sans scrupules. Les blasphèmes plus récents se présentent sous des formes douloureuses, faibles et plaintives. Ces nouvelles idéologies empruntent les apparences de la morale chrétienne pour s'infiltrer dans le cœur des croyants et substituer leurs mensonges à la doctrine de la Foi. Elles ont ceci en commun : elles identifient un groupe humain souffrant, mettent en évidence ses meurtrissures et retracent leur cause à un aspect ou l'autre de la doctrine chrétienne.

Elles lancent alors leurs accusations au nom de la défense de ce groupe. Elles présentent, ainsi, l'histoire de l'Église comme une longue suite d'agressions et d'oppressions. Elles décrivent les évêques et les pasteurs de l'Église comme des êtres intransigeants, doctrinaires et dénués de sensibilité. À partir de ces thèses, elles exigent, au nom de la compassion envers ces victimes malheureuses, que les croyants renoncent à l'un ou l'autre des éléments de leur Foi.

Les anciens blasphèmes justifiaient leurs mensonges au nom de la nécessité du pouvoir. Ceux-ci appellent à l'abdication des croyants au nom de la sensibilité et de la compassion. Chez les nazis, la doctrine chrétienne était assujettie au pouvoir guerrier, chez les communistes, les impératifs de la lutte des classes la supplantaient.

Les idéologies récentes insistent plutôt qu'on la mette en veilleuse, pour ainsi réduire les souffrances de certains groupes, dont ils se déclarent les défenseurs, qui seraient opprimés par l'annonce de l'Évangile. Ces nouveaux blasphèmes ne tentent pas d'imposer une idéologie évidemment antichrétienne. Ils proposent plutôt des imitations qui divergent subtilement de la doctrine chrétienne.

Ces nouveaux blasphèmes se présentent donc comme des sosies des valeurs chrétiennes. Nous y trouvons la douceur, la tolérance des autres, une forme de compassion et un état pacifique qui fait presque rêver. Ces simulacres de la vertu proposent toujours deux choses : une sainteté facile et une morale sexuelle plus permissive. Ces deux éléments semblent distincts mais sont associés : ils proviennent tous deux de cette même volonté de jouir moralement qui caractérise l'apostasie de notre époque.

Après un temps, les récompenses sexuelles s'estompent, cédant la place aux plaisirs plus subtils que procure le sentiment d'une supériorité morale obtenue sans sacrifices. Leurs adhérents, bernés par l'illusion de leur élévation spirituelle, ressentent une indignation intense devant le spectacle des tourments de leurs victimes de choix. Cette émotion les remplit d'une sensation de sagesse et de rectitude.

S'étant libérés du remords, ces apostats se trouvent moralement beaux. Ils sont maintenant prêts à tous les compromis pour préserver cette précieuse opinion d'eux-mêmes. Ils s'affairent donc sans cesse à laver leur cerveau de toutes ses pulsions sexistes, racistes ou autres pour maintenir l'illusion de leur perfection morale, source de leurs délices. Le blasphème les tient alors en laisse car leur apparente sainteté vient du monde et non du lien intime avec Dieu. S'ils dévient de l'orthodoxie progressiste, ils feront scandale devant le monde.

Ainsi, les démarches d'apostasie qui ont d'abord satisfait leur appétit de justification morale réclament maintenant leur salaire. Il leur faut tolérer toutes les débauches et les revendications des autres et, surtout, se faire petits, tout petits, pour ne jamais les incommoder. Il y a, évidemment, une exception à cette règle : il est toujours légitime de dénoncer la doctrine chrétienne et de s'insurger contre elle.

Les institutions du savoir sont, aujourd'hui, entièrement dominées par ces idéologies larmoyantes. Elles sont contrôlées par une caste de faux parfaits qui font, dans leurs discours feutrés, une promotion subtile et incessante de la perversité et musellent toute affirmation de la Foi.

Derrière leurs similitudes de surface, les idéologies de perversion diffèrent radicalement de la doctrine chrétienne et lui sont fondamentalement hostiles.

La véritable sainteté n'est pas un état de contentement parfait mais le combat incessant d'un pécheur qui craint Dieu pour le salut de son âme. Elle n'est pas l'absence de fautes résultant de la satisfaction des appétits, mais une tension constante pour surmonter ceux-ci.

La sagesse, en apparence sereine et douce, que ces blasphèmes proposent est, en fait, une forme d'impuissance ouverte à tous les vices. La compassion qu'ils affichent pour les groupes souffrants camoufle une lâche complaisance devant leurs fautes et leurs faiblesses. Enfin, la suave élévation qu'ils prônent rejette entièrement le sacrifice.

Or, le sacrifice, plus que tout, distingue l'Amour enseigné par le Christ de ces autres formes. Cependant, pour ces idéologies, le sacrifice constitue une forme injustifiée d'oppression. En effet, c'est un trait commun, les idéologies de perversion nient toutes, sans exception, la valeur inhérente du sacrifice, surtout celle du sacrifice sexuel.

Ces blasphèmes, comme les autres, tirent leur pouvoir de la parole de Dieu, qu'elles défigurent. Ils utilisent et déforment le cœur même du message évangélique, le grand commandement d'amour du prochain que Jésus-Christ nous a légué. Ils prétendent préserver et amplifier ce commandement et l'invoquent même pour attaquer la doctrine chrétienne. Leur thèse commune soutient que la doctrine chrétienne représente un obstacle injustifié à la pleine réalisation du grand commandement d'amour.

Le chrétien demeure muet et désarmé devant ces nouvelles idéologies. Elles semblent imbues d'une vertu plus belle et plus avancée que celle des saints eux-mêmes. Il est incapable de condamner ce qui ressemble entièrement à la compassion. Le cortège de souffrances et d'oppressions qu'on exhibe sans relâche devant lui le subjugue et le paralyse. Le croyant se sent obligé, malgré lui, d'acquiescer aux thèses doucereuses qu'on lui soumet. Quand il finit par constater que les exigences de ces blasphèmes s'opposent à certains des enseignements des Pères de l'Église, il est déjà prêt à larguer ceux-ci pour taire les souffrances criardes qu'on lui jette sans cesse à la figure.

Comment résister à quelque chose qui ressemble tant à l'idéal chrétien ? La Croix est la clé qui libère le chrétien de ce dédale de simulacres. La réponse aux idéologies de victimisation se trouve, en effet, dans cette forme de l'Amour, transmise par le Christ dans le sacrifice de Sa Passion. Cet Amour contredit radicalement toutes les formes de confort moral proposées par ces blasphèmes.

Le sacrifice qui résulte d'une soumission aimante à la volonté de Dieu procure un bonheur qui n'a aucune commune mesure avec les illusions de perfection morale des bien-pensants. Enfin, l'esprit de sacrifice assumé dans l'amour procure la force nécessaire pour affirmer la Vérité malgré les scandales qu'elle suscite, et confère l'assurance morale nécessaire pour guider le peuple des croyants et l'extirper de ces labyrinthes trompeurs.

Voilà pourquoi, entre autres, la continence sacerdotale est plus importante, aujourd'hui, que jamais ! Ce choix de vie qui est, de nos jours, l'objet de toutes les attaques et de tous les dénigrements est un socle de la Foi car il incarne le sacrifice dans l'amour. Cet état est sans doute plus dur que jamais à endurer dans nos grasses sociétés saturées d'incitations suggestives. Cependant, la continence sacerdotale, si fébrilement attaquée, est, aujourd'hui même, plus précieuse et plus nécessaire que jamais pour la vie de la foi ! Elle est au centre du combat que livre l'Église contre cette nouvelle génération de blasphèmes, un combat qui se déroule, avant tout, dans le cœur des prêtres.

J'en suis convaincu, l'Esprit saint a institué la continence sacerdotale, il y a mille ans, pour aider l'Église à traverser l'époque dans laquelle nous vivons, aujourd'hui ! Le monde entier s'acharne contre ce sacrifice de la prêtrise. On dénigre les prêtres, on les incite à se marier, on prétend que leur continence les rend inaptes à conseiller les autres, on leur répète que leurs choix sont des anachronismes dépassés et, pour finir, on leur exhibe, sans arrêt, le spectacle de nos contentements sexuels !

Le peuple des croyants doit exprimer, plus que jamais, son respect et sa reconnaissance envers ceux qui assument le fardeau de la continence au nom de tous. Il doit les entourer, les soutenir et puiser dans leur sacrifice, la force nécessaire pour affronter la tourmente sexuelle qui dérange nos sociétés et endiguer les dérives qu'elle engendre.

Que les chrétiens se ravisent ! Sous leurs formes douceureuses, ces idéologies cachent une agression implacable contre la Foi. Leurs discours d'impuissances et de douleurs camouflent une volonté de pervertir les croyants et d'imposer à l'ensemble de la société des valeurs dénuées de sagesse. Ces idéologies qui exploitent la victimisation utilisent les sensations que leur spectacle suscite pour attaquer la doctrine de la Foi et la pervertir ! Qu'on le sache, un abîme sépare ces idéologies de la doctrine chrétienne, un abîme qu'aucun compromis ne pourra satisfaire !

Les blasphèmes de perversion sont plus diffus que ceux qui persécutent. Ils ne visent pas à acquérir directement le pouvoir. Ils s'infiltrent plutôt, sans éclat, au sein des élites intellectuelles et religieuses des sociétés et, de là, sapent leur vitalité et sabotent leur droiture. Quatre courants blasphématoires de perversion se répandent aujourd'hui dans nos sociétés : l'égalitarisme, le féminisme, le sexualisme et le victimisme.

L'égalitarisme

L'égalitarisme se présente comme une forme supérieure de la vertu chrétienne. Pourtant, il nie la primauté du Christ et l'ordonnancement des êtres selon le plan de Dieu.

« Nous sommes tous égaux ». Voilà l'affirmation sacrée, enchâssée dans les chartes et les constitutions. Voilà le grand principe, établi comme fondement solennel des Nations unies, ce faux temple qui attire les espoirs d'une humanité égarée. Qui oserait contester cet axiome, porteur de toute l'espérance humaine ; ce grand principe que le Siècle des lumières nous a légué ? Qui oserait douter de cette vérité institutionnelle, arrachée à l'obscurantisme du Moyen Âge après des siècles de combats héroïques ?

Les grandes chartes étatiques qui proclament ces vérités absolues et nécessaires sont devenues, pour leurs adhérents, une nouvelle écriture sainte garante d'un avenir social radieux. Ceux qui interprètent ces textes majestueux forment une nouvelle caste de prêtres, consacrés au service de l'espérance humaine. Ces déclarations proclament l'égalité : égalité des personnes, des peuples et des groupes ; égalité des nations, des races, des comportements ; égalité des croyances, des choix et des accouplements. Elles aspirent à devenir les formes ultimes de la sagesse et de la vertu humaine.

Comparée aux déclarations simples et parfaites qu'on retrouve dans les chartes étatiques, la doctrine chrétienne semble imparfaite, pleine de compromis et même tronquée. Elle chemine péniblement, proposant une sagesse qui était, peut-être, adaptée aux conditions de vie obscures et brutales des époques primitives, mais qui est, clairement, inadéquate par rapport aux idéaux de l'humanité moderne. Au mieux, les principes de la doctrine de la Foi ressemblent à une version balbutiante, superstitieuse et transitoire des valeurs humaines fondamentales que les humanistes ont distillées, les inscrivant dans leurs chartes éclairées ; manifestations, apparemment ultimes, de la quête millénaire de l'humanité pour la justice.

Ces athées moralement élevés nous présentent une humanité guidée par un savoir qui est l'antithèse de la foi humble et docile. Ils décrivent leurs affirmations comme signes d'une sagesse qui accède enfin à l'état de maturité lumineuse et consciente que l'humanité cherche, en titubant, depuis des siècles. Ils proclament, c'est un de leurs axiomes, que le savoir intellectuel, apanage des sociétés modernes, est une source sûre de vertu. Ils enseignent que l'éducation et l'acquisition de connaissances mènent nécessairement vers les vertus progressistes. Par conséquent ceux qui, quel que soit leur niveau de savoir, doutent de leurs vérités institutionnelles sont automatiquement taxés d'ignorance.

Ces penseurs proclament que l'égalité est un bien absolu, une métavertu. Par conséquent, l'imposition intransigeante de ce principe ne peut qu'améliorer la société et la rendre meilleure. Comme ils valorisent absolument la tolérance, ils rejettent comme fondamentalement injustes toutes formes d'inégalités, quelles qu'elles soient. Ils en viennent donc à discréditer, comme immorales, les sociétés archaïques qui ne visaient pas l'égalitarisme universel.

Le croyant veut adhérer aux idéologies égalitaristes de l'humanisme athée. Elles lui semblent, en effet, entièrement compatibles avec la doctrine chrétienne. Il est touché par leur idéalisme. Il serait même prêt à concéder que les principes d'égalité qu'elles affirment dans leurs chartes représentent, en effet, une forme perfectionnée et simplifiée de la Loi d'Amour révélée par le Christ. D'ailleurs, plusieurs des rédacteurs initiaux de ces chartes étaient, eux-mêmes, chrétiens.

De plus, militer pour l'égalité sociale semble coïncider en tous points avec la charité et même avec une forme supérieure de celle-ci, car elle vise l'abolition généralisée de la dominance du supérieur sur l'inférieur. Vouloir l'avènement d'une société parfaitement égalitaire semble donc correspondre entièrement avec l'espérance du royaume de Dieu. En fait, on dirait qu'elle est une forme supérieure de l'espérance visant une réalité atteignable plutôt que l'attente d'événements eschatologiques douteux.

Pareillement, croire que les humains seront un jour capables de devenir parfaitement égalitaires ressemble à une foi optimiste et confiante dans la bonté naturelle de l'homme. On dirait une forme supérieure de la Foi, centrée lucidement sur l'humain réel et observable, et non sur un Créateur hypothétique et sa créature mi-animale, mi-angélique. D'ailleurs, se dit le croyant, croire en l'homme, n'est-ce pas la même chose que croire en Dieu, puisque aimer son prochain correspond à aimer Dieu ? Plus on y pense, plus l'égalité sociale ressemble à une synthèse supérieure des valeurs chrétiennes.

Nous, humains, sommes condamnés à fabriquer sans cesse des idoles et des mensonges capables de nous tromper ! Plus nous sommes intelligents, plus nos illusions sont subtiles, et plus nos blasphèmes ressemblent à la Vérité ! C'est pourquoi, livrés à nous-même, nous nous égarons dans les dédales que nous échafaudons, nous méprenons nos idoles pour des dieux et nous butons contre les miroirs que nous fabriquons.

Le blasphème cherche depuis toujours à susciter le rejet de la Foi. Or, à notre époque, après deux mille ans, la doctrine chrétienne représente une valeur tangible. Par conséquent, les formes modernes des idéologies blasphématoires proposent toujours un progrès pour justifier leur agenda de démolition. L'adoption de ce concept est un préalable à toute tentative moderne de perversion de la chrétienté.

Le culte de l'égalitarisme prend sa source dans des déclarations sociales utiles et civilisatrices, inspirées, en partie, par les idéaux chrétiens. Par exemple, la première charte des droits, formulée par les pères de la nation américaine, reflétait étroitement les idéaux chrétiens auxquels la plupart d'entre eux adhéraient.

Les textes des chartes étatiques et même les idéaux et les valeurs qu'elles proposent ne sont pas, en elles-mêmes, faux ou blasphématoires. En fait, ces textes légaux peuvent jouer un rôle social utile et légitime, aussi longtemps qu'ils demeurent subordonnés à la sagesse de Dieu et à Sa loi morale exprimée dans les Saintes Écritures.

Quand c'est le cas, les chartes représentent, en effet, un acquis civilisateur qui suscite les conditions sociales qui permettent aux citoyens de faire librement fructifier les dons qu'ils ont reçus du Seigneur. Dans ces conditions, elles favorisent l'émergence d'une justice sociale compatible, à la fois avec la volonté de Dieu et avec la nature humaine. Cependant, la vérité ultime de l'homme réside dans la parole de Dieu.

Les chartes étatiques, elles, sont des textes politiques qui reflètent imparfaitement la réalité humaine. Elles sont des énoncés utiles pour promouvoir des structures sociales compatibles avec la vie moderne, mais sont dépourvues, comme toutes les autres créations humaines, de la vraie Sagesse qui réside uniquement en Dieu.

Les énoncés des chartes étatiques ne sont donc pas, eux-mêmes, blasphématoires. Cependant, l'élévation de ces documents, par l'humanisme athée, au rang d'absolus moraux indépendants de la sagesse de Dieu, en fait des instruments de l'idolâtrie. L'incroyant, en rejetant la parole de Dieu, plonge dans le désarroi moral. Il aspire à retrouver des absolus moraux qui pourront lui servir de balises.

L'athée étreint donc ces grandes abstractions et ces déclarations pompeuses. Il en fait des vérités absolues. Il attribue à ces généralisations une valeur d'axiomes et fait d'elles une nouvelle écriture sacrée. Ayant rejeté l'espérance de la Foi, il rêve de sociétés utopiques qui incarneraient, de façon parfaite, les principes abstraits inscrits dans ses chartes. Il s'est évadé du présent décevant en faveur de l'attente utopique.

Ainsi, une religion nouvelle prend forme. Ses textes sacrés sont les chartes étatiques. Une caste de juristes progressistes assume le rôle de nouvelle prêtrise. Ses sermons, transmis dans les médias sous la forme d'éditoriaux et de divertissements, annoncent une société entièrement égalitaire, habitée par des humains inoffensifs et dénués de toutes tendances discriminatoires.

Or, les énoncés impressionnants des chartes ne correspondent pas à la réalité humaine. Il s'agit d'échafaudages simplistes et irréalistes qui peuvent servir d'expédients sociaux utiles en autant qu'ils sont tempérés par une sagesse véritable beaucoup plus nuancée. Dans tous les cas, les vastes principes qu'elles énoncent deviennent des mensonges grotesques quand ils sont poussés à leurs limites.

L'humain parfaitement égalitaire que cette doctrine veut engendrer serait un individu si entièrement endoctriné qu'il deviendrait incapable de voir le gouffre qui se creuse entre la réalité et les axiomes simplistes de son culte.

L'idolâtre cherche toujours à déformer l'homme pour le conformer à ses idoles. Ainsi, dans le culte de l'égalitarisme, il suggère que, quand tous seront parfaitement endoctrinés par les valeurs des chartes, la société deviendra, elle aussi, parfaitement égalitaire. Quand cet état de perfection adviendra, les axiomes simplistes des chartes deviendront enfin des vérités, car elles feront consensus. Ainsi, l'illusion partagée par tous deviendra la réalité.

Ce grand projet, en apparence si lumineux, camoufle un agenda tyrannique d'endoctrinement et de propagande. Car, pour réaliser cette société parfaitement égalitaire, il faudra s'acharner à remodeler les gens par des campagnes de propagande et de coercition dans le but de les amener à l'état d'endoctrinement que l'utopie requiert. Sur ce point, le culte de l'égalitarisme s'apparente aux vieux blasphèmes communistes qui tentèrent eux aussi, au nom de leurs utopies, de refaçonner les hommes par la violence et la propagande. Le culte, ascendant aujourd'hui, de l'égalitarisme deviendra lui aussi un cauchemar s'il acquiert le pouvoir d'imposer ses concepts et son agenda.

Dans l'égalitarisme, les principes de base qui sont exprimés dans les déclarations étatiques sont généralement désirables selon la doctrine de la Foi. Dans la foi, tous les humains sont, en effet, égaux car ils sont, tous, des créatures aimées de Dieu. Cette égalité, cependant, est la seule qui soit entièrement vraie.

Or, cette même déclaration égalitaire qui est vérité dans la foi, devient mensonge aussitôt qu'elle en est coupée. En effet, hors de Dieu, nous sommes tous inégaux par rapport aux critères du monde, quels qu'ils soient. Nous sommes inégaux dans nos talents, dans nos habilités, dans les circonstances de nos vies et dans nos antécédents. Nous étions même inégaux dans le sein de notre mère. Dieu nous a créés inégaux pour mieux Le servir.

Pour le croyant, il y a une seule base véritable d'égalité : celle de créature aimée de Dieu. Pour l'incroyant aussi, une seule égalité absolue existe : la mort. Toutes les autres égalités proclamées dans les discours et les chartes sont des expédients artificiels, des affirmations socialement utiles, mais jamais entièrement vraies.

La doctrine de la Foi affirme que l'inégalité entre les humains s'étend au-delà de la vie physique et englobe même l'éternité. Selon la Foi, nous sommes inégaux même dans la mort. En effet, nous serons tous soumis au jugement de Dieu. Nous serons donc différenciés. Ainsi, nous ne sommes pas seulement inégaux par rapport à tous les critères du monde physique mais par rapport à l'Esprit de Dieu Lui-même.

En effet, si nous sommes tous également créatures aimées de Dieu et appelées par Lui, cet appel exige des choix, et ces choix suscitent les inégalités éternelles qui en découlent. Pour le chrétien, les choix moraux que chacun fait librement établissent une hiérarchie, donc une inégalité, des vies, de leur valeur et de leurs récompenses. Cette inégalité englobe non seulement la vie physique mais l'éternité dans le sein de Dieu.

Dans la doctrine de la Foi, la diversité des êtres, source d'inégalités, reflète la volonté même de Dieu. En effet, le Seigneur ne nous appelle pas pour remplir des rôles interchangeables mais pour participer, selon notre nature unique et nos aptitudes propres, à l'avènement de Son royaume.

Pour le croyant, l'égalité qui le mesure aux autres créatures n'est pas un critère absolu de justice, car la seule mesure qui compte réside dans notre réponse à l'appel de Dieu.

Pour les adeptes de l'égalitarisme, tous les êtres sont fondamentalement indistincts. Ils ne se différencient que sur des aspects superficiels. Ils perçoivent les humains comme fondamentalement identiques et interchangeables. Ils prétendent ainsi que ce qui nous différencie peut être entièrement remodelé par un endoctrinement capable de niveler toutes les distinctions.

Une médiocrité hargneuse réside au cœur de l'égalitarisme ainsi qu'un refus du jugement de Dieu. En effet, si nous sommes tous égaux, personne ne sera jugé. Les adeptes de ce culte cherchent donc la valeur dans le dénominateur commun et militent pour une société qui nie la réalité du monde telle que Dieu l'a créé.

Selon la doctrine de la Foi, nous sommes donc inégaux sauf par rapport à l'amour de Dieu. Par conséquent, ce n'est pas l'égalité qui nous unit, dans ce monde, mais l'amour fraternel. Voilà la véritable source de la justice. Voilà la vraie égalité puisque l'amour fraternel participe à l'amour de Dieu également répandu dans le monde. Dans l'amour fraternel, des gens distincts s'unissent selon leur identité propre, en vue du bien commun.

L'agenda égalitariste, par contre, vise une justice fondée sur la comparaison. Cependant, les paramètres de cette comparaison sont toujours incomplets car ils reflètent une perception partielle. L'égalité visée camoufle toujours une inégalité cachée, occultée par les catégories de l'idéologie dominante du moment. La distinction entre travailleur et bourgeois occulte les diversités ethniques, celles-ci oublient la dimension homme-femme qui, elle-même centrée sur les individus, escamote les familles et leurs enfants et ainsi de suite. On n'en sort pas, chaque agenda égalitaire impose ses critères de comparaison privilégiés et occulte les autres. Chaque cause tapageuse muselle les autres.

L'amour du prochain, lui, nous pousse toujours vers la justice, quelles que soient les circonstances physiques, idéologiques et sociales du moment. Les principes égalitaires centrés sur des comparaisons physiques ou matérielles finissent toujours par dériver vers l'injustice. Ainsi, ceux qui prennent leurs constructions pour des principes divins, façonnent, invariablement, des monstres. Cependant, l'amour fraternel enseigné par le Christ, lui, ressemble à une boussole qui s'oriente sans cesse vers la justice réelle, quelles que soient les circonstances sociales.

L'appel de Dieu nous demande d'aimer celui qui est différent. Aussi, la diversité et, par conséquent, l'inégalité des êtres font partie du projet de Dieu et sont inscrites dans le cœur même de la Foi. C'est pourquoi le culte égalitariste est fondamentalement incompatible avec la doctrine chrétienne.

Cette inégalité est affirmée dans la personne même du Christ. En effet, pour le croyant, il y a un seul Messie, un seul Fils de Dieu, un seul homme qui atteignit la perfection de l'union avec le Père. Pour le croyant, Jésus-Christ, entièrement homme et Dieu, n'est pas l'égal des autres humains, Il est le premier et la tête. Par conséquent, l'humanité elle-même n'est pas également indistincte puisque Jésus-Christ en fait partie. De plus, le Fils de Dieu, en instaurant Son Église, ordonne et différencie tous les humains par rapport à Lui.

Cette différenciation fondamentale, qui prend son origine dans le Christ, se propage à travers toute l'Église. Les circonstances de la vie du Christ et Son enseignement instaurent partout des différenciations : différenciations des croyances, car une seule Révélation est véridique, différenciations des races car une seule a porté le Christ ; différenciations, aussi des choix et des comportements individuels devant la volonté de Dieu. Ceux qui sont incapables de percevoir la force unificatrice de l'amour, qui sous-tend cette hiérarchie, ne voient que de l'injustice dans toutes ces différences.

Pendant des décennies, l'égalitarisme proposé par l'humanisme athée semblait entièrement cohérent avec les valeurs chrétiennes, d'autant plus que les principes généraux sur lesquels il s'appuyait n'étaient pas directement incompatibles avec celles-ci. Cependant, poussée par sa logique interne, l'incroyance a transformé ces principes égalitaires en absolus sacralisés et a ainsi brisé le lien qui les subordonnait à la sagesse chrétienne. La cause sociale, transformée en culte athée, dérive maintenant vers la révolte en condamnant tout ce qui, dans le plan de Dieu, discrimine entre les êtres.

Or, chaque croyant, au cours de sa quête de vertu et de vérité, doit nécessairement discriminer. La morale chrétienne discrimine entre les comportements. L'Église, dans son fonctionnement, discrimine en choisissant ses prêtres, et en distribuant ses sacrements.

Adhérer à la foi chrétienne, enfin, constitue un acte de discrimination qui affirme et reconnaît des inégalités fondamentales. En effet, cet acte affirme la primauté de Jésus-Christ, la vérité ultime du dogme de la Foi, la supériorité des comportements conformes aux lois de Dieu, l'existence des saints, l'ordonnancement des vies et des peuples selon le plan divin, et le Jugement dernier.

Le féminisme

> *Le féminisme, dans sa forme idéologique, est un blasphème opportuniste de perversion qui attaque la légitimité de la Révélation. Sa faiblesse apparente est un mécanisme de pouvoir.*

Le féminisme est probablement le plus pernicieux des blasphèmes souffrants et douloureux qui s'affairent, de nos jours, à pervertir la Foi. Et pourtant, cette idéologie ressemble plus que toutes à la vertu chrétienne.

Le féminisme présente la femme comme une victime millénaire, souffrante et impuissante, des agressions de l'homme. Il nous invite, au nom de la justice et de la compassion, à libérer les femmes du joug inique d'oppression que les hommes leur font subir depuis des siècles. Qui ne verrait pas dans cette cause une forme essentielle de l'amour chrétien ? Voici la femme, opprimée et malheureuse, qui n'aspire qu'à obtenir sa petite part de liberté !

Il faudrait être un sans-cœur, un toqué obstiné dans ses réflexes d'oppresseur patriarcal, pour la lui refuser ! Quel chrétien, s'il est sensible, oserait se détourner d'un appel si doux et si pressant provenant de victimes si faibles et si méritantes ? On croirait entendre Jésus Lui-même, ou Sa mère ! Quel homme de bonne volonté oserait dénoncer le combat héroïque que livre le féminisme contre la plus grande injustice humaine de tous les temps ?

Et pourtant, le chrétien qui ose examiner cette idéologie à la lumière du Dogme doit conclure qu'il se trouve devant une manifestation indubitable du blasphème. En effet, la thèse fondamentale du féminisme idéologique contient une accusation massive et absolue de la doctrine chrétienne. Il ne s'agit pas ici de détails ou de bavures de passage. Au contraire, un abîme infranchissable sépare cette idéologie de la doctrine chrétienne.

D'après le féminisme, les femmes sont, depuis des siècles, les victimes, impuissantes et innocentes, de systèmes d'oppression patriarcaux fondamentalement injustes. Le féminisme identifie le patriarcat judéo-chrétien comme une forme exemplaire et extrême de ces systèmes d'oppression. D'après cette idéologie, les sociétés patriarcales traditionnelles, y compris les sociétés chrétiennes, sont des mécaniques pathologiques d'exploitation, édifiées dans le but de maintenir, injustement, les femmes dans des rôles sociaux subalternes. Par conséquent, l'idéologie féministe propose de libérer les femmes de ces carcans d'injustice en les amenant à rejeter les schèmes de pensées traditionnels paternalistes qui leur ont causé tant de souffrances.

La thèse fondamentale du féminisme stipule que le patriarcat représente une manifestation du mal, qu'il est directement responsable de l'existence des guerres et de la violence, et qu'il est la cause de l'oppression injustifiée des femmes ! Selon le féminisme, cette idéologie patriarcale, fondamentalement maléfique, infecte profondément la Bible et les valeurs judéo-chrétiennes. Cette thèse constitue l'axiome fondamental du féminisme idéologique.

Or, pour adapter la doctrine chrétienne aux exigences de cet axiome, il faudrait la dénaturer totalement. Certains féministes, d'ailleurs, reconnaissent d'emblée que la doctrine chrétienne est fondamentalement et absolument incompatible avec leur idéologie. Pour eux, le christianisme est irrécupérable et doit être entièrement rejeté.

Mais d'autres féministes se présentent comme des réformateurs de la doctrine chrétienne, proposant de l'émonder et de la remodeler pour la libérer de l'oppression patriarcale millénaire. Ce type de discours prétend qu'il veut améliorer la doctrine chrétienne pour la purifier de ses impuretés et des distorsions causées par le fléau patriarcal, élaborant ainsi une forme plus pure et plus inclusive de christianisme qui serait entièrement libérée de toutes ces influences.

Une entreprise de rejet, de démolition et d'accusations suit ce préambule apparemment bien intentionné. Tout en prétendant vouloir préserver l'essentiel de la doctrine chrétienne, on en détruit toutes les composantes.

D'abord, on s'attaque aux textes de la Bible en les qualifiant de documents biaisés, entachés par le mal patriarcal. Ensuite, les patriarches et les prophètes judaïques, figures patriarcales par excellence, sont condamnés en tant qu'oppresseurs ou relégués au statut d'apologistes naïfs et inconscients de l'endoctrinement patriarcal. Les Pères de l'Église, à leur tour, sont répudiés en bloc en tant que caste patriarcale de mâles frustrés par la continence et rendus misogynes à cause d'elle. Viennent ensuite ceux qui étaient les proches de Jésus et qui Le proclamèrent Christ.

Saint Paul, en particulier, fait l'objet des attaques les plus virulentes des idéologues féministes. Il fut en effet un des premiers à avoir élaboré le Dogme résumé dans le Credo. Or, les théologiens féministes dénoncent systématiquement chacune des affirmations de ce dogme. Ils dénoncent, comme autant de symptômes du mal patriarcal, l'identité paternelle de Dieu, la masculinité de Jésus-Christ, Son statut unique de Messie, la proclamation de la virginité de Marie et le rôle de l'Église.

Pour parachever le tout, le féminisme renie, implicitement, la présence agissante de l'Esprit saint dans l'Église des premiers temps puisqu'il rejette l'identité messianique de Jésus, proclamée dès les premiers siècles et signe tangible de l'action de l'Esprit. Cette affirmation constituerait une déformation illicite du message originel de Jésus considéré par ces idéologues comme un sage révolutionnaire et un féministe avant l'heure qu'il faudrait redécouvrir en déblayant tout le fatras christologique empilé autour de lui par le clergé patriarcal.

Malgré toutes les accusations et les dénonciations qui émanent de cette idéologie tordue et pernicieuse, les chrétiens ne peuvent se résoudre à la rejeter. Ils tentent quand même de concilier leur doctrine avec l'idéologie féministe. En effet, ceux qui se laissent influencer par les sensations que le discours féministe suscite sont touchés par la faiblesse plaintive des femmes victimisées qu'on leur exhibe. Ils ressentent de la pitié pour ces femmes opprimées et souffrantes. Ils en éprouvent une espèce de remords, non pas le remords de l'âme individuelle devant son Dieu, mais un remords de type collectif.

Amenés à cet état émotif de conscience douloureuse et de remords collectif suscité par les images souffrantes qu'on leur exhibe, ces chrétiens veulent ignorer la nature blasphématoire du discours féministe ou, du moins, l'excuser (elle serait si compréhensible après tout ce que les femmes ont subi !). Ils veulent, eux aussi, altérer la doctrine chrétienne pour accommoder l'accusation.

Après tout, une idéologie qui combat avec tant d'ardeur au nom des victimes éplorées doit sûrement coïncider avec les valeurs chrétiennes fondamentales ! Si la doctrine chrétienne s'oppose à cette quête souffrante de justice, ne doit-on pas la modifier ? Pour aimer les femmes en vrai chrétien, proclament les féministes, on doit répudier la doctrine de la Foi.

Les idéologues féministes font souvent étalage de respect envers Jésus. On le décrit comme un féministe avant l'heure, un révolutionnaire qui fut complètement incompris de ses propres disciples et, surtout, des premiers Pères de l'Église. Si on lui concède le statut de messie, c'est en tant que manifestation messianique particulière dans une longue liste de messagers divins dont certains seront, nécessairement, des femmes.

Le féminisme prétend vouloir remettre la personne véritable de Jésus au centre d'un nouveau culte plus authentique et plus inclusif. Pour accomplir cet objectif, on propose de nettoyer la Bible en modifiant certains passages abusifs et en émondant les autres.

La première phase de cette entreprise de reconstruction consisterait à faire des traductions biaisées des Saintes Écritures pour en altérer subtilement le sens et le conformer aux thèses de l'idéologie. Il s'agirait d'employer systématiquement les artifices de la traduction et de l'exégèse pour éliminer toutes les expressions perçues comme sexistes. À cette bible « améliorée », on ajouterait éventuellement de nouveaux témoignages inspirés du discours et des valeurs féministes pour ainsi « enrichir » la parole de Dieu et constituer un nouveau canon de foi, duquel le mal patriarcal serait enfin expurgé.

La forme extérieure, l'emballage en quelque sorte, de l'idéologie féministe constitue un élément essentiel de son efficacité. Le féministe idéologique insère ses thèses accusatrices dans un discours émotif et urgent rempli d'images d'oppression et de victimisation. Ce discours suscite, chez ceux qui l'entendent, le sentiment d'une injustice intolérable qui doit être corrigée sans délai et sans trop réfléchir. Les accusations passent ainsi en douceur, lubrifiées par des effluves de sensations pitoyables.

Quel croyant voudrait s'accrocher à de vieilles doctrines patriarcales poussiéreuses alors que tant de femmes souffrent présentement d'abus et d'oppression ? Quel chrétien véritable pourrait tolérer que des arguties médiévales fassent obstacle aux besoins criants de justice des femmes ? Qui serait assez insensible et obtus pour s'accrocher aux élucubrations de quelques vieillards barbus, enterrés depuis des siècles, quand celles-ci bloquent l'élan sublime et fragile de millions de femmes qui n'attendent qu'un seul petit signe de bonne volonté de la part des hommes pour enfin édifier, avec eux, une société vraiment juste ? Il faudrait être un fou nocif, un obstiné incurable et méchant, pour faire obstacle à des aspirations aussi touchantes !

Ainsi, distraits par cette pelure de pathos, les chrétiens gobent la potion empoisonnée et finissent, à leur tour, par militer pour la destruction de la doctrine chrétienne.

Et pourtant, si le chrétien dérangé par le discours féministe prend le temps de méditer sur le Credo, il notera cette phrase : « Je crois en la communion des saints ». Il se souviendra alors des témoignages des saints et des saintes de l'Église dont les vies furent illuminées par cette Foi, résumée dans le Credo. Il se souviendra que cette doctrine, dont il a hérité, provient de milliers d'hommes et de femmes qui lui ont sacrifié leur vie au nom du Père, du Fils et du Saint-Esprit. Il se souviendra, enfin, de la Vierge Marie qui se tient là, au cœur du Dogme, portant l'enfant Jésus dans ses bras.

Les féministes n'aiment pas la Sainte Vierge. Elles réservent à la Mère de Dieu leurs attaques les plus acharnées et leurs commentaires les plus dégradants. La Vierge est l'objet de tous leurs mépris. Elle représente, à leurs yeux, une déesse de deuxième classe, un modèle de médiocrité, confinée dans la fonction maternelle reproductive, un outil de l'endoctrinement patriarcal. Elle serait l'image même de la femme éternellement subalterne et asexuée qu'une Église atavique érige en modèle pour satisfaire ses besoins chauvins.

Le croyant prend conscience, alors, que le féminisme n'acceptera jamais Marie, la Vierge sainte, la Reine du monde. Il comprend qu'en altérant le Dogme pour accommoder les axiomes féministes, il devra, aussi, larguer la Mère de Dieu. Alors, son choix devient clair : à genoux devant celle qui est sa Reine et son modèle, puisant en elle la douce lumière de la foi, il se dit que, en fin de compte, les Pères de l'Église, ces barbus antiques, façonnèrent un trésor en élaborant le Dogme !

Le féminisme s'apparente au communisme dans sa forme et dans sa croissance, même s'il n'en a pas la virulence brutale.

Dans les deux cas, ces blasphèmes sont des phénomènes opportunistes, c'est-à-dire des idéologies qui utilisent des événements sociaux suscités par des transformations technologiques pour justifier leurs thèses accusatoires. Dans les deux cas, on utilise des transformations sociales causées par le progrès technologique, en réinterprétant celles-ci comme une démarche de libération morale, politique et spirituelle.

Les idéologues communistes ont fondé la justification morale de leurs thèses sur les conditions de vie misérables des premiers ouvriers de l'ère industrielle. Prenant appui sur ces phénomènes sociaux causés par des transformations technologiques, ils ont élaboré une doctrine de libération collective selon laquelle les travailleurs seraient libérés de leur misère par l'élimination de la classe bourgeoise qui les opprimait. Elle postulait qu'en éliminant cette forme d'oppression, il n'y aurait plus d'oppression, les prolétaires étant, collectivement, bons.

Les injustices et les misères criantes de cette époque furent ainsi manipulées pour servir de justification à une théorie de libération fondée sur une interprétation faussée des phénomènes sociaux et des mécanismes économiques. Cette théorie postulait qu'une société utopique pourrait être édifiée par le biais de l'action brutale. Celle-ci façonnerait un nouveau citoyen parfaitement altruiste vivant au sein d'une société nivelée. On atteindrait cet objectif en éliminant les valeurs traditionnelles du comportement humain par des campagnes massives et généralisées d'endoctrinement.

De cette façon, une doctrine mensongère utilisa la misère matérielle véritable des travailleurs pour produire une misère encore plus grande, à la fois matérielle et spirituelle.

La doctrine communiste puisait son pouvoir dans une vérité. En effet, les travailleurs de cette époque étaient vraiment exploités et leurs conditions de vie étaient vraiment misérables. Cependant, l'interprétation des causes et des mécanismes de cette exploitation était fausse. Les remèdes qu'elle proposait étaient des poisons. En accaparant le pouvoir politique, les mensonges dénués de sagesse du communisme muèrent en des tyrannies qui réduisirent des millions de gens à l'esclavage.

De cette façon, le communisme utilisa une misère réelle, suscitée par des transformations technologiques et sociales, pour justifier une idéologie progressiste monstrueuse, dénuée de sagesse et centrée sur une thèse aux conséquences blasphématoires.

Comme le communisme, le féminisme utilise, lui aussi, des transformations sociales causées par l'évolution technologique pour justifier une idéologie de libération basée sur une interprétation, fausse et dénuée de sagesse, des rapports humains. Ici, l'évolution du rôle des femmes, suscitée par la mécanisation du travail, par les mesures de sécurité sociale et par l'amélioration de la santé, sert de justificatif à une doctrine de libération de type blasphématoire.

La diminution de la mortalité infantile, la mise en place de mécanismes de protection sociale et la mécanisation du travail ont suffisamment allégé les charges, essentielles, de la maternité pour permettre aux femmes de diversifier leurs rôles et leurs fonctions dans la société. Une mutation massive du mode d'organisation social traditionnel a donc eu lieu. Des conditions sociales qui étaient légitimes et réalistes, compte tenu des circonstances de l'époque, ont fait place à un mode différent d'organisation qui reflète les nouvelles conditions de vie.

L'idéologie féministe récupère ce phénomène en l'interprétant non pas comme une mutation sociale suscitée par des transformations technologiques mais comme un combat de libération. Elle l'utilise pour justifier une doctrine d'accusation. Les valeurs des sociétés préindustrielles reflétaient les conditions de vie du temps. L'idéologie féministe dénonce celles-ci comme étant des systèmes d'oppression arbitraires et immoraux qui asservissaient et exploitaient injustement les femmes.

Cette accusation est profondément fausse. Elle dénature les sociétés qui nous ont précédés. Elle réduit les femmes qui y vécurent au rôle de victimes impuissantes alors qu'elles participaient vigoureusement à l'élaboration de leurs sociétés. Elle condamne, comme intrinsèquement immorales, les solutions que nos ancêtres ont adoptées pour survivre avec les moyens qu'ils avaient. Elle dégrade la fonction essentielle des familles pour assurer la survie des gens de ces époques et de la nôtre.

Cette idéologie dresse un mur entre les hommes et les femmes en dénigrant les liens d'entraide qu'ils formaient dans leurs couples. Enfin, l'idéologie féministe, en imposant son interprétation empoisonnée des rapports entre hommes et femmes, fige ceux-ci dans des positions conflictuelles et sape la formation de familles stables et fécondes.

Le féminisme idéologique est un blasphème insidieux qui attaque radicalement et absolument la doctrine chrétienne. Il est fondamentalement incompatible avec celle-ci. Sous des dehors faibles et pitoyables, il s'agit d'un système de pouvoir extraordinairement efficace.

La doctrine pervertie qu'il propose représente un danger immense pour les croyants, pour l'Église et pour l'intégrité de la parole de Dieu. Non seulement cette idéologie attaque-t-elle directement la doctrine chrétienne sur tous les plans, mais, en sabotant ses familles et en empoisonnant ses enfants par ses thèses mensongères, elle détruit la source même de la vitalité des peuples chrétiens.

Le sexualisme

Les accouplements sexuels ne sont, évidemment, pas des actes idéologiques. La volonté de les justifier moralement a cependant suscité l'émergence de systèmes idéologiques accusatoires. Ces idéologies égarent et pervertissent les croyants. Les générations d'après-guerre ont entièrement refaçonné les sociétés pour y justifier leurs accouplements. Nous avons transformé l'accouplement homosexuel en une trappe ; nos enfants y tomberont.

Dans les sociétés païennes, la liberté sexuelle était l'apanage des maîtres. Ceux-ci se donnaient tous les droits et exploitaient, sans limites, leurs esclaves. Dans les sociétés chrétiennes, le commandement de l'amour du prochain imposa, même aux maîtres, le devoir de restreindre leurs appétits et de les subordonner aux exigences de l'amour véritable.

Toutes sortes d'accouplements avaient lieu au sein de ces sociétés traditionnelles, qu'elles soient païennes ou chrétiennes. Cependant, ces pratiques n'étaient jamais considérées comme respectables. Elles étaient des sujets de honte ou, à tout le moins, de ridicule.

Jusqu'à récemment, aucune société, chrétienne ou autre, n'aurait eu l'idée de reconnaître les accouplements homosexuels comme des pratiques respectables. L'idée d'en faire des actes bénis était simplement incongrue. Ceux qui s'adonnaient à ces plaisirs n'imaginaient pas qu'ils posaient là des gestes dignes d'être bénis.

Même dans l'Empire romain, au faîte de sa perversion, les orgies n'étaient pas considérées comme des activités respectables. Les gens recherchaient, sans doute, des plaisirs dénaturés, mais ils ne se faisaient pas d'illusions sur la nature de leurs actes.

Dans tous les siècles chrétiens qui ont précédé l'époque actuelle, ceux qui s'adonnaient à des pratiques sexuelles dénaturées n'auraient jamais imaginé, non plus, que leurs agissements définissaient leur identité. Ils percevaient leurs gestes comme des fautes, commises par des âmes destinées par le Seigneur à la droiture. Certains surmontaient leurs appétits alors que d'autres s'y complaisaient. Certains, aussi, s'endurcissaient dans leurs comportements au point de ne vivre que pour satisfaire ces appétits. Mais même ceux-ci percevaient leurs gestes comme des égarements incompatibles avec l'identité fondamentale de leur âme qui était, elle, conditionnée à Dieu.

Aujourd'hui, un phénomène nouveau est apparu dans nos sociétés. Toute une panoplie de pratiques sexuelles différentes accède, aujourd'hui, au statut d'activités saines, dignes d'être encouragées, subventionnées et bénies par l'État et par les religions. Cet étrange agenda ne provient pas de groupes marginaux. Il émane, au contraire, de nos élites politiques, académiques et culturelles. Il fait partie du discours officiel de l'État et des savantes conclusions des facultés académiques.

L'appellation de « sexualisme » fait ici référence à la dimension idéologique associée, récemment, à l'accouplement homosexuel. Cependant, s'il fait référence à l'accouplement, celui-ci n'en est pas l'élément central. En effet, les comportements sexuels dénaturés ont existé depuis des millénaires dans toutes les sociétés sans qu'ils n'aient de dimensions idéologiques. Il s'agissait simplement de luxure.

Par contre, si ces pratiques existent depuis des siècles, l'idéologie sexualiste qui proclame leur respectabilité est un phénomène très récent. Il date d'à peine cinquante ans. Il ne s'agit donc pas de la même chose.

Alors que l'accouplement homosexuel est une forme de luxure physique, le sexualisme, lui, est un phénomène idéologique qui s'apparente au blasphème. D'ailleurs, les deux sont relativement disjoints puisque, d'une part, on peut se livrer à des activités homosexuelles sans en faire la promotion idéologique et, d'autre part, on peut promouvoir ce blasphème tout en ayant un comportement sexuel conventionnel.

Le sexualisme est une forme particulière de l'idéologie de victimisation décrite précédemment. Il divise l'humanité entre les hétérosexuels et les autres et il présente ceux-ci, homosexuels, bisexuels et autres, comme des groupes injustement opprimés en raison de leur orientation sexuelle.

Selon cette idéologie, l'accouplement homosexuel serait une activité saine et normale qui correspondrait à l'identité profonde de ceux qui le pratiquent. À partir de ce postulat, l'idéologie sexualiste cherche à rendre l'accouplement homosexuel socialement respectable, à le faire sanctionner par les institutions publiques et à amener les Églises chrétiennes à le bénir.

Les tenants du sexualisme suggèrent que celui-ci a toujours existé, puisque les formes d'accouplements auxquelles il réfère existent depuis toujours. En fait, si les accouplements eux-mêmes ne sont pas récents, l'idéologie sexualiste, elle, constitue un phénomène nouveau et complètement inédit dans la vie des sociétés. Les pratiques homosexuelles existent depuis toujours. Cependant, le mouvement idéologique visant à les rendre honorables et conformes à la doctrine chrétienne est, lui, récent.

Le sexualisme comporte des similitudes avec le culte des gentils. Il justifie l'accouplement homosexuel en nous le présentant sous la forme de liaisons durables entre des gens doux, sympathiques, polis et inoffensifs. Le gentil dieu est toujours prêt à bénir ces gentils accouplements.

Le sexualisme n'attaque pas directement les énoncés du dogme de la Foi comme le fait le féminisme dont la contestation du Dogme porte sur le rejet de l'Église et de son enseignement. L'agression sexualiste vise l'identité de l'âme humaine et son lien avec le Dieu révélé des Saintes Écritures.

Elle tente aussi de pervertir l'Église en l'incitant à bénir la fornication homosexuelle au nom du Christ.

Ici, il faut être clair. L'accouplement homosexuel est une forme physique de fornication. L'acte de bénir ces accouplements au nom du Christ, cependant, ce n'est pas la même chose. Cela, c'est une abomination spirituelle ! Il vaudrait mieux pour un prêtre de se livrer à une sodomie animale devant ses ouailles plutôt que de bénir l'accouplement homosexuel au nom du Christ ! Aujourd'hui, des milliers de pasteurs protestants bénissent l'homosexualité dans leurs églises. Quand leurs yeux s'ouvriront, ils verront toute la puanteur spirituelle qui se cache sous les apparences charmantes et douceureuses de ces cérémonies !

Le sexualisme attaque l'identité fondamentale de l'homme quand il affirme que le désir de l'accouplement homosexuel est un besoin inné qui correspond à la nature même de ceux qui le cherchent. Ainsi, ces gens présentent leurs pulsions comme étant un élément intégral de leur nature et, donc, relevant de leur âme et de son lien avec Dieu. Les promoteurs de cette idéologie affirment, en d'autres mots, que le Seigneur créa certaines âmes homosexuelles et que, par conséquent, leurs besoins sexuels doivent être bénis puisqu'ils sont conformes à la volonté de Dieu.

Les tenants de ce blasphème seront toujours à la recherche de bénédictions. Aucune accolade ne les satisfera entièrement. Ceux qui pensent qu'un jour le lobby homosexuel cessera d'exiger des signes d'acceptation sociale toujours plus forts et plus convaincants, ceux qui imaginent qu'il se satisfera, éventuellement, des tolérances déjà acquises, se leurrent. Même si, un jour, toutes les institutions sociales, tous les politiciens, tous les psychiatres et tous les clergés célébraient et approuvaient l'homosexualité, ce ne serait pas encore suffisant.

Même si un jour le pape, que Dieu l'en préserve, bénissait lui-même leurs accouplements dans la basilique de Rome, ça ne suffirait pas ! Même alors, ils verraient leur honte dans le regard des autres et se sentiraient encore menacés et rejetés.

Rien ne suffira, car leur honte ne provient pas des autres, elle réside en eux ! Ils se sentiront toujours opprimés, car ce sont leurs accouplements eux-mêmes qui les oppriment. Même s'ils réussissaient à aveugler le monde entier sur la nature de leur vice, ils ne pourraient pas se berner eux-mêmes car chacun connaît, au fond de son âme, la genèse intime de ses actes et leurs conséquences.

Dans la société droite d'hier, ceux qui se livraient à des pratiques sexuelles dénaturées ne remettaient pas en question leur identité intime. Ils savaient qu'ils étaient, eux aussi, appelés à la droiture et qu'ils en divergeaient. Aujourd'hui, l'activité sexuelle est devenue une trappe qui capture l'identité intime de ceux qui s'y livrent car elle les convainc que leur nature est définie par leurs accouplements.

Cette situation résulte de cinq thèses mensongères qui, chacune, prennent leur origine dans la rébellion sexuelle des années soixante. Ces cinq thèses fonctionnent comme les maillons d'un engrenage qui mène à la bénédiction du vice et qui agit comme une trappe de perversion pour ceux qui s'aventurent à poser des gestes sexuels dénaturés. Ces cinq thèses sont présentées ici.

1. LA SENSATION COMME INDICATEUR DE VERITE

La première thèse postule que l'émotion de conviction, ressentie par un individu, est l'indicateur ultime de vérité : « If it feels right it must be right ». Autrement dit, si on ressent la certitude que c'est vrai, ce doit être vrai. Cette thèse encourage l'individu à devenir son propre maître spirituel.

Elle fait de lui, aussi, le serviteur de ses désirs. L'activité sexuelle favorise cette thèse. En effet, une des caractéristiques de la jouissance sexuelle est la sensation, qui l'accompagne, que l'accouplement est naturel et nécessaire. Cette sensation est, à mon avis, liée au processus émotif de formation du couple. Quand la première génération émancipée, celle qu'on nomme communément les « baby-boomers », a généralisé la pratique de l'accouplement sexuel de loisir, elle en a éprouvé la sensation qu'elle accomplissait quelque chose de naturel, de bon et de bien. Cette sensation fut alors affirmée comme un critère de validité morale.

Cet engouement en faveur de la sensation comme indicateur de vérité fut ensuite concrétisé sous la forme d'une thèse qui affirme que l'intuition, c'est-à-dire la sensation de véracité, est un mode privilégié de connaissance qui est supérieur à la raison.

Or, l'émotion de certitude, même ressentie intensément, ne constitue pas le critère ultime de la vérité, même quand elle porte sur des comportements moraux. Pour le constater, il suffit de se remémorer toutes les fois qu'on a ressenti qu'une opinion était vraie pour, plus tard, la discréditer. Chacune, à son heure, pourtant, suscita l'émotion qu'elle était vraie.

Sur le plan de la Foi, la thèse de la sensation de véracité comme critère de vérité éloigne des milliers d'hommes et de femmes de l'Évangile. Combien, aujourd'hui, imaginent que, pour faire partie du peuple chrétien et pour participer à la vie de la foi, il est nécessaire de ressentir l'émotion de certitude par rapport aux énoncés de la doctrine chrétienne ? Pourtant, il n'est pas essentiel d'éprouver cette sensation pour adhérer à l'Évangile. La sensation de croire n'est pas essentielle à la foi car celle-ci est d'abord une fidélité concrète aux commandements de Dieu et un attachement personnel à Jésus-Christ. La doctrine chrétienne, comme d'ailleurs les modèles cosmologiques contemporains, n'est pas une vérité intuitive.

L'Évangile nous indique que la sensation intuitive de croire n'est pas une condition essentielle à la foi. Plusieurs des comportements des apôtres indiquent que leur foi n'était pas une certitude ressentie intuitivement. Mais, ils avaient quand même la foi parce qu'ils aimaient Jésus et voulaient Le suivre.

La thèse de l'émotion ressentie comme source ultime de vérité nous éloigne de la parole de Dieu et nous incite à suivre les mirages intuitifs que nos sens suscitent.

2. L'INTENSITE DU PLAISIR COMME REVELATEUR DE SOI

La deuxième thèse mensongère qui anime la mécanique de perversion postule que l'intensité du plaisir est un indicateur privilégié de la connaissance de soi.

On pourrait la résumer ainsi : « plus je jouis, plus je suis moi-même ».

Cette thèse, évidemment, ne porte que sur l'intensité des émotions ressenties lors de l'accouplement et non sur les autres émotions liées à la sexualité : les joies de la grossesse, les plaisirs de la paternité et les sensations reliées à la formation d'un couple. Son objet concerne l'orgasme.

Selon cette thèse, le degré d'excitation sexuelle révèle l'identité d'un individu. Cette thèse postule, de plus, que la jouissance sexuelle est le facteur essentiel qui définit un individu et que, par conséquent, les activités qui suscitent les jouissances les plus intenses sont nécessairement celles qui révèlent, avec la plus grande authenticité, l'identité fondamentale de quelqu'un.

Cette thèse est fausse. Elle provient du refus

de considérer l'accouplement sexuel comme une source possible d'égarements et d'erreurs. Elle suggère que l'accouplement sexuel est authentique en toutes circonstances. Elle insinue aussi que ceux qui ne font pas l'expérience de la jouissance sexuelle sont, en quelque sorte, amputés ou tronqués, non seulement physiquement, mais aussi spirituellement. Enfin, elle propose que la recherche de jouissances sexuelles équivaut à une quête de sagesse.

3. LA JOUISSANCE COMME FACTEUR ESSENTIEL D'EPANOUISSEMENT

Cette troisième thèse mensongère présente la jouissance sexuelle comme une activité hygiénique. Dans cette optique, la santé psychique et physique d'un individu se mesurerait par l'intensité et la fréquence de ses orgasmes.

Ainsi, l'accouplement sexuel est présenté comme une activité vitale et non génitale ; c'est-à-dire nécessaire à la vie et non à la procréation. Selon cette thèse, l'accouplement serait aussi essentiel que la respiration, l'alimentation, l'excrétion ou les autres fonctions vitales. Cette thèse va plus loin et postule qu'une carence d'activité sexuelle est le symptôme d'un développement psychique incomplet et d'une insertion sociale inadéquate.

Dans un premier temps, on suggère qu'un couple dont l'activité sexuelle serait limitée souffrirait nécessairement d'une pathologie. On y affirme, pareillement, que tous les adultes en santé, même les gens âgés, ont en quelque sorte le devoir thérapeutique de s'accoupler fréquemment. En d'autres mots : la santé par le jouir !

Cette thèse participe à l'idéologie de la perversion de la façon suivante. Elle suggère que nous aurions, dans le cadre d'une vie saine et bien gérée, l'obligation morale de maximiser l'intensité et la fréquence de nos jouissances. Par ailleurs, ceux qui limiteraient « excessivement » leurs accouplements vivraient dans des conditions plutôt malsaines qui risqueraient de les perturber et de causer des troubles de comportement et des dérèglements psychologiques.

Or, dans l'édifice moral du progressisme, ces « troubles psychiques » individuels tiennent le rôle de la perte de la grâce faisant suite à un dérèglement moral. Ici, cependant, le dérèglement en question provient de l'insuffisance d'orgasmes. Cette thèse suggère donc que l'accouplement est une condition nécessaire à la grâce et qu'il y mène. Alors qu'autrefois on disait « une âme saine dans un corps sain », les tenants de cette thèse proclament aujourd'hui « une âme saine dans un corps qui jouit ».

Dans notre société, les nantis sexuels, dont les opportunités sexuelles sont fréquentes et diversifiées, forment une espèce de caste. Cette caste comprend ceux qui sont jeunes et beaux, ainsi que, généralement, les membres des élites médiatiques et idéologiques. La lutte contre le sida leur tient particulièrement à cœur. Ces gens façonnent cette moralité sexuelle progressiste et l'imposent au reste de la société. La thèse de l'accouplement comme thérapie est calibrée en fonction de leurs besoins et de leurs moyens spécifiques. En effet, les rencontres sexuelles fortuites et gratuites y sont considérées comme bénéfiques alors que la prostitution, elle, ne l'est pas. Pourtant, si l'accouplement était vraiment un besoin hygiénique alors la prostitution fournirait un service social thérapeutique et donc légitime.

Cette thèse est fausse. La preuve se trouve partout autour de nous. Il suffit, en effet, de prendre conscience des milliers de vies, bonnes et saines, de ceux, veufs, célibataires ou autres, qui ne font pas partie de l'élite orgasmique.

4. L'ACCOUPLEMENT COMME CRITERE D'IDENTITE

Il faut une thèse additionnelle à celle de l'intensité du plaisir comme révélateur pour pousser un individu à admettre que son identité émane de ses accouplements. Cette thèse-ci répartit les humains sur la base de leurs types d'activités sexuelles. Cette théorie regroupe ceux qui pratiquent diverses formes excentriques d'accouplement dans des catégories humaines distinctes. Ceux-ci formeraient, en quelque sorte, des peuplades ou des tribus particulières au sein de la société.

Dans sa forme actuelle, cette thèse présente l'orientation homosexuelle comme un type identitaire fondamental, déterminé à la naissance au même titre que les caractères raciaux ou physiques. Elle serait donc essentiellement immuable et innée, c'est-à-dire non conditionnée par les événements de la vie ni par les valeurs sociales existantes.

Cette thèse suggère qu'il y a une frontière nette et infranchissable entre les homosexuels et ceux qui pratiquent l'accouplement hétérosexuel. Elle définit les homosexuels comme une espèce de race ou un type humain distinct. D'autres peuplades plus excentriques comme les bisexuels, les transsexuels et les transgéniques se grefferaient autour de ce « peuple des homosexuels ». Tous, en effet, affirment que leurs activités sexuelles résultent de leur identité profonde, présexuelle, et non des circonstances qui ont influencé leurs comportements.

La promotion de cette thèse encourage l'individu à s'identifier à des catégories humaines sur la base de ses accouplements. Elle permet aussi de sécuriser ceux qui font partie de la plus grande des « peuplades », celle des hétérosexuels.

En décrivant l'homosexualité comme une condition innée, elle fait croire à ceux-ci que ni eux ni leurs enfants ne sont menacés par la présence visible et active, au sein de la société, de groupes homosexuels. En effet, si l'orientation sexuelle était aussi invariable que l'identité raciale, les interactions sociales n'auraient aucune influence sur les comportements et les orientations sexuels. Cette thèse favorise l'agenda sexualiste car elle minimise l'impact de la culture homosexuelle sur les comportements. Cependant, elle est fausse. L'accouplement homosexuel est un comportement appris et l'ascendant de la culture homosexuelle dans la société contribuera à le répandre. Combien de jeunes seront victimes de cette supercherie dans les années qui viennent !

Cette thèse identitaire pousse ceux qui se livrent à des actes sexuels dénaturés à définir leur identité à partir de leurs accouplements. Plutôt que de considérer qu'ils ont posé un geste homosexuel, ils sont incités à admettre qu'ils sont homosexuels dans leur identité même.

Ainsi, la thèse de l'identité homosexuelle

s'autojustifie en incitant ceux qui se livrent à ces accouplements à s'identifier eux-mêmes comme étant « naturellement » homosexuels.

Une fois promulguée, la thèse de l'individu homosexuel dans son identité, même si elle est fausse, sert de pôle d'attraction à ceux qui veulent, ainsi, justifier leur comportement. Ceux-ci ajoutent, à leur tour, d'autres témoignages bien sentis qui la renforcissent et la justifient sans cesse d'avantage. Leur motivation de le faire est forte car tout l'agenda sexualiste repose sur la prémisse que l'orientation sexuelle est innée et non induite.

Pour constater à quel point la thèse de l'identité homosexuelle génère sa propre réalité, il suffit de penser à des formes d'accouplements pour lesquelles notre société n'a pas encore formé de théories identitaires.

Par exemple, le besoin de s'accoupler simultanément avec plus d'un partenaire, la polygamie, l'onanisme, la bestialité ou la pédophilie ne sont pas associés, aujourd'hui, à des types identitaires. Ces besoins ne sont pas considérés comme innés ou naturels.

Le discours public ne contient pas de témoignages médiatisés d'individus qui affirmeraient avoir découvert, au bout d'un long cheminement personnel, qu'ils appartiennent, naturellement, à une de ces identités. Il n'y a pas d'histoires mythiques racontant la découverte enfantine de l'identité bestiale. Il n'y a pas de journées de la fierté polysexuelle ou de magazines pédosexuels. Par conséquent, si un individu se livre à une de ces formes d'accouplements, le discours social ne le convaincra pas que ce qu'il a fait reflète son identité fondamentale.

Cet individu cherchera peut-être à répéter

ces expériences. Il trouvera peut-être que les accouplements conventionnels sont trop fades

et cessera de les pratiquer. Cependant, en l'absence d'une théorie sexuelle identitaire qui correspond à ses comportements, il ne conclura pas qu'il appartient à une catégorie humaine déterminée à la naissance et définie par ses accouplements.

5. L'ACCOUPLEMENT COMME LUTTE DE LIBERATION

Les quatre thèses précédentes mènent à la définition de groupes humains distincts, s'apparentant à

des peuples ou des tribus, sur la base de leurs accouplements. La cinquième et dernière thèse présente la répression sociale des pratiques sexuelles dénaturées comme une forme d'oppression impérialiste, ou raciste.

Cette thèse récupère les discours de libération anticoloniale et de lutte antiraciste et les utilise pour promouvoir toute une gamme d'accouplements plus ou moins excentriques. Ce procédé confère à l'accouplement homosexuel lui-même, et à sa promotion, le caractère d'un combat noble et romantique pour la justice.

Les cinq thèses du sexualisme présentées ici tirent leur origine de la révolution sexuelle des années soixante. Elles dominent maintenant le discours public et sont disséminées dans toute la société. Ces thèses, qui émanent d'une société malade, constituent un véritable piège pour ceux qui se laisseraient tenter par des aventures sexuelles dénaturées.

Si, par malheur, un jeune se livre, aujourd'hui, à l'accouplement homosexuel, toutes les élites dominantes de notre société, tant académiques, médicales, médiatiques que juridiques, lui tiendront ce même discours :

- « Le plaisir sexuel qu'il éprouve est une source privilégiée de connaissance de soi » ;

- « L'intensité de ce plaisir confirme que son identité fondamentale est homosexuelle » ;

- « Il doit dorénavant pratiquer régulièrement ce type d'accouplement pour assurer son épanouissement physique et psychique » ;

- « Il fait partie du peuple injustement opprimé des homosexuels » ;

- et « Il a le devoir moral de militer en sa faveur ».

La boucle est bouclée. La trappe est fermée.

Nous touchons, ici, au cœur de la nature blasphématoire des idéologies sexualistes. En insinuant qu'une portion des âmes créées par Dieu est, par nature, appelée à des accouplements homosexuels, ces idéologies dénoncent implicitement l'éthique judéo-chrétienne comme fondamentalement injuste. En effet, cette éthique condamne ces accouplements comme immoraux. Or, l'idéologie affirme que cette condamnation constitue une persécution illégitime. La morale chrétienne blesserait donc injustement un groupe humain dont les besoins naturels sont intrinsèquement incompatibles avec ses valeurs traditionnelles.

Voici comment, dans l'édifice tordu des constructions progressistes, la sodomie est devenue un acte sain et hygiénique qu'on a le devoir de défendre et promouvoir ! Voici comment, par une inversion absolue des valeurs, la pratique de ces accouplements élève ceux qui les pratiquent au statut de nobles martyrs d'une quête héroïque de justice !

Le prêtre qui vit authentiquement son vœu de continence nie, par sa vie même, chacune des thèses du sexualisme. En effet, ce prêtre, s'il lutte pour respecter son vœu de continence et s'il poursuit son ministère dans l'esprit de sacrifice, affirme, par sa vie, la primauté de la parole de Dieu et de Ses commandements sur les sensations qui l'assaillent, même quand celles-ci ressemblent à la Vérité. Par ailleurs, l'Église, en lui confiant la charge de pasteur, de confesseur et de guide, affirme qu'il possède une sagesse suffisante pour guider les croyants sans avoir accès à la connaissance qui résiderait dans la jouissance. De plus, l'identité du prêtre est définie sans référence à un type ou l'autre d'accouplement sexuel. Il est simplement un homme parmi les hommes. Il ne fait pas partie d'un groupe défini à partir de ses accouplements. Même sa continence ne définit pas son identité car il est chaste par devoir, non par goût. Le ministère du prêtre et les joies qu'il procure démontrent qu'il est possible de vivre et de s'épanouir dans la pauvreté sexuelle. Enfin, la vie même du Christ, telle que la Révélation la présente, nie absolument chacune des thèses qui sous-tendent l'idéologie sexualiste.

Le lobby sexualiste présente les homosexuels comme s'ils formaient un groupe ethnique minoritaire, distinct et opprimé, vivant au sein de nos sociétés. Ils ressembleraient un peu à des gitans. En fait, ceux qui se livrent à ces pratiques ne sont pas différents de nous. Ils sont nos frères et nos sœurs, et sont de même nature que nous. Ils se distinguent des autres par les gestes qu'ils posent et non par leur constitution physique.

Leurs comportements différents proviennent de leurs choix et de leurs expériences. Quand ils n'ont pas été pervertis par d'autres, ils ont choisi, volontairement, des accouplements que d'autres ont évités, croyant par erreur que ceux-ci correspondaient à leur nature. Or, ces actes peuvent sembler anodins mais ils ne le sont pas. Ils peuvent, en effet, marquer pour la vie, surtout s'ils sont commis dans les premiers moments de la jeunesse.

Nous, qui avons évité ces pièges de perversion pendant notre jeunesse, nous nous sentons maintenant en sécurité. Notre sexualité est formée, stable et paisible. Nous avons traversé, indemnes, cette époque fragile de nos vies. Abandonnerons-nous, maintenant, nos enfants ?

Accepterons-nous sans résister qu'ils se fassent endoctriner par la propagande sexualiste ? Laisserons-nous l'appareil de l'État et tous les organes officiels du pouvoir idéologique promouvoir systématiquement ces accouplements dénaturés en les présentant comme des options de vie naturelles et respectables ? Agirons-nous pour défendre nos enfants quand l'industrie publicitaire commencera à exploiter ce nouveau filon libidineux ? Resterons-nous silencieux quand le lobby sexualiste tentera d'introduire le mariage homosexuel dans nos églises au nom de sa morale tordue ?

Chrétiens, le jour approche où vous ne pourrez plus vous défiler ! Chacun devra choisir : combattre ou collaborer. Ce jour viendra, soyez en certains ! Les croyants qui demeureront silencieux devant cette idéologie mensongère seront responsables, demain, des perversions de leurs enfants.

Le temps est venu d'affirmer clairement, à la lumière de la Foi, que l'accouplement homosexuel dégrade l'homme. Le temps est venu de dire que, chaque fois qu'un jeune s'abandonne à ces pratiques, c'est une tragédie dans le Ciel. Le temps est venu, pour chaque père et chaque mère qui aspire à la droiture, de dire ce qu'ils savent déjà, au fond de leur cœur : qu'il vaut mieux pour un jeune de perdre un bras ou une jambe plutôt que de s'abandonner à ces pratiques dénaturées ! Enfin, le temps est venu de prier publiquement, dans nos églises, pour que nos enfants évitent les pièges sordides qui les entourent et que, par lâcheté, nous tolérons.

Esprit saint, donne à nos enfants la force de combattre seuls cette marée de perversion si nous, les adultes, demeurons silencieux ! Donne-leur la grâce de chercher la droiture même si tous les doctes, les honorables, les révérends et les excellences leur prêchent l'égarement. Enfin, si, par malheur, ils se blessent dans ces pièges dégradants, donne-leur la grâce d'en guérir !

Le victimisme

> *Les idéologies basées sur la victimisation ont toutes une forme similaire. Elles tiennent des discours qui camouflent leurs agendas de pouvoir sous des formes souffrantes. Elles ressemblent à l'action chrétienne dans leurs apparences mais, en réalité, elles nient la fraternité humaine et l'égalité entre les hommes.*

Les idéologies de victimisation visent le pouvoir d'un groupe social au nom de la réparation d'injustices passées. Elles sont un phénomène de notre temps. Sous des formes variées, elles tiennent toutes le même discours.

Malgré leur caractère politique, elles s'imposent à nos sensibilités par des discours remplis d'images violentes et intolérables. Elles réduisent les événements sociaux qui desservent leurs besoins à des relations de victime et d'oppresseur. Elles décrivent ces événements collectifs sous la forme de viols ou de voies de fait. Elles camouflent leurs quêtes de pouvoir et de privilège sous des dehors pitoyables.

Leur efficacité réside en ce qu'elles discréditent a priori tous ceux qui voudraient les contester. Quiconque ose douter des mythes qu'elles véhiculent est aussitôt assimilé à l'oppresseur. Elles affirment chercher le dialogue, l'égalité et la justice. En fait, elles étouffent le dialogue, proclament la supériorité morale de leur groupe et visent leur intérêt. Elles se présentent comme des formes progressistes et merveilleuses de la vertu chrétienne. En fait, elles nient la fraternité humaine et incitent l'autre à s'identifier au mal.

Le monologue imaginaire qui suit révèle les mécanismes de pouvoir des idéologies de victimisation et montre comment celles-ci se travestissent en vertu. Celui qui le tient parle au nom d'un groupe victimisé. Il s'adresse à celui qu'il identifie, collectivement, comme l'oppresseur :

« Nous sommes ta victime et tu es notre oppresseur. Ayant étudié les circonstances de notre race, de notre groupe, de notre sexe ou de notre ethnie, nous avons découvert la vérité qui nous lie. Cette vérité, la voici : nous sommes la victime innocente de ton agression injustifiée.

» Nous vivions paisiblement, autrefois, dans un lieu pacifique et sans histoires. C'était un endroit bucolique et simple où tout était beau. En ces temps bénis, nous étions pleinement nous-mêmes, c'est-à-dire bons. Mais, un jour, alors que nous vaquions innocemment à nos affaires, tu nous as injustement attaqués, agressés et asservis. Depuis ce jour, notre histoire commune se résume au mal que tu nous fais et à nos efforts héroïques pour s'en libérer.

» Si, aujourd'hui, nous sommes diminués et défigurés, si nous sommes faibles, pauvres ou impuissants, c'est à cause de toi, l'oppresseur. Tu en es la cause unique. Tu es le seul responsable de nos imperfections. Tu es la cause de nos blessures et tu es, aussi, la cause des blessures que nous infligeons aux autres.

» En effet, quand nous posons des gestes cruels, égoïstes ou méchants, ces gestes ne proviennent pas vraiment de nous mais de toi. Ils sont la conséquence, en nous, de ton agression et le reflet impuissant des abus que tu nous infliges. Nous ne sommes que le conduit, innocent, de l'agression originelle dont tu es, seul, responsable. Quand nous opprimons, c'est ton oppression qui opprime à travers nous. Quand nous agressons, nous sommes encore tes victimes.

» Notre histoire est un long combat de libération. Nos ancêtres étaient si totalement dominés par toi qu'ils ne connaissaient même plus leur condition de victime. Ils voulaient même t'imiter, accéder à ta culture et devenir comme toi. Ils pensaient que ta seule injustice était de les exclure de ton monde privilégié et de ta culture de pouvoir. Mais, nous nous sommes enfin éveillés. Nous sommes devenus conscients que ton oppression est la source de tous nos problèmes. Cette conscience nous a libérés car nous savons, dorénavant, que nous sommes innocents et que tu es coupable.

» Notre grand travail, maintenant, consiste à guérir les blessures que tu nous as infligées et à nous libérer des conséquences de ton agression. Nous redeviendrons alors bons comme nous l'étions avant ton irruption dans nos vies. Mais, notre combat ne se limite pas à nous libérer nous-mêmes. Nous devons aussi te libérer. Nous sommes si bons que nous reconnaissons, malgré tout ce que tu nous as fait, que toi aussi tu es bon, au fond. Ce sont tes doctrines, tes valeurs, ta culture, ta religion, ton caractère, ta personnalité et ton identité qui te rendent mauvais et te poussent à l'oppression. Pour devenir enfin égaux, nous devrons, tous les deux, te guérir de ta nature d'oppresseur.

» Sans relâche, nous te tendons la main. Nous appelons au dialogue de réconciliation qui nous libérera tous les deux. Cependant, ce dialogue ne pourra s'épanouir que si tu admets d'abord que tu portes entièrement la responsabilité de nos maux. Pour que nous commencions à communiquer, tu dois, avant tout dialogue, accepter notre version de notre relation. Tu dois te reconnaître comme l'agresseur, te transformer complètement et rejeter ton identité, tes croyances et tes valeurs.

» Si tu résistes, ta résistance elle-même te dénonce car elle démontre que tu persistes encore dans ton rôle d'agresseur. Si tu t'obstines à nier notre version de l'histoire et à critiquer nos thèses, tu démontres, encore, à quel point tu demeures ancré dans tes réflexes dominateurs et accroché à tes vieux privilèges iniques.

» Tant que tu n'acceptes pas notre discours, tu te dénonces toi-même et tu confirmes que tu demeures un agresseur. Aussitôt que tu contestes notre version de ton agression et de notre innocence originelle, tu te discrédites toi-même. Toute résistance prouve ta mauvaise foi. »

C'est ainsi que les porte-parole du groupe victimisé réduisent ceux qu'ils accusent au silence et imposent leur version biaisée et accusatoire de l'histoire. Ils les confinent dans une résistance passive et silencieuse.

« Malgré le mal que tu nous as fait, nous voulons bâtir des ponts entre nous. Nous cherchons le dialogue en te répétant, sans cesse, les torts que tu nous as causés et en te demandant, patiemment, réparation. Mais, tant que tu refuses de reconnaître ton rôle d'oppresseur, il n'y a pas de dialogue possible entre nous car nous ne pourrons vraiment communiquer qu'à partir de tes aveux. »

C'est ainsi que les victimes étouffent le dialogue tout en affirmant le rechercher.

« Un jour arrive, enfin, où, harassé par nos plaintes continuelles et espérant enfin résoudre notre conflit, tu finis par admettre ta nature d'agresseur et à reconnaître tes torts envers nous. Difficilement d'abord, puis, de plus en plus facilement, tu confesses et reconfesses le mal que tu nous as fait. Tu assumes graduellement le rôle d'oppresseur que nous t'assignions. Comme un orifice qui s'élargit à l'usage, tes aveux passent de plus en plus facilement.

» Nous pouvons maintenant nous engager dans un très long cheminement de réconciliation fait d'aveux et de réparations répétés.

» En effet, chacun de tes aveux confirme davantage notre thèse de ton oppression et justifie nos demandes additionnelles de réparation. Nous seuls pouvons décider quand ce cycle de contritions et de réparations sera complété. »

Une fois les aveux commencés, l'oppresseur doit se plier docilement et sans rouspéter à toutes les exigences des victimes.

En effet, toute contestation, tout refus ou toute résistance confirment l'identité d'oppresseur maintenant reconnue. En admettant son rôle d'oppresseur historique, il s'est discrédité lui-même et a rendu les porte-parole du groupe victimisé seuls aptes à définir les étapes de leur réconciliation et les conditions de son aboutissement. Le voilà bien ficelé et muselé !

« Nous sommes fragiles et précieux. Notre culture et nos valeurs, que tu as meurtries, doivent être réhabilitées, préservées et favorisées par tous les moyens. Elles sont des trésors menacés. Cependant, ta culture et tes valeurs doivent être entièrement modifiées ou même éliminées car elles sont la cause de tes injustices. »

L'idéologie de victimisation cautionne ainsi le mépris du groupe identifié comme oppresseur et le rejet de sa culture et de ses valeurs.

« Le cheminement de la réhabilitation qui nous mènera à l'égalité et la justice doit d'abord emprunter un long détour fait de privilèges et de favoritisme. En effet, ton oppression nous a rendus trop fragiles pour l'égalité immédiate. Tu devras d'abord nous soigner, nous favoriser et nous subventionner pour, lentement, nous redresser. Pour devenir égaux nous devrons d'abord être inégaux. Au nom de l'égalité, tu devras enchâsser notre identité et privilégier notre développement.

» Tu devras travailler très fort pour éliminer toute forme de discrimination envers nous car il s'agit des mesures oppressantes qui nous ont victimisés. Cependant, nous pourrons favoriser systématiquement les nôtres car il s'agira, dans ce cas, de mesures compensatoires pour rétablir notre égalité. »

De cette façon, l'idéologie de victimisation cautionne toutes les formes de favoritisme, de privilèges, de passe-droits, de discrimination et de quotas.

« Tu devras te censurer sans cesse dans tes pensées et dans tes paroles, éviter tout jugement de valeur, tout soupçon de préjugé et tout commentaire négatif à notre égard. En effet, de telles attitudes seront des signes tangibles que tu n'as pas encore éradiqué ton racisme et ton intolérance.

» De notre côté, cependant, nous pourrons parfois laisser libre cours à nos préjugés à ton égard. En effet, si nous dénigrons ta culture, tes symboles, ta race, ton sexe, ton identité ou tes valeurs, ces comportements sont compréhensibles. Ils sont même thérapeutiques car ils réparent notre fierté meurtrie et nous aident à retrouver l'assurance que tu nous as enlevée. »

Une fois la polarité victime-oppresseur établie, l'idéologie de victimisation cautionne tous les préjugés. Elle cautionne aussi l'inégalité devant la loi car la victime n'est pas entièrement responsable de ses actes puisque ceux-ci proviennent de l'oppression de l'autre qui est la cause originelle de ses méfaits.

« Tu es l'oppresseur et nous sommes les victimes. Tu es le coupable et nous sommes les innocents. Tes préjugés sont des crimes, les nôtres sont des thérapies. Ton chauvinisme est destructeur, le nôtre réparateur. Tu es entièrement responsable des méfaits que tu commets et tu es, aussi, coupable des nôtres. »

Voilà le discours et les arguments qui sont communs à toutes les idéologies de victimisation, ces systèmes de pouvoir travestis en causes saintes, qui sont répandus partout dans nos sociétés.

Les idéologies de victimisation prennent plusieurs formes, chacune définie par une relation victime/oppresseur et par le discours idéologique et biaisé qui l'accompagne. Mais, sous leurs divers costumes, on retrouve les mêmes mécanismes, quelle que soit la relation ; qu'il s'agisse des prolétaires et des capitalistes, des femmes et des hommes, des autochtones et des Européens, des Noirs et des Blancs, des homosexuels et des hétérosexuels, des Juifs et des gentils, des Québécois et des Canadiens anglais.

Le victimisme substitue ses mythes complaisants à la vérité ; il favorise les privilèges au nom de l'égalité ; il encourage l'injustice au nom de la justice ; il accule l'autre à s'identifier au mal ; il tire son pouvoir de la bonne volonté de ceux qu'il accuse ; et, surtout, il nie l'identité fraternelle de l'autre, fondement véritable de la vertu chrétienne, tout en prétendant la rechercher.

Les idéologies de victimisation ont toutes la même forme et font appel aux mêmes arguments. Dans tous les cas, on cuisine le même plat, seule la sauce change.

LA DERIVE DOUÇATRE

La perversion décime les croyants aussi efficacement que la persécution. Ses mécanismes, cependant, sont subtils et à peine perceptibles.

Le combat de perversion décime les croyants aussi efficacement que n'importe quelle persécution, même si ceux-ci ne sont pas abattus ni emprisonnés. Non, ici, rien de tel. Dans la lutte contre la perversion, les combattants ne tombent pas, ils s'étiolent. Chacun dérive imperceptiblement, s'éloignant de la foi pour y trouver son plaisir. La fable qui suit décrit les étapes de ce processus.

LE MOUTON DODU

Il était une fois, dans une vallée lointaine, un troupeau de moutons qui suivait son berger. L'herbe était abondante et les moutons broutaient paisiblement, rassemblés autour du pasteur. Mais les moutons étaient pressés les uns contre les autres, comme dans un troupeau. Par conséquent, l'herbe qu'ils broutaient, quoique suffisante et bonne, n'était pas toujours aussi fraîche et aussi douce qu'on l'aurait désiré. En effet, comme ils broutaient tous ensemble, l'herbe qu'ils trouvaient était quelque peu piétinée et partiellement mangée par leurs congénères. Chacun disposait, malgré tout, de suffisamment d'herbe pour se nourrir et tous étaient satisfaits.

Un jour, un jeune mouton plus aventureux que les autres décida de s'éloigner du troupeau pour aller brouter sur les coteaux qui l'avoisinaient. Il s'éloigna donc un peu du troupeau et se retrouva ainsi seul sur le versant d'une colline. Comme il ne voulait pas s'égarer, il demeura assez près du troupeau pour ne jamais le perdre de vue.

Il broutait donc, tout en regardant, du coin de l'œil, la grande tache blanche que faisait le troupeau sur la vallée verdoyante. Qu'elle était délicieuse, cette herbe des coteaux ! Fraîche, dense, succulente et couverte de rosée ! Une herbe qu'aucun autre mouton n'avait touchée ni piétinée !

Le soir venu, notre jeune mouton, repu, rejoignit tranquillement le troupeau. Ses amis l'approchèrent et lui demandèrent : « Qu'as-tu donc pensé pour t'éloigner ainsi ? Ne sais-tu pas que c'est dangereux ? » Mais celui-ci répondit qu'il n'était pas en danger puisqu'il gardait le troupeau à l'œil toute la journée et y revenait le soir venu.

Et puis, leur dit-il, savez-vous ce que j'ai trouvé, là-bas sur le coteau ? ... l'herbe la plus riche, la plus délicieuse qu'on peut imaginer ! Au lieu de brouter, comme tout le monde, sur un terrain piétiné, j'ai découvert, en m'éloignant du troupeau, que l'herbe y était plus tendre, plus abondante et plus délicieuse !

Le lendemain matin, notre ami repartit donc de nouveau vers les collines avoisinantes. Il brouta encore toute la journée une herbe plus délicieuse que celle du troupeau et revint, le soir venu, en toute sécurité, au milieu des siens. Les jours, puis les semaines, passèrent.

Chaque matin, le jeune mouton s'éloignait du troupeau et chaque soir il y revenait. La belle herbe lui profitait. Son allure devint plus fière. Il avait les joues roses et le regard clair. Sa toison avait perdu l'odeur de poussière et de sueur des bêtes du troupeau. Il embaumait maintenant le trèfle et la lavande. Il avait maintenant plus d'assurance. Il déclarait à tous ceux qu'il rencontrait qu'il avait découvert une meilleure façon de brouter ! Qui pouvait le contredire ? Son allure dodue et sa toison soyeuse prouvaient qu'il avait raison !

Les jeunes du troupeau parlaient même de le suivre sur les coteaux. Certains moutons lui dirent qu'il menaçait le troupeau. Mais, leur répondit-il, je ne nuis en rien aux autres ! Je n'empêche personne de suivre le troupeau s'il le veut ! Vous broutez tous la même herbe qu'avant. Ma liberté ne nuit aucunement à la vôtre !

Quelques-uns de ses amis commencèrent à l'imiter. Ils s'éloignèrent à leur tour vers les coteaux du voisinage, broutant eux aussi l'herbe délicieuse qu'on trouvait loin du troupeau. Chacun suivait la même méthode. On s'éloignait du troupeau en regardant la grande tache blanche du coin de l'œil et on passait la journée à se repaître. Le soir venu, on revenait vers les siens.

Plus le temps passait, plus notre ami devenait confiant et plus il était populaire. Il s'éloignait maintenant d'avantage et se contentait d'un coup d'œil occasionnel vers la tache blanche sur la prairie lointaine.

De retour chez les siens, le soir, il ne se vantait plus, il enseignait. Regardez comme ma vie est belle maintenant, disait-il, j'en jouis pleinement. En me libérant de l'esclavage du troupeau, j'ai découvert les pâturages les plus verts et mon corps en profite !

Qui pouvait le contredire ? Il était vraiment devenu le plus beau et le plus épanoui des moutons ! On l'imita donc de plus en plus. La moitié des moutons s'éloignait maintenant du troupeau. Il leur fallait donc aller de plus en plus loin pour trouver une herbe encore vierge.

Notre jeune mouton n'enseignait plus. Maintenant, il prêchait :

« Je suis porteur d'une nouvelle façon de brouter ; ma voie est meilleure que l'étroit conformisme du troupeau. Pourquoi suivez-vous encore le berger toute la journée alors que l'herbe la plus fraîche se trouve ailleurs ? Regardez-moi ! Regardez ma toison et mes jours faits de plaisirs. Vous verrez que j'ai raison ! »

Qui pouvait le contredire ? Il ne faisait rien de mal et ses journées étaient les plus délicieuses de toutes.

Les autres moutons l'imitèrent donc de plus en plus (après tout, c'étaient des moutons) et un temps vint où seules quelques vieilles brebis suivaient encore le berger.

Un jour, notre jeune mouton, qui broutait, comme d'habitude, loin du troupeau, jeta un regard distrait vers la tache blanche qui lui servait de repère. Elle avait disparu. C'est étrange, se dit-il, je ne me suis pas éloigné tant que ça et pourtant je ne vois plus le troupeau ! Il brouta encore un peu puis leva de nouveau les yeux. Rien. Où est passé mon troupeau, se dit-il, quelqu'un l'aurait-il détruit ? Il courut dans un sens, et puis dans l'autre, regardant dans toutes les directions. Rien. Le soir approchait. Il voulait revenir mais il avait perdu son berger.

Tant de moutons s'étaient éloignés qu'il n'en restait plus assez pour former la tache blanche qui les guidait tous !

LA PAIX FACTICE

Quand tout est facile et tranquille, sommes-nous nécessairement en paix ? La paix du Christ n'est pas toujours une tranquillité.

Presque tous les gens, croyants ou non, aspirent à la paix. Nous voulons tous vivre en tranquillité et en sécurité dans une société paisible. Pour les chrétiens, la paix est un idéal. Ils cherchent à imiter Celui qu'ils nomment « le Prince de la Paix ». Mais, cette paix qui vient de Dieu est-elle toujours synonyme de tranquillité et de sécurité ?

Pour le savoir, imaginons une famille qui vit dans une coquette maison de banlieue. Le papa, cependant, est un pédophile qui viole, régulièrement, sa fille. Le soir, quand l'enfant entend le pas de son père qui approche de sa chambre, elle se cache sous ses draps. Est-elle en paix ?

Son épouse, confusément consciente du sale secret, besogne dans la cuisine à faire des biscuits pour consoler sa fille. Est-elle en paix ?

Où se trouve la paix de cette femme ? Dans les menus travaux domestiques? ou en enfonçant la porte de la chambre en criant pour attaquer l'homme et le chasser?

Quand le mari, ayant terminé sa besogne sordide, rejoint sa femme sur le balcon et lui dit : « Quelle soirée paisible! », sont-ils en paix ?

La persécution se déroule dans le fracas et les cris. La perversion, elle, préfère la tranquillité ennuyeuse. Ceux qui pervertissent se complaisent dans cette atmosphère stagnante. Ils se présentent comme de doux amants de la paix.

Ils ont horreur des conflits et des chocs. Ils sont sensibles. Ils plaident sans cesse pour plus de tolérance. Ils gémissent quand on les touche. Ils veulent surtout que rien ne change et que leur monde poursuive doucement sa dérive sans histoires, d'un abandon à l'autre, d'une abdication muette à l'autre.

La paix du Christ n'est pas la tranquillité du monde. Quand Jésus-Christ chassa les marchands du temple à coup de fouet, Il était en paix.

Les croyants doivent entendre les cris silencieux des âmes secrètement tourmentées et ils doivent y répondre ! Ils doivent rejeter les fausses tranquillités pour suivre, sereinement, la paix du Christ, même quand celle-ci s'éloigne du conformisme, même quand elle dérange.

Enfin, ces croyants qui choisiront de combattre la fausse paix qui pervertit devront avoir le courage de subir les rejets de la foule. Ils devront puiser leur justification en Dieu seul, car le monde finit par vénérer ceux qui résistent à la persécution mais il méprise ceux qui luttent contre la perversion.

8

La récolte amère

REPLONGES DANS LE PAGANISME

> *Pendant des siècles, la doctrine chrétienne fut la référence fondamentale des sociétés européennes. Elle fut supplantée par une idéologie, l'humanisme, qui se prétendait porteur de valeurs universelles qui transcendent toutes les religions, y compris le message de l'Évangile. Cette idéologie est devenue la religion officielle des États modernes. Elle diverge de plus en plus de la doctrine chrétienne. Cette séparation replonge les chrétiens au sein d'un empire dominé par une idéologie païenne.*

La foi chrétienne entre dans une ère nouvelle et dangereuse. Pendant des siècles, elle a servi de doctrine de base dans des sociétés qui se définissaient officiellement comme chrétiennes. Avec l'époque des Grandes Découvertes, elle s'est retrouvée minoritaire dans un univers rempli de croyances multiples.

Cette situation a suscité l'émergence d'un nouveau culte idéologique au sein même des territoires chrétiens. Ce culte, différent de la doctrine chrétienne, est l'humanisme athée. En moins de cent ans, cette idéologie est devenue la référence morale et idéologique universelle de l'homme moderne.

L'humanisme a imposé ses valeurs et ses principes dans presque tous les pays du monde. Presque tous les États proclament ses chartes et ses droits. Les principes de l'humanisme sont devenus la référence morale du monde entier, la loi suprême des Nations unies et le fondement d'un nouvel ordre mondial.

Or, présentement, cette idéologie dont l'ascendant s'étend au monde entier diverge de plus en plus de la doctrine chrétienne. Un jour, il deviendra impossible de suivre à la fois l'humanisme et l'Évangile. Il faudra donc choisir.

L'ascendant de cette idéologie est extraordinaire. Tous les peuples qui étaient chrétiens élèvent celle-ci, maintenant, au rang de doctrine morale suprême de l'État. L'Église, affaiblie par l'abandon de ses fidèles, se retrouve donc devant un choix difficile. Sera-t-elle le défenseur d'une minorité de croyants en opposition à un monde dominé par des idéologies athées ? Deviendra-t-elle une simple pourvoyeuse de services rituels, bien intégrée dans le nouvel ordre moral ?

Ce choix devient de plus en plus pressant car l'idéologie humaniste, en mutation, se transforme rapidement en une doctrine incompatible avec celle de l'Évangile. Or, choisir de servir d'abord la minorité des croyants implique que l'Église devra abandonner son statut confortable de religion semi-officielle.

Pendant des siècles, le christianisme fut la religion d'État en Occident, disposant des droits et des privilèges que cela implique. Voici, maintenant, qu'elle devra peut-être survivre, en tant que secte minoritaire et méprisée, au milieu d'un empire dominé par des idéologies qui lui sont fondamentalement hostiles.

Si cette tendance se poursuit, l'Église devra bientôt choisir de se recentrer sur ce qui reste des croyants quitte à délaisser les autres. Ce choix aura deux conséquences pénibles.

D'abord, la doctrine de la Foi devra se démarquer, sans ambiguïté, des idéologies humanistes qui dominent aujourd'hui les États et dont les valeurs s'éloignent sans cesse de la doctrine chrétienne. Cela sera difficile à accomplir. Il n'est jamais facile, en effet, de se démarquer des discours dominants de la société. L'idéologie officielle de l'État a une force d'évidence et une autorité morale considérable, quels que soient ses discours.

Il est difficile de se démarquer des valeurs dominantes et des discours des élites. Qu'on pense à ce qu'il en coûtait d'efforts, de lucidité et de courage à un citoyen de l'Empire soviétique pour ne pas adhérer aux mythes communistes de l'État ou à un Allemand, à l'époque hitlérienne, pour sympathiser avec les Juifs ! Ces exemples sont sans doute excessifs, mais ils esquissent la nature des difficultés à venir.

Bientôt, les croyants devront choisir entre le discours étatique humaniste, avec sa propagande et ses valeurs, d'une part, et la doctrine chrétienne centrée sur la Bible, de l'autre. Ce choix ne sera pas facile car des milliers de prêtres et de pasteurs opteront pour l'État et tenteront de convaincre les croyants de les suivre.

L'humanisme affirme que toutes les croyances sont équivalentes, la foi dit qu'une seule est vraie. L'humanisme affirme qu'il est immoral de discriminer, la foi enseigne qu'il faut sans cesse discriminer entre le bien et le mal pour se sanctifier. Qui aura le courage de répudier l'humanisme quand celui-ci définira le bien et le vrai au nom des projets sociaux utopiques de l'État ? Il faudra du courage pour répudier cette idéologie qui domine de plus en plus le monde !

Deuxièmement, l'Église devra probablement se résoudre à délaisser ceux qui l'ont quitté pour sauver ceux qui restent. Nous savons que le bon pasteur quitte le troupeau pour sauver l'agneau égaré. Mais que doit-il faire quand presque tout le troupeau s'éloigne ? Doit-il persévérer à chercher ceux qui sont partis au risque de perdre ceux qui demeurent ? Ou bien, doit-il dépoussiérer ses sandales et quitter ceux qui le rejettent pour aller vers ceux qui l'attendent ? Les choix seront difficiles ainsi que leurs conséquences !

UNE ETRANGE CONVERGENCE

> *Le progressisme humaniste et l'islam n'ont en apparence rien en commun, sinon un mépris réciproque. Ces deux idéologies semblent entièrement opposées. Pourtant, leurs actions convergent étrangement vers une confrontation qui les renforcit mutuellement, aux dépens de la doctrine chrétienne.*

Quand les gens s'unissent pour bâtir ensemble ou pour s'entraider, ils établissent des liens entre eux. Leur union suscite le dialogue, la compréhension mutuelle et des compromis. Même quand ils ont de l'animosité les uns pour les autres, ils partagent quand même des objectifs communs et forment, même temporairement, des liens. Une alliance implique une coordination commune, une forme d'échanges basés sur un respect ou, au moins, sur un minimum de consensus concernant l'objectif commun. Pour tous, ces conditions semblent évidentes et essentielles à toute association.

Incidemment, nous sommes dépourvus de moyens pour comprendre ce que signifierait l'association de deux entités apparemment dépourvues d'intérêts communs ou de respect mutuel. Une union, exempte de dialogue, sans objectifs partagés, sans traits communs et sans similitudes nous semble inconcevable. Qui donnerait le nom d'« alliance » ou d'« union » à une telle chose ?

Comment parler de convergence par rapport à deux idéologies radicalement différentes l'une de l'autre par leurs valeurs, leurs objectifs, leur culture et leurs croyances ? Devant deux idéologies qui ne dialoguent pas, n'ont rien en commun, aspirent à des sociétés diamétralement opposées et se méprisent mutuellement, comment pourrions-nous imaginer qu'elles forment alliance ?

L'islam et l'humanisme athée n'ont rien en commun sinon le mépris que chacun porte pour les croyances et les valeurs de l'autre. Selon le Coran, les athées sont les plus damnés des damnés. Pour l'islam, les mœurs des athées sont des perversions, leurs femmes des putains et leurs idées des mensonges. La suprématie des principes humanistes est reconnue par tous les pays du monde sauf par certains pays musulmans qui les rejettent.

De son côté, l'humanisme athée considère l'islam comme le pire des intégrismes et le plus hargneux. Il perçoit les croyances qu'il véhicule comme des superstitions grossières et risibles. L'espérance musulmane dans un éden rempli de plaisirs sensuels lui semble encore moins vraisemblable que le Ciel chrétien. Enfin, l'athée occidental considère que l'islam encourage l'exploitation des femmes et confine ses adhérents dans un obscurantisme étroit.

Ces deux idéologies semblent provenir de pôles extrêmes de la pensée religieuse et sociale. Ils semblent aux antipodes l'un de l'autre. Toutes les autres formes de croyances, d'idées et de valeurs, y compris la doctrine chrétienne, semblent résider dans un espace mitoyen entre les deux. L'association de l'islam et de l'humanisme paraît donc impensable. Il semble que toutes les convergences auront lieu avant que celles-ci n'unissent leurs forces.

Pourtant, étrangement, l'islam et l'humanisme interagissent depuis quelques années comme s'ils s'affairaient à réaliser un objectif commun. Les objectifs de l'un favorisent ceux, opposés, de l'autre. La faiblesse de l'un renforcit l'autre. La force grandissante de l'un augmente celle de l'autre.

Le spectacle de la vie dissolue des sociétés progressistes augmente l'attrait de l'islam pour ses adhérents et les incite à supplanter ces cultures perverties. L'intransigeance islamique confirme la crainte et le mépris des humanistes envers les religions, justifie d'avantage leurs convictions athées et augmente leur volonté d'imposer la laïcité dans la société.

Les modèles sociaux utopiques de l'humanisme laïc rejettent toute référence de type religieuse comme facteur identitaire de l'État. Ceci favorise indirectement l'émigration islamique vers les pays occidentaux subordonnés aux principes humanistes. Par ailleurs, cette même émigration dilue davantage l'identité chrétienne de ces sociétés et renforcit la suprématie du modèle humaniste, imposé comme seule alternative possible dans une société multiethnique et multireligieuse.

L'islam utilise les illusions politiques de l'humanisme pour favoriser ses agendas religieux et ethniques. L'humanisme, cette religion blasphématoire qui camoufle son identité, utilise la diversité des croyances suscitée par la présence de l'islam sur son territoire, pour justifier, toujours plus, son agenda laïcisant, limiter la pratique de la foi et restreindre l'influence sociale de la doctrine chrétienne.

Ceux qui examinent ces deux idéologies à la lumière de la Foi et non par rapport aux schèmes conventionnels constatent que, malgré leurs divergences apparentes, l'islam et les idéologies progressistes ont des similitudes surprenantes. Les concepts théologiques progressistes et ceux de l'islam, par exemple, postulent tous deux la venue eschatologique de nouveaux messies. Dans les deux cas, aussi, les références à l'unicité de l'être suprême reposent sur un concept numérique. L'humanisme considère qu'Allah est l'équivalent de Dieu, les deux faisant référence à l'être suprême. Par ailleurs, l'islam affirme qu'Allah est ce même être suprême.

Il y a une convergence croissante d'intérêts entre ces deux courants idéologiques. Ils se rejoignent pour saper l'identité chrétienne de l'Europe et pour renier l'héritage du peuple hébreu. Pourtant, qui parlerait d'alliance quand rien ne semble unir ces deux mondes ? Il faudrait imaginer des conclaves ténébreux motivés par un appétit commun de domination ; des accouplements hargneux. Mais, comme nous ne vivons plus au Moyen Âge, de telles formulations n'ont plus cours.

Quant aux chrétiens, ils devront se rappeler que, dans les démocraties, les citoyens sont responsables de leurs choix. Ils sont donc les artisans de leurs conséquences. Tout passe : les cultures, les patries, les langues, les pays, les ethnies, les États et les projets collectifs. Par leurs politiques, les progressistes sapent les fondements sociaux, ethniques, culturels et identitaires des pays qu'ils dominent. Quand le résultat de cette sape deviendra apparent, les incroyants, désemparés, dépouillés de leurs illusions utopistes, seront attirés par la brutalité pour tenter de préserver les lambeaux de leur monde.

Quand les convulsions débuteront, les chrétiens devront se rappeler qu'aucun trésor, aucune culture, aucune civilisation, aucun régime social et aucun État du monde ne vaut le salut de leur âme et que celui-ci passe, nécessairement, par le commandement d'amour fraternel légué par le Christ. Ils devront garder en mémoire que, où qu'ils demeurent, ils résident ailleurs ; dans un Royaume qui, lui, ne passera pas. Dans ce Royaume, tous les humains sont frères, qu'ils soient chrétiens, athées ou musulmans, la seule loi qui compte est la volonté de Dieu et il n'y a qu'un roi : Jésus-Christ.

LA BIBLE ALTEREE

> *Ceux qui imaginent que le message de la Bible est devenu, maintenant, indestructible dans ce monde de l'information oublient qu'on peut détruire un message en le noyant dans un océan de versions biaisées.*

La destruction de la Bible ? Allons donc ! Seul un dérangé pourrait imaginer que, dans le monde d'aujourd'hui, le livre le plus souvent reproduit sur terre pourrait être annihilé ! Qui pourrait croire qu'on pourrait occulter le texte le plus imprimé et le plus répandu de l'humanité dans ce monde de communications de masses ? Qui pourrait croire que la Bible serait menacée dans ce monde de l'information ? Pourtant, une menace réelle pèse, aujourd'hui, sur la Bible.

La Bible est le message que Dieu transmit aux hommes. Or, il existe quatre façons de détruire un message. La première consiste à éliminer le message lui-même. Il s'agirait, dans ce cas, d'éliminer systématiquement tous les exemplaires existants de la Bible. La deuxième façon consiste à empêcher qu'il soit reçu par ceux à qui il est adressé, c'est-à-dire, ici, en rendant la possession de la Bible ou sa lecture illégale. Les régimes communistes tentèrent cette approche.

La troisième alternative consiste à réduire l'aptitude des destinataires à comprendre le message. Or, pour accéder au message biblique, il faut posséder les connaissances nécessaires pour lire un texte ancien et complexe. Une bonne partie de l'éducation classique avait pour but de donner aux jeunes les outils requis pour lire la Bible. L'accès au message biblique constituait même le fondement de l'éducation. Cet objectif a été entièrement abandonné.

Les systèmes scolaires d'aujourd'hui enseignent tout sauf ce qu'il faut pour recevoir la parole de Dieu. Même la capacité de lire s'amenuise dans nos sociétés saturées de messages audiovisuels. Ainsi, des millions de jeunes, ne disposant plus des outils nécessaires pour lire la Bible, ne peuvent plus accéder directement à la parole de Dieu.

Comme au Moyen Âge, la liturgie deviendra bientôt le seul mode de transmission viable de la Bonne Nouvelle pour des millions de gens rendus incapables de lire le texte. Ceci rend le rôle pédagogique de la liturgie encore plus crucial qu'auparavant.

Il existe, enfin, une quatrième façon de détruire un message. On peut le noyer dans un océan de versions biaisées. Voilà la menace principale qui pèse aujourd'hui sur la Révélation. Cette menace provient directement des blasphèmes de perversion.

Pendant des siècles, les traducteurs de la Bible, qui croyaient sincèrement que la parole de Dieu les dépassait, se sont astreints à traduire ce qu'ils y trouvaient, même si parfois ils en étaient choqués. À la suite de saint Jérôme, leur objectif unique était de refléter le plus fidèlement possible le texte même. Sans doute, les biblistes anciens imprimaient-ils, parfois, leurs valeurs et leurs idées dans leurs traductions, mais ces déformations étaient involontaires et fortuites car leur intention était de rendre fidèlement un original dont l'autorité était incontestable.

Les exégètes contemporains sont incomparablement mieux instruits que ceux d'autrefois. Ils disposent d'une quantité d'informations, de résultats archéologiques et d'outils d'analyse, plus vastes que jamais. On croirait donc que cette élite produirait les traductions bibliques les plus justes et les plus vraies de toutes. Or, ce n'est pas le cas car l'orgueil de cette caste est proportionnel à son savoir.

Ces gens considèrent que les originaux bibliques sont eux-mêmes des versions imparfaites d'un message divin qu'ils pensent comprendre de façon plus parfaite. Plutôt que de rendre fidèlement le texte lui-même, ils veulent conformer leur traduction, non pas au texte original, mais au message premier que ce texte rendrait incorrectement. Au lieu de s'appliquer à traduire les textes originaux, ces gens veulent traduire le message divin qu'ils pensent percevoir derrière ces textes. Par conséquent, ces nouveaux doctes, égarés par les idéologies de l'heure, s'appliquent sciemment à façonner des traductions de la Bible qui se conforment à leurs schèmes.

Complètement endoctrinés par les thèses accusatoires du féminisme, en particulier, et par les doctrines de l'être suprême, convaincus qu'ils perçoivent plus clairement le message ultime de la Révélation que ses propres rédacteurs, ils s'acharnent à subordonner les textes bibliques aux théories blasphématoires qui les chevauchent. Ils triturent chaque mot, chaque expression, pour les mouler, les reformuler, les réorienter. Ils étirent le sens des mots. Ils inventent des contorsions syntaxiques, escamotent des passages, changent les phrases et les mots pour conformer les textes bibliques à leurs agendas.

Comme tous les processus de perversion, celui-ci commence en douceur et se poursuit par étapes à peine perceptibles. On commence par choisir parmi les synonymes ceux qui se conforment le mieux aux valeurs progressistes. Puis on passe aux tournures de phrase. Ensuite, on élargit le sens des mots, on ajoute des expressions, et ainsi de suite.

Comme une infestation graduelle, les interprétations biaisées contaminent d'abord les franges de la liturgie : les prières et les invocations qui ne proviennent pas directement de la Bible. De là, l'infiltration avance, peu à peu, vers le cœur de la Révélation. On commence par modifier les paroles prononcées lors des récitations sacramentelles sans changer le texte. Puis, on en altère un peu le contenu. Ensuite, on fait des retouches bénignes aux textes mêmes de la Bible. Puis, on s'enhardit et la cadence des altérations s'accélère.

Quand un membre de la caste savante découvre une traduction plus audacieuse ou une tournure de phrase encore moins entachée de sexisme, c'est la fête ! Tous ses collègues le félicitent et l'encensent ! Chaque nouvelle audace procure des frissons délicieux. Chacun ressent la certitude qu'on avance vers quelque chose de merveilleux.

Là où le texte indique que des hommes se rassemblaient, on en fait des groupes mixtes car, après tout, si des femmes n'étaient pas présentes, elles auraient dû l'être ! Là où Dieu est un père, on en fait un parent, c'est presque pareil et tellement plus inclusif ! Et tout ça fait consensus lors de leurs débats feutrés, alors on continue !

Parfois, un traducteur, plus zélé que les autres, va directement au cœur de la Révélation et altère directement une parole du Christ. Alors on s'excite ! On lui dit de se retenir un peu ! On le trouve trop idéaliste ; il sera incompris. Il est trop « avancé » pour son temps, il doit respecter l'évolution plus lente des croyants simples qui ne sont pas encore parvenus à son niveau. On recule donc un peu pour mieux avancer plus tard.

Ainsi, inlassablement, on calibre, on ajuste, on retranche, on ajoute, on avance, on recule. Mais, sans cesse, la dose augmente, les concepts progressistes s'insinuent toujours un peu plus profondément dans le texte biblique et, imperceptiblement, l'altèrent.

À chacune des étapes, le gratin savant se félicite, modestement bien sûr. Dans ce monde feutré, l'orgueil est subtil. Ils se perçoivent comme des serviteurs dévoués du vrai message de la Bible, celui qui se cache sous les originaux imparfaits. Ils besognent donc, tripotant inlassablement la parole de Dieu pour la conformer aux thèses accusatoires qui, elles, sont toujours inattaquables et indiscutables. Ils se prennent ainsi pour des sages-femmes, accouchant la vraie Révélation, celle qui serait enfouie sous la fange patriarcale des originaux. Ils la feront enfin émerger de cette gangue pour donner à l'humanité une révélation nettoyée, inclusive et enfin conforme à l'élévation morale de l'humanité moderne !

Depuis au moins trente ans, le féminisme idéologique chevauche les élites intellectuelles et les incite à défigurer la Bible. Ayant perdu l'humilité authentique qui est essentielle à toute lecture de la parole de Dieu, ces savants sont devenus incapables de la traduire avec exactitude. Toutes leurs démarches sont conditionnées, qu'ils le sachent ou non, par des agendas théologiques hostiles à la Révélation. Leurs agressions sur le texte sont encore timides mais la cadence s'accélère et s'amplifie.

Pendant que ce processus de corruption du message biblique se poursuit, un autre phénomène complémentaire affecte ceux à qui le message est adressé. En effet, la croissance des médias de communication non textuels et la dégradation de l'enseignement livresque réduisent, dans nos sociétés, la capacité de lire. La proportion de ceux qui sont capables de lire des textes anciens comme la Bible diminue donc sans cesse. Le niveau de langage plus complexe des traductions plus anciennes devient, lui aussi, de moins en moins accessible.

Des textes qu'on pouvait généralement lire, il y a cinquante ans, ne sont presque plus accessibles par les jeunes d'aujourd'hui. Par conséquent, on délaisse les anciennes traductions au profit de versions récentes rédigées dans des langues simplifiées. Or, la présente génération des traducteurs de la Bible, dominée par ses agendas idéologiques, s'affaire, justement, à concocter des versions de la Bible à la fois biaisées et simplifiées.

Leurs versions édulcorées de la Révélation se répandront ainsi à travers le monde. Elles imposeront leur langage et les agendas qu'il sous-tend. Dans l'espace de quelques décennies, ces versions dénaturées de la parole de Dieu risquent de prévaloir à travers le monde. Leurs lecteurs seront incapables de distinguer, dans un foisonnement de textes qui porteront tous le nom de « Bible », ceux qui seront uniquement fidèles au contenu original, des autres. Ils se feront ainsi endoctriner par la propagande progressiste, la recevant, sans le savoir, comme « parole d'Évangile ».

Quand des millions de textes tordus portant tous le nom de « Bible » inonderont le monde, qui pourra faire la différence entre eux ?

Les débats touffus des biblistes et leurs chicanes académiques nous semblent bien anodins ! Pourtant, ces conflits apparemment triviaux concernent l'intégrité même de la Révélation et l'accès futur de l'humanité à la parole de Dieu.

Les croyants doivent rejeter les bibles empoisonnées concoctées en fonction d'agendas inavoués. Ils doivent humblement accepter le message de Dieu tel qu'il fut originellement consigné par les Pères de l'Église et y demeurer fidèle, même si celui-ci blesse parfois leurs sensibilités modernes. Ils doivent chercher et adopter les traductions les plus fidèles, celles qui se limitent à transposer, humblement et sans détours, le contenu original, quel qu'il soit.

Surtout, ils doivent rejeter toutes les versions qui sont conditionnées ou influencées par les idéologies accusatoires. Ces accusations sont des blasphèmes. Leurs fruits apparemment si beaux et si prometteurs sont des excréments !

Le rôle de l'Église catholique devant cette menace est crucial. Elle dispose de l'autorité et des moyens nécessaires pour produire et répandre des bibles qui sont uniquement fidèles au contenu original. Elle possède les outils, en particulier l'imprimatur, pour démarquer les bibles authentiques des pastiches biaisés. Elle doit résister avec la plus grande fermeté aux tentations qui affectent ses propres théologiens, autant que les autres, et les poussent à vouloir, eux aussi, altérer subtilement leur contenu pour le conformer aux idéologies de l'heure. Elle doit fournir aux croyants des versions de la Bible qui sont traduites dans l'esprit de saint Jérôme. Elle doit garder le courage d'en transmettre les passages déplaisants, choquants ou incompréhensibles aussi fidèlement que les autres.

Il se peut que, dans les années qui viennent, l'Église catholique devienne la seule source fiable de traductions authentiques de la parole de Dieu. Il se peut, aussi, qu'elle ne parvienne pas à endiguer ce mouvement qui affecte ses propres savants et qu'elle répande elle-même, sous le sceau de l'imprimatur, des traductions idéologiquement biaisées de la Révélation. L'avenir le dira.

LA TYRANNIE INTIME

> *Les tyrannies du siècle dernier construisirent des murailles immenses pour contenir leurs victimes. Les nouvelles tyrannies n'auront pas de murailles. Elles saperont plutôt la volonté de leurs otages par des distractions incessantes et détruiront, dès l'enfance, leur capacité à surmonter les obstacles. Leurs prisonniers sembleront libres.*

Au siècle dernier, les hommes ont inventé deux terribles tyrannies : le nazisme et le communisme. Celles-ci ont ravagé l'Europe et le monde. Il s'agissait, dans chaque cas, de systèmes de domination et d'emprisonnement. Dans les deux cas, on voulut réinventer l'homme pour le conformer à des idéaux utopiques dénués de sagesse. Pour y parvenir, on tenta de soumettre tous les aspects de la société à l'endoctrinement. Ces tyrannies étaient bien visibles. Elles portaient des noms. Elles avaient leurs drapeaux, leurs uniformes, leurs discours et leurs parades.

Une tyrannie d'un nouveau type nous menace aujourd'hui, une tyrannie intime. Comme dans les cas précédents, ce nouveau système de domination ressemblera aux blasphèmes qui le suscitent.

Alors que les tyrannies précédentes criaient leur présence, la tyrannie intime, elle, sera à peine visible. On ne trouvera pas chez elle de barbelés, pas d'uniformes, pas d'agressions nocturnes ni de goulags. Au contraire, elle aura un visage souriant et ses agents seront des gens conventionnels et bien intentionnés. La tyrannie intime n'aura pas de parades militaires. Ses cérémonies ressembleront à des fêtes populaires. Elle sera confortable. Elle nous divertira. Elle sera attentive à notre bien-être, sa propagande nous encourageant sans cesse à vivre plus sainement.

La tyrannie intime semblera bonne, aussi, combattant uniquement nos pulsions mauvaises, nos intolérances et nos discriminations. Elle sera si subtile que personne ne la verra ! Nous nous croirons libres. Elle se présentera comme l'amie des faibles. En fait, elle nous affaiblira tous, systématiquement, et fondera son pouvoir sur nos faiblesses. Son discours ressemblera, en surface, à celui de la doctrine chrétienne ; dans le fond, il en sera l'antithèse.

La tyrannie intime exercera son contrôle, comme son nom l'indique, dans les lieux les plus intimes de nos existences et dans les moments de nos vies où nous sommes les plus faibles. Son terrain de prédilection sera l'enfance et la garderie, c'est là qu'elle nous endoctrinera. Elle n'érigera pas de grandes barricades. Au lieu de cela, elle détruira, en nous, la force de surmonter les obstacles. Elle ne nous censurera pas non plus. Plutôt, elle sapera notre capacité de comprendre et de parler. Elle n'étouffera même pas nos révoltes, elle étouffera notre volonté de révolte. Elle ne nous combattra pas, elle nous égarera.

La tyrannie intime nous endoctrinera par une propagande incessante, déguisée en divertissement. Elle remplira notre monde de tant de bruit que nous cesserons d'entendre la parole de Dieu. Elle viendra nous chercher dans la plus tendre enfance pour nous insérer dans ses garderies souriantes. Là, pleine de compassion, elle étouffera à la source tous nos comportements incorrects.

Elle nous donnera du plaisir, surtout, approuvant nos jouissances et nous poussant à profiter de la vie, des jeux de l'enfance aux accouplements séniles, par des divertissements.

Nous ne serons pas ses prisonniers, nous serons ses otages. Elle nous contiendra par les plaisirs que nous lui devrons. Chacun aura sa part de gâteau et tous serviront le pâtissier.

Ne pensez pas que tout sera paisible dans cette société. Les abus, le vandalisme, les violences et les spectacles agressifs seront partout présents. La tyrannie intime semblera les combattre sans relâche, mais ce sera toujours en vain. Devant ces débordements anarchiques, les gens croiront que la liberté existe toujours et, même, qu'elle est excessive. En réalité, la petite criminalité sordide ne menace pas la tyrannie intime et donc, sous des dehors d'impuissance navrée, elle la tolérera facilement.

Le véritable ennemi de cette tyrannie, celui qu'elle tentera sans relâche d'étouffer, c'est la droiture issue des familles croyantes. La droiture est comme un arbre, elle croît lentement. Elle commence faiblement, par des petits gestes et par des choix minuscules. À chaque étape, sa force augmente un peu, et sa volonté aussi. Mais, pour commencer à édifier une vie de droiture, il faut commencer par un premier jalon. Il faut établir une référence première sur laquelle bâtir. Or, la source première, irremplaçable, de la droiture, son premier jalon, se trouve au sein de la famille chrétienne.

La tyrannie intime avortera les âmes au moment de l'enfance. Elle endoctrinera les petits, dans ses garderies d'État, avec des enseignements empoisonnés prônant la relativité morale et les valeurs inverties. Quand ces enfants arriveront à la puberté, systématiquement privés de toute référence morale, ils seront les proies faciles de la civilisation du plaisir et deviendront à leur tour les otages de ses perversions.

Certains jeunes se révolteront : ils deviendront agressifs et cyniques, ils vivront selon des valeurs tordues et menaçantes.

Ceux-là ne représentent aucun danger pour la tyrannie intime. Elle les tolérera facilement sous des dehors d'impuissance théâtrale. Mais, ceux qui tenteront de vivre droits représenteront toujours pour elle une menace car, s'ils parviennent à grandir dans la droiture, ils acquerront, à l'âge adulte, la force et la sagesse nécessaire pour supplanter ce pouvoir sournois.

Ainsi, la tyrannie intime tolérera sans effort tous les tatouages, les perçages, les tenues érotiques, les symboles sataniques et les musiques violentes. Mais, aussitôt qu'une jeune musulmane nouera un voile sur sa tête, symbole de sa quête de droiture, ou qu'un autre affichera sa foi avec trop de courage dans une de ses écoles « laïques » alors, tout l'appareil judiciaire de l'État, ses polices et ses institutions s'ébranleront pour les arrêter.

La famille est l'ennemi premier de la tyrannie intime car elle peut résister à ses endoctrinements. Quand deux parents croyants fondent un foyer chrétien, ils établissent un territoire souverain où la vérité révélée peut primer sur la propagande de l'État et de ses élites. S'ils élèvent leurs enfants dans leur foyer, ils pourront leur fournir cette semence première qui leur servira d'assise de droiture.

UN NOUVEAU SCHISME

> *Un nouveau schisme se dessine. Il déchirera toutes les confessions judéo-chrétiennes. Ceux qui veulent la justice sociale, la tolérance et le progrès iront dans une direction et ceux qui croient iront dans l'autre.*

Depuis des années, les différentes confessions chrétiennes cherchent à se réunifier pour former une institution unique et œcuménique. Ces efforts échouent sans cesse et elles s'en morfondent. Mais, sous ces échecs apparents, des liens profonds se tissent entre les diverses Églises chrétiennes. En effet, les chrétiens qui, hier, étaient uniquement conscients de ce qui les séparait se retrouvent, aujourd'hui, de plus en plus isolés au sein de sociétés dominées par des valeurs qui n'ont plus rien de chrétien. Les divergences doctrinales, si importantes naguère, s'estompent devant ce nouveau phénomène.

Des forces provenant de l'extérieur de la Foi les poussent les uns vers les autres, qu'ils le veuillent ou non. Ils cherchaient une unité ecclésiale consacrée par des cérémonies liturgiques communes. Ils seront réunis, en effet, mais leur alliance sera beaucoup moins solennelle.

Leur union ressemblera plutôt à celle des marins qui se liguent par nécessité, sans cérémonies ni épanchements, pour affronter l'orage. Ainsi, ils ne s'uniront pas sur la base de facteurs institutionnels, géographiques ou culturels. Le dogme de la Foi sera leur seul ciment. Il les liera dans une résistance commune, face aux agressions qui déferleront contre la doctrine chrétienne. Celle-ci sera leur unique concordance. Cependant, ce dogme qui unira ainsi les croyants sera aussi la cause d'un schisme.

Un grand schisme approche. Ce schisme ne déchirera pas une ou l'autre des confessions chrétiennes ou judaïques. Il les traversera toutes. Le dogme de la Foi sera le lieu de cette fissure. Il scindera toutes les communautés, séparant celles qui choisiront l'inclusion et la justice sociale de celles qui suivront le Credo et la Foi.

Chacun devra choisir entre ces deux voies. Le premier chemin offrira la justice sociale, la compassion, le compromis, l'inclusion, la civilisation, la tolérance, la tranquillité, l'égalité, l'avenir, le respect des autres, une doctrine savante et réaliste, la modernité, l'amitié des chefs d'État, la considération des penseurs laïcs et le réconfort du grand nombre.

Le second chemin exigera la fidélité au dogme de la Foi et n'offrira rien d'autre.

Ce schisme n'affectera pas seulement la chrétienté mais aussi le judaïsme. Pour les Juifs, le point particulier de la déchirure sera l'existence du peuple élu et la spécificité de son alliance.

À la fin, les croyants de toutes les confessions qui seront demeurés fidèles au Dogme seront réunis, rassemblés malgré eux par un même combat pour une même Foi. Ainsi, l'intransigeance doctrinale qui fut, pendant des siècles, le facteur de leurs désunions deviendra, paradoxalement, leur lieu de rencontre.

Troisième partie :

L'Aube de Sion

9

L'éveil

LA CITADELLE INVESTIE

> *Un combat invisible se déroule autour de nous. Tous les blasphèmes et tous les mensonges se pressent autour de l'Église décimée pour l'investir, la posséder et l'asservir à leurs agendas. Ils veulent la pousser vers des avenirs illusoires alors qu'elle doit suivre la voie de son passé.*

Nous sommes plongés au cœur d'un grand combat invisible qui rage en silence sous la surface placide de sociétés paisibles et prospères. Son champ de bataille n'est pas défini par des lieux géographiques. La ligne de front découpe un parcours qui traverse nos sociétés, nos familles, nos idées, nos actes et nos cœurs.

Dans cette lutte, nous, humains, sommes tous frères, quelles que soient nos convictions, car nous sommes tous des soldats ignorants plongés au cœur d'enjeux qui nous dépassent. Nous sommes plus que des frères, nous sommes interchangeables. Ceux qui dénoncent ne sont ni différents ni meilleurs que les autres. Dans des circonstances différentes, leurs rôles seraient inversés. Mais, si les soldats sont des frères, leurs généraux, eux, ne se ressemblent pas. Ceux qui suivent le Christ choisissent Sa cause et Le suivent. Ceux qui suivent d'autres tambours choisissent autre chose et vont ailleurs.

Les idéologies humanistes laïques, qui étaient jadis de simples mouvements de réforme, se sont transformées en idolâtries incompatibles avec la doctrine chrétienne. Leurs agents, mus par des influences qu'ils ignorent, s'acharnent, maintenant, à enfoncer ces cultes au cœur de nos lois et de nos coutumes, refoulant les valeurs chrétiennes de l'aire sociale pour les confiner dans des ghettos culturels dérisoires.

Ils accablent la doctrine chrétienne d'accusations incessantes. Ils sapent sa droiture pour, ainsi, ouvrir une brèche à leurs mythes désaxés. Leurs discours doucereux dissimulent des venins sournois et, sous leurs dehors amènes, des outrages, tapis, patientent.

Ils prétendent chercher l'égalité mais ils subordonnent tout, également, aux sensations impératives qu'ils servent. Ils ressemblent à des enfants gâtés qu'on a trop satisfaits et qui accumulent les subterfuges pour posséder leur dernier jouet.

S'ils se contentaient seulement d'échafauder leurs idoles et d'attaquer ouvertement la Foi ! Mais, cette Foi qu'ils dénigrent les obsède et les attire. Ayant tâté de tous les cultes sans y trouver la quiétude, ils convoitent maintenant la doctrine chrétienne, non pour la détruire, mais pour la posséder et s'en repaître.

Leurs motifs se démarquent en ceci de l'humble quête du croyant : au lieu de désirer le Christ et Sa parole, ils convoitent l'Église et ses signes. Ils la veulent. Ils ont soif de ses bénédictions, mais leur soif est une concupiscence, une faim qui les talonne.

Plus l'Église chancelle, séduite par leurs discours, plus ils la pressent, fébriles, car, s'ils triomphaient d'elle, ils posséderaient alors le trophée suprême, l'approbation ultime, la bénédiction finale : ils auraient substitué leurs mythes et leurs révoltes à la parole de Dieu au sein même de l'Église. Ils l'auraient perverti et, en retour, elle les justifierait.

On dirait que toutes les hérésies, toutes les tentations et toutes les idolâtries, assoupies depuis des siècles, se sont levées et convergent vers la cité de Dieu pour l'assaillir. La citadelle du Christ est investie de toutes parts. On l'attaque de l'extérieur par un barrage incessant d'accusations et on s'infiltre dans ses brèches pour la pervertir du dedans. Or, plus les accusations se précisent, plus nous devenons, collectivement, aveugles.

Devant cette masse critique et hostile, que reste-t-il, en Occident, pour défendre la Cité ? Les années, passées dans les gentils désordres sensuels, ont affaibli et décimé le peuple des croyants. La cohue des distractions criardes les égare. En l'espace de deux générations, les défenseurs de la cité de Dieu se sont évaporés. La première génération a perdu la Foi. La suivante ne sait plus où elle se trouve.

Aux premiers signes de cet abandon, les élites progressistes, éperonnées par l'apostasie, ont aussitôt éliminé de l'éducation les outils conceptuels nécessaires pour étudier la doctrine chrétienne et pour la défendre. L'éducation, laïcisée, a cessé de transmettre les disciplines intellectuelles nécessaires pour comprendre la parole de Dieu et pour percevoir les enjeux spirituels qui se profilent sous la surface placide de nos sociétés.

Les jeunes, privés de ces moyens, abrutis par leurs amusements, se comportent maintenant comme un bétail énervé. Ils sont inconscients du vaste combat eschatologique qui s'amorce partout autour d'eux et qui dépasse toutes les inventions ludiques de l'industrie du loisir. Combien de jeunes, aujourd'hui, seraient capables de lire ce texte et d'agir en conséquence ?

Cinquante ans de sape ont fait leur travail ! Pendant que la tranquillité régnait et que nous nous croyions en paix, des athées souriants désarmaient nos jeunes !

Tout semblera perdu. Pourtant, comme l'a dit Jean-Paul II, nous n'avons rien à craindre. Nous le savons, le Christ vaincra. Il saura donner, à ceux qui demeurent fidèles, la force de se relever. Il trouvera le moyen d'enseigner Sa doctrine à ceux qui la cherchent. Et puis, n'oublions pas que, au siècle dernier, deux immenses blasphèmes se sont dressés pour dévorer le monde. Eux aussi semblaient invincibles, à l'époque. Ils ont pourtant fini par s'écrouler, devenant des rebuts dérisoires.

Dans le type de lutte qui s'engage, la jeunesse, le nombre, l'éducation, la richesse et même la santé ne seront pas des atouts essentiels. Plus le combat est de nature spirituelle, moins ces facteurs n'ont d'importance. La faiblesse même est une force car, plus nous sommes faibles par rapport au monde, plus notre unique force réside dans le Seigneur.

Dans ce type de lutte, le temps, non plus, n'a pas la même signification. Dans le monde, les idées les plus récentes supplantent les anciennes. Dans ce combat d'un type particulier, cependant, le sermon d'un saint moyenâgeux ou encore un psaume sont plus actuels que l'éditorial d'hier.

Ignorons, donc, les clameurs du monde et suivons la voie que le Seigneur indique. Cette voie passe par la fidélité.

On vous pressera de toutes parts d'altérer le dogme de la Foi sous prétexte de le moderniser. On voudra vous faire embrasser des idoles en les maquillant en idéologies laïques. On vous enjoindra d'adhérer à des cultes en agitant devant vous des oripeaux aux noms de justice, de respect, de tolérance, d'inclusion, de paix et d'égalité. On vous dira que Jésus, Lui-même, l'aurait voulu. Un nouveau Jésus dont les saints ne témoignèrent jamais mais que les théologiens du jour déclarent découvrir.

Résistez ! Entendez les témoignages des saints d'autrefois et rejetez les discours sécrétés par ces élites égarées !

Le peuple chrétien doit d'abord prendre conscience de son état affaibli et de l'étendue de son désarroi ! La sagesse demande que le malade comprenne d'abord son état pour que la guérison débute. Quand ses yeux s'ouvrent, il voit qu'il est vulnérable. Il suspend alors ses activités et se repose. Il se retire de l'agitation mondaine qui le presse de toutes parts et fait une pause. Il ralentit, il prend son temps, il retrouve son équilibre. Il redonne à son corps le loisir de puiser dans ses forces profondes pour refaire sa santé.

L'Église doit, aujourd'hui, plonger dans son passé. Elle doit appeler les Pères de la Foi et les saints de tous les siècles à son aide et suivre leur exemple. Elle doit se souvenir qu'elle est éternelle. Elle doit s'inspirer de ses combats anciens car ils recèlent la clé des défis actuels. Elle doit oser suivre les enseignements les plus archaïques de sa doctrine même si tout ce qui brille, dans ce siècle énervé, les dénigre et les condamne.

Plus que jamais, l'Église doit chérir le dogme de la Foi et s'attacher à lui. Ce Dogme, issu du fond des âges, semble si anachronique, si mal adapté à notre époque ! Pourtant, il résume, plus que jamais, le lien immuable qui unit, à travers la tourmente des siècles, les chrétiens au Sauveur.

On vous taxera d'immobilisme, d'obscurantisme, d'attentisme, d'indifférence, et j'en passe. Quand le vacarme des accusations pèsera sur vous, examinez ceux qui les profèrent à la lumière de la Foi. Vous les verrez tels qu'ils sont : des montures inconscientes, chevauchés par des mensonges sans avenir. Leurs théories, qui semblent invincibles aujourd'hui, deviendront les dépouilles risibles de demain. Alors, devant leurs cris et leurs urgences, souriez et patientez !

LES PIERRES D'ACHOPPEMENT

La tourmente idéologique qui assaille les croyants emportera tout ce qui est vague et lâche. Mais cette érosion dévoilera aussi les rochers qui lui résisteront. Ces pierres d'achoppement sont le destin unique du peuple juif, le Credo, la tradition de l'Église et la Mère de Dieu.

Le caractère eschatologique des conflits qui ont ravagé le vingtième siècle n'apparaît nulle part. Les traités historiques qui nous décrivent ces événements, les présentent comme des phénomènes militaires, politiques sociaux ou culturels. Leur dimension blasphématoire semble entièrement anecdotique.

On les présente sous toutes les facettes sauf sous l'optique de la doctrine chrétienne.

La composante eschatologique des idéologies qui menacent, aujourd'hui, la doctrine chrétienne est beaucoup plus accentuée. Cette nouvelle génération d'idolâtries vise, avec plus de précision, la doctrine de la Foi, la vie spirituelle des croyants et les alliances de Dieu.

Dans les chocs terribles qui ont secoué l'humanité d'hier, l'agression contre la foi chrétienne semblait un phénomène marginal. Aujourd'hui, la nature eschatologique des défis est plus ciblée. Par conséquent, la lutte ne prend pas, principalement, un aspect politique ou militaire.

Hier, la lutte se déroulait sur des champs de batailles et dans des goulags. Aujourd'hui, elle a lieu dans les facultés de théologies, les garderies et les salles de cinéma. Le caractère spirituel en définit aussi les enjeux. Hier, on se battait contre des tyrannies visibles qui s'imposaient aux nations et asservissaient des peuples entiers. Aujourd'hui, il faut lutter contre l'esclavage spirituel en vue d'édifier le royaume de Dieu.

Dans ce type de combat, la vie et l'enseignement de Jésus-Christ servent, plus que jamais, de références essentielles pour guider nos actions. Enfin, le combat spirituel semble souvent paradoxal : ses victoires ont parfois l'allure de défaites et ses conquêtes n'imposent pas un pouvoir.

Dans les États occidentaux, nous avons vécu les agressions nazies et communistes comme des menaces provenant de l'extérieur de nos sociétés. Cependant, elles durent d'abord subjuguer certains peuples de l'intérieur avant de menacer leurs voisins.

Dans notre perception de l'histoire, nous nous identifions avec les sociétés fondamentalement justes et saines qui durent se défendre contre des maux qui provenaient, uniquement, de l'extérieur. Nous sommes donc moins aguerris à percevoir les mécanismes qui pervertissent une société de l'intérieur et à nous en protéger.

Le caractère principal de la menace qui pèse, présentement, sur les sociétés occidentales provient d'idéologies de perversion, en apparence bénignes, qui érodent lentement, de l'intérieur, leurs fondements chrétiens. Cette sape se poursuit sans cesse, sans éclats et sans histoires. Elle continuera ainsi tant qu'elle ne rencontrera pas d'opposition. Présentement, la résistance à ces idéologies est uniquement passive, elle ne vise qu'à ralentir leur avance apparemment inexorable et à retarder leur victoire éventuelle.

Un jour viendra, cependant, où la progression des idéologies de perversion finira par buter sur des noyaux durs qui ne se laisseront pas éroder. Ces points de résistance irréductibles deviendront alors des pierres d'achoppement. Les déguisements douceureux des idéologies de perversion se déchireront sur elles et les masques tomberont. Ces pierres qui résisteront à l'érosion seront les derniers remparts de la cité de Dieu et elles serviront de fondement à sa reconstruction. Ces pierres sont : l'héritage d'Israël, le Credo, la tradition de l'Église et Marie.

Que les Juifs le veuillent ou non, le choix de Dieu et Son alliance avec eux les distinguent des autres peuples du monde. Or, l'humanisme, qui est la sagesse dominante du monde, affirme l'égalité indistincte de tous et, donc, nie ce destin unique. Les Juifs n'ont pas le choix : ils furent choisis. Même s'ils devenaient tous athées et reniaient leur identité, le Seigneur accomplirait quand même, avec eux, les promesses de l'Alliance.

Or, celui qui reconnaît la validité de l'alliance biblique reconnaît aussi la suprématie ultime du Dieu d'Abraham, d'Isaac et de Jacob sur le monde entier. L'humanisme athée sera toujours incapable d'accepter cela. Pour l'empêcher, il déploiera tout son pouvoir ; il abandonnera sa façade de tolérance et dévoilera sa hargne totalitaire.

Le Credo, ce diamant qui concentre en lui les thèses essentielles de la Foi, ce court texte qui fut l'objet de tant d'attaques au cours des siècles, ne cédera pas, lui non plus. Le

Credo est indivisible, toutes les tentatives de l'altérer en le modifiant finissent par échouer. Or, le Credo est fondamentalement incompatible avec l'idolâtrie.

Un jour, les pastiches insidieux de la doctrine chrétienne ne trouveront plus de nouveaux adeptes. Alors, ce qui restera des fidèles s'éveillera enfin. Ceux-ci verront, à la lumière du Dogme, la nature antichrétienne de ces idéologies et à quel point celles-ci sont incompatibles avec la doctrine de la Foi. Acculés, ils cesseront de résister sans répondre. Ils ne se contenteront plus de retarder les échéances. Ils verront le gouffre qui sépare la cité de Dieu des échafaudages athées et ils vomiront ouvertement ceux-ci pour rebâtir celle-là.

Pareillement, la tradition de l'Église catholique, les témoignages de ses saints et l'accumulation de ses proclamations doctrinales, constitue une masse d'affirmations de foi que les assauts les plus fébriles ne pourront ébranler. En particulier, la vénération catholique séculaire de la Vierge Marie, Mère de Dieu, bloquera les compromis empoisonnés. La Mère de Dieu ne tolère pas les idéologies blasphématoires qui agressent son Fils. Celles-ci, le féminisme en particulier, ne peuvent pas, non plus, la tolérer. On ne récite pas souvent des Ave lors des conclaves féministes. Ceux qui demeureront fidèles à la Mère de Dieu devront, qu'ils le veuillent ou non, se séparer des séducteurs.

Chacun de ceux qui s'accrocheront à une seule de ces pierres, en dépit de toutes les accusations, de tous les arguments, de toutes les promesses, de tous les mirages, de toutes les menaces, de tous les pleurs et de toutes les supplications, deviendra un défenseur de la cité de Dieu. Ils seront rejetés par le monde. On les privera de toutes les justifications et de toutes les accolades que le monde procure. Leur unique légitimité proviendra du Seigneur.

L'EMPIRE SE DRESSE

Un jour, ce qui restera des croyants rejettera les idéologies humanistes athées et choisira de proclamer le nom

> *de Jésus-Christ à la face du monde comme unique voie de salut, individuelle et collective. Alors, ce reste des croyants prendra conscience de l'immense pouvoir idéologique dressé contre lui ; tout semblera perdu.*

Un jour, les croyants qui demeurent attachés au Dogme comprendront qu'un gouffre sépare la doctrine chrétienne de l'humanisme athée. Quand ils saisiront cela, ils prendront aussi conscience du pouvoir et de l'étendue de cette idéologie incompatible avec l'Évangile.

Présentement, les croyants s'imaginent que l'humanisme laïc est une idéologie cosmopolite gentille qui s'apparente à la doctrine chrétienne. Ils perçoivent son expansion comme un phénomène largement bénéfique et compatible avec les buts de l'évangélisation. Ils pensent que les chartes et les déclarations issues de cette idéologie transmettent des idéaux de type chrétiens sous une forme areligieuse.

L'histoire se répète. Ce n'est pas la première fois que des chrétiens considèrent qu'une idéologie athée serait compatible avec l'Évangile. Lors de la révolution soviétique, une part importante du clergé orthodoxe soutint le communisme, croyant y voir une forme brutale mais valable de la charité.

Quand les croyants saisiront enfin que l'humanisme athée et la doctrine chrétienne sont incompatibles et opposés, alors ils seront certains d'avoir perdu. En effet, si les thèses de l'humanisme athée divergent fondamentalement des valeurs chrétiennes, cela signifie que l'Évangile devra, un jour, supplanter cette idéologie pour que le royaume de Dieu s'accomplisse.

Or, l'humanisme est, aujourd'hui, extraordinairement puissant et mondialement répandu. Ses principes sont officiellement reconnus par les Nations unies et par tous les États qui se veulent modernes. Ses thèses constituent le consensus de l'ordre mondial, des élites intellectuelles et des pouvoirs médiatiques. Tous les États adoptent solennellement ses principes. Les appareils judiciaires des pays les plus puissants agissent de plus en plus comme des castes au service de ses thèses. Enfin, cette idéologie est universellement perçue comme une métadoctrine qui dépasse toutes les croyances, y compris la doctrine chrétienne, les englobe et procure à leurs particularismes, un encadrement bienveillant.

Tant que les valeurs des chrétiens et celles des humanistes coïncidaient, l'ascendant des uns ne nuisait pas à l'épanouissement des autres. Mais si elles divergent, l'une de ces doctrines devra supplanter l'autre car il ne peut y avoir, dans une société, qu'une seule source dominante d'autorité morale.

Or, aujourd'hui, quelque chose qui n'est pas la parole de Dieu et n'est plus compatible avec elle domine entièrement le monde et étend son emprise sur nos sociétés. L'humanisme athée, qui se présentait hier comme un mouvement philosophique bienveillant et civilisateur, se transforme présentement en une idolâtrie mondiale qui menace d'emporter l'humanité entière dans une voie qui diverge fondamentalement de l'Évangile.

La doctrine chrétienne affirme que Jésus-Christ est le Messie, le Sauveur des hommes, le Fils de Dieu et le Roi ultime de l'univers devant qui toutes les puissances se soumettront. Devant la réalité du pouvoir mondial de l'humanisme, ces affirmations semblent risibles et dérisoires. Le réalisme le plus élémentaire exige qu'on accepte de confiner la doctrine chrétienne à un rôle secondaire au sein des institutions du monde même si une telle option est incompatible avec les prophéties bibliques et les affirmations de la Foi.

L'idée même d'établir concrètement la royauté de Jésus-Christ sur le monde semble futile, inconcevable et perdue d'avance. Aussitôt qu'on y pense, on veut oublier ce fantasme pour se confiner dans une pratique religieuse atrophiée.

Et pourtant, paradoxalement, l'ascendant mondial récent de l'humanisme représente un signe d'espoir pour les croyants. En effet, l'idéologie humaniste s'est répandue à travers le monde en l'espace de quelques décennies pour y devenir une doctrine quasi universelle, du moins au niveau des discours étatiques. Notre monde est suffisamment intégré pour qu'une doctrine soit universellement répandue même si elle n'est pas adoptée partout. Il est donc physiquement possible, dans le monde d'aujourd'hui, que l'Évangile soit universellement adopté et qu'une large part de l'humanité reconnaisse la royauté du Christ. À l'époque où les prophètes et les Pères de l'Église formulèrent l'espérance que l'Évangile se répande à travers le monde, une telle idée était à peine concevable. Seule leur foi les poussait à faire des affirmations concernant la royauté du Christ qui semblaient, alors, impossibles.

L'humanisme laïc, fondement d'un nouvel ordre mondial, n'est pas la doctrine ultime de l'humanité. Il est un échafaudage issu du monde et destiné, comme tous les autres, à la pourriture.

Ne laissons pas les apparences du monde nous désespérer. C'est l'Évangile qui est la vérité ultime du monde et la seule doctrine entièrement compatible avec la vie humaine. Malgré toutes les apparences, l'Évangile est appelé à guider l'humanité entière. La conscience de ce destin doit guider les croyants.

10

L'exode immobile

UN NOUVEL EXODE

> *Les chrétiens devront délaisser les États qui s'enfonceront dans la dérive athée. Ils devront choisir l'exode. Cet exode sera une migration spirituelle et non physique. Les croyants quitteront la « Nouvelle Égypte » sans se déplacer.*

Dans les années qui viennent, certains États choisiront de réaffirmer leur identité chrétienne et de conditionner leurs lois et leur culture aux valeurs de l'Évangile. D'autres États, cependant, dériveront de plus en plus vers des idéologies qui divergent de la Foi. Les croyants qui y résideront prendront graduellement conscience que les institutions de pouvoir de ces sociétés glissent sous l'emprise d'idéologies fondamentalement incompatibles avec la doctrine et les valeurs chrétiennes.

L'écart entre la Foi et ces idéologies s'accentuera jusqu'à devenir intolérable. Les croyants deviendront de plus en plus conscients qu'ils forment des groupes distincts à l'intérieur de sociétés devenues idolâtres. Un fossé, alors, se creusera entre les croyants et les autres.

Voyant que leurs institutions sont contrôlées par des idéologies faussement tolérantes et incompatibles avec la Foi, les croyants devront choisir entre la doctrine chrétienne et les valeurs progressistes. Ils devront décider où se situe leur allégeance première et agir en conséquence. Un processus s'enclenchera alors et produira une séparation de fait qui retirera les croyants des sociétés qu'ils habitent. Il ne s'agira pas d'une séparation physique mais d'une séparation spirituelle.

À l'exemple du peuple juif qui quitta l'Égypte, les chrétiens devront délaisser les sociétés dans lesquelles ils vivent pour aller vers une terre promise. Cet exode, cependant, n'aura pas le caractère d'une migration physique semblable à celle que firent les Juifs. Elle aura lieu, sans déplacements apparents, par un réajustement individuel et collectif des priorités et des institutions.

Les croyants devront se retirer graduellement des institutions érigées par les États idolâtres pour rebâtir, à l'intérieur de ceux-ci, de nouvelles structures sociales, culturelles, politiques et économiques qui, toutes, reconnaîtront, sans compromis, la primauté de Jésus-Christ et de Son enseignement. Ce processus, l'édification de nations chrétiennes distinctes au sein des États idolâtres, ressemblera à un exode immobile.

Au début du récit de l'Exode, les Hébreux sont décrits comme une population distincte des Égyptiens, résidant depuis des générations en Égypte et servant, librement, le pouvoir du pharaon. Un jour, le pharaon, qui s'inquiète du pouvoir grandissant de ce peuple, déclenche contre eux deux mesures de répression. D'une part, il entreprend une campagne de stérilisation en ordonnant le meurtre de leurs nouveau-nés. D'autre part, il les asservit en les forçant à travailler à la construction de ses temples.

Voici le peuple que Moïse trouva sur son chemin : une population systématiquement stérilisée, condamnée à fabriquer des briques de boue et de paille pour servir les temples du pharaon. C'est ce peuple aux enfants décimés, esclave des temples païens, que Moïse guida hors de l'Égypte.

Même si le récit de l'Exode nous décrit les Hébreux comme étant uniformément exploités, certains appartenaient, sans doute, aux classes aisées de la société. De plus, cette Égypte qu'ils quittèrent était une société riche, prospère et pacifique. L'Égypte était une société qui fonctionnait bien ! Pourtant, même les plus riches parmi les Juifs étaient esclaves car tous étaient des travailleurs stérilisés, condamnés à servir ses temples. Ils usaient leur vie à bâtir des idoles.

Par ces mesures, le pharaon amenuisait graduellement le peuple hébreu tout en bénéficiant des fruits de son travail. En d'autres mots, le pharaon dévorait le peuple hébreu, c'est-à-dire qu'il consommait les biens qu'il produisait tout en le détruisant. Malgré sa volonté de détruire les Juifs, le pharaon dépendait donc de leur labeur pour maintenir ses cultes. Voilà pourquoi il s'acharna à garder les Hébreux sous son joug.

Avant de pouvoir quitter l'Égypte, le peuple hébreu dut d'abord comprendre qu'il résidait dans une terre étrangère. Il dut découvrir qu'il était différent des Égyptiens, que l'Égypte n'était pas son foyer, et qu'il devait quitter ce lieu pour s'établir ailleurs. Le pharaon savait déjà cela quand il avait décidé de les exterminer. Cependant, les Hébreux aussi durent le comprendre.

Au début, les Juifs vivaient, sans doute, en Égypte sans s'en apercevoir. Ils y résidaient depuis toujours. Ils se percevaient probablement comme des Égyptiens, intégrés dans une société cosmopolite dont ils se démarquaient, à peine, par quelques traditions folkloriques et religieuses. Pour quitter l'Égypte, les Juifs durent donc comprendre que cette Égypte dans laquelle ils résidaient n'était pas seulement un territoire géographique mais aussi un lieu spirituel hostile à leur identité.

Une fois que les Hébreux prirent conscience qu'ils étaient distincts, ils durent comprendre ce qui les différenciait. La réponse à cette question ne dut pas être facile à découvrir. À première vue, on croirait la réponse évidente. C'était certainement leur croyance en une divinité particulière et leurs pratiques religieuses ethniques qui les distinguaient. Pourtant cette réponse ne suffit pas.

Tous les peuples qui habitaient l'Égypte adoraient leurs propres divinités tribales et suivaient des pratiques religieuses particulières. Ce qui distinguait les Hébreux des autres, à ce moment, n'était pas non plus le rejet des idoles. En effet, le récit de l'Exode indique que les idoles les attiraient autant que les autres et qu'ils aimaient leur rendre des cultes.

L'élément unique qui distinguait les Juifs des autres peuples de l'Égypte était leur Dieu spécifique, le Dieu de leurs ancêtres : Abraham, Isaac et Jacob. C'est ce Dieu particulier, et non l'adhésion à une divinité tribale quelconque, qui distinguait les Hébreux de tous les autres. Leur Dieu, et seulement Lui, les distinguait.

L'exode biblique n'est pas une simple migration, elle est un parcours spirituel collectif. Les Juifs ne quittèrent pas l'Égypte parce qu'ils étaient différents des autres, mais parce que ce lieu était incompatible avec leur Dieu. L'exode les rendit distincts.

Le récit de l'Exode contient un avertissement implicite terrible. En effet, ce récit affirme que le peuple hébreu entier quitta l'Égypte. Il ne dit pas qu'une partie seulement le quitta mais bien que tous partirent. Pourtant, des milliers de descendants de Joseph et de son clan durent, concrètement, demeurer en Égypte.

Qu'advint-il des Hébreux qui choisirent de rester en Égypte et de s'en accommoder ? Qu'advint-il de ces descendants de Joseph, adorateurs du Dieu d'Abraham et fidèles à leurs traditions, qui ne partirent pas avec Moïse ? Il y en eut sûrement ! Pourtant, leur existence n'est même pas suggérée dans la Bible ! La raison est la suivante : le récit de l'Exode ne dit pas que le peuple élu quitta l'Égypte ; il déclare, plutôt, que ceux qui quittèrent l'Égypte devinrent le peuple élu. Les autres, malgré leur identité, leurs ancêtres et leurs croyances, s'assimilèrent à l'Égypte et disparurent.

Les chrétiens devront, comme les Juifs avant eux, ouvrir leurs yeux et voir l'Égypte qui les entoure. En prenant conscience de cette Égypte, ils seront certainement apeurés, comme les Hébreux avant eux, par l'immensité de l'empire dressé autour d'eux. Ils auront peine à croire qu'ils peuvent le quitter.

Cette conscience de l'Égypte ne se limitera pas à une évaluation superficielle de quelques institutions. Elle prendra la forme suivante : les croyants deviendront conscients que tous les organismes, les individus, les foyers, les associations, les groupes, les institutions régionales et nationales, les entreprises commerciales, les partis politiques, les organismes caritatifs, les gouvernements qui ne sont pas, directement ou indirectement, subordonnés au Dieu de l'Exode ou à Jésus-Christ, Son Fils, sont des créatures de l'idolâtrie, incompatibles avec le royaume de Dieu. Voilà l'Égypte des chrétiens d'aujourd'hui !

La laïcité n'est pas un espace neutre, comme le prétendent ses défenseurs. Elle est une matrice d'apostasies.

L'objectif de christianisation de la société peut sembler, à première vue, excessif, impensable, moyenâgeux et même révoltant. Pourtant, jusqu'à récemment, plusieurs États prospères, démocratiques et modernes étaient officiellement chrétiens. Il y a à peine cinquante ans, par exemple, le Canada était un État officiellement chrétien car ses institutions relevaient de l'autorité d'un monarque explicitement subordonné à la doctrine chrétienne et engagé, par serment, à y défendre la Foi. Par extension, les citoyens, les institutions et les entreprises, soumis aux lois canadiennes étaient, eux aussi, indirectement subordonnés à la doctrine chrétienne. Cet État chrétien n'avait pourtant rien de tyrannique ou de moyenâgeux. Il s'agissait d'une démocratie moderne et prospère.

Ce qui, aujourd'hui, semble impensable et radical, l'identité chrétienne d'un État moderne et de ses institutions, constituait la réalité conventionnelle de l'État canadien d'hier. En apparence, rien n'a changé au cours des années, ni l'État ni la reine. En réalité, l'identité chrétienne de l'État canadien et de ses institutions a été entièrement escamotée et le rôle de défenseur de la Foi de notre monarque est devenu une farce.

Ayant pris conscience de l'Égypte, le peuple des croyants devra amorcer l'exode. Ce nouvel exode ne sera pas une migration physique, mais un retrait sur le plan individuel et collectif des institutions idolâtres. Il sera suivi d'un réalignement des vies autour de groupes et d'institutions qui affirment la primauté du Christ. Parfois, il s'agira de former des cellules chrétiennes à l'intérieur des institutions de l'État idolâtre. Parfois, l'exode prendra la forme de nouvelles organisations, entreprises, institutions, associations, écoles, et autres, érigées à l'intérieur de l'État athée mais explicitement centrées sur la primauté du Christ.

Ceux qui pensent que ce retrait sera facile se trompent. Comme le pharaon, les groupes qui s'acharnent, aujourd'hui, à pervertir les croyants et à démolir leurs valeurs se repaissent, en même temps, de la droiture et du dévouement de ceux-ci. Ils s'accrocheront aux résidus agonisants de chrétienté qui subsistent dans leurs institutions athées pour continuer à s'en repaître.

Régulièrement, les athées attaqueront les organisations qui s'identifieront comme chrétiennes. Ils voudront les noyauter et leur imposer les valeurs tordues de la laïcité. Disposant de l'appareil judiciaire de l'État idolâtre, ils y parviendront souvent. Il faudra alors, comme les nomades d'autrefois, lever le camp, saborder l'institution infectée et en rebâtir une autre, plus loin. Ce sera difficile ? Sans doute, car le pharaon ne lâchera pas facilement sa proie !

Chaque chrétien trouve dans son ascendance, proche ou lointaine, un premier ancêtre qui abandonna ses divinités ethniques pour suivre Jésus-Christ. Cette origine commune fait de chaque chrétien un errant car son identité n'appartient plus à aucun terroir.

Le chrétien n'est pas un autochtone. Il peut résider avec ses descendants dans un même lieu pendant des siècles. Il peut combattre pour conquérir, découvrir ou défricher des terres qu'il défendra âprement. Pourtant, aucune terre, aucun lieu n'est, pour lui, sacré. Il est sans terre car son identité ne provient plus du sol. Il est un locataire dans le monde, pas un propriétaire.

Les chrétiens n'ont pas de lieux sacrés, seulement des lieux consacrés. Aucun endroit géographique n'a pour eux de valeur intrinsèquement sacramentelle. Même la Terre sainte n'est pas un lieu sacré mais un territoire légué. La forme même de la doctrine chrétienne, centrée sur le Dieu ethnique d'un autre peuple, fait de lui un déraciné, un errant dans l'esprit. Pour lui, tous les hommes, où qu'ils résident, sont des exilés, comme lui.

Tous, donc, sont ses frères. S'il est catholique, son déracinement est davantage accentué par une double allégeance, à l'État dont il est citoyen et à l'Église, cet État sans terres, à laquelle il appartient. Par ce déracinement, par l'appel du Christ qui le force à quitter ses divinités de terroir, il n'appartient à aucun peuple de la terre mais provient de tous.

Parfois, il s'installe, il s'attache un peu trop à sa culture, sa race, sa terre, sa langue, son peuple, son pays ou son histoire. Il oublie sa véritable identité. Parfois, le pays chrétien qui était son lieu de résidence depuis des siècles redevient païen, et les lois qui le gouvernaient se transforment en cultes. Alors, inévitablement, une déchirure se produit. En ces moments, le croyant doit se souvenir qu'il est, d'abord, un sujet de Dieu et non de l'État et, comme le fit son ancêtre, il doit à nouveau briser les liens qui l'attachent à l'Égypte et suivre son Sauveur vers le royaume de Dieu.

UN GRAND APPEL

Si les valeurs de l'État et celles de la Foi divergent encore davantage, il y aura déchirure. Les chrétiens se retrouveront, alors, marginalisés au sein de sociétés aux mœurs incompatibles avec leur foi, qu'ils devront quitter. Les évêques et les chefs de la chrétienté doivent lancer un grand appel pour prévenir, si possible, cette déchirure et empêcher ses conséquences.

Jusqu'à récemment, la doctrine chrétienne constituait le fondement dominant de la culture et de l'éthique des sociétés occidentales. Cet ascendant de la doctrine chrétienne dans ces sociétés y a rendu la vie des croyants particulièrement facile. Il n'était pas nécessaire de ressentir une foi intense pour vivre en accord avec les valeurs chrétiennes quand celles-ci définissaient la norme sociale.

Les écoles, même laïques, transmettaient les valeurs chrétiennes qui étaient partout répandues. Pareillement, les États, par leurs lois, soutenaient implicitement le mode de vie chrétien et les valeurs sur lesquelles il était fondé. Dans un tel milieu, les croyants pouvaient tolérer facilement des divergences occasionnelles qui ne menaçaient pas l'identité majoritaire. Enfin, si certains s'engageaient à fond au service de la doctrine chrétienne, la majorité se contentait d'y vivre confortablement, en tant que passagers d'un grand paquebot chrétien.

Aujourd'hui, ces conditions ont radicalement changé. Pourtant, le résidu atrophié de croyants qui subsiste dans nos sociétés continue de vivre sa foi comme s'il constituait encore une majorité au sein d'une société officiellement chrétienne. Ils voient bien que les conditions ne sont plus les mêmes et que le recul de la foi est maintenant consommé.

Cependant, ils n'ont pas encore saisi toutes les conséquences de cette transformation. Ils n'ont pas compris que leurs évêques, qui se comportent encore comme de respectables piliers de la bonne société, deviendront bientôt les pasteurs âpres et marginalisés d'un troupeau réduit, en lutte pour sa survie. Ils n'ont pas encore perçu que le temps de la coïncidence entre le discours de l'État et celui de l'Église tire à sa fin et que, bientôt, la douce croisière dans le grand paquebot chrétien fera place à une dure navigation sur une barque fragile assaillie de partout par les agents d'un pouvoir subjugué par le blasphème.

À cause de l'incompatibilité fondamentale entre l'idolâtrie et la Foi, le discours de l'Église divergera de plus en plus des endoctrinements étatiques. Cette divergence se poursuivra jusqu'à la déchirure. Si les chrétiens n'y sont pas préparés, ils risquent d'être profondément déroutés par cette brisure.

Jusqu'à présent, chrétienté et respectabilité ont toujours été synonymes dans nos sociétés. Les citoyens n'ont jamais fait l'expérience de la vie sous des régimes politiques spirituellement dépravés. Ils acceptent sans questions la légitimité ultime de l'État de droit, démocratique, et de ses lois. Ils s'identifient entièrement avec ses symboles nationaux. Ils assimilent sans les questionner, les discours officiels qui leur disent qui ils sont et quelles sont leurs valeurs.

Or, si la déchirure se produit, les chefs spirituels de la chrétienté devront engager un combat idéologique contre l'État et ses élites. Alors, ces balises confortables seront chambardées.

Les dirigeants chrétiens qui décideront de suivre la voie tracée par le dogme de la Foi doivent prendre conscience qu'une crise approche. Ils doivent lancer, maintenant, un grand appel aux croyants. Ils doivent les avertir que le temps de la tiédeur achève et que, bientôt, la doctrine chrétienne ne sera plus compatible avec les raisons de l'État.

Il deviendra difficile, alors, pour un incroyant de revenir à une foi qui fera scandale. Ils doivent donc dire à ceux qui ont cessé de croire ou qui sont devenus indifférents que l'heure est venue de rentrer au bercail pendant qu'ils peuvent encore le faire facilement.

En effet, si le peuple des croyants se démarque de la société, il deviendra méconnaissable à ceux qui seront conditionnés par les endoctrinements progressistes. Il faudra alors poser des gestes héroïques pour revenir à la foi et les chrétiens d'occasion ne pourront plus le faire.

Ceux qui lisent ce témoignage devinent déjà à quel point ce fossé s'élargira. Quel chrétien indifférent reviendrait sans effort à la doctrine chrétienne que je présente ici ?

Les chefs des églises doivent commencer à instruire les croyants pour les préparer à survivre en tant que marginaux au sein d'un État perverti. Ils doivent redéfinir le sens de la droiture et comment il faut la vivre au milieu d'institutions tordues. Ils doivent enseigner les techniques essentielles au maintien de la foi au sein d'une minorité officiellement dénigrée. Ils doivent affirmer, clairement, que l'adhésion due au Christ prime sur celle qu'on doit à l'État.

Enfin, ayant lancé tous ces appels, les évêques doivent tenter, une dernière fois, de convaincre les gouvernants et les élites de rétablir le caractère chrétien de la société, de l'État et de ses institutions. Ils doivent leur faire comprendre toutes les conséquences de leurs dérives. Ils doivent leur faire comprendre que la déchirure est imminente. Si possible, ils doivent les convaincre qu'il vaudrait mieux pour tous, y compris pour ceux qui adhèrent à d'autres croyances, qu'on poursuive la croisière dans une barque chrétienne.

LA CONVERGENCE DES CROYANTS

Les tentatives d'unifier les confessions chrétiennes par des ententes ecclésiales sont sympathiques mais accessoires. La virulence grandissante des accusations dirigées contre la Foi réunira ceux qui lui demeureront fidèles. Ils se rassembleront par nécessité, qu'ils le veuillent ou non.

L'iconographie populaire nous présente souvent le peuple hébreu quittant l'Égypte comme une populace d'individus indistincts, uniformément pauvres et gentils. On dirait que la force qui les unissait n'était pas leur fidélité au Dieu d'Abraham, mais le fait qu'ils étaient tous sympathiques.

Pourtant, le récit de l'Exode suggère que les gens qui quittèrent l'Égypte ne jouissaient pas d'une élévation morale particulièrement élevée. Ils se détestaient peut-être tous. Ils appartenaient à des tribus distinctes qui se jalousaient mutuellement. Le Seigneur dut leur commander de ne pas s'entretuer, s'envier et se dévaliser.

Ils n'avaient, apparemment, qu'un seul trait commun : leur fidélité au Dieu de leurs ancêtres. Cette fidélité ne résultait même pas d'un engagement individuel mais d'une appartenance reconnue à une même collectivité. Pourtant, ils furent unifiés en une seule nation. Ils ne furent pas réunis ainsi par leurs bonnes intentions, par la volonté de leurs chefs, par des liens affectueux ou par des cérémonies inspirantes. Ils furent, plutôt, projetés les uns contre les autres par des événements qui les dépassaient et par un destin commun.

Il y a une trentaine d'années, un grand courant d'œcuménisme parcourait la chrétienté. Chacun priait, alors, pour « l'unité des chrétiens » perçue comme la réunion ecclésiale des diverses confessions chrétiennes dans une seule entité plus ou moins confédérée. De multiples cérémonies touchantes eurent lieu, lors desquelles des dirigeants ecclésiastiques se recueillaient ensemble, chantaient des cantiques et s'étreignaient.

Ces efforts de regroupement n'ont plus l'importance qu'ils avaient. Certaines des confessions traditionnelles ont dérivé vers des cultes hérétiques. D'autres font des choix qui les rendent incompatibles avec la doctrine catholique.

Pourtant, dans un avenir prochain, les croyants, ceux qui demeurent fidèles au dogme de la Foi, se ligueront sans le vouloir et sans cérémonies. Ils seront réunis par leur rejet commun des idéologies dominantes et par l'ostracisme dont ils feront l'objet. Ainsi, certaines confessions qui, en apparence, n'ont rien en commun et qui, même, se méprisent mutuellement, se rejoindront malgré elles.

L'heure des œcuménismes institutionnels faits de compromis cléricaux est passée. La convergence des croyants se fera, dynamiquement, sur la base des quatre points de résistance suivants :

    • la fidélité au dogme de la Foi défini dans le Credo de Nicée ;

    • la tradition de l'Église catholique ;

    • la vénération de la Vierge Marie en tant que Mère de Dieu ;

- et la reconnaissance de l'existence du peuple juif et de la légitimité de son héritage.

L'adhésion à une seule de ces thèses suffira à séparer ceux qui y tiennent des autres. Les peuples croyants, juifs et chrétiens, qui demeureront fidèles à ces préceptes seront tous, uniformément, ostracisés par les pouvoirs du monde.

Ce rejet les réunira. Ils se retrouveront donc ensemble, poussés vers un nouvel exode commun, sans l'avoir voulu ou planifié. Leurs épreuves spirituelles communes les rapprocheront.

Mais que chacun prenne garde, car les sectes qui trahiront leur foi le feront, elles aussi, au nom de la tradition et de la Foi. Celles qui déformeront la Bible se réclameront d'un entendement supérieur de celle-ci. Celles qui nieront et qui rejetteront le Dogme le feront en affirmant vouloir le purifier et le reformuler sous une forme plus parfaite. Celles qui rejetteront la tradition de l'Église le feront au nom d'un enseignement hypothétique plus authentique de Jésus. Celles qui rejetteront la légitimité de l'alliance de Dieu et de Ses promesses le feront au nom de l'égalité des peuples et de la fraternité de tous les humains.

LES ACCUSATIONS PLEUVRONT

Quand le reste des croyants se démarquera sans retour des sociétés athées et quand l'Église choisira, définitivement, de demeurer fidèle à sa doctrine séculaire, alors, la société progressiste se tournera contre eux et les accusations pleuvront.

Depuis au moins quarante ans, le progressisme athée dénigre les croyants et leurs valeurs, tout en les exploitant. Il ressemble à un héritier ignorant, paresseux et ingrat qui maintient temporairement l'illusion de sa richesse en dilapidant son patrimoine. Il est déjà en faillite, mais il camoufle encore sa situation en consumant les restes de son capital.

Incapable de se libérer de l'empire de ses sens, incapable de distinguer la voie droite de celle des caprices, il maintient sa beauté illusoire en dévorant les fondements des sociétés qu'il domine. Il usurpe sa richesse, et l'avenir qu'il promet est un mirage. Il ressemble aux couples épanouis et stériles qu'il suscite : il fleurit mais ne donne pas de fruit.

Le patrimoine que cet enfant tordu détruit ainsi provient des valeurs, des traditions, des familles et des institutions que les sociétés chrétiennes ont édifiées au cours des siècles. Croyants, prenez-en conscience, plus la mécanique progressiste approchera de la faillite, plus sa machine de mirages et de propagande s'emballera !

En se séparant de cette Égypte sans lendemain, les croyants menaceront d'emporter avec eux ce qui reste du patrimoine dilapidé. En se retirant de ses institutions, ils menaceront de les priver de ce qui leur reste de droiture et de sagesse, laissant ainsi les castes progressistes seules à leur gouverne. Nous voyons déjà, dans nos universités, les dérives qui surviennent quand les derniers vestiges de droiture chrétienne disparaissent d'une institution. On dirait parfois des démences collectives !

Que les croyants le sachent, quand ils quitteront cette Égypte, les accusations pleuvront ! Les apostats, les athées et les idolâtres emprunteront le langage même de la doctrine chrétienne pour le tourner contre les croyants.

On accusera les croyants de manquer de compassion, de pratiquer la discrimination, de rejeter l'égalité des autres, de mettre en danger la justice sociale, de s'attaquer aux pauvres et aux exclus, de perpétuer l'impérialisme, de mettre l'avenir en danger, d'engendrer l'intolérance religieuse, de blesser les faibles, de répudier l'enseignement réel de Jésus au nom de dogmes désuets, d'être des intégristes, des fanatiques, des individus détestables et dénués de bon sens, de nuire à l'État et au consensus nécessaire à son bon fonctionnement, de menacer, enfin, l'avenir fragile et lumineux annoncé par le progressisme.

Les accusations pleuvront et elles ébranleront les chrétiens. Qu'on le sache, quand les croyants entreprendront l'exode immobile qui les extraira du sein des États progressistes et idolâtres, une pluie d'accusations et d'injures s'abattra sur eux ! Dans les sociétés où l'humanisme athée aura entièrement accaparé le pouvoir, la perversion se transformera en persécution. Ces sociétés dévoyées hurleront leur hostilité aux croyants engagés dans le nouvel exode.

Dans la tourmente et la confusion que ces accusations susciteront, les croyants devront, plus que jamais, trouver leurs balises dans le passé. C'est en puisant humblement dans la sagesse et les exemples des saints et des prophètes qu'ils trouveront les enseignements justes qui les guideront au milieu du déferlement de mirages et de cris qui les entoureront.

Après avoir lu ceci, vous croyez sans doute, chers lecteurs, que j'exagère, que je fais de l'emphase. Après tout, nous vivons tranquillement, aujourd'hui, dans des sociétés confortables et prospères. Eh bien, réfléchissez à ce qu'il faut de courage aux papes d'aujourd'hui et aux évêques des sociétés occidentales pour défendre, presque seuls, la doctrine de la Foi contre les assauts et les dénigrements incessants des idéologies progressistes du jour. Même ce qui reste des chrétiens se détourne d'eux ! Imaginez maintenant que vous devriez vous-mêmes subir cela dans votre milieu de vie. Auriez-vous ce courage ? Pourtant, nous n'avons encore rien vu !

LA FIN EST DANS L'ORIGINE

L'exode est une gestation qui mène à un enfantement. L'aboutissement de l'exode biblique, la Terre Promise, était déjà présent quand celui-ci débuta. Il en sera de même pour le nouvel exode.

L'exode est comme un enfantement. Il est une crise qui débouche sur un être nouveau. Il est un enfantement et, aussi, une gestation. On pourrait dire que ceux qui suivirent Moïse hors de l'Égypte n'étaient pas des Hébreux mais des Égyptiens. Ils devinrent des Hébreux dans le désert.

Initialement, malgré leur croyance dans le Dieu d'Abraham, ces gens devaient penser comme des Égyptiens, avoir des valeurs d'Égyptiens et concevoir le monde à partir des schèmes de référence de l'Égypte. Ils percevaient, sans doute, le pouvoir de l'Égypte comme la puissance suprême. Au moment de quitter l'Égypte, les appels et les ordres du pharaon devaient les impressionner terriblement.

L'exode est un creuset. Les Juifs commencèrent à assumer l'identité propre de peuple de Dieu après bien des rechutes. Ils devaient souvent douter de l'amour de Dieu dans les privations de la traversée du désert et subissant les rigueurs de leurs chefs. Ils durent penser que les dieux égyptiens qui leur fournissaient confort et sécurité, les aimaient mieux que leur Dieu jaloux. Ils durent questionner l'amour du Seigneur, se demandant si un Dieu qui pousse Ses enfants dans le désert les aime vraiment.

Un Dieu qui inflige des souffrances et des punitions aime-t-Il ? Un Dieu qui prive les gens des cultes qu'ils préfèrent, les aime-t-Il ? Un Dieu jaloux et possessif, aime-t-Il ?

Le Dieu de l'Exode est-Il un Dieu d'Amour ? Ce Dieu intolérant, agressif, qui tue ses ennemis, fait lapider les idolâtres et foudroie ceux qui fautent est-Il un Dieu d'Amour ? L'esprit humain veut répondre « non » mais le Christ enseigne que oui, ce Dieu de l'Exode est aussi le Père céleste.

L'Église reprend cet enseignement dans le dogme de la Trinité puisque, par le Fils, elle confirme l'identité biblique du Père et son lien absolu avec Lui. Mais quel est cet Amour qui multiplie les pains et guérit les malades, mais qui, aussi, engloutit des armées, détruit des cités et foudroie, comme le fit saint Pierre, les hypocrites ? Quel est cet Amour qui nous voue tous à l'agonie et à la mort ? Cette question est au cœur du mystère chrétien.

Comme Noé, avant eux, les Hébreux bâtirent une arche. Celle-ci les préserva pendant leur traversée du désert, ce déluge paradoxal. Ils portaient aussi, en eux, la promesse d'une terre promise.

En quittant l'Égypte, les Hébreux commencèrent à comprendre l'identité de la Terre promise. Sur le plan spirituel, les deux territoires sont liés car ce qu'on quitte définit ce vers quoi on avance. Ils se mirent donc en marche et, au cours de leur interminable pérégrination, ils acquirent une conscience de plus en plus nette du lieu que Dieu leur avait promis.

L'exode ressemble à une fuite ou à un exil mais il correspond, en fait, au début d'une conquête.

Lors de l'Exode, les Hébreux avançaient vers une terre promise. Qu'en est-il des peuples croyants qui quitteront les sociétés progressistes athées ? Lors de cet exode immobile, auront-ils une destination ? Quelle sera leur terre promise ?

Le peuple des croyants qui se sera retiré, presque malgré lui, du déluge d'illusions sécrété par les sociétés progressistes sera soutenu, lui aussi, par l'espoir d'une terre promise. En effet, le but de l'exode n'est pas l'isolement perpétuel du désert mais la prise de possession d'une terre promise. En quittant l'Égypte qui est autour de lui et en lui, le croyant commencera à comprendre l'identité du royaume de Dieu, qui est sa terre promise, celle qu'il appelle de ses vœux quand il dit en prière : « que Ton règne vienne ».

Comme les Hébreux avant nous, nous aussi, chrétiens, nous porterons une arche qui nous soutiendra. Cette arche est la Bible. Or, la Bible décrit la Terre promise aux chrétiens. Elle indique la nature de ce territoire et son emplacement. Elle proclame, aussi, le droit légitime des chrétiens sur elle. Au premier jour de son exode, le peuple des croyants commencera déjà la conquête de cette Terre promise : le royaume de Dieu.

11

Vers le Royaume

LA QUATRIEME PROVINCE

> *Le royaume de Dieu se situe dans quatre endroits différents. Trois de ceux-ci sont bien connus : le Ciel, la Fin des temps et les âmes des croyants. Il comporte aussi une quatrième province. Celle-ci se trouve dans les organisations, les groupes, les institutions, les associations, les peuples, les États et les entreprises qui, collectivement, affirment la primauté de Jésus-Christ dans leurs déclarations et dans leurs actes.*

Certains tiennent à ce que ce Royaume de Dieu se limite aux régions de l'au-delà uniquement accessibles après la mort. Dans cette optique, il suffirait aux croyants de suivre les commandements de Dieu et d'attendre tranquillement la fin de leur vie physique pour intégrer, à leur tour, ce royaume et y recevoir leur récompense individuelle.

Cette approche ressemble à celles qu'on retrouve dans les religions orientales. En Orient, la relation avec Dieu se définit d'abord comme une recherche individuelle de l'illumination. Si le sage oriental a des comportements de compassion, de douceur, de bonté, ceux-ci découlent de son état individuel d'illumination. Il est bon parce qu'il est pur.

Pour le chrétien, l'appel de Dieu est une invitation à participer à l'édification d'un royaume par les gestes concrets de sa vie. Le royaume de Dieu ne se limite donc pas uniquement au Ciel mais existe aussi ici, dans le monde. Le Christ, Lui-même, l'a enseigné. Le croyant a des tâches à accomplir, un travail à faire, non seulement pour lui, mais pour ceux qui l'entourent et aussi pour réaliser le plan du Dieu qu'il aime. Quand il se dévoue pour les autres, ces gestes ne proviennent pas d'un état d'illumination personnelle qui ferait émerger sa bonté individuelle, mais d'une volonté de mettre en application les directives du Seigneur malgré ses faiblesses et son indignité.

Quand il prie, il ne cherche pas à ressentir un état divin mais à connaître les désirs de Dieu. Quand il recherche l'union mystique, il le fait pour refléter la présence de Dieu dans le monde et ainsi servir Son œuvre, non pour ressentir des sensations personnelles sublimes.

Même quand ils prient, les chrétiens sont des travailleurs concrets comme le fut le menuisier de Nazareth. La foi et l'action chrétiennes ne sont pas seulement des activités individuelles, elles sont aussi sociales car elles sont orientées d'abord vers les autres.

Pour avancer vers le royaume de Dieu et pour bâtir Sa cité, il faut en percevoir les contours. Si le royaume de Dieu englobe l'au-delà, il ne se limite pas à l'avenir eschatologique. Le chrétien espère qu'un jour le Christ reviendra dans le monde, auréolé de puissance et de gloire, et régnera en maître indiscuté de tout l'univers. Certains pensent, donc, que le royaume de Dieu adviendra au moment du retour surnaturel du Christ et de Son triomphe sur toutes les forces de la nature et du mal, y compris la mort. Ces temps font, sans doute, partie du royaume de Dieu. Cependant, ils ne le résument pas. Le royaume de Dieu existe maintenant sur terre, il y existe depuis que Jésus-Christ l'a instauré.

Le royaume de Dieu comprend une troisième région : l'âme des croyants. Chaque personne qui accepte le Christ devient une parcelle du royaume de Dieu, ici et maintenant. Le croyant est comme un navire d'une flotte nationale : il constitue, où qu'il se trouve, une partie du territoire de l'État.

En plus de ces trois régions eschatologiques, le Ciel, l'âme et la Fin des temps, le royaume de Dieu comprend une quatrième province qui, elle, se situe dans la réalité sociale et politique d'aujourd'hui. Cette quatrième province est constituée des organisations humaines qui affirment la primauté divine de Jésus-Christ dans leurs discours et dans leurs gestes. Elle comprend aussi leurs lieux et leurs biens. L'espace physique d'une église consacrée, par exemple, fait partie du territoire du royaume de Dieu.

La quatrième province du royaume de Dieu se situe au sein des États et des institutions du monde. Ses contours, souvent ambigus, sont pourtant concrets. Ils comprennent des groupes, des organisations et des peuples, mais aussi des lieux, des églises, des régions, des époques et toutes les autres dimensions sociales du monde. Elle n'est pas limitée aux organisations que l'humanisme athée qualifie de religieuses. Cette distinction provient d'une volonté de confiner la parole de Dieu.

La quatrième province du royaume de Dieu est réelle et mesurable, tout comme nous-même et tout ce qui existe dans le monde. Le Seigneur, notre roi, nous invite à la défendre et à l'accroître en Son nom. Le royaume de Dieu sur terre ne comprend pas seulement des individus mais aussi des groupes humains et des lieux concrets. Les chrétiens ont le droit légitime, instauré par Jésus-Christ, d'établir des institutions qui Le servent. Les États qui s'opposent à ces œuvres agissent en ennemis du Christ.

Lors de Sa venue, le Seigneur a établi une tête de pont sur les rives du monde. Il a initié Son royaume dans les cœurs de Ses disciples. Il l'a aussi fondé dans la dimension sociale en définissant un groupe, les apôtres, en le structurant et en le mandatant. Il a confirmé cette dimension en affirmant que lorsque plusieurs se réuniraient en Son nom, Il serait présent au milieu d'eux.

LE CHRIST EST UN ROI

Jésus-Christ est le Fils de Dieu et le Bon Pasteur. Il est aussi un roi. La Bible affirme avec force l'identité royale du Père et de Son Fils.

Dans la Bible, Dieu se révèle à la fois comme Père et comme Fils. D'une façon similaire, Il révèle qu'Il est Roi. Comme pour Son identité paternelle, le Seigneur nous indique Son caractère royal par de nombreux signes.

D'abord, le Père affirme Son caractère royal dans l'Ancien Testament de façon absolument claire. Ce caractère est d'abord confirmé par un de Ses noms : Adonaï, ou Seigneur. Mais, surtout, Dieu affirme Son identité royale par des gestes particuliers qui relèvent des privilèges d'un roi.

Dans la Bible, en effet, le Seigneur choisit un peuple, lui donne des lois, lui assigne un territoire et l'aide à en prendre possession. Chacun de ces gestes est l'apanage d'un roi. Comme le Fils révèle l'identité paternelle du Père, ainsi, le peuple juif et son alliance révèlent l'identité royale de Dieu.

Nous, qui percevons la puissance des rois comme une forme de pouvoir militaire ou politique, nous acceptons facilement l'idée de la royauté de Dieu définie comme une expression de Son pouvoir cosmique absolu. Cependant, l'autorité qui découle uniquement du pouvoir n'est pas royale mais dictatoriale.

La puissance de Dieu et Sa royauté ne découlent pas d'un pouvoir surnaturel Lui permettant de dominer l'univers. Elle provient d'une légitimité profonde qui requiert l'adhésion libre de Ses sujets. Quand nous acceptons, dans l'abstrait, le pouvoir infini de Dieu mais que nous rejetons la légitimité de Ses alliances concrètes, nous refusons la royauté de Dieu.

Un autre des attributs de la royauté est son mode de transmission : la descendance filiale. L'Ancien Testament reconnaît que le Messie de Dieu détiendra un pouvoir royal. Les psaumes et les écrits des prophètes sont remplis de témoignages confirmant l'identité royale du Messie.

Le peuple juif attend un Messie royal. Cependant, l'étendue de la légitimité du Messie attendu demeure confuse dans ces écrits. D'une part, le Messie détiendrait les pouvoirs surnaturels lui venant du Créateur de tout l'univers, mais, d'autre part, Sa légitimité proviendrait, par descendance, du roi David et, par conséquent, serait limitée au seul royaume d'Israël.

La Révélation chrétienne donne à l'espérance messianique tout son sens et aussi toute sa légitimité. Elle confirme de façon concrète l'identité royale de Dieu et la légitimité de Ses alliances. Comme Jésus, en tant que Fils, révèle la nature paternelle de Dieu, ainsi le Christ, en tant que roi, confirme la royauté du Père d'où Il détient ce titre.

L'Évangile reprend et amplifie le caractère royal du Christ en accumulant les signes qui y font référence. La royauté de Jésus est d'abord affirmée par Son lignage qui remonte au roi David. Ceci confirme Sa légitimité comme roi des Juifs.

À Sa naissance, Jésus reçoit de l'or, symbole de la royauté. Il enseigne l'arrivée du royaume de Dieu sur terre et la présence concrète de celui-ci où Il se trouve. Quand Pilate Lui demande s'Il est roi, Il répond : « tu l'as dit ». Il affirme qu'Il possède un royaume. Lors de Sa Passion, on Lui donne une couronne, une cape et un sceptre, symboles de royauté. L'écriteau qui surmonte Sa croix proclame qu'Il est roi. Enfin, le nom de « Seigneur » L'identifie comme tel et celui de « Christ » réfère à l'onction qui sacre les rois. Jésus-Christ est un roi.

La royauté du Christ n'est, cependant, pas uniquement déterminée par David, elle provient du Père. En tant que Fils unique de Dieu, Jésus-Christ détient la royauté légitime, non seulement sur Israël, mais sur l'univers entier. Or, seul un tel roi peut répondre entièrement aux espérances humaines et accomplir les prophéties bibliques.

La nature royale du sacerdoce du Christ est non seulement révélée par tous les signes décrits précédemment mais aussi par la succession filiale qui est le mode de transmission de l'autorité royale. Jésus détient Sa dignité et Sa légitimité royale de Sa naissance et de Son lignage. Cependant, si le Christ est roi, Il se présente à nous comme un roi d'un type particulier, un roi complètement dépourvu de pouvoir. Sa royauté s'exerce uniquement dans le consentement de ceux qui Le servent. Dieu n'est pas un despote.

Dans un monde où les modes de pouvoir fondés sur les processus démocratiques sont valorisés et où les monarchies sont discréditées, il est tentant de minimiser le caractère royal du Christ et de considérer celui-ci comme un titre plus ou moins honorifique. De plus, à cause des abus de nombreux régimes monarchiques du passé, le principe même de l'autorité royale est généralement décrié, aujourd'hui, comme une forme illégitime de pouvoir.

Par conséquent, le chrétien est tenté d'ignorer les dimensions sociales, collectives et territoriales de la volonté de Dieu, celles qui relèvent de Sa royauté. Il perçoit plutôt cette royauté comme un symbole abstrait du pouvoir cosmique de Dieu et non comme la source de la légitimité concrète de Ses actes.

Dans cette optique, reconnaître le caractère royal de Jésus n'engagerait à rien de particulier puisqu'il s'agirait simplement de la reconnaissance d'un pouvoir cosmique et non de l'acceptation d'une autorité sociale légitime et concrète même si elle ne découle pas d'un pouvoir. Ainsi, dire du Seigneur qu'Il est roi équivaudrait à dire qu'Il peut faire ce qu'Il veut.

Or, l'autorité royale de Dieu ne découle pas du pouvoir mais de la légitimité et de la justice. Jésus-Christ, crucifié, incarne parfaitement l'autorité royale de Dieu, une autorité dont la légitimité ne relève aucunement d'un pouvoir. La royauté du Christ, comme elle ne repose aucunement sur un pouvoir, ne fut donc pas affectée par Son exécution. Écrasé, réduit à l'impuissance absolue de la mort, Sa légitimité royale demeure entière.

Jésus-Christ, crucifié, est toujours Roi. Il exerce Son autorité uniquement à travers ceux qui reconnaissent Sa légitimité et acceptent librement de Le servir malgré l'impuissance absolue de la Croix. Les incroyants perçoivent cette impuissance, condition essentielle à l'adhésion libre et amoureuse de l'âme, comme une absence et, même, une inexistence. En disant « Dieu n'existe pas », ils signifient que Dieu n'a aucun pouvoir.

Malgré l'existence, aujourd'hui, de formes alternatives et valables de gouvernement, la royauté demeure une forme légitime d'autorité. Sans doute, au cours des siècles, des monarchies humaines exercèrent des pouvoirs injustes et despotiques. Cependant, toutes les autres formes de gouvernement, même les démocraties, firent de même. Il est tout aussi incorrect de rejeter le caractère royal du Christ à cause des déboires de rois injustes que de nier Sa nature filiale parce qu'il existe des fils indignes.

Plusieurs, de nos jours, rejettent le concept même de l'autorité royale. Leur dénonciation ne s'arrête pas aux régimes monarchiques indignes mais englobe le principe même du roi et du royaume. Ce rejet constitue une accusation implicite de l'autorité royale du Christ et de Son droit de régner sur les peuples et leurs institutions.

L'enjeu, ici, ne concerne pas la validité des processus démocratiques. Ces processus relèvent de la gestion et de l'exercice du pouvoir politique. Le rejet porte sur l'autorité morale. En rejetant le principe de l'autorité royale attribuée au Christ, ces accusateurs tentent d'usurper Son autorité pour y substituer leurs cultes et leurs castes.

Chaque croyant, où qu'il se trouve, réside dans un royaume dont il est un sujet et dont Dieu est le roi. Même si l'État dans lequel il réside s'identifie comme une république, celle-ci fait partie du royaume de Dieu si elle reconnaît l'autorité légitime de la Bible. Pareillement, une monarchie qui reconnaît la primauté du Christ appartient d'abord, elle aussi, au royaume de Dieu.

Les Juifs qui reconnaissent la légitimité de l'Alliance, reconnaissent, en même temps, la royauté du Dieu qui conclut cette alliance avec eux. Les Juifs sont un signe tangible de la royauté de Dieu. C'est pourquoi ils suscitent la rage de tous les pouvoirs qui s'opposent à Dieu.

Quand un État rejette la parole de Dieu, il devient illégitime. Pourtant, tous les États proclament leur propre légitimité et utilisent leur pouvoir pour imposer leur volonté. Quand la volonté de l'État, ou ses œuvres, font obstacle à la vie sainte ou agressent les croyants alors ceux-ci doivent choisir entre l'autorité de Dieu et le pouvoir du monde.

Aujourd'hui, plusieurs États deviennent de plus en plus païens et athées. Les croyants qui vivent dans ces États doivent prendre conscience, plus que les autres, qu'ils sont les sujets d'un Royaume qui est distinct de l'État. Ils doivent veiller à entendre la parole de Dieu malgré le vacarme des propagandes officielles et commerciales. Ils doivent reconnaître que le Seigneur Jésus-Christ est non seulement leur Dieu mais aussi leur roi.

Les athées leur diront que le Seigneur n'a aucune autorité légitime sur les États et sur leurs institutions. Ils affirmeront que leurs valeurs dépassent et englobent celles du Christ. C'est faux. Ces discours visent à paralyser les croyants et à les dominer. Dieu est un Roi. Son autorité légitime dépasse la sphère individuelle et s'étend sur toutes les institutions du monde.

Là où Dieu règne, là aussi se trouve Son royaume. Il s'agit bien d'un royaume et non d'une république ou d'une démocratie, car la tête, le Christ, ne reçoit pas Son pouvoir de ceux qui Le servent. Il détient ce pouvoir de Sa naissance et de Son identité individuelle de Fils de Dieu. Le Christ est roi. Il n'est pas président, ni directeur, ni premier ministre, mais roi.

Servir le Christ, c'est devenir le sujet d'un Roi et obéir à Ses lois. Vivre en croyant, c'est résider dans un Royaume, celui de Dieu.

PAS DU MONDE, MAIS DANS LE MONDE

> *Le royaume de Dieu n'est pas de ce monde dans le sens qu'il ne provient pas de la matière. Il n'est pas cependant confiné au Ciel. Son domaine s'étend aussi à la terre.*

Jésus-Christ a dit que Son royaume n'était pas de ce monde. Cela signifie-t-il que le territoire légitime du royaume de Dieu se limite au Ciel ? Sommes-nous, chrétiens, des étrangers visitant un monde qui n'appartient pas au Christ et sur lequel Il n'a aucuns droits ? Le royaume de Dieu est-il, uniquement, le lieu parfait d'un Dieu parfait qui n'existe qu'ailleurs ?

Pourtant, le Christ enseigna à Ses apôtres qu'ils vivaient déjà dans le royaume de Dieu. Il leur fit comprendre que, même s'ils résidaient au sein de l'Empire romain, ils habitaient déjà, aussi, dans le royaume de Dieu.

Quand le Christ vint sur terre, Il n'y vint pas uniquement pour sauver certains humains, individuellement, mais aussi pour y établir Son royaume. Ce Royaume, au début, se limitait à quelques disciples qu'Il choisit individuellement. Il les réunit en un groupe distinct, les organisa et, agissant à la manière d'un roi, Il leur conféra des pouvoirs. Il les chargea, d'autorité, de la mission d'accroître Son royaume en évangélisant les peuples.

En agissant ainsi, comme un roi, Jésus nous indique qu'Il n'est pas seulement un Dieu thérapeute individuel mais aussi le fondateur légitime d'institutions collectives. La démarche de foi n'est pas seulement un parcours individuel menant vers l'illumination personnelle. Elle est une entreprise d'édification de structures collectives, soumises à la volonté royale du Christ. Jésus-Christ, Lui-même, l'indique quand Il mentionne qu'Il est présent là où plusieurs personnes sont réunies en Son nom. Il signifie ainsi que des groupes humains, constitués au nom du Christ et soumis à Sa volonté, font partie de Son royaume.

On pourrait objecter qu'aucun groupe humain n'est digne d'appartenir au royaume de Dieu. Tous sont remplis de jalousie, de conflits internes, d'ignorance, d'oppression et d'excès. Tous sont sujets à la dégénérescence. Certains, énumérant toutes les imperfections qui existent au sein des groupes humains, montrant toutes les erreurs et les conflits qu'on y trouve, prétendent que ces organisations humaines sont indignes du royaume de Dieu et n'appartiennent donc pas à celui-ci.

Au mieux, on pourrait admettre, selon eux, que certains monastères et quelques églises seraient dignes d'appartenir à ce royaume. Cependant, aucune autre organisation humaine ne posséderait les qualités de sanctification nécessaire pour en faire partie.

Les apostats et les athées le répètent sans cesse. Ils disent que toutes les institutions humaines, à l'exception de quelques organisations religieuses et caritatives, relèvent exclusivement du domaine laïc. Ils affirment que la souveraineté du Christ sur les groupes humains s'applique uniquement aux assemblées liturgiques et que la Foi n'a aucun droit légitime sur les autres formes de la vie collective. Surtout, on répète aux croyants, ad nauseam, que la doctrine chrétienne n'a aucuns droits sur l'action politique et ne doit jamais s'ingérer dans ses organisations.

Ces accusateurs s'ingénient à contraster l'imperfection des institutions historiques chrétiennes avec l'idéal de perfection morale incarné par le Christ. Voilà bien une des techniques favorites des apostats ! Pour établir leur propre autorité morale et assurer leur pouvoir sur la société, ils éclairent, au nom de la rigueur historique, toutes les fautes et les erreurs qui furent commises par les institutions chrétiennes.

En même temps, ils laissent dans l'ombre, ignorée et invisible, la sauvagerie et la brutalité des autres. Avec minutie, ils scrutent les œuvres des chrétiens, leurs organisations et leurs nations. Ils relèvent chaque faute, chaque faiblesse de ces groupes et, les contrastant avec les idéaux évangéliques, nient, sur cette base, leur légitimité.

Les croyants finissent par se laisser convaincre par ces condamnations incessantes. Les nombreux défauts qu'ils découvrent dans leurs institutions les emplissent de honte. Ils perdent confiance dans la légitimité de leurs œuvres collectives. Ils n'osent plus associer le nom du Christ à leurs écoles, leurs entreprises ou leurs partis politiques. Seuls quelques cloîtres et quelques œuvres charitables peuvent se dire chrétiens, le reste en est indigne ! De cette façon, ces accusateurs se servent de la soif de perfection des chrétiens pour paralyser leurs projets collectifs.

Pour surmonter cette paralysie, les chrétiens doivent se tourner vers le mystère de l'Incarnation. Ils doivent réfléchir au Corps mystique du Christ. Ce mystère ne provient pas, uniquement, de l'Incarnation physique de Jésus de Nazareth dans le monde. Il porte aussi sur le mystère, peut-être plus grand, de l'Incarnation du Fils de Dieu dans Son Corps mystique.

Dans ce mystère, Dieu ne limite pas Son Incarnation dans le monde à Jésus, un être humain parfait né d'une mère virginale. Au contraire, Il étend cette génération à tous les humains en acceptant, dans le Corps mystique de Son Fils, tous ceux, pécheurs, faibles ou égarés, qui choisissent d'adhérer librement à Lui.

Qui, chrétien ou non, est digne d'appartenir au Corps mystique de Dieu ? Qui, parmi ces ânes que nous sommes, mérite cet honneur ? Et pourtant, dans la foi, nous croyons que certains de ceux que nous côtoyons, tous également indignes, en feront partie. Nous osons même espérer y avoir part !

Non seulement le souffle de Dieu s'est-il incarné dans le corps d'un homme, mais, en plus, Il invite cette boue que nous sommes à faire partie de Lui. Voilà le plus grand des mystères !

Le Corps mystique du Christ s'élabore miraculeusement au cours des siècles, à partir de vies humaines indignes et remplies de fautes. Pareillement, le Seigneur édifie Son royaume sur terre, à partir d'institutions, de groupes et de peuples indignes, fautifs et souvent égarés qui persistent à Le reconnaître comme Roi et tentent de suivre Ses lois. Si le Seigneur peut façonner Son corps avec notre boue, Il peut édifier Son royaume avec nos collectivités !

Par l'élection des douze tribus d'Israël, le Seigneur illustre, de façon particulière, Sa volonté royale d'établir Son royaume à partir de groupes humains imparfaits. En effet, ces tribus n'étaient pas parfaites, les récits bibliques le démontrent abondamment. Elles furent pourtant choisies pour porter la parole de Dieu. Pareillement, le Christ choisit douze hommes simples, Il les organisa et en fit le ferment de Son royaume.

Par ces choix, le Seigneur indique Sa volonté d'établir Son royaume dans le monde sur la base de groupes humains imparfaits de la même façon qu'Il engendre Son corps avec notre matière pécheresse.

L'ETENDUE DU ROYAUME

Les frontières du royaume de Dieu sur terre sont définies par le cœur des croyants et par leurs œuvres collectives. Le parcours de cette frontière passe par chacun de ceux qui croient.

Si le Christ est Roi et si Son royaume se situe, en partie, dans le monde, où se trouve-t-il ? Les frontières du royaume de Dieu ne ressemblent pas, sans doute, aux contours des États modernes. Cependant, ses frontières ne sont pas non plus des concepts imaginaires ni des sensations réconfortantes. Les frontières de la quatrième province du royaume de Dieu existent réellement, d'une réalité historique et sociale.

Pour comprendre les limites de ce royaume, il est utile de comprendre comment l'humanisme athée voudrait, lui, en définir les contours. Pour l'apostasie moderne et pour les croyants qui se laissent influencer par ses discours, le royaume du Christ devrait se confiner aux individus et aux églises. Toute mention du nom de Jésus-Christ et tout acte collectif de soumission à Sa volonté devraient demeurer des activités de nature purement religieuse, confinées à des gestes liturgiques posés discrètement entre les murs des églises.

L'humanisme moderne se targue de tolérance, mais sa tolérance a un prix : le rejet de toute invocation du nom de Jésus-Christ dans les places publiques et au cours d'événements collectifs qui ne sont pas de type religieux. Ainsi, le blasphème installé au pouvoir exige que toutes les manifestations publiques, les associations, les organismes et les groupes dont les fonctions ne relèvent pas exclusivement du domaine liturgique, excluent systématiquement et entièrement toute référence au nom de Jésus-Christ, le Messie et Fils unique de Dieu.

Pour eux, toute organisation publique qui n'est pas ecclésiastique appartient à la laïcité et doit donc éviter toute référence au Christ. Ainsi, le système progressiste laïque tente d'éliminer systématiquement le nom du Sauveur de la place publique et de tous les lieux de l'activité sociale. Cette entreprise de censure se fait, paradoxalement, au nom de la tolérance, de la diversité et de l'acceptation de l'autre.

Il faudrait donc accommoder, dans toutes les manifestations collectives, tous ceux que le nom de Jésus-Christ indispose. Certains, en effet, ne peuvent pas tolérer d'entendre ce nom. Quand on le mentionne, ils se sentent agressés, exclus, humiliés, menacés ! Ce nom leur rappelle des souvenirs douloureux, des blessures personnelles ou collectives, des oppressions scandaleuses... Chaque fois que des croyants réunis hors d'une église osent proclamer le nom du Sauveur, ces gens geignent, s'objectent, refusent, plaident et insistent, au nom de la tolérance, qu'on cesse aussitôt cette pratique, pour eux intolérable.

Pour imposer leur volonté, ils invoquent le grand principe humaniste de l'égalité. En effet, pour qu'une organisation soit entièrement égalitaire, elle devrait traiter également ceux qui acceptent la mention du nom du Sauveur et ceux qui la rejettent. De cette façon, l'humanisme athée tente d'éliminer le nom de Jésus-Christ de toutes les associations, toutes les organisations et toutes les institutions de la société qui ne sont pas classifiées comme religieuses.

Le résultat de cette agression ressemble simplement à une société areligieuse. Il s'agit, en fait, d'un monde entièrement subordonné à des croyances, des mythes, des rituels et des valeurs qui rejettent l'Évangile et le nom du Christ.

Le chrétien doit se poser des questions. Le nom de Jésus-Christ est-il honteux ? Un chrétien est-il obligé de taire ce nom quand certains trouvent sa mention blessante ? La royauté du Christ est-elle réellement limitée aux églises et aux croyants individuels ? Sur la base de quelle autorité ces gens exigent-ils de confiner le Fils unique de Dieu dans quelques bâtiments spécialisés ? Si les apostats ne peuvent tolérer qu'on mentionne le nom du Christ, comment se fait-il que les croyants, eux, puissent tolérer qu'on l'omette ?

L'humanisme semble proposer des principes fondamentaux à partir desquels on peut édifier des sociétés justes et éclairées. Cependant, il représente aussi un système idéologique qui justifie l'élimination du nom de Jésus-Christ de tous les lieux publics. Le concept même de l'espace laïc camoufle un agenda athée antichrétien. Il crée un vide spirituel que les mythes, les fables et les doctrines morales de l'incroyance peuvent envahir impunément.

Les choix seront difficiles !

Où se situe le royaume de Dieu dans le monde ? Il se situe d'abord dans le cœur des croyants. Chaque fois qu'un croyant se lève, se tourne vers Jésus-Christ et Lui dit « Tu es mon Roi », son corps fait partie du royaume de Dieu. Il est une parcelle de Son territoire.

Cette affirmation n'a pas seulement un sens personnel. Elle retire le croyant, en quelque sorte, d'un territoire soumis aux pouvoirs du monde et le replace dans un royaume soumis à l'autorité de Dieu. Elle indique que la Bible constitue, pour lui, le premier texte de loi et que celle-ci a préséance sur les édits qui émanent des gouvernements.

Le croyant affirme ainsi qu'il vit sous la gouverne d'un chef qui trône au-dessus des monarques, des présidents, des conseils, des cours, des élites et des dirigeants de son époque. Il confirme, enfin, par cette expression, sa volonté de travailler à l'édification de cette portion du royaume de Dieu qui se situe dans le monde qu'il habite, ici et maintenant.

Affirmer la royauté du Christ est un geste politique.

Quand un État subordonne ses valeurs et ses lois à celles de l'Évangile, il se soumet, implicitement, à la royauté de Jésus-Christ. Alors, il n'y a pas d'incompatibilité fondamentale entre les obligations de la Foi et celles dues à l'État. En effet, comme ces États sont, eux-mêmes, soumis à la loi de Dieu, ils soutiennent des valeurs qui se conforment à cette soumission. La légitimité de ces États est cohérente avec la parole de Dieu.

Dans ces pays, l'État ne constitue pas un pouvoir opposé à l'autorité de Dieu. Il soutient même l'édification de Son royaume. Il est possible, dans ces États, de vivre une vie chrétienne en harmonie avec les valeurs de la société. Dans de tels États, ceux qui affirment la royauté du Christ semblent poser des gestes uniquement religieux qui n'ont rien de politique. Cependant, ceci découle de la primauté des valeurs chrétiennes dans la collectivité. Comme ces valeurs sont reconnues partout, leur présence est invisible.

Le caractère politique de l'adhésion du croyant à la royauté du Christ n'est donc pas apparent dans cette situation car il coïncide avec l'identité de l'État.

Cependant, quand l'État rejette son identité chrétienne en faveur d'idéologies qui sont incompatibles avec celle-ci, alors un fossé se creuse entre deux sources d'autorité morale mutuellement incompatibles, celle de la Foi et celle de l'État. Il devient alors difficile aux citoyens de déterminer où se situe la primauté morale : dans les lois de l'État ou dans l'Évangile.

Éventuellement, un choix s'impose. Ceux qui choisissent l'Évangile doivent alors répudier le caractère légitime de l'État. Celui-ci devient alors, pour eux, un simple mécanisme de pouvoir. Ses lois perdent leur autorité morale et leur efficacité repose uniquement sur la rétribution. Tous les discours officiels qui émanent de ses élites, malgré leurs références constantes au droit, à la justice et au bien perdent, aux yeux des croyants, leur légitimité. Ils deviennent, pour eux, des mécanismes d'endoctrinement et de contrôle au service d'un pouvoir athée. Dans de telles situations, l'adhésion à la royauté du Christ acquiert une dimension politique.

En plus de résider dans les cœurs des croyants, le royaume de Dieu existe aussi là où deux personnes ou plus s'assemblent au nom du Dieu Roi. Cela signifie-t-il que le royaume de Dieu peut être légitimement confiné dans les églises et les petits groupes de prières ? Non. En se présentant à nous comme un Roi, le Seigneur affirme qu'Il détient l'autorité légitime de régner, non seulement sur les individus, mais sur les collectivités.

L'apostasie moderne veut confiner la vie des chrétiens dans ce qu'elle appelle « les lieux légitimes de culte ». Cette tentative est, en soi, illégitime. Le domaine légitime de l'autorité de Dieu dépasse les églises et comprend toutes les sphères de la société. Il est donc légitime d'affirmer la primauté du Christ dans le cadre de n'importe quelle activité humaine. Il est, aussi, légitime de fonder des entreprises, des groupes, des écoles, des partis politiques, des hôpitaux et des clubs qui reconnaissent explicitement et activement la primauté de Jésus-Christ et de Son enseignement.

Les États qui utilisent le pouvoir juridique pour contrecarrer ces œuvres usurpent un droit qu'ils ne possèdent pas et deviennent des ennemis du Christ.

Quand un État rejette la primauté du Christ et s'éloigne de Son enseignement, il est non seulement légitime, mais nécessaire, pour les croyants d'édifier, en son sein même, des sociétés chrétiennes distinctes disposant de leurs écoles, de leurs associations, de leurs corporations professionnelles, de leurs entreprises et de leurs gouvernements locaux. Dans ces cas, les institutions qu'ils établissent doivent affirmer, avec encore plus de force, la primauté du Christ-Roi, pour ainsi se démarquer des institutions de l'État païen et tracer clairement la frontière du royaume de Dieu au sein de ces empires.

Cependant, les croyants peuvent aussi servir loyalement l'État quand celui-ci poursuit des objectifs qui sont compatibles avec la doctrine chrétienne.

Quand l'État idolâtre tente d'empêcher, au nom du concept de la société laïque, la formation d'associations ou d'organismes officiellement chrétiens, il attaque directement la primauté de Dieu et Son droit de régner sur Son peuple où qu'il se trouve. Ces gestes agressent l'autorité légitime de Dieu et sont des razzias iniques dans Son royaume.

L'État qui tente, sournoisement ou ouvertement, de saboter la vitalité des institutions et des familles chrétiennes par des mesures fiscales répressives, en subventionnant des propagandes antichrétiennes, en faisant la promotion de comportements pervertis, en forçant les enfants des chrétiens à fréquenter ses écoles athées, en imposant des lois qui minent les valeurs chrétiennes ou par des législations qui censurent l'affirmation publique de la foi ; s'oppose au Christ et lutte contre l'édification de Son royaume.

Ces actions, malgré toutes les déclarations, les chartes et les discours pompeux qui tentent de les justifier, sont foncièrement illégitimes car elles érodent une légitimité qui est supérieure à la leur. Les dirigeants politiques qui commettent ces gestes deviennent, malgré leurs dehors doucereux et en dépit de leurs étalages de dévotion individuelle, des ennemis du Christ-Roi.

La famille est l'autre lieu privilégié du royaume de Dieu. Il est hors du propos de ce texte de faire le catalogue des agressions sournoises, fiscales, culturelles, légales et autres, que l'État progressiste mène, depuis quarante ans, contre la famille chrétienne.

Le progressisme perçoit les gens comme des cellules individuelles au sein d'un organisme étatique qui doivent être modelés par sa propagande pour être conformés aux besoins de l'État. Il s'acharne, dans toutes ses œuvres, à saboter l'accession des hommes et des femmes aux rôles de père et de mère. Il subventionne les familles qui éclatent et taxe celles qui résistent à son ingérence. Il tente, par des politiques insidieuses, d'extraire les enfants de leur famille le plus rapidement possible, pour les endoctriner dans ses écoles et ses garderies.

Pour survivre dans ces États, les familles chrétiennes devront devenir des forteresses, érigées contre la culture stérile qui tente de les engloutir.

Le peuple de croyants qui confine l'expression de sa foi dans ses églises ressemble à quelqu'un qui boit de l'eau mais cesse de se nourrir. Le corps, privé de la nourriture grossière devient pur, translucide. Il acquiert une beauté affaiblie et sublime. Il ressemble de plus en plus à une forme sentimentale de la perfection spirituelle. Cependant, ce corps purifié qui ne dérange personne s'étiole et meurt.

Le Christ, notre Roi, ne nous appelle pas à bâtir un royaume anémique et agonisant. Son royaume, enraciné dans les églises, doit en émerger et s'étendre aux autres institutions du monde.

LES FRONTIERES DU ROYAUME

Malgré ses limites présentes, l'étendue légitime du royaume du Christ englobe la Terre entière et tout ce qu'elle contient. Le Christ-Roi a mandaté les chrétiens d'établir ce royaume sur Terre.

Le royaume du Christ comprend les groupes, les institutions et les sociétés. Il a donc une étendue géographique et temporelle mesurable. Quelles en sont les limites légitimes ? Cette question en suscite d'autres, plus spécifiques.

Un chrétien peut-il évangéliser, légitimement, des incroyants ? Est-il légitime d'édifier, au sein de sociétés laïques, des institutions chrétiennes ? La doctrine chrétienne est-elle compatible avec certains peuples et incompatible avec d'autres ? Les chrétiens peuvent-ils légitimement répandre la Foi au nom du Christ ? Est-il légitime d'affirmer la royauté du Christ dans des pays stables et prospères même si cette affirmation suscite des conflits et des tensions ? Devrait-on, plutôt, taire le nom de Jésus-Christ pour préserver la paix sociale ?

Le Père donne une première réponse à ces questions en disant au peuple juif de « croître et de se multiplier ». Il indique, aussi, l'étendue de Son autorité royale sur le monde en aidant concrètement le peuple juif à prendre possession de la Terre promise.

Jésus-Christ apporte des précisions additionnelles claires, concernant la royauté de Dieu et l'étendue de Son royaume. D'abord le Christ, Lui-même, a déclaré que Son nom susciterait la discorde. Il indiquait donc, aux apôtres, que l'établissement du Royaume de Dieu sur terre susciterait parfois des conflits. D'ailleurs, dans Sa vie même, Jésus fut cause de discordes. Il aime les hommes, mais Son amour, comme celui du Père, ne s'exprime pas toujours dans la tranquillité et dans le consensus.

La deuxième indication que le Christ nous donne provient des directives qu'Il transmit à Ses apôtres, leur disant de répandre la Bonne Nouvelle jusqu'aux extrémités du monde. Par là, le Messie affirme que l'étendue légitime de Son royaume s'étend au monde entier. Par conséquent, toutes les races, les cultures et les nations du monde peuvent, légitimement, recevoir l'Évangile. Elles sont toutes compatibles avec la doctrine chrétienne.

Le troisième élément qu'Il transmet concernant la nature de Son royaume porte sur la liberté. Il dit à Ses apôtres d'annoncer la Bonne Nouvelle à ceux qui la reçoivent mais de laisser ceux qui la rejettent. Cette directive porte non seulement sur les individus mais aussi sur les groupes humains, puisqu'Il y fait référence aux villages visités. Elle appelle à l'adhésion libre mais, aussi, elle confère une identité distincte aux individus et aux groupes qui acceptent l'Évangile.

Le quatrième point, précisant l'étendue du royaume de Dieu, se trouve dans le pouvoir que Jésus a conféré aux apôtres de chasser les démons. Pour l'esprit moderne, ce pouvoir a un caractère quelque peu fumeux et gothique. Ce pouvoir étrange, que le Christ a donné à Ses apôtres, semble, à première vue, porter uniquement sur des exorcismes individuels. Il n'aurait apparemment aucun lien avec l'établissement du royaume de Dieu.

Pourtant, rien n'indique que le Christ aurait limité ce pouvoir aux individus. D'ailleurs, l'action de l'Église, dès les premiers temps, révèle une volonté et un pouvoir de chasser les démons des organisations humaines. Les chrétiens détiennent donc le pouvoir, instauré par l'autorité du Christ, de chasser les démons qui oppriment non seulement les individus mais aussi les sociétés.

Ce pouvoir n'est pas, cependant, un attribut magique qu'on peut invoquer sans effort, en répétant des formules faciles. Il comprend deux facettes : une autorité et une espérance. En effet, pour chasser les démons, il faut d'abord les combattre. En conférant ce pouvoir, Jésus-Christ a d'abord autorisé Ses disciples à entreprendre et à mener des combats contre les démons. Par surcroît, Il leur a donné l'espérance qu'ils prévaudraient, éventuellement, et qu'ils chasseraient les démons qu'ils combattraient. Ce pouvoir n'est donc pas un raccourci magique. Il s'agit plutôt de l'autorisation d'agir au nom du Christ tout en ayant l'espérance, venant de Lui, de réussir.

Ce pouvoir, interprété dans l'optique de la royauté du Christ, signifie que les chrétiens détiennent l'autorité de combattre les démons qui chevauchent les collectivités. Ils ont donc le droit légitime de combattre les idolâtries et les blasphèmes qui agressent et dépravent les groupes humains. Les croyants détiennent ce droit d'une autorité qui est supérieure à celle des États et des organismes multinationaux. Non seulement peuvent-ils légitimement combattre ces égarements hostiles à la doctrine chrétienne, mais, sur la base de la parole du Christ, ils ont aussi l'espérance de les supplanter. En effet, le Seigneur a conféré aux chrétiens l'autorité de combattre mais aussi, la confiance de vaincre.

Ce mandat et ce pouvoir, conférés par le Christ-Roi, sont-ils un appel à la conquête violente du monde ? Justifient-ils la guerre et l'impérialisme ? Non. Le royaume de Dieu n'est pas un règne qui se maintient par la force. Il est le règne, en imitation de Jésus-Christ, de l'amour dans la vérité et la liberté.

L'appel de Dieu, c'est l'appel qu'un Père aimant adresse à Ses enfants et non l'ordre d'un despote. Il s'ensuit que les croyants doivent demeurer fidèles à l'esprit même du Christ dans la propagation de Son règne et doivent travailler à le répandre en s'inspirant des exemples transmis dans la vie du Maître. Cependant, la miséricorde n'exclut pas les gestes vigoureux. Le Christ, Lui-même, en chassant les marchands du temple, nous a enseigné la légitimité de tels gestes.

LA BOUCLE EST BOUCLEE

> *Le peuple chrétien qui quittera l'Égypte pour entreprendre l'exode immobile avancera vers une terre promise. Cette terre est le monde entier qui appartient légitimement au Christ-Roi et qu'il leur faudra conquérir en Son nom et conformément à Son enseignement. Cette conquête ne résultera pas en une domination basée sur le pouvoir mais en un règne de vérité.*

Quand Dieu eut mené les Hébreux jusqu'à la Terre promise, celle-ci était déjà habitée. Ils durent donc l'envahir. Cette conquête fut légitime ; elle correspondait à la volonté de Dieu et bénéficia de Son apport direct.

Quand le peuple des chrétiens commencera à quitter l'Égypte en se dissociant des idéologies athées qui la dominent, il commencera déjà à entrer dans sa terre promise. En effet, si la Terre promise des Hébreux se trouvait loin de l'Égypte, celle des chrétiens de l'exode immobile se situe là où ils résident déjà. La terre promise aux chrétiens est ici.

Pour eux, donc, exode et reconquête iront de paire. Car, pour quitter l'Égypte, ils devront bâtir des sociétés chrétiennes au sein même des empires idolâtres dans lesquels ils résideront. Ce faisant, ils entreprendront déjà la conquête, au nom du Christ, des pays même qu'ils habitent. Ils engageront déjà le combat, légitime, pour chasser les idolâtries et les blasphèmes qui oppressent ces lieux.

De plus, cette reconquête n'arrêtera pas là, car la royauté du Christ s'étend sur le monde entier. Un jour, le Christ et ceux qui agissent en Son nom auront chassé tous les démons qui chevauchent les groupes humains. Alors, toutes les élites mondiales se soumettront librement et sans contraintes à la sagesse de l'Évangile. Cette soumission ne résultera pas d'un pouvoir théocratique ou de la domination d'une caste religieuse comme on le voit dans certains pays. Il s'agira plutôt d'une reconnaissance, librement acceptée et mondialement répandue, de la supériorité de la doctrine chrétienne, comme guide de vie pour l'humanité, sur les échafaudages du blasphème. Elle ne sera donc pas imposée mais émanera du choix informé de quitter les égarements du blasphème et de suivre librement le Crucifié.

L'humanisme athée, qui se prétend aujourd'hui l'étalon ultime de l'éthique humaine, sera alors supplanté par l'Agneau de Dieu.

12

La croisade vers Sion

LE PENDULE

> *Les chrétiens sont maintenus dans une espèce de transe suscitée par la fascination de la perfection morale. L'attrait de cette fausse vertu mine leur capacité d'agir et les paralyse.*

Les chrétiens, aujourd'hui, sont maintenus dans une espèce de paralysie morale. Cet état ressemble à la transe hypnotique d'un sujet qui suit des yeux un pendule qu'on agite devant lui et qui écoute la voix monotone et répétitive de l'hypnotiseur. Graduellement, imperceptiblement, la capacité d'agir des chrétiens qui sont dans cet état de transe s'amenuise. Paralysés, incapables de réagir, ils étouffent en douceur.

Cette étrange paralysie affecte d'abord ceux qui, initialement chrétiens, ont perdu la foi mais demeurent encore attachés aux vertus chrétiennes. Privés de la parole de Dieu, source vivante de ces vertus, ils s'accrochent à des images figées de la perfection morale. Ils ne peuvent pas se départir de ces apparences car, n'ayant plus accès à la source vivante de la vertu, ils perdraient aussitôt leurs repères et dériveraient. Ils s'agrippent donc, obstinément, à cette illusion de la vertu qui correspond à l'absence de tout geste offensant. Cela les paralyse.

Les chrétiens dont la foi demeure vivante ont graduellement, eux aussi, succombé à cette transe. Ils fixent, inlassablement, une chose tremblotante qui ressemble à de la vertu. Dans cet état, ils se font envahir par les discours des apostats qui leur répètent, sans cesse, qu'ils doivent se conformer en tous points à cette image affadie pour posséder la vertu.

Ce pendule qui fascine les croyants et les paralyse porte les inscriptions suivantes : « tolérance absolue, rejet de tout geste de violence et refus de toute discrimination ». Des discours, répétés sans cesse comme des incantations, les maintiennent dans cette transe. Ceux-ci insinuent qu'ils approchent de la perfection morale. Ils leur répètent qu'ils sont plus évolués que les autres et ont donc le devoir de montrer aux autres la voie vers cette perfection. Or, pour devenir plus parfait selon ces schèmes, il faut se soumettre, toujours plus étroitement, aux préceptes du pendule.

On leur répète que la voie qui mène à la société idéale passe nécessairement par les perfections du pendule. On leur suggère que les sociétés anciennes, qui ne se conformaient pas entièrement aux préceptes du pendule, étaient fondamentalement immorales. Eux, cependant, seraient appelés à atteindre, finalement, le niveau exalté de la société parfaitement juste. Enfin, on leur dit que s'ils rejettent les lois du pendule, ils sombreront aussitôt dans une barbarie sauvage et douloureuse.

Qui oserait rejeter les préceptes du pendule ? Quelle personne, bien intentionnée, voudrait se détourner de principes si beaux et d'idéaux si impressionnants ? Après tout, ces préceptes de tolérance, d'inclusion et de non-violence, ne sont-ils pas, aussi, des idéaux de perfection chrétienne ? Qui oserait se détourner du pendule quand notre confort et notre sécurité collective semblent dépendre entièrement de lui ? Ainsi, le croyant, amoureux de cette vertu parfaite qu'il veut posséder et n'ose pas délaisser, demeure figé dans la transe hypnotique.

Voici comment les lois du pendule paralysent les croyants et les pervertissent :

- la tolérance sans limite se transforme en obligation de bénir la perversité ;
- le refus de tous gestes de violence mène à la peur de s'affirmer et de poser les gestes de confrontation que l'amour, parfois, requiert ;
- le rejet de toutes discriminations nivelle les valeurs. Il place le vice au même rang que la vertu et assimile l'idéal avec la déchéance. Il rend incapable de discriminer le bien du mal et de combattre celui-ci.

La sagesse rencontre l'homme là où il est ; le pendule exige qu'il se conforme aux pantins utopiques qu'il concocte. Les institutions, religieuses ou autres, qui sont captives de la transe du pendule de perfection se repentent sans cesse. Elles sont inlassablement poussées à reconnaître officiellement leurs « torts » et ceux de leurs ancêtres.

Or, chacune de leurs cérémonies de contrition publique érode, un peu plus, leurs liens avec les valeurs de ceux qui les précédaient. Ces aveux sapent, ainsi, leur propre légitimité. Ils diminuent aussi leur liberté d'action en rapetissant, toujours plus, le champ de leurs actions légitimes.

En condamnant les agissements de ceux qui les ont précédés, les disciples du pendule établissent les préceptes fascinants du pendule comme critères absolus de justice et de moralité.

Ce pendule est un instrument de l'idolâtrie et de la perversion. Les incroyants, éperonnés par le besoin de trouver une alternative à la parole de Dieu, s'éprennent des vertus illusoires qu'il propose et en deviennent les esclaves. Ayant délaissé la source vivante de la vertu, ils s'accrochent à ces images étincelantes et fausses. Leurs mirages les paralysent, amenuisant sans cesse leur liberté d'agir et de parler ; laissant le champ libre au foisonnement des perversions.

Les chrétiens, aussi, peuvent se faire ensorceler par la transe de perfection. Cependant, ceux-ci possèdent, dans l'Évangile, un instrument qui leur permet de briser sa domination. Le Christ, par Sa parole et par Son exemple, leur a donné les moyens de le faire. Ils doivent, cependant, avoir le courage d'aller vers Lui et de Le reconnaître comme seule vraie source de vertu.

Cette libération a deux composantes : d'une part, le chrétien doit se reconnaître, lui-même, comme pécheur ; de l'autre, il doit accepter la vie et l'enseignement du Christ comme guides suprêmes de la vertu. Les chrétiens doivent d'abord avouer qu'ils sont imparfaits et absolument indignes devant le Seigneur. S'acceptant comme pécheurs, ils pourront agir en tant qu'êtres faillibles plongés dans un monde imparfait. Ils quitteront la paralysie, utopique et stérile, de la perfection. Ceux qui se repentent devant le Christ sont libérés de cette obsession maladive et paralysante. Ils retrouvent leur capacité d'agir, avec humilité et force, en fonction du bien.

En plus de se reconnaître comme pécheurs devant le Sauveur, ils doivent aussi accepter que la vie et l'enseignement du Christ sont l'incarnation même de l'amour de Dieu et, donc, le modèle de la perfection morale. Cette acceptation brise la transe du pendule de perfection. En effet, la vie concrète du Christ telle que rapportée par les Évangiles (et non une version hypothétique de cette vie transposée aux valeurs de notre époque) est scandaleuse par rapport aux préceptes parfaits du pendule.

Jésus-Christ a, sans ménagements, condamné les Pharisiens et les Juifs. Il les a même insultés, en les traitant de sépulcres blanchis !

Pour les adorateurs du pendule de perfection, ces paroles sont condamnables. Elles dénotent un manque d'ouverture et de tolérance, elles sont presque haineuses. Encore plus, Jésus-Christ a chassé violemment les marchands du temple en les fouettant ! Ce fut un geste de violence entièrement injustifié selon les préceptes du pendule. En effet, ne sommes-nous pas absolument opposés à toutes formes de violence ? Ne disons-nous pas que la violence n'est jamais justifiée ? Ceux qui posent des gestes de violence ne sont-ils pas toujours condamnables ?

Jésus-Christ a dérangé. Il a proféré des menaces de châtiments éternels. Il a mandaté Ses disciples de proclamer l'Évangile, sachant que ceci en mènerait certains au martyre. Il accepta que Ses apôtres achètent des armes pour Le défendre et consentit qu'ils s'en servent, pendant quelques instants, lors de Son arrestation. Il a agressé les marchands du temple qui vaquaient paisiblement à leurs affaires. Dans tous ces gestes, le Christ dérogeait des perfections du pendule.

Les apostats diront, sans doute, que ces actions étaient conditionnées par l'époque brutale dans laquelle Il vivait. En suggérant cela, ces gens semblent vouloir préserver l'enseignement du Christ. En fait, ils insinuent que la vie et l'enseignement du Christ furent adultérés par les circonstances de Son époque et qu'ils constituent, donc, un guide moral fautif. Si Jésus vivait aujourd'hui, disent-ils, Il suivrait nos principes de perfection paralysante car ceux-ci sont parfaits ; Il serait comme nous.

Mais, pour le croyant, les gestes et les paroles concrets que le Christ posa voilà deux mille ans et qui sont rapportés dans les Évangiles incarnent éternellement la Révélation de Dieu. La vie historique de Jésus de Nazareth constitue le guide actuel de la conduite humaine. Ceux qui inventent des actions hypothétiques et les attribuent à un christ remodelé à la sauce progressiste fabriquent une idole à leur ressemblance.

Croyants, modelez votre vie sur celle du Christ et non le contraire ! Chaque vie humaine, y compris celle de Jésus-Christ, est indissociable des circonstances physiques dans lesquelles elle se déroule. Nous ne sommes pas des corps qui visitent des époques. Nous sommes des vies, définies à la fois par nos corps et par leurs circonstances.

Le chrétien ne doit pas se laisser guider par l'idée de ce que Jésus ferait s'il vivait aujourd'hui. Il doit plutôt se demander ce qu'il doit faire, lui-même, dans les circonstances de sa propre vie pour imiter le Christ révélé dans la vie concrète de Jésus. L'extraordinaire diversité des vies sanctifiées, toutes modelées sur la vie du Christ, résulte de cette démarche.

Où se trouve le guide ultime de la vie humaine, dans la vie concrète de Jésus-Christ ou dans les préceptes parfaits du progressisme ? Voilà la question. Certains suivront Jésus-Christ, les autres iront vers la perfection du pendule.

En plus de la vie du Seigneur, la vie des saints répudie les perfections du pendule. On y trouve, en effet, des guerriers, des rois, des prédicateurs de croisade, des inquisiteurs, des reclus, des ascètes et des gens rudes et bourrus dont les excès seraient considérés, aujourd'hui, comme pathologiques et dont les opinions feraient scandale. Combien de vies de saints se conforment aux préceptes du pendule ?

Qu'on regarde, enfin, la gamme de toutes les actions qui furent sanctifiées pour appréhender l'étendue de la liberté d'action des croyants ! Nul ne contestera, dans nos sociétés, le caractère louable des œuvres caritatives visant à guérir les malades ou à secourir les pauvres. Ces formes de charité offrent, sans doute, un reflet éminent de l'amour chrétien.

Même les sociétés progressistes tolèrent facilement ce type de charité, en autant qu'il se limite à des activités discrètes qui camouflent soigneusement leur caractère chrétien. Mais celles-ci, si tolérantes tant qu'on besogne gentiment sans mentionner le nom de Jésus-Christ, condamnent, sans hésiter, toute entreprise qui vise à accroître concrètement le royaume de Dieu.

On tolère que les chrétiens soignent ceux qui souffrent des causes de leur vie déréglée pourvu qu'ils taisent leurs valeurs. Mais, si l'un d'eux ose inciter ceux qu'il soigne à la vertu ou les appeler à la conversion, alors le scandale éclate et on crie à l'intolérance et à l'obscurantisme. Or, ceux qui soulagent uniquement les conséquences du vice travaillent à le perpétuer !

Les pouvoirs progressistes veulent consommer les fruits de la foi tout en étouffant leur source. Les œuvres discrètes ne définissent pas toute l'étendue de l'activité chrétienne. Les actions saintes comprennent aussi celles qui évangélisent en annonçant ouvertement la primauté de Jésus de Nazareth, le Christ et le Fils unique de Dieu.

LES CROISADES ET LES PRIERES

> *Nous sommes indignes de prier Dieu et pourtant nous osons le faire. Nous prions malgré notre égoïsme, nos désirs et nos distractions. Pareillement, des organisations et des groupes peuvent prier malgré leurs imperfections. Les croisades furent des prières collectives.*

Aucune prière individuelle n'est digne de Dieu. Toutes nos prières sont imparfaites car elles proviennent de pécheurs. Même quand nous prions, nous sommes égoïstes, ignorants, intéressés et faibles. Nos prières émanent de vies remplies de saletés. Aucune d'elles n'est acceptable. Aucune de nos actions n'est parfaitement bonne. Rien de ce que nous faisons, individuellement, ne mérite d'être entendu ou accepté par le Seigneur. Pourtant, nous prions et nous agissons en Son nom, osant croire qu'Il bénira nos offrandes et qu'Il recueillera nos vies dans Son propre Corps. Mystère insondable !

De la même façon, les actions et les prières collectives, suscitées par la foi et soumises à la volonté de Dieu, proviennent, elles aussi, de rassemblements humains qui sont imparfaits. Ces groupes contiennent, comme les individus, leur part d'ignorance, d'égoïsme, d'erreurs et de faiblesses. Cependant, les gestes collectifs consacrés à Dieu diffèrent des actions et des prières individuelles sur un point : les imperfections internes qui affligent les actions collectives sont visibles alors que les fautes intimes des individus qui prient demeurent cachées.

Les mobiles des actions collectives sont discutés entre les participants et ils contiennent des comportements individuels perceptibles. Comme les mécanismes internes qui animent les groupes sont perceptibles, on peut découvrir les fautes, les faiblesses, les égoïsmes et les intérêts individuels qu'ils recèlent. Il est donc facile de juger et de condamner les gestes collectifs en examinant leurs mécanismes et en les comparant à l'idéal de la perfection stérile.

Les accusateurs, mus par les impératifs de l'apostasie, dissèquent les œuvres collectives des croyants. Ils éclairent soigneusement leurs mécanismes souvent imparfaits ainsi que les comportements individuels condamnables qu'ils contiennent. Ils détaillent toutes ces imperfections les contrastant avec leurs assemblages désincarnés. Ils discréditent, ainsi, les fruits qui proviennent de groupes de croyants sur la base des défauts individuels qu'on y trouve.

Les personnes cachent leurs mobiles et les groupes les exhibent, mais tous sont imparfaits devant Dieu. Si les individus, avec leurs fautes, peuvent prier, les groupes aussi peuvent le faire. Des actions collectives aussi peuvent être bénies, tout comme les gestes individuels.

Les croisades médiévales furent des prières collectives. Malgré toutes leurs fautes et toutes leurs faiblesses, elles étaient d'abord motivées par la foi et vécues comme des œuvres pieuses. Les croisades, malgré leurs carences, se conformaient à la doctrine de la Foi. Elles furent proclamées par des saints, et des papes, y reconnaissant l'action de l'Esprit saint, les bénirent. Ces actions collectives pouvaient donc aspirer, légitimement, à la bénédiction de Dieu en dépit de toutes leurs indignités perceptibles.

Les temps ont changé. Les mœurs, Dieu merci, sont aujourd'hui différentes. Mais le Christ nous accompagne sans cesse à travers les siècles et nous soutient dans chacun des temps où nous vivons. À chaque époque, Il reçoit les prières et les œuvres que nous Lui adressons. Au Moyen Âge, les œuvres humaines, y compris les croisades, avaient un caractère qui, à nos yeux, est brutal. Les moyens employés par les croisés d'hier ne sont plus acceptables aujourd'hui. Cependant, l'esprit de la croisade qui fut béni hier, demeure toujours digne d'être béni aujourd'hui.

Depuis l'établissement de l'État d'Israël, les croisades médiévales semblent faire l'objet d'une campagne accentuée d'accusations et de condamnations de la part des élites intellectuelles. Ces gens semblent animés par un besoin intarissable d'exposer tous les détails scandaleux de ces épopées. On examine, on scrute, on gratte, on révèle et on décrit, avec minutie, les brutalités, les rapines, les calculs, les trahisons, les tortures et les tueries qui foisonnent dans la trame de ces gestes. Le compte rendu de ces brutalités choque nos sensibilités modernes et nous révolte.

Cependant, tout en nous scandalisant des violences de ces époques, nous demeurons étrangement indifférents aux sacrifices étonnants qu'ils contiennent. Comment comprendre, aujourd'hui, ces membres des ordres monastiques guerriers qui s'astreignaient à la continence monacale et au chant grégorien tout en participant aux luttes brutales de la guerre médiévale ? Comment mesurer des vies consacrées librement à soigner les malades dans les hôpitaux pestilentiels de cette époque ? Leurs excès nous choquent ! Nos médiocrités les choqueraient sans doute autant ! Qui sommes-nous pour les juger ?

Les études critiques des savants humanistes qui analysent les croisades imposent le silence car ils relatent des faits véridiques. Ils traitent leur thème avec rigueur et leurs conclusions semblent empreintes de détachement objectif. Les chrétiens demeurent donc silencieux quand on juge et on condamne ces gestes car les faits qu'on relate sont souvent véridiques.

Pourtant, ici aussi, l'apostasie défigure la vérité en voulant l'asservir à ses agendas. En effet, la vérité d'une époque ne relève pas seulement des faits qu'on y trouve mais de l'éclairage qu'on leur donne. Or, plus la recherche illumine un événement, plus ses tares paraissent.

Cependant, les faits peu documentés, ceux qui sont rapportés avec parcimonie, baignent dans une pénombre pudique qui occulte leurs bassesses. Ainsi, la répartition inégale des études historiques et la concentration de celles-ci sur certains sujets particuliers altèrent la vérité d'une époque même si chacune de ces analyses relate rigoureusement les faits de son sujet.

Depuis des dizaines d'années, les élites humanistes, mues par les mécanismes de l'apostasie, façonnent collectivement un éclairage extraordinairement biaisé de l'histoire. Chaque intellectuel, engagé dans sa démarche personnelle d'apostasie, ressent, individuellement, le besoin de décrire, rigoureusement, les excès et les faiblesses d'un sujet historique. Or, les sujets qui les inspirent d'abord sont ceux qui coïncident avec leur démarche, ceux qui discréditent la civilisation chrétienne. Ainsi, chacun justifie un peu plus son rejet de la Foi en exhibant davantage les fautes de la chrétienté.

Le résultat cumulatif de ces démarches, individuellement rigoureuses mais spirituellement biaisées, défigure la vérité historique. Or, la croisade est le thème de prédilection de ces démarches car elle est le lieu le plus paradoxal de l'action chrétienne. Les croisades attirent donc tous les athées fouineurs qui n'en finissent plus de les triturer. Un jour, leurs enfants jaugeront les mobiles véritables de ceux qui, comme de grands justiciers, condamnent aujourd'hui les croisades !

De nos jours, tout le monde entend parler des croisades, sujet de tant de discours. On les perçoit, universellement, comme des razzias sordides qui ont agressé des populations musulmanes pacifiques.

Combien, cependant, savent que l'Islam, lors de sa première expansion, a violemment subjugué la moitié de la chrétienté du temps ? Qui connaît le détail de leurs rapines et de leurs violences lors de ces conquêtes ? Combien savent que les pays d'Afrique du Nord et du Moyen-Orient furent chrétiens pendant des siècles avant d'être envahis par l'Islam ? Combien d'Européens se souviennent que Paris, Vienne et Rome furent presque conquis par des armées musulmanes et que celles-ci menacèrent d'engloutir l'Europe entière à quelques reprises ? Qui se rappelle que la Turquie, aujourd'hui musulmane, fut chrétienne jusqu'au quinzième siècle ?

Pour cent bouquins qui dissèquent et condamnent les croisades on en trouve, à peine, un seul qui esquisse ces conquêtes et leurs tueries. Même les conventions du langage savant font référence, pudiquement, à « l'expansion » de l'Islam alors que pour les croisades il s'agit d'invasions. Pareillement, les menaces que l'Islam fit peser sur l'Europe sont qualifiées d'incursions mineures.

Il ne s'agit pas, ici, de condamner les uns et d'excuser les autres. Les comportements des armées musulmanes de cette époque s'apparentaient à ceux des armées chrétiennes. Les conquêtes de chacun contiennent sans doute une part équivalente de brutalité. Autres temps, autres mœurs !

Cependant, l'apostasie humaniste jette, sur cette époque, un éclairage biaisé qui vise à supplanter l'autorité morale de la doctrine chrétienne au profit de ses agendas. En effet, en décrivant l'Islam comme une victime innocente de la chrétienté, il rabaisse celle-ci au profit de ses créatures idéologiques.

Chrétiens, prenez conscience des comportements d'apostasie qui, sous des dehors détachés et rigoureux, dénaturent les œuvres collectives de la foi et falsifient leur contexte !

ISRAËL CRISTALLISE LA VOLONTE DE DIEU

Israël, le territoire spécifique que le Seigneur a légué aux Juifs en héritage, cristallise la volonté royale de Dieu. Il rend sa dimension royale palpable. Il creuse une démarcation entre les valeurs du monde et celles de la quête de Dieu.

Dieu est d'abord un Père aimant qui appelle Ses enfants. Il se révèle ainsi à nous par Son Fils, nous appelle à partager avec Lui Son amour et à y entrer. Il est le Père individuel de chacun de nous. Il nous invite, malgré nos fautes, à participer à l'Incarnation du Corps mystique de Son Fils. Qui mérite cet honneur ?

Chaque croyant sait que, même quand il prie, ses élans sont toujours entachés d'égoïsme et de calcul. Pourtant, cette boue que nous sommes prétend pouvoir s'unir au Corps même du Fils de Dieu ! Nous osons offrir nos vies et nos œuvres au Seigneur même si aucune n'en est digne.

Le Seigneur n'est pas seulement un Père, Il est aussi un Roi. En tant que Créateur, Il cause l'existence de l'univers. En tant que Père, Il aime et instruit Ses enfants. En tant que Roi, Il gouverne les peuples, les nations et les groupes humains. Le Père accepte, dans le Corps même de Son Fils, les hommes et les femmes remplis de fautes, mais qui Le cherchent avec ardeur et humilité.

Pareillement, le Seigneur, en tant que Roi, édifie Son royaume avec des peuples, des groupes et des institutions remplies, elles aussi, de fautes, mais cherchant, malgré tout, à faire Sa volonté et à accomplir Sa justice.

Les athées, les idolâtres et les apostats se tiennent dans l'ombre et critiquent sans cesse les œuvres collectives des chrétiens. Ils condamnent chaque tentative d'édifier le royaume de Dieu et leurs attaques sont souvent vraisemblables car les institutions chrétiennes sont aussi imparfaites que les chrétiens eux-mêmes.

Certains suggèrent aux croyants, qu'en étant indignes de participer à la dignité du Fils de Dieu, ils en sont exclus. D'autres, pareillement, tentent de les convaincre qu'aucune des organisations qu'ils fondent n'est digne d'appartenir au Royaume de Dieu. Ils tentent, ainsi, de refouler le royaume de Dieu vers la perfection céleste pour régir le monde à leur guise.

Au sein des peuples chrétiens, certains hommes et certaines femmes se consacrent au service de Dieu. Cependant, ces gens qui se consacrent à Dieu se consacrent aussi au service des autres croyants. Le peuple des croyants est constitué d'hommes et de femmes de toutes sortes de professions, d'occupations et de conditions qui acceptent le Christ comme guide suprême de leur vie et aspirent, légitimement, à s'unir à Son Corps mystique.

Pareillement, le royaume de Dieu n'est pas restreint aux seuls groupes qui lui sont explicitement consacrés : églises, monastères, couvents et autres. Au contraire, il dépasse largement ces frontières et inclut toutes les autres organisations humaines qui acceptent Jésus-Christ comme guide suprême de leurs actions collectives.

En se révélant à nous comme Roi, Dieu nous indique Sa volonté de régner sur les groupes humains autant que sur les individus. Il manifesta cette Volonté royale, avec clarté et précision, en choisissant le peuple juif et en formant une alliance avec lui. L'alliance de Dieu avec le peuple juif, geste souverain, cristallise la royauté de Dieu sur le monde.

Cette alliance n'est pas une entente qui concerne uniquement des individus. Elle est un traité qui engage des groupes humains et des territoires. L'Alliance confirme, de façon exceptionnelle, l'identité royale de Dieu et Sa volonté d'établir Son royaume sur la terre.

Dieu révèle d'abord Sa nature royale en choisissant un peuple. Chaque peuple particulier cherche et découvre des divinités qui reflètent Son identité. Le Seigneur, Lui, trouva Son peuple et le choisit. Il manifesta alors Son identité royale en agissant comme un roi, établissant un traité avec lui.

Dans ce traité, Il identifie un territoire spécifique et l'attribue à ce peuple. Il s'agit, encore, d'une prérogative royale. En léguant la Terre sainte au peuple juif, le Seigneur affirme, implicitement, que ce territoire Lui appartient comme à un roi et Il indique qu'Il détient l'autorité royale d'en disposer. Enfin, le Seigneur confirme Son identité royale en guidant ce peuple et en l'aidant directement à prendre possession de son héritage.

Le monde niera toujours les droits du peuple juif sur la Terre promise. En effet, accepter ce droit signifie reconnaître l'autorité royale et légitime du Dieu biblique sur le monde et la préséance de Ses alliances sur tous les traités et les ententes façonnés par les hommes.

L'alliance biblique interpelle chacun de façon précise et concrète. Elle nous incite à faire un choix. Chacun doit décider si la Bible est un document historique inventé par un groupe ethnique particulier pour justifier ses conquêtes, ou si elle consigne la Volonté éternelle du Créateur de l'univers.

L'action de Dieu n'est pas seulement gratuite, elle est aussi juste, légitime et raisonnable. Un jour, les promesses de l'Alliance seront entièrement accomplies. Le peuple juif prendra possession, concrètement, de tout le territoire que Dieu lui a légué. Cet aboutissement sera cause de prospérité et de bonheur, non seulement pour les Juifs, mais pour tous les autres peuples, et en particulier les peuples avoisinants.

Mais, dans son refus frénétique d'accepter cette alliance, signe concret de la primauté du Dieu trinitaire sur toutes les autres croyances, le monde suscitera toutes les confusions, les violences et les peurs dont il est capable pour empêcher les humains de percevoir la justice profonde du plan de Dieu. Plus le peuple juif approchera de son héritage, plus le régime des cris et des violences augmentera. À la fin, les croyants, plongés dans la tourmente, ne pourront plus, par eux-mêmes, démêler l'écheveau de mensonges, de cris et de souffrances que le monde leur exhibera pour les aveugler.

Le dédale des illusions submergera leur raisonnement. Il ne leur restera qu'une issue pour s'extirper de ces pièges : s'en remettre à la volonté de Dieu manifestée dans le canon biblique et épauler, fidèlement, le Seigneur pour qu'Il accomplisse Ses promesses.

Les discours déchaînés du monde balaieront tous les arguments sauf un : cette terre appartient aux Juifs par la volonté de Dieu, tel que consigné dans la Bible.

LE LINTEAU

> *L'Église reconnaît maintenant l'existence du peuple juif et la pérennité de son Alliance. Elle proclame aussi, depuis des siècles, que la Bible est directement inspirée de l'Esprit saint. Un jour, elle devra faire le lien entre ces deux affirmations.*

Selon les schèmes du monde, la Seconde Guerre mondiale fut un conflit militaire conventionnel. Il s'agirait de la phase violente d'un jeu politique opposant des intérêts économiques et sociaux divergents. Cependant, ceux qui situent le plan de Dieu au centre des événements concrets de l'histoire perçoivent la Seconde Guerre mondiale d'abord comme un conflit eschatologique dont l'enjeu principal portait sur l'alliance biblique.

Dans cette interprétation, ce conflit consista en une tentative d'exterminer le peuple juif et, avec lui, les promesses de l'Alliance. La victoire alliée, pourtant, mena à la fondation de l'État d'Israël sur une portion de la Terre promise. On pourrait donc dire que la Seconde Guerre mondiale fut la première croisade des Temps modernes.

Pour la plupart des gens, la Seconde Guerre mondiale fut un conflit militaire sans incidences eschatologiques. Quand ils étudient ce conflit, ils identifient les belligérants comme des forces armées et leurs actions comme des offensives et des retraites militaires. Personne, dans cette analyse, ne considère que les Juifs persécutés d'Europe constituaient, eux aussi, une armée engagée dans la bataille.

Ces Juifs ne livrèrent aucun combat. Leurs seules actions apparentes furent de fuir ou de se terrer pour éviter l'extermination. Ils subirent une déroute absolue, celle d'une population éperdue, traquée et systématiquement annihilée.

Pourtant, cette hécatombe ouvrit aux Juifs une tête de pont sur la Terre promise en incitant les nations du monde à reconnaître l'existence d'Israël. Cette conquête provint de l'impuissance et de la déroute mais, cette impuissance même suscita une aide puissante.

En effet, les nations victorieuses des pays chrétiens, en particulier les Britanniques et les Américains, soutinrent la naissance d'Israël. Ces pays devinrent, au moment de leur triomphe, les agents de l'établissement d'Israël. Ils furent, alors, les amis de l'Époux.

On pourrait dire, sur la base de cette interprétation eschatologique, que la Seconde Guerre mondiale parvint à son aboutissement non pas en 1945 mais en 1949, lors de la naissance de l'État hébreu. Cette décennie, de 1939 à l'instauration de l'État d'Israël, fut l'heure de gloire de la Grande-Bretagne et l'apogée de son destin spirituel.

Dans cette guerre terrible, les peuples des pays de traditions chrétiennes furent, malgré toutes leurs erreurs, leurs lâchetés et leurs égarements, les alliés véritables du Seigneur et les instruments de Son Alliance. Ce sont eux qui terrassèrent le nazisme, ce monstre d'idolâtrie et de blasphème, et qui imposèrent l'existence d'Israël à la face du monde. Alors que l'hécatombe des Juifs enfonçait les portes de la Terre promise, les chrétiens combattaient, de façon plus conventionnelle, à leurs côtés.

Les événements terribles qui ont mené à l'établissement d'Israël eurent une deuxième conséquence dans la démarche théologique de l'Église : la reconnaissance du peuple juif comme entité distincte.

L'Église étudie, humblement et sans relâche, la parole de Dieu. Cet approfondissement se fait dans une fidélité respectueuse envers la Révélation recueillie et transmise d'une génération à l'autre malgré les incompréhensions et les scandales qu'elle a toujours suscités. Dans cette démarche, l'Église ne tente pas d'altérer la Révélation pour la conformer aux valeurs d'un siècle particulier. Elle limite son rôle à l'étudier avec les moyens dont elle dispose et à suivre les voies qu'elle trace. Cette démarche d'approfondissement s'apparente à une gestation ou à la croissance d'une plante.

Au cours des siècles, l'Église a donc poursuivi une longue réflexion sur l'identité d'Israël et sur la nature du peuple juif. Dans ce domaine comme dans les autres, elle a su, aux époques où sa compréhension était imparfaite, demeurer fidèle à la Révélation inscrite dans la Bible, même si certaines parties semblaient scandaleuses par rapport à la compréhension du temps. Cette démarche se poursuit aujourd'hui.

Pendant des siècles, l'Église a interprété la Révélation dans une optique où elle constituait, elle-même, le nouvel Israël et le nouveau peuple juif. Cette compréhension est en partie véridique et conforme aux prophéties mêmes de l'Ancien Testament. Cependant, les événements de l'Holocauste ont éveillé une conscience nouvelle au sein de l'Église concernant le peuple juif. Elle comprend maintenant que, même si elle constitue un nouvel Israël eschatologique, le peuple juif, en tant qu'entité concrète, continue d'exister.

L'Église, dans sa démarche, reconnaît maintenant la persistance du peuple juif et la permanence de l'alliance de Dieu avec lui. Cet éveil, au sein des peuples chrétiens, du caractère distinct du peuple juif et de la validité de son alliance constitue la seconde grande victoire qui émergea des cendres de l'Holocauste. Cet éveil n'appartient pas à l'Église catholique seule. Certaines Églises évangéliques, fidèles à la Bible, l'ont précédé sur ce point.

Aujourd'hui, l'Église ressemble à un enfant debout devant deux grands piliers. Un des piliers affirme, depuis des siècles, que la sainte Bible, telle qu'elle fut énoncée par les patriarches, les prophètes, les apôtres et les saints, et telle qu'elle fut recueillie et consignée par les Pères de l'Église, est le seul et unique texte sacré, entièrement et directement inspirée par l'Esprit saint. Un nouveau pilier émerge maintenant de l'ombre : celui-ci affirme que les chrétiens sont le nouveau peuple de Dieu, unis à Lui à travers le Christ. Mais, il proclame, aussi, que l'ancien peuple élu existe toujours, qu'il s'agit des Juifs, et que les promesses de Dieu envers ce peuple demeurent toujours valides.

L'enfant regarde la base des piliers, mais il n'a pas encore levé les yeux vers le linteau qui les lie. Un jour, pourtant, son regard s'élèvera vers leur faîte. Alors, les puissances du monde et leurs agents s'agiteront autour de lui. Leur vacarme idéologique et leurs gestes menaçants deviendront frénétiques.

On tentera, fébrilement, de le détourner des colonnes. On le pressera de considérer la Bible comme un texte ethnique fictif et désuet, témoignant uniquement des circonstances politiques et sociales d'une époque révolue. On lui dira que cette Bible ne contient qu'un seul message valable, l'obligation d'amour, et qu'il faut donc, toujours, apaiser le monde. On lui dira que tout le reste, les gestes, les promesses, les lois et les alliances qu'on y trouve ne sont que des détails sans importance !

On le flattera en lui disant que les chrétiens constituent le peuple élu et non les Juifs. On lui dira que les Juifs véritables ont cessé d'exister et que l'Alliance originelle a disparu avec eux ; qu'ils ne sont qu'un symbole archaïque de l'Église, supplantés par l'Évangile. On le pressera, enfin, de regarder ailleurs, de ne pas perdre son temps avec des récits vétustes quand tant de malheureux clament leur part de charité ; quand trop de gens souffrent et meurent pour qu'on s'attarde à des arguties doctrinales concernant les promesses de Dieu !

Si, malgré tout, l'enfant persiste à élever son regard pour voir où les piliers aboutissent, il verra le linteau qui les lie. Ce lien, le voici : le peuple juif, tel qu'il existe aujourd'hui, est, par la volonté même de Dieu, l'héritier unique et légitime du territoire d'Israël défini dans l'Ancien Testament.

En effet, si l'Esprit saint inspire les livres canoniques de la Bible alors les passages de ces textes qui attribuent, à perpétuité, le territoire d'Israël au peuple juif, témoignent de la volonté même de Dieu. Par ailleurs, si, comme l'Église le reconnaît, le peuple juif d'aujourd'hui est encore celui de l'Alliance, il est aussi l'héritier des promesses de Dieu. Par conséquent, ce peuple demeure, aujourd'hui et pour toujours, le propriétaire unique et légitime du territoire que le Seigneur lui légua il y a cinq mille ans.

L'enfant, alors, aura peur et reculera. Il lui semblera que les promesses de l'alliance biblique sont devenues impossibles devant l'énormité des émotions, des haines et des souffrances qu'elles suscitent. De plus, la prétention des Juifs concernant cet héritage lui paraîtra injuste par rapport à la misère, constamment exhibée, des Palestiniens et à leurs droits ancestraux sur cette terre.

Tous ses sens lui dicteront que l'Alliance biblique doit demeurer un vœu pieux sans signification concrète et dont l'accomplissement ne peut être que symbolique. Les voix qui l'entourent hurleront que ces sensations sont la vérité. On le dénigrera. On qualifiera toutes tentatives de faire une lecture littérale des promesses bibliques de moyenâgeuses, intégristes et même dangereuses ! On lui criera, en particulier, que la pensée scolastique, cette façon d'approcher les Écritures saintes comme si elles décrivaient une réalité physique et politique, fut discréditée depuis des siècles par les philosophes des lumières et qu'elle a perdu toute validité.

On lui dira, enfin, d'ignorer ce que disent les Écritures et d'écouter uniquement la voix de son cœur et les appels de ses sens. Or, ceux-ci seront submergés plus que jamais par toutes les voix pressantes, suppliantes et hurlantes qui clameront que l'unique devoir des chrétiens est d'aider discrètement les pauvres. Abandonnez l'Alliance ! leur dira-t-on ; si vous souhaitez de l'amour, oubliez les Juifs ! ; si vous voulez la paix, abandonnez Israël ! ; ne gaspillez pas votre temps avec cette question stérile alors qu'il y a tant de misère à soulager et tant de gestes charitables à accomplir ! La tourmente fera rage.

L'Église, cet enfant debout devant les piliers, devra alors se souvenir de l'exemple des saints qui surent voir la volonté de Dieu au-delà du vacarme des siècles, même quand celui-ci prenait toutes les apparences de la compassion et du pacifisme.

Le jour où l'Église reconnaîtra le linteau qui lie ces deux piliers de la Foi, elle prendra conscience de la dimension concrète et territoriale de l'alliance biblique. Elle entendra, alors, l'appel de la croisade.

Seigneur, quand ce jour viendra, envoie tous les saints au secours de Ton Église car elle aura, plus que jamais, besoin de leur aide !

LES BORNES DU CHEMIN

La voie du Dogme, quand on la suit, amène les chrétiens, par un cheminement logique, simple et clair, à épauler le peuple juif pour qu'il prenne entièrement possession du territoire que le Seigneur lui a légué.

L'idée d'une croisade visant à établir le peuple juif sur l'ensemble du territoire biblique d'Israël est un concept d'une énormité presque insoutenable. Tous les adversaires de la Foi, mais aussi tous ceux qui veulent préserver la stabilité du monde, s'acharneront à détourner l'Église d'une telle tâche et à la décourager.

Pour faire obstacle à cette cause, on voudra scinder le lien qui lie le Nouveau Testament à l'Ancien. On tentera de dissocier Jésus-Christ du Dieu d'Abraham pour en faire un messie de l'être suprême, indépendant de la Bible. On plaidera que le monde entier appartient au Christ et que, par conséquent, tous les territoires de la terre sont des terres promises.

On dira que les chrétiens, ou encore l'humanité entière, sont l'unique peuple élu ; qu'ils ont remplacé les Juifs et annulé leur Alliance. On affirmera qu'il n'y a qu'une seule loi qui compte, l'amour, et un seul commandement, la paix ; et que, par conséquent, l'Église a comme unique devoir d'éviter tout conflit. On exhibera, à la face de l'Église, le résidu vieillissant de croyants qui demeurent attachés à ses liturgies, insinuant qu'elle a perdu la vitalité nécessaire pour accomplir de tels exploits et que son rôle, maintenant, se limite à guider ses vieilles ouailles sur les chemins de la tombe.

Pour saper l'autorité morale de l'Église et la paralyser, on attaquera les croisades médiévales, en les condamnant et en les dénigrant. Enfin, en dénonçant sans relâche toutes les entreprises de la chrétienté, on s'acharnera à détruire, en elle, l'esprit de la croisade.

Au milieu de ces cris et de ces menaces, l'Église devra s'accrocher encore plus obstinément à la parole de Dieu et au témoignage des saints. Suivant l'exemple de saint Thomas d'Aquin et des autres docteurs de la Foi, elle devra appliquer la raison, dénuée d'agendas, à la lecture des Saintes Écritures pour déterminer sa règle de conduite.

Ceux qui suivront cet exercice verront devant eux un chemin tout simple. Les bornes qui balisent cette route découlent directement de la Révélation. Ce chemin les mènera à une compréhension nouvelle du plan séculaire de Dieu concernant Israël. Chaque borne de ce chemin est façonnée, à la manière des catéchismes d'antan, par des questions claires et des réponses simples.

Voici les bornes qui mènent les croyants vers la nouvelle croisade.

1. Le Dieu d'Abraham, d'Isaac et de Jacob est-Il un roi ?

Cette question touche le cœur de la Foi. Elle est plus importante, même, que la question de l'existence de Dieu. L'agnostique reconnaît l'existence de Dieu mais pas Sa royauté. Par conséquent, son dieu est une idole. Le croyant, en s'appliquant à suivre la volonté et les lois de Dieu, reconnaît la royauté de Celui-ci. Croire, c'est reconnaître la royauté de Dieu et non seulement Son existence. Le Père est Roi d'abord parce qu'Il a créé l'univers et que, donc, celui-ci lui appartient. Il affirme Sa royauté en posant des gestes royaux. Il choisit un peuple, lui donne des lois, s'engage dans des alliances, lui assigne un territoire et participe, avec lui, à sa conquête. Il n'est pas un despote, cependant, car Son autorité ne provient pas d'un pouvoir mais de la participation libre des croyants qui acceptent de le suivre.

2. Jésus-Christ est-Il Roi ?

Oui. Les Évangiles et la tradition de l'Église l'affirment avec force et de multiples façons : de l'or royal reçu lors de Sa naissance à l'inscription de Sa croix au moment de Sa Passion. Jésus est Fils de Dieu. Sa royauté provient de la royauté du Père par le lien filial. Elle découle aussi du dogme de la Trinité et du fait que le Père est dans le Fils et le Fils est dans le Père. Jésus participe à la royauté de Dieu.

3. Quel est le royaume du Christ-Roi ?

Le royaume légitime du Christ englobe le Ciel, le règne de la Fin des temps et le cœur des croyants. Il comprend aussi tout l'univers physique et donc, la terre entière, ses mers, ses territoires et tous les peuples qui les habitent. Le royaume de Dieu n'est pas situé uniquement dans le futur ou dans le Ciel. Il existe, sur terre, ici et maintenant, comme Jésus-Christ, Lui-même l'a affirmé. Aujourd'hui même, le Christ est le roi légitime de toute la terre même si l'étendue concrète de Son royaume présent y est encore limitée.

4. La loi morale du Christ se limite-t-elle à l'amour individuel du prochain ?

Non. Le Christ incarne deux lois : l'amour de Dieu et celui du prochain. Sans doute, l'amour véritable du prochain est suffisant pour incarner toute la Loi de l'amour. Cependant, sans la sagesse de Dieu révélée par le Christ, les humains s'égarent sans cesse dans des illusions qui ressemblent à l'amour. Les chrétiens ne sont pas seulement appelés à s'aimer les uns les autres, ils sont appelés à le faire à la manière du Christ. Or, Jésus-Christ pratiqua l'amour en adorant et en priant Son Père, en proclamant la Vérité même si elle choquait, en édifiant le royaume de Dieu et en suscitant Sa venue.

5. À qui le Christ, roi de l'univers, est-Il soumis ?

À Son Père.

6. Qui est ce Père ?

Le Dieu d'Abraham, d'Isaac et de Jacob, révélé dans la Torah et dans l'Ancien Testament. Le Dieu qui fit sortir les

Juifs d'Égypte et les mena à la Terre promise. Les Évangiles révèlent ceci clairement.

7. Le Père avait-Il le droit de donner au peuple juif un territoire déjà habité ?

Oui. La réponse semble évidente : Dieu aurait tous les droits puisqu'Il détient tous les pouvoirs ! Mais le Seigneur n'est pas un despote dont l'autorité repose sur le pouvoir. Il est un roi qui n'agit que dans la légitimité. Le don de la Terre sainte est un geste rendu légitime par l'identité royale du Père. Le Père détient la légitimité de ce legs de Sa royauté.

8. Si le Christ est le roi de l'univers, n'est-Il pas, aussi, le roi d'Israël ?

Oui. La royauté de Jésus-Christ, Fils de Dieu, s'exerce sur toute la terre, y compris le territoire d'Israël. En fait, cette royauté est encore plus explicite à l'égard de la terre d'Israël elle-même car elle est affirmée par le titre qu'Il portait sur la croix : « Roi des Juifs ».

9. Puisque Jésus-Christ est le roi d'Israël, cette terre n'appartient-elle pas aux chrétiens plutôt qu'au peuple juif ?

Oui et non. La terre d'Israël appartient, en effet, au Christ qui en est le roi légitime. À travers Lui, elle appartient donc aux croyants qui font partie de Son Corps mystique. Par conséquent, ceux-ci détiennent, avec le Christ, la royauté sur Israël. Cependant, Jésus-Christ a reçu Sa souveraineté du Père parce qu'Il Lui était soumis en toutes choses. Or, la volonté du Père, clairement énoncée dans l'Ancien Testament, est de léguer le territoire d'Israël en héritage perpétuel au peuple juif. Dans un geste infini et éternel, le Père donne tous les pouvoirs au Fils qui se soumet, en tout, au Père. Ainsi, les chrétiens, soumis, à la suite du Christ, à la volonté du Père, remettent en perpétuité la Terre promise au peuple juif et œuvrent à l'établir sur celle-ci.

10. La volonté du Père d'établir le peuple juif sur la terre d'Israël est-elle claire ?

Oui. Cette volonté est clairement affirmée dans l'Ancien Testament. Elle en est même le thème principal ! Cette volonté ne se retrouve pas seulement dans le texte et les déclarations de l'Alliance, mais aussi dans les gestes mêmes du Seigneur qui conduisit le peuple hébreu vers cette terre et combattit à ses côtés pour l'aider à prendre possession de son héritage.

11. Les textes de l'Ancien Testament faisant état de la volonté du Père exprimée dans l'Alliance sont-ils légitimes ?

Oui. Les textes du Pentateuque qui confirment l'Alliance et définissent les territoires légués aux Juifs font partie des textes canoniques de la Bible. Ceux-ci sont reconnus par l'Église comme étant directement inspirés par l'Esprit saint. Les passages qui y décrivent l'entente et les engagements de Dieu sont donc légitimes et reconnus comme étant d'inspiration divine. En acceptant l'origine sacrée du Pentateuque, l'Église reconnaît que Dieu, Lui-même, a, en quelque sorte, signé les engagements qu'elle contient.

12. La possession par le peuple juif de son héritage s'applique-t-elle à l'époque où nous vivons maintenant ou est-elle uniquement prévue pour plus tard ?

La pérennité de l'Alliance est claire : le territoire de la Terre promise fut légué au peuple juif depuis le moment où la promesse lui fut faite, jusqu'à la Fin des temps. Le peuple juif est donc l'unique propriétaire légitime du territoire de la Terre sainte depuis des millénaires. Il l'est encore aujourd'hui. Celle-ci lui appartient en propre pour tous les temps, même si elle fut possédée, à différentes époques, par des peuples et des empires différents. En effet, la possession du territoire biblique au cours des siècles ne relève pas de la légitimité mais du pouvoir. La volonté légitime de Dieu rencontre des obstacles, érigés par des pouvoirs issus du monde, qui retardent son accomplissement. Malgré ces obstacles, la Terre sainte appartient, depuis le moment de l'Alliance, au peuple juif et continue de lui appartenir. Par conséquent, les croyants qui désirent suivre le

Seigneur sont appelés à accomplir aussi cette Volonté dans leur vie et dans leurs œuvres.

13. Ne devrions-nous pas attendre la Fin des temps pour que la promesse de l'Alliance se réalise ?

La réponse de chacun à cette question est, en partie, personnelle. Il faut, chaque jour, travailler à accomplir la volonté de Dieu. Cependant, il faut le faire dans l'esprit d'amour et de vérité. Chaque époque a ses défis, chaque vie a ses appels. À notre époque, le Seigneur révèle aux croyants Sa volonté concernant le territoire d'Israël. Il le fait par de multiples événements et par une étrange concordance d'éléments qui guident l'approfondissement de la foi concernant le destin des Juifs. Le temps est venu pour l'Église et pour les chrétiens d'annoncer clairement au monde que la Terre promise appartient légitimement et en perpétuité au peuple juif de par la volonté même de Dieu. L'heure est arrivée d'annoncer la Vérité concernant l'héritage du peuple juif. Il ne s'agit pas de menacer ou d'exiger mais simplement d'affirmer, doucement et sereinement, ce que la parole de Dieu révèle même si cette annonce fait hurler le monde. Le Seigneur saura nous indiquer les étapes qui suivront.

14. Pourquoi devrions-nous, chrétiens, affronter la furie du monde pour installer un autre peuple qui ne reconnaît même pas le Christ, sur une terre qui ne nous appartiendra jamais ?

Parce que Dieu le veut. À la suite du Christ et selon Son commandement, nous nous soumettons à la volonté du Père et nous travaillons à Son accomplissement. La source de la royauté du Christ provient de Sa soumission parfaite à la volonté du Père, le Dieu d'Abraham, d'Isaac et de Jacob, et donc à l'Alliance de Celui-ci avec le peuple juif. Nous, chrétiens, sommes donc appelés, à la suite du Christ-Roi, à établir le peuple juif dans son héritage pour accomplir, avec Lui, la volonté du Père.

Nous voici arrivés au bout du chemin. Disciples de Jésus-Christ, nous Le reconnaissons comme notre Roi et nous aspirons à accomplir Sa volonté royale, à la fois au plan individuel et au plan collectif.

Nous, chrétiens, sommes appelés à instaurer la royauté du Christ sur le monde entier. En effet, Jésus-Christ est le Roi de l'univers entier. Par conséquent, notre terre promise à nous, chrétiens, est le monde entier et tout l'univers qui l'entoure. Ce royaume, cependant, n'est pas un règne de pouvoir ou de domination car le Seigneur n'est pas un tyran. Il est un Père qui cherche l'adhésion libre et aimante de Ses enfants.

Cet appel à œuvrer en vue de l'accomplissement concret de l'Alliance incitera chaque chrétien à faire un choix. Chacun devra choisir où réside la vérité ultime : dans les cris du monde ou dans la parole de Dieu. Chacun devra décider du sort de Jérusalem. Les hurlements du monde finiront par étouffer tous les arguments savants en faveur du peuple juif et de l'État d'Israël. Il ne restera, à la fin, qu'une seule raison capable résister à ces assauts : la Volonté du Dieu d'Abraham, d'Isaac et de Jacob, affirmée sans détours dans la Bible.

Toutes les idéologies, les philosophies, les morales et les chartes qui rejettent Dieu ou qui L'ignorent finiront par rejeter l'Alliance et se ranger contre elle. Alors, seuls ceux qui placeront la Volonté du Dieu de la Bible au-dessus des machinations du monde se retrouveront dans l'autre camp.

EST-CE POSSIBLE ?

La réalisation des promesses de l'Alliance semble un objectif absolument irréalisable. Il faudra pourtant travailler à l'accomplir malgré les obstacles dressés par le monde.

Est-ce possible de demander à un résidu vieillissant de chrétiens de susciter la fureur de l'islam, la colère de l'humanisme athée et l'hostilité de toutes les puissances du monde dans le but d'aider un autre peuple à s'installer sur un recoin marginal de la terre ?

Le chrétien, devant les conclusions auxquelles la Parole le mène, ne peut pas croire qu'elle s'adresse à lui. Il s'agit sans doute d'une erreur ou encore d'une prophétie qui ne sera accomplie que dans un avenir lointain.

Après tout, comment oser établir la légitimité d'un territoire étatique moderne sur la base d'un texte qui date de quatre mille ans ? Qui oserait placer une tradition orale qui date du temps des pharaons au-dessus de la réalité géopolitique du moment ? Ça semble une pure folie ! Une obstination dogmatique inconcevable et dangereuse ! Même la majorité des Juifs sont prêts à se contenter d'une partie seulement du territoire que le Seigneur leur a légué ! Les chrétiens laisseront-ils un texte millénaire enfoui dans un document religieux menacer la stabilité du monde entier !

Les hurlements du monde envahiront ainsi les croyants. Les accusateurs brandiront les images les plus violentes et les plus sordides pour décrier les Juifs, et apeurer ceux qui voudraient les aider. Les menaces pleuvront.

Les chrétiens voudront s'esquiver. Pourquoi se porteraient-ils à l'aide d'un peuple qui ne reconnaît même pas le Christ ? Pourquoi devraient-ils se sacrifier pour aider un autre peuple que le leur à prendre possession d'une terre qui ne leur appartiendra jamais ?

Par quelle logique délirante devraient-ils s'épuiser à lutter pour cette cause alors que, par ailleurs, des Juifs s'enrichissent tranquillement dans leurs propres pays. Au nom de quelle déraison assumeraient-ils ce fardeau pour ceux qui sont déjà leurs patrons et leurs banquiers ? Poussés par la foi à devenir des brebis dans le troupeau de Jésus et des poissons dans les filets de saint Pierre, sont-ils condamnés, maintenant, à servir de bourriques aux Juifs ?

La question est donc : pourquoi devrions-nous, chrétiens, monter dans cette galère ?

Devrions-nous aider les Juifs parce qu'ils ont beaucoup souffert ? Non. Le peuple juif a certainement souffert mais bien d'autres peuples ont connu autant de misères. Même l'Holocauste est comparable, dans l'horreur, au génocide des Arméniens et aux camps de concentration soviétiques.

Le peuple juif a-t-il un mérite particulier ? Non. Le peuple juif ne mérite pas plus cette terre qu'un autre. Ils ont certes accompli bien des choses, mais d'autres peuples méritent autant d'occuper ce territoire. Méritent-ils alors cette terre parce qu'ils sont plus bons ou plus gentils que les autres peuples ? Pas plus. Ils ne sont ni meilleurs ni pires que d'autres.

Devrions-nous aider les Juifs parce qu'ils nous récompenseront plus tard ? Non. Ils s'installeront sur leur territoire et, préoccupés par eux-mêmes et par leur destin, ils oublieront probablement ceux qui les auront aidés. Ils prendront possession de ce qui leur appartient, sans plus.

Seront-ils, au moins, reconnaissants ? Probablement pas. De tout temps, les Juifs perçoivent leur histoire un peu comme s'ils en étaient les seuls acteurs.

Si nous les aidons, cesseront-ils enfin de penser qu'ils sont le seul peuple élu ? Non. Ils continueront de se croire uniques et relégueront encore les chrétiens au rang des nations étrangères.

Devrions-nous les aider pour qu'ils reconnaissent enfin que Jésus est le Messie ? Non. Ils continueront d'ignorer le Christ aussi longtemps que Dieu n'ouvrira pas leurs yeux.

Mais pourquoi donc devrions-nous, chrétiens, nous occuper d'une cause qui ne nous concerne pas, aider l'établissement d'un État qui n'est pas le nôtre et affronter la violence d'adversaires prêts à tous les extrémismes pour l'en empêcher ?

Pour une seule et unique raison : c'est la Volonté de Dieu.

AUTRES TEMPS, AUTRES MŒURS

Les croisades médiévales se déroulèrent à une époque rude. À cette époque, les gens réglaient leurs différends par des guerres et des tueries. La croisade, aujourd'hui, n'aura pas nécessairement cet aspect militaire. Elle prendra des formes adaptées à nos circonstances.

À chaque époque, les chrétiens doivent apprendre à mettre l'enseignement du Christ en application dans les circonstances de leur temps. Des gestes qui étaient nécessaires et justes à des époques où les gens réglaient leurs différends à la hache ne sont pas toujours recommandables aujourd'hui. Autrefois, on vivait dans un état de guerre plus ou moins permanent alors que, depuis un siècle, en Occident, de longues périodes paisibles alternent avec des conflits d'une violence inouïe.

Si, au Moyen Âge, l'esprit de la croisade prenait le caractère d'une conquête militaire, ce ne serait pas nécessairement le cas aujourd'hui. Même à cette époque, d'ailleurs, plusieurs chrétiens vivaient la croisade sous la forme d'un pèlerinage mystique, consacrant leur vie à servir les voyageurs, les malades et les pauvres.

Aujourd'hui, la lutte pour l'établissement du royaume de Dieu a un aspect idéologique et spirituel accentué. Par conséquent, le combat doit se dérouler davantage dans la conformité à l'enseignement du Christ et à Son exemple. La croisade, à notre époque, n'aura donc pas le même caractère, principalement militaire. Quand les luttes se déroulent dans la dimension eschatologique, les combats prennent souvent des apparences qui n'ont rien de militaire. Ils prennent même, parfois, des formes paisibles et confortables.

Aujourd'hui, l'œuvre de croisade comprendra, comme toujours, les exigences d'amour fraternel et de vérité. Elle comprendra, aussi, l'établissement d'institutions qui reconnaissent, ouvertement, la royauté du Christ. La croisade à laquelle nous sommes appelés vise le rétablissement de l'identité chrétienne des sociétés qui ont été trompées par l'illusion de la laïcité morale et ont adopté les mythes, les rituels et les croyances de l'idolâtrie humaniste.

Les ennemis de l'Évangile tenteront toujours de museler les chrétiens. Ils le feront, sans doute, par les menaces, mais aussi par des appels sentimentaux trompeurs, affirmant que la proclamation de l'Évangile les oppresse et les dérange.

Les croyants devront rejeter ces fausses sensibleries. Ils devront affirmer publiquement leur foi. Ils devront, aussi, combattre la profusion de mensonges tapageurs qui étouffent, aujourd'hui, la doctrine chrétienne. Il faudra dénoncer clairement ces excréments spirituels qui empoisonnent nos sociétés pour pouvoir se faire entendre par ceux qui sont prêts à écouter la parole de Dieu. Pour récolter il faut semer ; mais il faut aussi débroussailler.

La croisade est d'abord un combat spirituel pour la vérité de l'Évangile, et pour l'avènement du royaume d'un Dieu qui est Amour. Ce combat prend différentes formes à différentes époques. Au Moyen Âge, il avait souvent le caractère d'une lutte violente. Cependant, il n'y a aucune raison, aujourd'hui, pour que la croisade ait un caractère particulièrement militaire ou violent. Elle pourrait, aussi bien, prendre des formes plus paisibles. Les circonstances du moment détermineront celles-ci. Il s'agit toujours, cependant, d'un combat, même quand les apparences en sont paradoxales. Ainsi, on pourrait dire que la montée du Christ au Calvaire fut la première des croisades.

En effet, la croisade est une lutte mais elle n'est pas une guerre. Quand elle prend une dimension militaire, celle-ci est accessoire. La croisade ne cherche pas le pouvoir mais la volonté de Dieu. Elle ne vise pas la destruction mais la paix et le bonheur véritable pour tous. Le jour où le peuple juif sera établi, de façon incontestée, dans son héritage (un territoire minuscule, quand on y pense), le Moyen-Orient entier connaîtra une ère de paix et de prospérité sans égales. Qui en douterait, considérant les richesses naturelles de cette région et l'esprit d'entreprise de ceux qui y résident ! Seul l'empire de la haine y fait obstacle.

LE MAGNIFICAT

Marie, enceinte du Christ, possédait les dons du Saint-Esprit, en abondance, dont celui de prophétie. Le Magnificat, ce cantique de Marie, est une prophétie dont le sujet n'est pas la vie humaine de Jésus mais celle du Christ ressuscité agissant dans l'Église et dans le monde. Marie est un prophète.

Les Saintes Écritures font peu référence à Marie, la Mère de Jésus. Ses paroles et ses gestes se retrouvent dans peu de passages de l'Évangile. Et pourtant, malgré cette parcimonie, elle fait l'objet d'une grande dévotion car elle se révèle, mystérieusement, dans le cœur des chrétiens. Le croyant qui contemple son écoute limpide de la parole de Dieu en est touché. Il s'écrie : « Oh, ma Reine ! ».

Quand l'ange lui annonça qu'elle serait la Mère de Dieu, Marie répondit « je suis la servante du Seigneur » [Luc 1, 38]. Cette simple parole rejoint tous les chrétiens et les inspire car ils savent, dans la foi, qu'elle était libre et que son choix fut lucide et responsable.

Marie fit une seule déclaration notoire qui est consignée dans les Évangiles. Elle la fit alors que, enceinte du Christ, elle visita sa cousine qui, elle aussi, attendait un enfant. L'Église nomme ce discours « le Magnificat ».

Le Magnificat débute par le cri de joie d'une femme comblée. Après avoir ainsi déclaré son bonheur et affirmé la présence de Dieu en elle, Marie prononça une suite d'affirmations.

Elle déclara que tous les âges la diraient bienheureuse. Elle dit ensuite que l'amour de Dieu s'étend sur ceux qui Le craignent, que Sa force disperse les orgueilleux, qu'Il renverse les puissants, qu'Il élève les humbles et qu'Il comble de biens les affamés. Marie termina ce discours par des déclarations concernant son peuple. Elle dit que Dieu relève Israël et qu'Il se souvient des promesses faites à Abraham et à sa race.

Ces paroles sont-elles, simplement, le babil excité d'une jeune femme qui attend un grand événement ? Non. Marie, enceinte du Christ, possédait en abondance les dons du Saint-Esprit et les paroles qu'elle prononça alors provenaient de Lui.

L'évangéliste, d'ailleurs, indique clairement que, à ce moment, la présence du Christ, dans le sein de Marie, était perceptible. En effet, lors de la visite que Marie fit à sa cousine Élizabeth, l'évangéliste mentionne que l'enfant que celle-ci portait ressentit la présence du Sauveur dans le sein de Marie. Il confirme ainsi que cette présence était déjà perceptible et agissante. À l'instant suivant, Marie fit les déclarations du Magnificat.

Marie, enceinte du Christ, était donc habitée, à ce moment, d'une façon incomparable et perceptible, par la présence de Dieu. D'ailleurs, Marie confirme dès les premiers mots du Magnificat que son esprit exulte en Dieu son Sauveur et donc qu'elle est habitée par l'Esprit saint. Or, le don de prophétie fait partie des dons que cette présence confère.

Le Magnificat est une déclaration prophétique. Il provient d'un état de sainteté où les désirs du croyant sont en harmonie avec la Volonté de Dieu. C'est pourquoi la prophétie a, à la fois, le caractère d'un souhait, d'une prédiction et d'une affirmation de la Volonté de Dieu.

Mais, dira-t-on, Marie a peut-être simplement répété, comme une bonne croyante, les discours qu'elle entendait, à l'époque, dans les synagogues. Ce n'est pas le cas.

D'abord cette « humble servante » n'a rien de faible. En acceptant une grossesse extraconjugale, elle fit preuve d'un grand courage. En effet, on lapidait les mères célibataires à cette époque. Mais, surtout, Marie imprime sa marque, unique et individuelle, sur ce discours dans la toute première déclaration du Magnificat. Elle prend, ainsi, possession de sa prophétie. Dans cette première affirmation, en effet, Marie déclare que tous les âges la diront bienheureuse. Aucun rabbin de cette époque n'aurait suggéré que cette jeune fille anonyme serait vénérée par tous les âges. Marie affirme ainsi, au tout début du Magnificat, que c'est bien elle qui parle.

Les strophes suivantes de son cantique prophétisent l'action du Christ dans l'Église. Le sujet du Magnificat, en effet, n'est pas la vie humaine de Jésus, Ses miracles ou Ses gestes individuels. Le Magnificat traite de l'action séculaire du Christ dans l'Église et dans la vie des chrétiens. Cette prophétie concerne les œuvres des croyants qui agissent, au cours des siècles, au nom du Christ.

Ainsi, elle annonce l'impact de la foi chrétienne qui élève les humbles et qui abaisse les puissants. Cet abaissement ne signifie pas le remplacement d'une caste de pouvoir par une autre. Il fait référence à l'abaissement volontaire des puissants devant l'Agneau de Dieu. Pareillement, l'élévation des humbles fait d'abord référence à la dignité qui revêt tous ceux qui suivent le Christ, qui qu'ils soient.

Les dernières déclarations du Magnificat portent sur Israël et sur le peuple juif : Il relève Israël Son serviteur, Il se souvient de Son amour, de la promesse faite à nos pères en faveur d'Abraham et de sa race, à jamais [Luc 1, 54].

Quand Marie, femme juive, parle de la race d'Abraham et de ses pères, elle fait référence aux Juifs, descendance d'Isaac et de Jacob. Quand elle parle de la promesse, il s'agit de l'alliance biblique et de l'engagement de Dieu d'établir le peuple juif sur la terre d'Israël.

Enfin, ces dernières affirmations, comme les premières, ne relèvent pas de la vie de Jésus, mais des gestes que le Christ accomplira à travers les croyants. Ces dernières affirmations du Magnificat concernant le peuple juif sont, comme les premières, des paroles prophétiques, directement inspirées par l'Esprit saint en Marie. Elles reflètent, à la fois, la Volonté du Père éternel et le souhait de la Mère de Dieu.

Dans le Magnificat, donc, Marie, la Mère de Dieu et la Reine du monde, déclare que nous, chrétiens, relèverons Israël qui est le serviteur de Dieu ; que nous nous souviendrons de l'amour du Seigneur envers lui ; et que nous, disciples du Christ, accomplirons les engagements perpétuels de l'Alliance, faits à Moïse et aux patriarches en faveur d'Abraham et du peuple juif.

Nous vénérons la Vierge. Nous lui donnons des titres merveilleux : Mère de Dieu, Reine du monde et co-Rédemptrice. Aurons-nous aussi le courage de lui donner le titre de « prophète » ? Nous récitons le Magnificat depuis des siècles. Aurons-nous le courage de l'entendre ? La Mère de

Dieu nous interpelle. Aiderons-nous son Fils à accomplir la Volonté du Père ?

Le Magnificat est une prophétie qui réunit souhait, prémonition, espérance et prière en un seul témoignage. Le Magnificat témoigne donc de la Volonté de Dieu mais aussi de l'espérance de Marie et de sa prière. Elle dit ce qu'elle espère et prie ce qu'elle souhaite. Son témoignage est prophétique parce que c'est le Seigneur qui témoigne en elle.

Marie, dans le Magnificat, nous dit l'espérance de Dieu. Cette espérance, c'est que le Christ, dont nous sommes les membres, récompensera les humbles, qu'Il donnera aux pauvres et qu'Il aimera ceux qui Le craignent. C'est aussi l'espérance prophétique que ce même Christ relèvera Israël et lui rendra son héritage.

13

Centrés dans le Christ

CHRETIENS, ETES-VOUS SURPRIS ?

> *Croyants, êtes-vous surpris d'apprendre que l'Évangile est fondamentalement incompatible avec des idéologies athées qui relèguent le Fils de Dieu au rang de curiosité folklorique ? Cela vous étonne-t-il de constater que les idéologies qui se séparent de la sagesse de Dieu finissent par s'égarer ?*

Croyants, êtes-vous surpris par ce plaidoyer ? Vous, qui récitez le Credo et qui entendez les Épîtres et les Évangiles, êtes-vous surpris ? Êtes-vous étonnés d'apprendre que le paganisme et la foi chrétienne ne sont pas compatibles ? Vous qui croyez, êtes-vous sincèrement surpris de constater que le rejet de la loi de Dieu mène à l'apostasie et débouche sur le blasphème ? Cela vous étonne de voir que les idéologies qui se coupent de la sagesse de Dieu finissent par dériver vers la perversion et devenir incompatibles avec la doctrine chrétienne ?

Ne saviez-vous pas, au fond, qu'il faudrait, un jour, choisir entre la doctrine chrétienne et les échafaudages de l'incroyance ?

Que pensiez-vous donc ? Est-ce que vous imaginiez que le Fils de Dieu, le Sauveur de l'humanité, le Christ-Roi, s'accommoderait indéfiniment du rôle de divinité ethnique subalterne que l'idolâtrie humaniste lui assigne ? Pensiez-vous que votre foi n'était qu'un folklore régional ?

Dans vos églises, vous nommez Jésus-Christ, le Roi du monde, l'Alpha et l'Oméga, la Voie unique du salut, le Sauveur de tous les hommes, et le Fils unique de Dieu ! Dites-vous ces choses pour Lui faire de jolis compliments ou parce que vous les croyez ?

Vous, chrétiens, qui lisez ce témoignage, vous le trouvez peut-être extrême et intransigeant. Moi-même, je fus parfois surpris par les conclusions auxquelles j'ai abouti en décidant de suivre, sans réserves, la voie indiquée par le Dogme.

Et pourtant, malgré votre étonnement premier, vous pressentiez sans doute vous-mêmes la situation qu'il décrit et vous deviniez déjà qu'un moment de vérité approchait. Après tout, vous aussi, vous connaissez le Credo ! Or, tout ce que le document contient découle de ce même Credo que vous récitez dans vos églises depuis nombre d'années.

ON LARGUE LES AMARRES !

Les idéologies progressistes dont les discours dominent, aujourd'hui, les sociétés occidentales conservent encore quelques similitudes avec la doctrine chrétienne. Cependant, elles s'en éloignent sans cesse. Plus cet écart augmentera, plus la Foi deviendra méconnaissable et inaccessible à ceux qui l'auront délaissée. L'Église ressemble à un navire qui s'apprête à quitter le port. On largue les amarres, il faut monter à bord maintenant !

Incroyants, réveillez-vous ! Le navire s'apprête à partir, il quittera bientôt le port ! Le temps est venu de monter à bord car, bientôt, il sera trop tard. La doctrine chrétienne que vous délaissez aujourd'hui deviendra de moins en moins accessible.

Aujourd'hui, on peut encore aller vers le Christ sans grandes difficultés. Demain, il en sera autrement. Déjà, pour beaucoup d'entre vous, la foi ressemble à une survivance incompréhensible et inutile. Quand elle sera dénigrée par les élites et méprisée par ceux que vous fréquentez ; quand elle vous apparaîtra, après des années d'indifférence et d'endoctrinement médiatique, comme un intégrisme bizarre et menaçant ; pourrez-vous, alors, vous tourner vers elle ?

Vous qui utilisez l'Église comme une distributrice de services rituels, pensez-vous que cela durera toujours ? Imaginez-vous que le Seigneur vous laissera saper sa liturgie indéfiniment ?

Vous, les tièdes, les parasites sacramentels, les dévots du centre d'achat, les apostats grassouillets et les blasphémateurs feutrés, sachez d'abord que vous êtes mes frères ! Je suis qui vous êtes et vous êtes qui je suis. Nous sommes plus que frères, nous sommes jumeaux ! Il aurait suffi que quelques moments de ma vie ou de la vôtre soient différents pour que nos rôles s'inversent. Vraiment, il n'y a aucune différence entre nous.

Une doctrine douteuse se cache sous votre apparente indifférence. Vous croyez qu'il suffit d'être anonymes et inoffensifs pour connaître le salut. Vous pensez que vous êtes déjà bons sans avoir recours à Dieu.

Nous sommes tous plongés dans un monde qui nous aveugle. Nous n'avons qu'un seul pouvoir, celui de choisir notre guide. Et nous devons tous choisir ! Ceux qui pensent pouvoir s'esquiver dans l'indifférence gentille et anonyme s'illusionnent. Ils font eux aussi des choix. Ils choisissent de dériver doucement vers la confusion. Ils choisissent d'abdiquer leur foi et de se détacher du Christ. Ils choisissent de priver leurs enfants et leur société de la Foi et en portent la responsabilité.

Vous vous trouvez, aujourd'hui, sur le quai d'un port. Le navire largue ses amarres. Ce plaidoyer est un coup de sifflet qui annonce le départ ! Le Seigneur lance toutes les passerelles, mais il faut monter à bord ! Vous n'avez pas entièrement la foi ? Ne vous détournez pas pour cela ! Si vous aimez un peu Jésus-Christ et si vous êtes prêts à suivre Ses conseils, Il saura susciter la foi en vous.

N'attendez pas d'être sans fautes avant d'aller vers Dieu car vous n'irez jamais ! N'attendez pas de voir le Seigneur avant de croire car, alors, il sera trop tard !

Attention ! Le bateau est encore tout près de la jetée mais il s'ébranle. Bientôt, il sera loin. Vous pouvez encore monter facilement à bord de valeurs chrétiennes qui demeurent familières. Quand le fossé entre la doctrine chrétienne et les discours dominants se creusera, il deviendra difficile de faire le saut.

Vous, savants, juges, politiciens, artistes et enseignants incroyants, pensiez-vous pouvoir pervertir indéfiniment les croyants avec vos échafaudages tordus ? Non ! n'est-ce pas ?

Les personnages que vous habitez vous lient. Vous êtes maintenant identifiés aux opinions que vous répandez. Vos rôles, au service des agendas du pouvoir progressiste, vous procurent des récompenses et des approbations. Ne laissez pas ces costumes vous emprisonner. Ne vous laissez pas chevaucher par vos choix passés. L'appel de Dieu est sans limites. Plus la conversion vient de loin plus elle est magnifique. Vos égarements présents sont un appel au surpassement. Saint Paul assassinait les chrétiens avant de se convertir ; qu'avez-vous fait de pire ? Repentez-vous, convertissez-vous et témoignez !

Vous, les jeunes, vous n'avez jamais quitté la foi parce que vous ne l'avez jamais connue. Vos aînés, la génération de la rébellion sexuelle, l'ont laissé tomber. Vous êtes si ignorants de la doctrine chrétienne que vous avez même perdu le pouvoir de la quitter. Que vous reste-t-il de ce trésor transmis d'une génération à l'autre depuis des siècles ? Quelques préjugés provenant de la culture populaire et des bribes de doctrine, déformées par la vision athée du phénomène religieux.

Ma génération, trop préoccupée par ses plaisirs, vous a privé des outils nécessaires pour résister à l'endoctrinement et au mensonge. Nous vous avons abandonné comme on laisse un enfant au bord du chemin. On vous répète sans cesse que vous êtes libres mais vous n'avez jamais été autant manipulés.

Un grand combat spirituel approche et vous êtes entièrement désarmés ! Vous avez toutes les connaissances sauf celles qui sauvent. Vous êtes branchés à tout sauf à la seule voix qui compte. Vous êtes submergés dans le bruit alors que seule la présence silencieuse de Dieu en vous peut vous éclairer. Sans elle, vous poserez des gestes, vous énoncerez des opinions, vous militerez, vous fêterez, vous aurez des joies et des peines, vous ferez carrière, vous goûterez aux plaisirs, mais, dans tout cela, vous serez inconscients. On vous répétera que vous êtes beaux, bons, intelligents, révolutionnaires, moralement élevés, cools… Vous vous croirez plus libres que jamais. Pourtant, vous serez comme des bêtes aveuglées, chevauchés par des agendas qui vous dépassent.

La cadence du monde accélère. Il ressemble à une foire bigarrée et bruyante. Tout bouge, tout change. Partout le bruit, le plaisir, les nouvelles du jour, les causes et leurs sensations envahissent nos vies.

Dieu, Lui, ne bouge pas. Il ne change pas. Il parle dans le silence et Ses actions sont invisibles. Ça prendrait un miracle pour sortir du manège énervé dans lequel vous êtes submergés et aller vers Celui qui ne ressemble à rien mais qui est tout. Le Seigneur l'accomplira !

Osez ouvrir une Bible et en lire des passages. Osez prier, le Seigneur vous instruira ! Mais, si vous tentez de le faire, on vous dira que c'est inutile, que vous perdez votre temps, que c'est ennuyeux, que c'est trop compliqué, que des causes plus urgentes, plus amusantes et plus importantes vous attendent, que seuls les doctes peuvent s'y retrouver, que vous savez déjà tout ce qu'il y a à savoir sur la Foi.

On vous rappellera aussi, en sourdine, que la doctrine chrétienne pourrait menacer votre liberté sexuelle et ça, même si personne ne le dit directement, c'est le sale petit secret qui motive tout le reste. Chacun devra choisir. Que ferez-vous ?

Vous ne croyez pas ? Vous êtes trop attachés aux plaisirs ? Tant pis ! Le Seigneur a besoin de vous. Il se contentera de qui vous êtes ! Les athées vous diront qu'il faut attendre de croire avant d'aller vers Dieu. C'est faux ! N'attendez pas, avancez dès maintenant vers Jésus-Christ ! Priez, Il vous donnera la foi et la force qu'il vous faudra.

Vous, évêques, prêtres et pasteurs des églises encore fidèles au dogme de la Foi, c'est d'abord à vous que ce témoignage s'adresse ! Vous avez les connaissances nécessaires pour le comprendre.

Penchez-vous sur l'exemple de ceux qui ont guidé les croyants alors qu'ils vivaient au cœur des empires païens car nous entrons maintenant dans une époque semblable. Entendez ce plaidoyer comme un avertissement et un appel. L'heure de la douce dérive achève ! Il faudra bientôt donner un coup de barre.

Le temps est venu de parler. Il faut avertir les élites politiques, intellectuelles, artistiques et médiatiques, avec clarté et force. Ces gens se sont dissociés de la Foi. Ils s'égarent maintenant dans les dédales qu'ils inventent. Ils doivent restaurer l'identité chrétienne de leur société. Ils doivent subordonner leurs discours, leurs œuvres et leurs lois à la sagesse de l'Évangile.

S'ils refusent de vous entendre et persistent dans leurs dérives, vous devrez alors lancer un appel à ceux qui sont encore fidèles à la Foi. Vous devrez les réunir, les distinguer des autres et les guider pour qu'ils sortent de cette Nouvelle Égypte. Il vous faudra beaucoup de courage dans les temps qui viennent !

Vous tous, enfin, le contenu de ce texte vous a sans doute choqué et vous voulez le rejeter. Franchement, j'en fus parfois surpris, moi-même, en le rédigeant ! Cependant, sachez que, en accomplissant ce vœu de suivre la voie du Dogme et d'en témoigner sans réserves, je ne travaillais pas pour moi ni pour mes intérêts. J'accomplissais le mandat que j'avais juré, librement, de faire.

Il y a quelques années, alors que je luttais dans la solitude pour exprimer ce témoignage, je pensais que j'étais le seul à percevoir la dérive spirituelle de nos sociétés. Je pensais rédiger un document qui serait presque incompréhensible, même s'il était conforme à la doctrine de la Foi.

Aujourd'hui, plusieurs signes indiquent que l'Église sort de sa torpeur. Les enjeux aussi sont devenus plus clairs. Je ne me sens donc plus seul à porter le fardeau de témoigner.

LA QUESTION

> *Dans une époque d'incroyance, la foi est un don de Dieu que nous sommes responsables de faire fructifier. Moins nous sommes nombreux plus notre charge est lourde car ceux qui restent doivent porter la foi de tous.*

J'aime bien fréquenter la messe. J'aime y entendre la parole de Dieu et les beaux chants liturgiques. J'apprécie aussi l'Eucharistie, cette présence mystérieuse du Seigneur qui me guide.

Une autre chose me plaît, aussi, quand je fréquente la messe : je m'y sens sauvé. Assis sur mon banc, je regarde autour de moi et je vois une église presque vide.

Malgré mon âge déjà mûr, les quelques autres fidèles qui m'entourent sont encore plus vieux que moi ! Nous ressemblons à une représentation d'un musée vivant, participant par nostalgie à un rituel de consolations pour vieillards. Je pense alors à tous ceux qui ont cessé de fréquenter les églises.

Je pense aux millions de gens, jeunes, actifs et dynamiques, qui ont abandonné la foi pour aller vers d'autres croyances ou n'en suivre aucune. Pendant que je prie, assis sur mon banc, ils s'affairent tranquillement à leurs loisirs du dimanche ou, encore, ils font la grasse matinée.

Je me dis alors que nous, le petit reste des fidèles, qui nous déplaçons encore pour entendre la messe, faisons sûrement partie de l'élite des sauvés ! C'est nous, sans doute, la troupe des élus ! Le Seigneur n'a-t-Il pas dit que beaucoup seraient appelés mais que peu seraient sauvés ?

Par conséquent, puisque nous sommes si peu à fréquenter les églises alors que tant d'autres font leurs dévotions au centre d'achat, l'affaire serait dans le sac ! Je me dis que je fais certainement partie des élus !

D'ailleurs, chaque fois que les prêtres abordent ce sujet dans leurs sermons, ils me le confirment. De leur chaire, ils nous regardent, leur beau résidu de dévots vieillissants, et nous répètent, avec des sourires, que Jésus est gentil et qu'Il nous aime. Ils nous suggèrent, avec un clin d'œil, que si le Christ a mentionné que peu seraient sauvés, Il a simplement dit cela pour nous motiver un peu plus. En fait, tout le monde, ou presque, serait sauvé parce que, au fond, Jésus est gentil !

Alors, je me sens bien ! Imaginez ! Si même les fidèles du centre d'achat qui ne vont jamais à l'église seront sauvés, alors nous, les derniers adhérents d'une Église en chute libre, nous sommes vraiment assurés du salut éternel ! Il suffit de faire un peu attention, de ne pas commettre de gros manquements, et tout est réglé ! On est peinard, aujourd'hui, dans la foi !

Pourtant, il m'arrive parfois de m'inquiéter. Je me demande ce qui arriverait si la foi qui m'habite ne provenait pas de moi mais qu'elle serait, plutôt, un don de Dieu. Je n'aurais pas trouvé la foi, je l'aurais reçue. Elle ferait partie des talents que le Seigneur m'a confiés pour que je les fasse fructifier.

Alors, je ressens de la crainte car, si ma foi elle-même est un don de Dieu, alors elle ne me confère aucun mérite particulier et, en plus, j'ai la charge de la faire fructifier.

Nous, le reste des croyants encore pratiquants, nous nous sentons confortables parce que nous imaginons que notre foi provient de nous. Nous croyons être bons parce que nous avons gardé la foi alors que les autres la perdaient. Mais, si cette foi qui nous réconforte était, elle-même, un don de Dieu, un don rare et précieux qu'Il nous a donné le privilège de recevoir alors, cette foi ne nous appartiendrait pas. Elle serait un bien de Dieu qui réside en nous mais ne nous appartient pas. Dans cette optique, nous n'aurions pas conservé la foi, le Seigneur nous aurait plutôt fait suffisamment confiance pour nous la confier. Notre foi, alors, ne serait pas une garantie de salut mais une charge car, en nous donnant Sa foi, le Seigneur nous a aussi chargés d'une espérance.

Nous portons, en effet, l'espérance de Dieu que les quelques croyants à qui Il a confié Sa foi la préserveront et la répandront parmi leurs frères égarés. Nous, croyants, sommes les porteurs de l'espérance de Dieu, chargés de la foi de nos frères au milieu de ce désert d'incroyance.

J'imagine que je me tiens devant le Seigneur. Il me pose une question : « Qu'as-tu fait de la foi que Je t'ai confiée au milieu du naufrage de tes frères ? » Quelle serait ma réponse ? Répondrais-je que l'incroyance des autres ne me concernait pas ; que je me suis mêlé de mes affaires ? Dirais-je que j'ai sagement enfilé ma veste de survie, et que j'ai pris place dans la barque des élus, abandonnant le navire et ses passagers à son sort ?

Ces réflexions m'incitent à la révolte. Je veux redevenir incroyant ! Je me retrouve, en effet, devant un paradoxe qui me semble injuste : plus la foi est grande et plus grande est l'exigence ! Plus on croit, plus la voie devient étroite. Plus la foi nous éclaire, plus nous devenons responsables de nos actes et de leurs conséquences ! On dirait que l'instrument même de notre salut menace de nous perdre !

Il m'arrive, alors, de regretter de porter ce don qui est aussi une exigence. J'aimerais bien, moi aussi, être un progressiste libertin et exécuter docilement les consignes du pharaon tout en imaginant que je suis intelligent et libre. J'envie l'incroyant qui vit comme une bête égarée dont on n'attend pas grand-chose : il fait ce qui lui plaît et son aveuglement le rend irresponsable.

Les apostats s'amusent sans soucis. Ils n'ont pas de comptes à rendre alors que nous, croyants, devons nous soumettre, nous confiner dans des vies exemplaires et faire face au Jugement. Est-ce à l'incroyant aveuglé par le monde que le Seigneur demandera des comptes ou au croyant qui était lucide ? Plus Dieu donne, plus Il demande !

Je regarde maintenant le résidu de croyants, assis sur les bancs d'église, et je ne me sens plus aussi confortable. Eux qui paraissaient faire partie de l'élite des élus ressemblent maintenant à des avares, assis sur leur butin. Nous avons reçu le plus grand bien que le Seigneur puisse donner et nous l'enfouissons dans nos églises. Je me sens moins peinard et je crains. Plus les croyants sont rares et plus leur fardeau s'alourdit. Nous sommes responsables de la foi de tous en cette heure d'égarement !

Qui voudrait de ce cadeau paradoxal ! Et pourtant, quel croyant voudrait le perdre ! En effet, deux biens accompagnent le fardeau de la foi : la lucidité et la présence de Dieu en nous.

Nous, chrétiens, nous nous comportons encore comme si nous étions des gens anonymes et conventionnels au sein de sociétés officiellement chrétiennes. Nous ne sommes pas des anonymes ! Nous ne sommes pas ordinaires, nous sommes exceptionnels !

Dans nos sociétés, l'incroyance et l'indifférence religieuses définissent la norme ordinaire et anonyme, pas la foi. Si nous paraissons conventionnels, la foi que nous portons et la responsabilité qui l'accompagne nous distinguent. Prenons conscience de notre destin ! En nous confiant Sa foi, le Seigneur nous a chargés de la mission immense de rebâtir Son royaume chez nous et de le répandre sur toute la terre.

NOUS SOMMES LEGION

> *Chaque chrétien qui demeure fidèle à la foi héritée des Pères de l'Église et proclamée par les saints parle et agit en communion avec tous les défunts endormis dans la foi. Nous sommes légion.*

La foi s'amenuise sans cesse dans le monde occidental. Le monde se fait sans cesse plus lourd et plus aveuglant. L'erreur, l'apostasie et le blasphème contrôlent nos sociétés et y imposent leurs valeurs et leurs visions. Le reste des croyants, dispersé, affaibli, vieillissant et stérile, aura-t-il la force d'affronter le monde et d'établir le royaume de Dieu ?

Nous, croyants, semblons isolés et impuissants. Nous représentons maintenant quelques individus attardés, quelques communautés éparses, au milieu d'une société laïque qui semble absolument indifférente au message de l'Évangile. Pourtant, nous ne sommes jamais seuls. Nous appartenons tous à un Corps unique : le Christ. Nous sommes légion.

Quand nous prions et quand nous agissons dans la foi, ces gestes ne proviennent pas uniquement de la communauté des vivants. Le Corps auquel nous appartenons est éternel. Il englobe toutes les époques. Le Corps du Christ, aujourd'hui, comprend non seulement les vivants mais aussi tous les défunts endormis dans la foi. Nous sommes unis à eux. Quand nous combattons pour préserver le caractère chrétien de nos sociétés, nous agissons en notre nom, mais aussi au nom de ceux qui, autrefois, ont sacrifié leur vie à le former.

Nous, les croyants d'aujourd'hui, ne sommes pas seuls ! Les défunts nous accompagnent. Chacun de nous parle au nom des milliers d'hommes et de femmes endormis dans la foi. Nous édifions, avec eux, une œuvre unique et éternelle. Nous ne sommes pas d'aujourd'hui ni de demain, mais de tous les temps. Nous sommes, aussi, responsables du témoignage des saints et nous agissons en leur nom. Avec eux, nous sommes légion.

Si vous évaluez l'état présent de la foi selon les apparences du monde, vous verrez un résidu agonisant, éparpillé et désuet: une survivance en fin de course. Les puissances du monde vous diront qu'un tel reste ne pourra jamais régner sur la terre. N'en croyez rien ! Le monde vous trompe. Le Corps mystique du Christ n'a jamais été aussi fort ! Sa force ne réside pas dans le nombre des adhérents mais dans la clarté de leur foi. Il a grandi au cours des siècles et il contient, maintenant, une multitude de saints.

Le Seigneur nous a investis de l'autorité de chasser les démons qui dominent le monde et Il nous donne le pouvoir de le faire. En plaçant Sa foi en nous, Il nous appelle à fonder Son royaume, ici et maintenant. Il nous charge d'instaurer la primauté du Christ et de Sa parole dans nos sociétés, d'établir le peuple hébreu dans son héritage et de chasser, où qu'ils se trouvent, dans les jungles ou dans les universités, les idolâtries et les blasphèmes qui chevauchent les hommes et égarent leur société.

En agissant ainsi, nous instaurerons, sur toute la terre, le règne de Jésus-Christ, Fils unique de Dieu et Sauveur des hommes ; un Règne qui ne dépendra pas du pouvoir mais de l'acceptation, libre et aimante, des élus à la Vérité et à l'Amour.

Cela semble impossible ? Tant mieux ! Plus nous serons faibles, plus la gloire de Dieu sera grande !

www.ingramcontent.com/pod-product-compliance
Lightning Source LLC
Chambersburg PA
CBHW071618170426
43195CB00038B/1339